Jana Freihöfer:

Karrieren im System der Vereinten Nationen.
Das Beispiel hochqualifizierter Deutscher, 1973–2003

ISBN 978-3-88570-124-8

HEIDELBERGER GEOGRAPHISCHE ARBEITEN

Herausgeber:

Bernhard Eitel, Hans Gebhardt und Peter Meusburger

Schriftleitung: Klaus Sachs

**Heft 124**

Im Selbstverlag des Geographischen Instituts der Universität Heidelberg

2007

# Karrieren im System der Vereinten Nationen. Das Beispiel hochqualifizierter Deutscher, 1973–2003

von

**Jana Freihöfer**

Mit 40 Abbildungen, 10 Tabellen und 2 Karten

(mit engl. summary)

Im Selbstverlag des Geographischen Instituts der Universität Heidelberg

2007

Die vorliegende Arbeit wurde von der Fakultät für Chemie und Geowissenschaften der Ruprecht-Karls-Universität Heidelberg als Dissertation angenommen.

Tag der mündlichen Prüfung: 24.04.2007

Gutachter:   Prof. Dr. Peter Meusburger
Gutachter:   Prof. Dr. Hans Gebhardt

ISBN 978-3-88570-124-8

*Für BriJeNadRei*

# Vorwort

Die Idee, die Karrieren von deutschen Angestellten der Vereinten Nationen (VN) zu untersuchen, entstand einerseits aus dem wissenschaftlichen Interesse an Migrations- und Karriereforschung sowie andererseits aus den persönlichen Erfahrungen im Umfeld von internationalen Organisationen. Darüber hinaus haben aktuelle (gesellschafts-)politische Diskussionen um die Rolle Deutschlands in der internationalen Staatengemeinschaft und seine Einflussnahme in inter- und supranationalen Organisationen durch personelle Repräsentanz dazu beigetragen, die Berufsverläufe von internationalen öffentlichen Bediensteten in einer Studie zu untersuchen. Das Geographische Institut der Universität Heidelberg bot mit seinen Forschungstraditionen in der Qualifikations- und Wanderungsforschung das geeignete Umfeld, um diese Doktorarbeit durchzuführen. Ich möchte mich an dieser Stelle besonders bei Prof. Dr. Peter Meusburger für die wertvollen Anregungen und den aufmunternden Zuspruch im Entstehungsprozess dieser Arbeit bedanken.

Dass die Idee, die Karrieren und insbesondere die regionalen Berufsverläufe der deutschen VN-Mitarbeiter zu analysieren, verwirklicht werden konnte, verdanke ich verschiedenen Institutionen, die mir ermöglicht haben, Zugang zu den relevanten Daten zu erhalten bzw. die notwendigen Kontakte zu deutschen Angestellten der Vereinten Nationen herzustellen. Mein Dank gilt an dieser Stelle dem Auswärtigen Amt, insbesondere dem Koordinator für internationale Personalpolitik sowie den Vertretungen Deutschlands bei den Vereinten Nationen in Genf und New York, und dem Verband deutscher Bediensteter bei internationalen Organisationen (VDBIO). Darüber hinaus bedanke ich mich bei allen Teilnehmern der Online-Befragung und bei den Interviewpartnern, die sich trotz des oft stressigen Tagesgeschäfts Zeit für das Ausfüllen des Fragebogens bzw. für teilweise mehrstündige Gespräche genommen haben. Der Zuspruch, den ich von vielen VN-Angestellten für mein Forschungsprojekt erhalten habe, war eine zusätzliche Motivation, diese Arbeit fertig zu stellen.

Ich möchte auch allen Freunden und Kollegen für die anregenden Gespräche und Diskussionen Danke sagen. Der rege Austausch mit Ute Forster-Schwerk im gemeinsamen Büro hat zum Gelingen der vorliegenden Arbeit beigetragen. Großer Dank gilt zudem meiner Schwester, Nadja Deckert, und meiner Freundin, Julia von Stillfried, für das zeitaufwendige Korrekturlesen meiner Dissertation.

Ganz persönlich möchte ich mich noch bei meinen Eltern, meiner Schwester und meinem Mann Jens bedanken, die immer für mich da waren und jederzeit an mich geglaubt haben. Danke, dass Ihr mich auch in stressigen Phasen immer so geduldig unterstützt habt.

Darmstadt, im August 2007

## Zusammenfassung

Diese Arbeit hat das Ziel, die Berufsverläufe von Angestellten der Vereinten Nationen zu untersuchen. Im Mittelpunkt steht dabei die Frage nach dem regionalen Verlauf der Karrieren. Zudem werden die den Berufsverläufen zugrunde liegenden Bedingungen und Mechanismen analysiert. Ausgangspunkt ist die Überlegung, dass Karrieren Ergebnisse von Handlungen sind, die in gegebenen sozialen Kontexten ablaufen. Letztere resultieren aus der Verknüpfung von individuellem Handeln, Prozessen auf der Organisationsebene und makrostrukturellen Einflüssen. Um eine alle Ebenen umfassende Analyse zu ermöglichen, wurde für diese Arbeit ein integrativer Forschungsansatz aus Migrationsforschung, Arbeitsmarktforschung, organisationstheoretischen Ansätzen und Karriereforschung gewählt. Die Ergebnisse dieser Studie basieren auf statistischen Daten des Auswärtigen Amts, einer Online-Befragung mit 174 VN-Mitarbeitern aus Deutschland sowie 25 vertiefenden Leitfadeninterviews mit deutschen VN-Angestellten.

Als ein zentrales Ergebnis dieser Arbeit ist festzuhalten, dass im VN-System ortsfeste Karrieren überwiegen. Immobile Berufsverläufe sind typisch für Organisationen ohne Mobilitätsobligationen wie das VN-Sekretariat und treten entweder in Hauptquartieren oder in größeren Feldstationen auf. Folglich kommen diese Karrieren vor allem an nordamerikanischen und europäischen Standorten der Vereinten Nationen vor. Die Bedeutung von immobilen Hauptquartierslaufbahnen im VN-Sekretariat in New York hängt vorwiegend mit der Konzentration von Führungspositionen an diesem Standort sowie mit individuellen Karriereaspirationen der internationalen öffentlichen Bediensteten zusammen. Ortsfeste Berufsverläufe in Genf oder Wien sind dagegen überwiegend auf die guten dortigen Lebens-, Ausbildungs- und Arbeitsbedingungen für Partner bzw. Kinder zurückzuführen.

Daneben gibt es im VN-System auch mobile Karrieren. Diese sind charakteristisch für Organisationen mit Rotationspolitiken wie UNDP. Diese Berufsverläufe werden einerseits von der räumlichen und funktionellen Stellenstruktur sowie andererseits vom familiären Umfeld beeinflusst. Die Wahl des nächsten Arbeitsortes wird demnach nicht nur unter Karrieregesichtspunkten, sondern auch unter Berücksichtigung der Wünsche des Partners bzw. der Kinder getroffen.

Im Unterschied zu Karrieren in anderen Bereichen wie der Privatwirtschaft oder der nationalen Verwaltung werden Laufbahnen im VN-System auch vom Prinzip des Nationalitätenproporzes beeinflusst. Daneben sind Leistungskriterien, das Dienstalter sowie Kontakte in Hinblick auf die Laufbahnentwicklung eines Mitarbeiters der Vereinten Nationen von Bedeutung.

## Summary

The present study analyzes careers of highly skilled people working with the United Nations (UN) Organization. Particular attention is given to the spatial development of careers and their determining factors. One of the primary assumptions of this study is that careers are the results of actions taking place in given social contexts. These contexts are shaped by individual activities as well as institutional and macrostructural processes. The theoretical framework of this study comprises aspects of migration research, career theories, labor market research and organization theory. This combined approach allows for a comprehensive analysis of careers of international civil servants. The study draws on statistical data obtained from the Ministry of Foreign Affairs of Germany, on an internet-based questionnaire with 174 German employees of the United Nations and on 25 in-depth interviews with international civil servants from Germany.

One of the main results of this research project is that most of the UN employees are not spatially mobile in the course of their career within this organization. These immobile types of careers are most often found in organizations of the UN-system that do not have a mobility obligation. A focal point is the Secretariat of the United Nations Organization. International civil servants who are not spatially mobile are mainly working either in Headquarters or in larger field offices of the UN-system. Most of these duty stations are located in North America and Europe. The study revealed that the reasons for spending a whole career in New York are the high concentration of managerial and senior posts there and the individual career aspirations of the respective employees. International civil servants in Vienna and Geneva however prefer to stay at these places because they offer good living, working and schooling conditions for their partners and children.

Some employees of the United Nations are highly mobile in the course of their careers. Most of these international civil servants work with organizations such as UNDP which have a rotation policy. The functional development of this kind of career pattern can be explained by the spatial and functional distribution of posts. Furthermore, family issues are relevant, as future duty stations are chosen not only based on career aspirations but also in relation to preferences of the partner and of children.

Careers of UN-employees are influenced by the principle of equal geographical representation of staff within the United Nations Organization. Due to this aspect UN-careers differ from those in private companies and in the national public sector. Apart from this political factor, careers of international civil servants are affected by their competencies, their seniority and their personal networks within the UN-system.

# Inhaltsverzeichnis

| | |
|---|---|
| Abbildungsverzeichnis | III |
| Kartenverzeichnis | IV |
| Tabellenverzeichnis | IV |
| Verzeichnis der Abkürzungen | V |

| | | |
|---|---|---|
| **1** | **Einleitung** | **1** |
| | | |
| **2** | **Konzeptionelle Grundlagen** | **9** |
| **2.1** | **Migrationsforschung über Hochqualifizierte – ausgewählte theoretische Konzepte** | **9** |
| 2.1.1 | Allgemeine Migrationstheorien | 9 |
| 2.1.2 | Ansätze zur Migrationsforschung über Hochqualifizierte | 12 |
| **2.2** | **Arbeitsmarktforschung: Der Segmentationsansatz** | **16** |
| 2.2.1 | Grundzüge ausgewählter funktionaler Segmentationstheorien | 16 |
| 2.2.2 | Der internationale öffentliche Dienst als Typ eines internen Arbeitsmarktes | 19 |
| 2.2.3 | Grundzüge ausgewählter räumlicher Segmentationstheorien | 21 |
| **2.3** | **Ausgewählte Ansätze der Karriereforschung** | **24** |
| 2.3.1 | Begriffsbestimmung und Analyserahmen | 24 |
| 2.3.2 | Karrierekonzepte | 26 |
| 2.3.3 | Das Karrierekonzept des (internationalen) öffentlichen Dienstes | 28 |
| **2.4** | **Die Vereinten Nationen als Forschungsgegenstand** | **30** |
| 2.4.1 | Das Berufsfeld des internationalen öffentlichen Dienstes | 30 |
| 2.4.2 | Das Common System der Vereinten Nationen | 32 |
| **2.5** | **Karriere und Mobilität im internationalen öffentlichen Dienst – ein integrativer Ansatz** | **35** |
| | | |
| **3** | **Methodik der Untersuchung und Datengrundlagen** | **37** |
| **3.1** | **Multimethodischer Ansatz** | **37** |
| **3.2** | **Statistische Daten** | **39** |
| **3.3** | **Online-Befragung** | **41** |
| 3.3.1 | Online-Befragung als gewählte Methode | 41 |
| 3.3.2 | Repräsentativität der Online-Befragung | 43 |
| 3.3.3 | Konzeption und Durchführung der Befragung | 45 |
| 3.3.4 | Ausgewählte soziodemographische Merkmale des Fragebogensamples | 46 |
| **3.4** | **Verstehende Leitfadeninterviews** | **52** |
| 3.4.1 | Konzeption und Durchführung der Interviews | 52 |
| 3.4.2 | Auswertungs- und Analyseverfahren | 54 |

| | | |
|---|---|---:|
| **4** | **Beruflicher Einstieg ins System der Vereinten Nationen** | **57** |
| **4.1** | **Einstiegswege ins VN-System** | **57** |
| 4.1.1 | Rekrutierung von Nachwuchskräften | 57 |
| 4.1.2 | Einstiegsverfahren für Seiteneinsteiger | 76 |
| **4.2** | **Einflussfaktoren auf den Einstieg ins VN-System** | **81** |
| 4.2.1 | Motivation und Selbstverständnis | 81 |
| 4.2.2 | Qualifikationen | 88 |
| 4.2.3 | Kontakte zu Mitarbeitern im VN-System | 96 |
| 4.2.4 | Rolle der Förderinstitutionen | 101 |
| 4.2.5 | Soziale Herkunft | 106 |
| **5** | **Karrieren im System der Vereinten Nationen und ihre Einflussfaktoren** | **111** |
| **5.1** | **Ausgewählte Karriereverläufe im VN-System** | **111** |
| 5.1.1 | Hauptquartierskarrieren | 112 |
| 5.1.2 | Feldkarrieren | 118 |
| 5.1.3 | Kombinierte Feld-/Hauptquartierskarrieren | 129 |
| **5.2** | **Erklärungsansätze** | **140** |
| 5.2.1 | Organisationsspezifische Kontexte | 140 |
| 5.2.2 | Regionale Mobilität | 169 |
| 5.2.3 | Informelle und kommunikative Karrierestrukturen | 177 |
| 5.2.4 | Soziales Umfeld | 194 |
| 5.2.5 | Individuelle Faktoren | 209 |
| 5.2.6 | Makrostrukturelle Einflüsse | 215 |
| **6** | **Ausstieg aus dem System der Vereinten Nationen** | **219** |
| **6.1.** | **Ausstiegswege aus dem VN-System** | **219** |
| 6.1.1 | Pensionierung | 219 |
| 6.1.2 | Wechsel auf den externen Arbeitsmarkt | 221 |
| 6.1.3 | Organisationswechsel | 223 |
| 6.1.4 | Räumliche Dimension des Ausstiegs aus dem VN-System | 225 |
| **6.2** | **Bedingungen und Einflüsse** | **227** |
| 6.2.1 | Individualebene | 227 |
| 6.2.2 | Organisationsebene | 231 |
| 6.2.3 | Gesellschaftliche Ebene | 236 |
| **7** | **Fazit und Ausblick** | **239** |
| **8** | **Literaturverzeichnis** | **247** |
| **9** | **Quellenverzeichnis** | **269** |

## Abbildungsverzeichnis

| | | |
|---|---|---|
| Abb. 1 | Untersuchte Einflussfaktoren auf die Karrieren von UNO-Angestellten nach Stadien des Berufsverlaufs | 5 |
| Abb. 2 | Migration channel-Konzept für den internationalen öffentlichen Dienst | 16 |
| Abb. 3 | Multidisziplinäre Ansätze zur Karriereforschung | 25 |
| Abb. 4 | Karrierekonzepte | 27 |
| Abb. 5 | Stellenstruktur des VN-Systems | 34 |
| Abb. 6 | Analyseebenen | 35 |
| Abb. 7 | Datenerhebungs- und Analyseverfahren | 38 |
| Abb. 8 | Die häufigsten Organisationen des Online-Samples | 47 |
| Abb. 9 | Beginn der ersten Stelle nach Dekaden | 48 |
| Abb. 10 | Fragebogensample – Level der ersten Stelle | 49 |
| Abb. 11 | Die häufigsten Berufsgruppen des Samples | 50 |
| Abb. 12 | Die häufigsten Berufsfelder im VN-System | 51 |
| Abb. 13 | Einstiegspositionen nach Organisationen | 59 |
| Abb. 14 | Deutscher Personalanteil & Sollstellenrahmen, VN-Sekretariat, 1974–2003 | 62 |
| Abb. 15 | Gründe für die Bewerbung bei den Vereinten Nationen | 82 |
| Abb. 16 | Höchster Bildungsabschluss nach ausgewählten Organisationen | 89 |
| Abb. 17 | Berufliche Kontakte zu VN-Mitarbeitern vor dem Einstieg ins VN-System nach Einstiegsebene | 96 |
| Abb. 18 | Berufliche Stellung des Vaters nach Einstiegsdekaden | 107 |
| Abb. 19 | Berufliche Stellung der Mutter nach Einstiegsdekaden | 108 |
| Abb. 20 | Hauptquartierskarrieren VN-Sekretariat | 114 |
| Abb. 21 | Hauptquartierskarrieren WHO | 117 |
| Abb. 22 | Räumlicher Verlauf der mobilen Feldkarriere | 119 |
| Abb. 23 | Mobile Feldkarrieren UNDP | 121 |
| Abb. 24 | Mobile Feldkarrieren UNHCR | 121 |
| Abb. 25 | Immobile Feldkarrieren VN-Sekretariat | 128 |
| Abb. 26 | Räumlicher Verlauf der Hauptquartiers-Feldkarriere | 130 |
| Abb. 27 | Hauptquartiers-Feldkarriere VN-Sekretariat | 131 |
| Abb. 28 | Räumlicher Verlauf der zirkulären Hauptquartiers-Feldkarriere | 132 |
| Abb. 29 | Zirkuläre Hauptquartiers-Feldkarriere VN-Sekretariat | 135 |
| Abb. 30 | Räumlicher Verlauf der Feld-Hauptquartierskarriere | 136 |
| Abb. 31 | Feld-Hauptquartierskarriere VN-Sekretariat | 138 |
| Abb. 32 | Ausgewählte Karrieretypen im System der Vereinten Nationen | 139 |
| Abb. 33 | Altersstruktur des Personals des höheren Dienstes des VN-Sekretariats | 148 |
| Abb. 34 | Position beim beruflichen Einstieg ins VN-System nach Karrieretypen | 171 |

Abb. 35 Position nach zehnjähriger Dienstzeit im VN-System nach Karrieretypen 172
Abb. 36 Mobilität als karrierefördernder Faktor im VN-Sekretariat nach Mitarbeitern im Hauptquartier und im Feld 174
Abb. 37 Partner beim Antritt der ersten Stelle im VN-System nach Geschlecht 195
Abb. 38 Partner 2004 nach Geschlecht 195
Abb. 39 Einstiegspositionen im VN-Sekretariat nach Geschlecht 212
Abb. 40 Positionen nach zehnjähriger Dienstzeit im VN-Sekretariat nach Geschlecht 212

## Kartenverzeichnis

Karte 1 Die Verteilung permanenter VN-Standorte 22
Karte 2 Räumliche Verteilung von VN-Mitarbeitern mit immobilen Feld- und Hauptquartierskarrieren 127

## Tabellenverzeichnis

Tab. 1 Anteil der immobilen Mitarbeiter in Hauptquartieren 113
Tab. 2 Anteil der immobilen Mitarbeiter in Feldstationen 124
Tab. 3 Stellenverteilung als prozentualer Anteil des Personals des höheren Dienstes 141
Tab. 4 Wie bewerten Sie die Integration in der Abteilung am Arbeitsort? 165
Tab. 5 Wie bewerten Sie die Teamarbeit am Arbeitsort? 165
Tab. 6 Wie bewerten Sie die Arbeitsweise Ihrer Abteilung am Arbeitsort? 166
Tab. 7 Wie bewerten Sie die Arbeitsplatzausstattung am Arbeitsort? 166
Tab. 8 Anzahl der Beförderungen pro Person im VN-System nach Geschlecht und Beziehungsform 198
Tab. 9 Anteil der VN-Mitarbeiter pro Dienstgrad und Geschlecht nach Kinderzahl 201
Tab. 10 Beschäftigungsfeld des Partners nach Geschlecht 207

## Verzeichnis der Abkürzungen

| | |
|---|---|
| AE | Associate Expert (Beigeordneter Sachverständiger) |
| APO | Associate Professional Officer (Beigeordneter Sachverständiger) |
| BFIO | Büro Führungskräfte zu Internationalen Organisationen |
| BMZ | Bundesministerium für wirtschaftliche Zusammenarbeit und Entwicklung |
| EZ | Entwicklungszusammenarbeit |
| FAO | Food and Agriculture Organization (Welternährungsorganisation) |
| IAEA | International Atomic Energy Agency (Internationale Atomenergiebehörde) |
| ICAO | International Civil Aviation Organization (Internationale Zivil-Luftfahrt-Organisation) |
| ICSC | International Civil Service Commission |
| IFAD | International Fund for Agricultural Development (Internationaler Agrarentwicklungsfond) |
| ILO | International Labour Organization (Internationale Arbeitsorganisation) |
| IMO | International Maritime Organization (Internationale Seeschifffahrtsorganisation) |
| IO | Internationale Organisation |
| ITC | International Trade Centre (Internationales Handelszentrum) |
| ITU | International Telecommunication Union (Internationale Fernmeldeunion) |
| IZ | Internationale Zusammenarbeit |
| JPO | Junior Professional Officer (Beigeordneter Sachverständiger) |
| NCRE | National Competitive Recruitment Examination |
| NGO | Non-Governmental Organization (Nicht-Regierungs-Organisation) |
| UNCHS | United Nations Centre for Human Settlements = UN-Habitat (Zentrum der Vereinten Nationen für menschliche Siedlungen) |
| UNCTAD | United Nations Conference on Trade and Development (Handels- und Entwicklungskonferenz der Vereinten Nationen) |
| UNDP | United Nations Development Programme (Entwicklungsprogramm der Vereinten Nationen) |
| UNEP | United Nations Environment Programme (Umweltprogramm der Vereinten Nationen) |
| UNESCO | United Nations Educational, Scientific and Cultural Organization (Organisation der Vereinten Nationen für Erziehung, Wissenschaft und Kultur) |

| | |
|---|---|
| UNFPA | United Nations Population Fund (Bevölkerungsfond der Vereinten Nationen) |
| UNHCR | United Nations High Commissioner for Refugees (Amt des Hohen Kommissars der Vereinten Nationen für Flüchtlinge) |
| UNICEF | United Nations Children's Fund (Kinderhilfswerk der Vereinten Nationen) |
| UNIDO | United Nations Industrial Development Organization (Organisation der Vereinten Nationen für die industrielle Entwicklung) |
| UNO | United Nations Organization (Organisation der Vereinten Nationen) |
| UNOPS | United Nations Office for Project Services (Büro der Vereinten Nationen für Projektdienste) |
| UPU | Universal Postal Union (Weltpostverein) |
| UNRWA | United Nations Relief and Works Agency for Palestine Refugees in the Near East (Hilfswerk der Vereinten Nationen für Palästina-Flüchtlinge im Nahen Osten) |
| VDBIO | Verband deutscher Bediensteter bei internationalen Organisationen |
| VN | Vereinte Nationen (vgl. UNO) |
| VN-Sek(retariat) | Sekretariat der Vereinten Nationen |
| WFP | World Food Programme (Welternährungsprogramm) |
| WHO | World Health Organization (Weltgesundheitsorganisation) |
| WIPO | World Intellectual Property Organization (Weltorganisation für geistiges Eigentum) |
| WMO | World Meteorological Organization (Weltorganisation für Meteorologie) |
| WTou | World Tourism Organization (Welttourismusorganisation) |

# 1 Einleitung

> This era of global challenges leaves no choice but cooperation at the global level (Kofi Annan, Nobelpreisrede am 10.12.2001 in Oslo).

Internationale Zusammenarbeit ist zugleich ein Ausdruck der und ein Beitrag zur Globalisierung. Dies spiegelt sich nicht zuletzt in der steigenden Zahl von internationalen Organisationen und ihren immer umfangreicher werdenden Tätigkeitsgebieten wider. Die Vereinten Nationen (VN) wurden 1945 in San Francisco gegründet. Heute, 62 Jahre danach, ist die UNO von der Anzahl ihrer Mitglieder her die größte zwischenstaatliche Institution. Zugleich ist diese Organisation der wichtigste Arbeitgeber im internationalen öffentlichen Dienst. So waren Anfang des 21. Jahrhunderts mehr als die Hälfte aller Mitarbeiter von zwischenstaatlichen Organisationen bei der UNO und ihren Sonder- und Unterorganisationen beschäftigt (DAVIES 2002, S. xviii). Gleichwohl ist bislang nur wenig über die Berufsverläufe von Angestellten der Vereinten Nationen bekannt. Daher hat die vorliegende Arbeit das Ziel, die Karrieren von VN-Mitarbeitern zu analysieren. Von besonderer Bedeutung ist dabei die Untersuchung der regionalen Aspekte der Berufsverläufe.

Obgleich die Vereinten Nationen ein viel beachteter Forschungsgegenstand sind, beschäftigen sich nur wenige Studien mit den Bediensteten des internationalen öffentlichen Dienstes.[1] Dabei lässt sich ein deutlicher Unterschied zwischen deutschsprachigen Veröffentlichungen einerseits und fremdsprachlichen Publikationen andererseits konstatieren. Während es insbesondere im angelsächsischen und französischsprachigen Raum durchaus eine Reihe von Arbeiten zum Personal zwischenstaatlicher Organisationen gibt (vgl. u.a. BASDEVANT 1931; BEIGBEDER 1988; HOUSHANG 1996; JAMES 1971; JORDAN 1991; LANGROD 1963; MOURITZEN 1990; PLANTEY 1981), existieren kaum deutschsprachige Veröffentlichungen zu internationalen öffentlichen Bediensteten. Eine der wenigen Arbeiten in diesem Bereich in deutscher Sprache stammt von GETZ und JÜTTNER (1972). Erst in den letzten Jahren hat sich das Forschungsinteresse hierzulande verstärkt diesem Aspekt zugewandt. Dies ist sicher auch dadurch bedingt, dass das Thema, deutsche Personalpolitik in internationalen Organisationen, seit Ende der 1990er Jahre zunehmend von der Öffentlichkeit und von den politischen Entscheidungsträgern als wichtiger Bereich internationaler Zusammenarbeit wahrgenommen und forciert wird. Ein Beispiel dafür ist der Stuttgarter Appell von 1999, auf dem verschiedene politische und nichtstaatliche Institutionen auf den Verbesserungsbedarf der internationalen Personalpolitik Deutschlands hingewiesen haben. Seit Beginn des 21. Jahrhunderts sind einige Publikationen erschienen, die explizit Bezug auf internationales Perso-

---

[1] Eine Übersicht zur UNO-Forschung in Deutschland findet sich in DEUTSCHE GESELLSCHAFT FÜR DIE VEREINTEN NATIONEN e.V. (2006). Für einen Überblick auf internationaler Ebene bietet sich z.B. UNSER (2002) an.

nal nehmen. Diese gehen dabei jedoch entweder nur auf einzelne Aspekte des Berufsverlaufs[2] wie des beruflichen Einstiegs in zwischenstaatliche Organisationen ein (vgl. PROFIO 2006a, 2006b, 2006c) oder nehmen eine strukturelle Analyse der Beschäftigungsbedingungen in diesen Institutionen vor (vgl. z.B. GÖTHEL 2002). Zudem gibt es einige Dossiers, die sich mit der Effizienz der deutschen Personalpolitik in internationalen Organisationen beschäftigen (vgl. u.a. BERLINER INITIATIVE 2001, 2002; HÜFNER 2001).
Die Mobilität von Bediensteten zwischenstaatlicher Organisationen wurde bislang nur in einer Studie im Auftrag des Verbands Schweizer internationaler Bediensteter untersucht (BAGLIONI 2002). Allerdings konzentriert sich diese Arbeit vorwiegend auf die Analyse funktioneller Mobilität. Obgleich auch räumliche Mobilität[3] in dieser Studie thematisiert wird, liefert diese Publikation keine Beschreibung oder Erklärung dieser Prozesse. Zusammenfassend lässt sich feststellen, dass unter den deutsch- und fremdsprachigen Arbeiten zu zwischenstaatlichen Organisationen keine Publikation ist, die eine umfassende Analyse der Berufsverläufe und der damit zusammenhängenden Mobilitätsvorgänge von internationalen öffentlichen Bediensteten liefert.

Auch andere Forschungsrichtungen wie die Karriere- und Migrationsforschung, die sich traditionell mit der Analyse der Berufsverläufe von Hochqualifizierten beschäftigen, haben den Bereich internationaler Organisationen bisher vernachlässigt. So gibt es eine Vielzahl von Untersuchungen und Veröffentlichungen zu Karrieren von Fachkräften in der Privatwirtschaft (u.a. BEAVERSTOCK 1996c, 2004; MAYRHOFER 1996; TAGSCHERER 1999), insbesondere im Banken- und Finanzsektor (vgl. z.B. BEAVERSTOCK 1996a, 1996b; 1996d; 1999; 2005; PAULU 2001), in der nationalen öffentlichen Verwaltung (vgl. z.B. DI LUZIO 2003; DREHER 1996; MATHESON 1999; PIPPKE 1975), im Wissenschaftsbereich (vgl. u.a. JÖNS 2003; MEUSBURGER 1986; MORANO-FOADI 2005; WEICK 1995; WIMBAUER 1999) sowie einige Studien, die Berufsverläufe in der freien Wirtschaft mit denen im nationalen öffentlichen Dienst vergleichen (vgl. z.B. BECKER 1993; PIPPKE und WOLFMEYER 1976). Zudem hat FRANTZ (2005) Berufslaufbahnen von Mitarbeitern von Nichtregierungsorganisationen analysiert. Gleichwohl gibt es bislang keine Untersuchungen zu Karrieren im internationalen öffentlichen Dienst. Dies ist nicht zuletzt auch deswegen erstaunlich, weil Autoren wie FINDLAY et al. (1996) und BEAVERSTOCK (1994) bereits vor einigen Jahren gefordert haben, dass auch Studien in anderen als den von ihnen untersuchten Bereichen wie der Finanzwirtschaft notwendig sind, um ein umfassendes Verständnis der Migrationsprozesse und Karriereverläufe von Hochqualifizierten zu erhalten. Bislang haben jedoch nur wenige Forscher (vgl.

---

[2] Die Begriffe Berufsverlauf und Karriere werden in dieser Arbeit synonym verwendet. Sie bezeichnen die Abfolge verschiedener Stationen im Erwerbsverlauf (vgl. weiterführend Kapitel 2.3.1).
[3] Die Begriffe räumliche, regionale und geographische Mobilität werden in dieser Arbeit synonym verwendet.

JORDAN 1997; TODISCO 2001) explizit darauf hingewiesen, dass nicht nur Fachkräfte in den Konzernen der Privatwirtschaft oder im Wissenschaftssektor, sondern auch hochqualifizierte Beschäftigte internationaler Organisationen über Staatsgrenzen hinweg räumlich mobil sind:

> Die Zunahme internationaler Organisationen stellt neben den multinationalen Konzernen einen weiteren wichtigen Bereich für die Entwicklung einer internationalen Migration hochqualifizierter Fachkräfte dar (Jordan 1997, S. 44).

Angesichts des hohen Forschungsbedarfs zu Berufsverläufen und Wanderungen von Bediensteten zwischenstaatlicher Organisationen hat die vorliegende Arbeit das Ziel, diese Lücke zu schließen. Da sich die Arbeitsmarktstruktur des internationalen öffentlichen Dienstes von denen der bisher erforschten Sektoren wie der Privatwirtschaft unterscheidet, ist zu erwarten, dass die Analyse der Berufsverläufe und der räumlichen Mobilitätsprozesse von internationalen Bediensteten zu einem noch umfassenderen Verständnis der Migration und der Karrieren von Hochqualifizierten insgesamt beitragen kann.

Die vorliegende Arbeit konzentriert sich auf die Analyse der Berufsverläufe von deutschen Mitarbeitern und Mitarbeiterinnen[4] der Vereinten Nationen. Die vielfältigen Aufgabenfelder und die weltweiten Einsatzgebiete dieser Organisation ermöglichen es, die Karrieren von internationalen Bediensteten unter regionalen und sozialen Gesichtspunkten zu differenzieren. Eine Fallstudie über UNO-Angestellte aus Deutschland bot sich deshalb an, weil der Zugang zu forschungsrelevanten Daten sichergestellt werden konnte und weil Kontakte zur Untersuchungsgruppe bestanden. Die vorliegende Arbeit ermöglicht somit eine umfassende Analyse der Berufsverläufe von internationalen öffentlichen Bediensteten bei gleichzeitiger Operationalisierbarkeit der Studie.

Im Fokus dieser Untersuchung stehen diejenigen Mitarbeiter der Vereinten Nationen, die im vergleichbaren höheren Dienst[5] dieser Organisation angestellt waren oder sind. Diese Auswahl ist einerseits sinnvoll, um sich auf eine bestimmte Personengruppe konzentrieren zu können, wodurch wiederum die Durchführbarkeit der Studie gewährleistet wird. Andererseits wurden bewusst die Angestellten des höhe-

---

[4] Es stellt sich für diese Arbeit die Frage der angemessenen Verwendung femininer bzw. maskuliner Formen. Angesichts der im VN-System verbreiteten Praxis, dass eine geschlechtsneutrale Sprache verwendet wird und der ausgewogenen Geschlechterverteilung der Samples wird in dieser Arbeit meist eine geschlechtsneutrale Form verwendet. Dadurch wird nicht zuletzt auch die Anonymisierung der Interviews gewährleistet. Auf Grund der Eigenheiten der deutschen Sprache und der Lesbarkeit des Texts ist es jedoch nicht immer möglich, diese neutrale Form anzuwenden, weshalb an mehreren Stellen die maskuline Form verwendet wird, die jedoch sowohl Männer als auch Frauen einschließt. Ist eine geschlechterspezifische Differenzierung erforderlich, werden sowohl weibliche als auch männliche Formen verwendet, wobei die Klärung durch den Kontext erfolgt.

[5] Der höhere Dienst umfasst die Dienstgrade des höheren Fachdienstes (*Professional level*) und des oberen Managements (*Directors and Principal Officers*) der Vereinten Nationen (vgl. auch Kapitel 2.4.2).

ren Dienstes der Vereinten Nationen ausgewählt, da es sich hierbei um eine Untersuchung der Berufsverläufe und der räumlichen Mobilitätsvorgänge von Hochqualifizierten handelt. Das entscheidende Kriterium für die Definition dieser Gruppe ist nicht der Bildungsabschluss allein, sondern auch die berufliche Tätigkeit einer Person. Ein hochqualifizierter Mitarbeiter ist demnach jemand, der eine Tätigkeit ausübt, die eine hohe Sachkenntnis voraussetzt. Dies ist in der UNO im vergleichbaren höheren Dienst gegeben.[6]

Die empirische Untersuchung bezieht sich auf den Zeitraum zwischen 1973 und 2003. Das Anfangsjahr entspricht dem Zeitpunkt, als die beiden deutschen Staaten, BRD und DDR, vollwertige Mitglieder der Vereinten Nationen wurden. Die Zeitspanne von 30 Jahren wurde deswegen gewählt, weil sie geeignet ist, um die meist langjährigen Berufsverläufe von deutschen VN-Bediensteten zu rekonstruieren.

Die zentrale Leitfrage der vorliegenden Arbeit lautet wie folgt: Was sind die Einflussfaktoren auf Karrieren von Mitarbeitern der Vereinten Nationen? Um diese Frage beantworten zu können, erscheint eine Untergliederung des Berufsverlaufs eines internationalen Bediensteten in verschiedene Abschnitte zu analytischen Zwecken hilfreich zu sein. Für Karrieren bei den Vereinten Nationen lassen sich drei Stadien unterscheiden: der berufliche Einstieg ins VN-System, die eigentliche Tätigkeit bei den Vereinten Nationen und das Ausscheiden aus dem internationalen öffentlichen Dienst. Aus dieser Untergliederung leiten sich die weiteren Forschungsfragen ab, welche die Ausgangspunkte für die jeweiligen empirischen Abschnitte dieser Arbeit bilden:

- Wie erfolgt der berufliche Einstieg in die UNO? (Kapitel 4)
- Was sind die Einflussfaktoren? (Kapitel 4)
- Welche Karrieremuster und -typen lassen sich innerhalb der Vereinten Nationen identifizieren? (Kapitel 5)
- Welche Faktoren beeinflussen Karrieren in der UNO? (Kapitel 5)
- Wie erfolgt der Ausstieg aus dieser internationalen Organisation? (Kapitel 6)
- Was sind die zugrunde liegenden Einflussfaktoren? (Kapitel 6)

Ausgehend von den verschiedenen Stadien des Berufsverlaufs der VN-Angestellten werden in dieser Arbeit folgende Einflussfaktoren auf die Karrieren von internationalen Bediensteten untersucht (vgl. Abb. 1):

---

[6] Zwar verfügen auch viele VN-Angestellte des allgemeinen Dienstes (*General Service*) über einen tertiären Bildungsabschluss. Jedoch entspricht ihre berufliche Tätigkeit, die überwiegend aus Routinearbeiten mit geringen Entscheidungsbefugnissen besteht, nicht unbedingt der eines Hochqualifizierten. Da für diese Arbeit kein Universitätsabschluss erforderlich gewesen wäre, sind VN-Mitarbeiter des allgemeinen Dienstes mit tertiärer Ausbildung daher vom formalen Bildungsabschluss her für ihre Tätigkeit überqualifiziert. Dies zeigt auch, dass das Ausbildungsniveau eines Akteurs allein kein ausreichendes Kriterium für die Klassifizierung von hochqualifizierten berufstätigen Personen ist.

| Stadium des Berufs-verlaufs | Untersuchter Einflussfaktor | Details in Kapitel ... |
|---|---|---|
| Beruflicher Einstieg in die UNO | Alter einer Person | 4.1.1 |
| | Motivation | 4.2.1 |
| | Selbstverständnis | 4.2.1 |
| | Studium | 4.2.2 |
| | Berufserfahrung | 4.2.2 |
| | Sprachen | 4.2.2 |
| | persönliche Kompetenzen | 4.2.2 |
| | Kontakte zu VN-Mitarbeitern | 4.2.3 |
| | Rolle der Förderinstitutionen | 4.2.4 |
| | soziale Herkunft | 4.2.5 |
| Tätigkeit bei der UNO | Stellenstruktur | 5.2.1 |
| | personalpolitische Einflüsse | 5.2.1 |
| | Arbeitsbedingungen | 5.2.1 |
| | regionale Mobilität | 5.2.2 |
| | Ansehen einer Person | 5.2.3 |
| | intra- und interorganisationale Kontakte | 5.2.3 |
| | Glück und Zufall | 5.2.3 |
| | Rolle des Partners | 5.2.4 |
| | Kinder | 5.2.4 |
| | Geschlecht | 5.2.5 |
| | Karriereaspirationen | 5.2.5 |
| | politische, wirtschaftliche und naturräumlich bedingte Ereignisse | 5.2.6 |
| Ausstieg aus der UNO | Alter einer Person | 6.2.1 |
| | Dauer der Anstellung bei der UNO | 6.2.1 |
| | Karriereaspirationen | 6.2.1 |
| | soziales Umfeld | 6.2.1 |
| | Art der Anstellung bei der UNO | 6.2.2 |
| | Struktur des externen Arbeitsmarktes | 6.2.2 |
| | soziale Versorgungssysteme | 6.2.2 |
| | wirtschaftliche und politische Entwicklungen | 6.2.3 |

*Abb. 1: Untersuchte Einflussfaktoren auf die Karrieren von UNO-Angestellten nach Stadien des Berufsverlaufs*
*Quelle: eigene Darstellung*

Den theoretischen Bezugsrahmen für diese Arbeit bilden Ansätze der Migrationsforschung, der Arbeitsmarktforschung, der Karriereforschung sowie der organisationstheoretischen Forschung. Diese werden in der vorliegenden Publikation miteinander verknüpft, wodurch ein integrativer Ansatz entsteht, der für die Analyse der Karrieren internationaler Bediensteter und der damit verbundenen räumlichen Mobilitätsvorgänge geeignet ist. Diese Forschungsperspektive ermöglicht es, die Berufsverläufe der VN-Mitarbeiter auf verschiedenen analytischen Ebenen zu untersuchen. Dies ist von großer Bedeutung für die vorliegende Arbeit, da die räumliche Mobilität und die Karrieremobilität von internationalen Bediensteten Prozesse sind, die von Faktoren auf verschiedenen Ebenen beeinflusst werden, welche wiederum in vielfältiger Weise miteinander in Wechselwirkung stehen. Neben der Individualebene sind für eine Untersuchung der Berufsverläufe von VN-Mitarbeitern auch die Ebenen der Organisationen und der Gesellschaftssysteme von Bedeutung.

Die empirischen Ergebnisse dieser Arbeit beruhen auf folgenden Datenquellen: erstens auf anonymisierten Individualdaten zu 1.529 deutschen VN-Mitarbeitern, die anhand der personalwirtschaftlichen Jahresberichte des Auswärtigen Amts erhoben wurden; zweitens auf 174 Fragebögen einer Online-Befragung mit deutschen Mitarbeitern der Vereinten Nationen und drittens auf 25 leitfadenorientierten verstehenden Interviews mit deutschen VN-Angestellten in Genf und New York. Diese Daten wurden mittels quantitativer und qualitativer Methoden der empirischen Sozialforschung ausgewertet.

Nach diesem einleitenden Abschnitt werden in Kapitel zwei zunächst die theoretischen Grundlagen dieses Forschungsprojekts diskutiert. Das Hauptaugenmerk liegt in diesem Teil darauf, geeignete Konzepte der Migrations-, Karriere- und Arbeitsmarktforschung sowie organisationstheoretischer Ansätze herauszuarbeiten, die sich auf den Bereich internationaler Organisationen anwenden und übertragen lassen. Daraus wird schließlich ein integrativer Forschungsansatz für diese Studie entwickelt, der den Ausgangspunkt für die weiteren Ausführungen in dieser Arbeit bildet.

Im dritten Kapitel werden die methodischen Grundlagen der vorliegenden Veröffentlichung beschrieben und erörtert. Für diese Studie wird sowohl für die Datengewinnung als auch für die Auswertung der Daten ein multimethodischer Ansatz gewählt, um die Berufsverläufe der internationalen Bediensteten aus verschiedenen Perspektiven untersuchen zu können.

Entsprechend der verschiedenen Phasen des Berufsverlaufs eines internationalen Bediensteten gliedert sich die empirische Analyse dieser Arbeit in drei Abschnitte.

Der berufliche Einstieg in die UNO ist Gegenstand des vierten Kapitels. Hier werden in einem ersten Schritt die verschiedenen Möglichkeiten, eine Anstellung bei den Vereinten Nationen zu erhalten, beschrieben. Anschließend wird diskutiert, welche Faktoren den beruflichen Einstieg auf welche Art und Weise beeinflussen.

In Kapitel fünf werden die Berufslaufbahnen der internationalen Bediensteten während ihrer Anstellung bei den Vereinten Nationen untersucht. Dazu ist es zunächst erforderlich, die für diese internationale Organisation typischen räumlichen und funktionellen Karrieremuster zu identifizieren und daraus charakteristische Laufbahntypen abzuleiten. Anhand dieser Typen werden schließlich die zugrunde liegenden Bedingungen und Mechanismen von Karrieren bei den Vereinten Nationen analysiert.

Das sechste Kapitel widmet sich der Auswertung des dritten und letzten Abschnitts des Berufsverlaufs, des beruflichen Ausstiegs aus den Vereinten Nationen. Hier werden verschiedene Wege, aus der UNO auszuscheiden, beschrieben. In einem zweiten Schritt erfolgt dann die Erklärung dieser Prozesse.

In Kapitel sieben werden die Kernpunkte und die wichtigsten Ergebnisse dieser Arbeit zusammengefasst. Darüber hinaus wird ein Ausblick auf den weiteren Forschungsbedarf in diesem Bereich gegeben.

## 2 Konzeptionelle Grundlagen

Ziel dieser Arbeit ist die Analyse der Karrieren bzw. Berufslaufbahnen von deutschen Angestellten im höheren Dienst der Vereinten Nationen. Dabei werden insbesondere regionale Aspekte des Karriereverlaufs berücksichtigt werden. Die vorliegende Arbeit befindet sich somit an der Schnittstelle mehrerer Forschungsrichtungen, die in dieser Studie miteinander verknüpft werden: Migrationsforschung über Hochqualifizierte, Arbeitsmarktforschung sowie Karriereforschung.

### 2.1 Migrationsforschung über Hochqualifizierte – ausgewählte theoretische Konzepte

In diesem Abschnitt werden zunächst einige ausgewählte allgemeine Theorien aus der Wanderungsforschung vorgestellt. Dabei wird kritisch diskutiert, inwieweit sich diese Ansätze auf den Bereich der Hochqualifiziertenforschung übertragen lassen. Anschließend wird mit dem Modell der Migrationskanäle ein Konzept präsentiert, welches für die Analyse der Karrieren von internationalen öffentlichen Bediensteten geeignet erscheint.

#### 2.1.1 Allgemeine Migrationstheorien

Die theoretische Konzeptionalisierung und Erklärung von Migration im Allgemeinen ist Gegenstand verschiedener Ansätze, die sich in zwei Forschungsrichtungen differenzieren lassen: Makrotheoretische Ansätze begreifen räumliche Mobilität als Funktion oder Eigenschaft eines Systems. Mikrotheoretische Ansätze basieren dagegen auf einer Mikroanalyse von Wanderungen, das heißt, sie untersuchen individuelle Verhaltensweisen von Migranten.

Klassische makrotheoretische Ansätze sind beispielsweise die Distanz- und Gravitationsmodelle (vgl. ZIPF 1946; STEWART 1948),[7] die jedoch von falschen Voraussetzungen ausgehen, indem der Entfernung zwischen zwei Regionen der größte Einfluss auf Wanderungen beigemessen wird. Eine Weiterentwicklung stellen die Push-Pull-Modelle dar, die auf einem Vergleich zwischen den Attraktionsfaktoren der Zielregion und den abstoßenden Faktoren der Herkunftsregion basieren. Der potentielle Migrant strebt dabei nach einer Nutzenmaximierung und wandert demnach nur, wenn der zu erwartende Nutzen größer als die damit verbundenen Kosten ist. Die mit der Neoklassik verbundenen Push-Pull-Modelle finden oft Anwendung

---

[7] Für ausführlichere Diskussionen siehe z.B. ALBRECHT (1972), LANGENHEDER (1968), BÄHR (2004).

in ökonomischen Migrationsmodellen (ein Überblick findet sich z.B. bei TERMOTE 1972, BÄHR 2004), wobei Lohnunterschiede sowie Angebot und Nachfrage von Arbeitskräften als erklärende Variablen dienen.[8]

In den 1980er Jahren fand innerhalb der Migrationsforschung ein Paradigmenwechsel von der Makroebene, insbesondere dem Push-Pull-Konzept, hin zur Mikroebene statt. Ausgangspunkt war die Kritik am Push-Pull-Konzept, dass ökonomische Gründe und ökonomisch-rationale Entscheidungen zur Erklärung von Wanderungen allein nicht mehr ausreichen. Wanderungen sind vielmehr das Ergebnis von vielschichtigen individuellen oder familiären Abwägungs- und Entscheidungsprozessen, bei denen auch alternative Handlungsmöglichkeiten berücksichtigt werden (KILLISCH 1979). Auch die verhaltenstheoretischen Ansätze erfuhren Modifikationen wie z.B. durch constraints-Ansätze (vgl. u.a. WEICHART 1993, WERLEN 1995, ROLFES 1996), denen zufolge auch begrenzende Einflüsse (constraints)[9] auf die Wahlfreiheit des Individuums bzw. der Haushalte bei Wanderungsentscheidungen berücksichtigt werden müssen.

Dass beide Erklärungsansätze für sich genommen keine befriedigende Analyse der Migration ermöglichen, darüber besteht mittlerweile unter den Wanderungsforschern weithin Konsens (vgl. z.B. KILLISCH 1979, WEICK 1995, SCHNEIDER 2002a, BÄHR 2004). So ist auch diese Studie um eine Synthese der makro- und mikrotheoretischen Ansätze in der Wanderungsforschung bemüht (vgl. WAGNER 1989, CADWALLADER 1992), indem sowohl Interessen und Wanderungsgründe der VN-Bediensteten als auch strukturelle Bedingungen für Wanderungen berücksichtigt werden sollen. Zudem wird diese Untersuchung mit der Mesoebene eine dritte Analyseebene einbeziehen (vgl. Kapitel 2.5).

Diese allgemeinen Wanderungsmodelle eignen sich aus folgenden Gründen nicht für die Erklärung der Wanderung von Hochqualifizierten. Zum einen berücksichtigen diese Theorien meist nicht das Ausbildungs- und Qualifikationsniveau der Wandernden. Gerade berufsorientierte Migration hängt aber eng mit dem Informations- bzw. Qualifikationsniveau sowie der Berufslaufbahn der Akteure zusammen (vgl. MEUSBURGER 1980, S. 180–207). Zum anderen kann der Arbeitsmarkt nicht – wie von neoklassischen Push-Pull-Modellen angenommen – unter funktionalen Ge-

---

[8] Push-Pull-Ansätze bleiben aber nicht auf ökonomische Merkmale beschränkt. Beispielsweise wurde die physikalische Entfernung durch soziale Distanz (SOMERMEIJER 1961), Informationsdistanz (NELSON 1959) oder eine „funktionale Distanz" (NIPPER 1975) ersetzt. Ferner berücksichtigen z.B. KARIEL (1963), CEBULA (1981) und KAPLAN (1995) neben ökonomischen Faktoren klimatische Strukturen, Infrastrukturausstattung und ethnische Merkmale der Herkunfts- und Zielregion in ihren Untersuchungen. Andere Weiterentwicklungen des ökonomischen Push-Pull-Ansatzes sind z.B. die Modelle der *migration systems* (vgl. FAWCETT 1989) oder der Migrantennetzwerke (vgl. z.B. SASSEN 1996; FAWCETT 1989; BOYD 1989).

[9] Solche Zwänge können beispielsweise Engpässe auf dem Wohnungsmarkt sein.

sichtspunkten als homogene Einheit betrachtet werden. Vielmehr muss von einer Segmentierung des Arbeitsmarktes in mehrere Teilarbeitsmärkte ausgegangen werden, von denen der Arbeitsmarkt für Hochqualifizierte einen darstellt (vgl. Kapitel 2.2.1).

Auch unter räumlichen Gesichtspunkten ist der Arbeitsmarkt entgegen der Annahme der Neoklassik nicht homogen. Arbeitsplätze für Hochqualifizierte sind damit nicht wie bei Push-Pull-Modellen vorausgesetzt ubiquitär vorhanden, sondern meist auf den obersten Stufen der Zentrale-Orte-Hierarchie konzentriert (vgl. MEUSBURGER 1998, S. 378). Durch die Konzentration der VN-Organisationen auf wenige Orte ist die Wahlfreiheit der deutschen Hochqualifizierten, was die Migration beim Eintritt ins VN-System betrifft, stark eingeschränkt (vgl. Kapitel 2.2.3). Bereits bei der Entscheidung für den Berufsweg in internationale Organisationen ist den Akteuren somit klar, dass die von ihnen getroffene Berufswahl eine oder mehrere Migrationen impliziert.

Der Annahme, dass Lohndifferenzen und Migrationskosten die Hauptdeterminanten für Migration darstellen, muss entgegengehalten werden, dass dies nur für ubiquitär vorhandene Arbeitsplätze gilt (FASSMANN und MEUSBURGER 1997). Zwar können finanzielle Anreize auch einen positiven Einfluss auf eine Wanderungsentscheidung zu einem VN-Standort haben, jedoch können diese nicht als Hauptdeterminante für diesen Prozess betrachtet werden. Es kann sogar sein, dass Personen Einkommenseinbußen in Kauf nehmen, um beispielsweise aus idealistischer Überzeugung bei den Vereinten Nationen zu arbeiten.[10] Darüber hinaus muss für diese Untersuchung beachtet werden, dass der Arbeitsmarkt in internationalen Organisationen wie der UNO nicht den Regeln des freien Marktes wie in der Privatwirtschaft, sondern denen des (internationalen) öffentlichen Dienstes entspricht. Das bedeutet z.B., dass Löhne für bestimmte berufliche Positionen nicht verhandelbar sind, sondern systemweit gelten.[11] Hier dürfte es nach neoklassischer Auffassung keine regionale Mobilität zwischen einzelnen VN-Standorten geben. Ebenso wie nationale Beamte weisen internationale öffentliche Bedienstete aber eine hohe räumliche Mobilität auf, obwohl sie für die gleichen Funktionen überall denselben Lohn erhalten. Allerdings geht diese hohe Mobilität meist nicht auf die Bereitschaft der Arbeitnehmer, sondern vielmehr auf Veranlassung des Arbeitgebers zurück (vgl. FASSMANN und MEUSBURGER 1997). Auch dies ist ein Aspekt, welcher in der bisherigen Wanderungsforschung weitgehend vernachlässigt wurde. So setzen die UNO bzw. ihre Sonder- und Unterorganisationen ähnlich wie internationale Unternehmen Migration als Teil des Karriereverlaufs voraus. In solchen vom Arbeitgeber veranlassten räumlichen Veränderungen trägt dieser in der Regel auch die fi-

---

[10] Ein Beispiel sind Mediziner, die bei der WHO arbeiten und dort weniger verdienen, als sie als niedergelassene Ärzte in Deutschland verdienen könnten.

[11] Die Gehaltsstufen sind VN-weit einheitlich geregelt, es gibt jedoch regionale Differenzierungen wie Kaufkraftausgleich in teuren Standorten wie New York oder Gefährlichkeitszuschlag in Risikogebieten wie Zentralafrika (vgl. HANDBOOK OF HUMAN RESOURCES 2000).

nanziellen Kosten des Umzugs. Motive für diese Art von räumlicher Mobilität sind weniger Einkommensunterschiede als vielmehr langfristig verbesserte Karriereperspektiven (FASSMANN und MEUSBURGER 1997, S. 180; JORDAN 1997, S. 44).

Auch die gängigen verhaltens- und suchtheoretischen Ansätze besitzen für die beruflich induzierte Mobilität von Hochqualifizierten nur einen geringen Erklärungswert. Sie eignen sich eher für die Analyse wohnsitzorientierter Wanderungen (vgl. MEUSBURGER 1998, S. 378). Individuelle Suchprozesse spielen bei berufsbedingter Migration von Hochqualifizierten eine geringe Rolle, da die Jobangebote meist von der Organisation selbst gemacht werden und somit die Suchaktivität eher vom Arbeitgeber ausgeht (vgl. ROLFES 1996). Den potentiellen VN-Angestellten bleibt zumindest beim Einstieg ins VN-System nur die Wahl, ob sie ein Angebot annehmen (vgl. Kapitel 4). Meist können sie jedoch zu Beginn der VN-Laufbahn die Wahl des Arbeitsortes nicht bestimmen. Zudem sind die räumlichen Arbeitsmarktstrukturen des VN-Systems langfristig vorgegeben, so dass entscheidungs- und handlungstheoretische Ansätze insbesondere für den Einstieg in diesen Arbeitsmarkt eher von nachrangiger Bedeutung sind. Auch bei der Mobilität im späteren Karriereverlauf im VN-System ist die Entscheidungsfreiheit eingeschränkt, da es sich um einen internen Arbeitsmarkt handelt, bei dem die Anzahl und die Struktur der Posten sowie die Mobilitäts- und Rotationsregeln relativ starr vorgegeben sind und es nur selten die Möglichkeit für VN-Bedienstete gibt, zwischen mehreren Stellen zu wählen (vgl. Kapitel 2.2.2 und Kapitel 5). Hinzu kommt, dass mit zunehmender Hierarchie sowie wachsenden Macht- und Entscheidungsbefugnissen die Zahl der Alternativen sinkt (MEUSBURGER 1998, S. 378).

### 2.1.2 Ansätze zur Migrationsforschung über Hochqualifizierte

Obwohl die Wanderung von Hochqualifizierten ein Phänomen ist, das bereits in früheren Jahrhunderten mit der Wanderung von Gelehrten, Künstlern und Wissenschaftlern auftrat (vgl. MEUSBURGER 1998, S. 382), haben sich Wissenschaft und Politik diesem Phänomen erst seit den 1960er Jahren zugewandt.

Die Analyse der Migration von Hochqualifizierten erfolgt meistens entlang der Unterscheidung zwischen permanenter und temporärer Form dieses Phänomens. Da dauerhafte Migration meist mit der Wanderung hochqualifizierter Arbeitskräfte von Regionen mit niedrigem Entwicklungsstand in hoch entwickelte Industrieländer verbunden war und teilweise noch ist, wird sie mit Hilfe des brain drain-Ansatzes diskutiert (vgl. z.B. WATANABE 1969, SCHIPULLE 1973, MUNDENE 1989, OECD 2005). Dieser makroökonomische Ansatz erklärt die Wanderung von hochqualifizierten Arbeitskräften auf Grund von Lohnunterschieden. In der Regel wird bei diesem Ansatz von einem Verlust von qualifizierten Arbeitskräften und demnach

## 2.1 Migrationsforschung über Hochqualifizierte 13

auch Wissen für die Herkunftsregionen, meist Entwicklungsländer, ausgegangen.[12] Der auf dem Wohlstandsgefälle basierende *brain drain*-Ansatz allein reicht allerdings zur Erklärung der Wanderung von Hochqualifizierten nicht aus, da Migrationen auch zwischen gleich entwickelten Regionen und sogar entgegen des wirtschaftlichen Gefälles stattfinden (vgl. FINDLAY 1988; SALT 1988; FINDLAY and GOULD 1989; BEAVERSTOCK 1990). Folglich eignet sich dieser Ansatz nicht für die Analyse räumlicher Mobilität von hochqualifizierten VN-Bediensteten, da Lohn- bzw. Wohlstandsunterschiede in einem einheitlichen Besoldungssystem wie dem des Common Systems der Vereinten Nationen nicht zur Erklärung von Mobilität ausreichen. Zudem kann beim Eintritt einer Person in den VN-Dienst nicht von *brain drain* gesprochen werden, da sie als internationaler öffentlicher Beamter den Interessen der Organisation und damit aller Mitgliedsstaaten inklusive ihres Herkunftslandes dient. Oftmals haben sogar die Länder selber ein Interesse, möglichst viele eigene Leute im VN-System zu platzieren, um angemessen repräsentiert zu sein und möglichst viel Einfluss in der Organisation zu haben.[13]

Da die VN-Bediensteten ihre Tätigkeit in der Regel als Lebenszeitbeschäftigung ausüben und viele internationale Beamte zudem nach ihrem Ausscheiden aus dem Arbeitsleben in den jeweiligen Ländern bleiben, handelt es sich bei dieser Gruppe von Hochqualifizierten meist um permanente Migranten.

Neben der dauerhaften Migration gewinnen seit Mitte der 1980er Jahre zunehmend auch temporäre Formen räumlicher Mobilität von Hochqualifizierten an Bedeutung. Diese Entwicklung geht mit der wachsenden Globalisierung der Wirtschaft und der Expansion multinationaler Konzerne einher. Migration von Hochqualifizierten findet demnach verstärkt auf innerbetrieblicher Ebene von multinationalen Konzernen statt, was FINDLAY (1989, 1990) und GOULD (1988) als *brain exchange* bezeichnet haben. Die räumliche Mobilität der hochqualifizierten Expatriates der multinationalen Konzerne, aber auch von mobilen Wissenschaftlern (vgl. JÖNS 2003), ist hierbei von temporärer Dauer, zirkulärer Ausrichtung und einem Wissenstransfer gekennzeichnet.

Ausgehend von diesen Überlegungen haben FINDLAY und GARRICK (1990) das viel zitierte und angewandte Konzept der *migration channels* zur Beschreibung und Kategorisierung der Migration von Hochqualifizierten entwickelt. Grundidee dieses Ansatzes ist, die Migrationskanäle für hochqualifizierte Arbeitskräfte zwischen Herkunfts- und Zielländern zu untersuchen. Die Kanäle haben Mittlercharakter, in-

---

[12] Einige Autoren verwenden statt des Begriffs *brain drain* den Terminus *brain circulation*, da sie die negative Einschätzung der Migration von Hochqualifizierten auf die Entsendeländer in Frage stellen (vgl. z.B. LADAME 1970, SALT 1988, SAXENIAN 1999, WIEMANN 2000).

[13] Trotz des festgeschriebenen Prinzips, dass VN-Bedienstete unabhängige internationale öffentliche Bedienstete sind, die ihre Arbeit frei von nationalen Interessen und ausschließlich im Interesse der Organisation ausüben, kommt es in der Praxis immer wieder zu Versuchen von Mitgliedsstaaten, die Personalpolitik der VN zu beeinflussen (siehe auch Kapitel 2.4.1).

dem sie z.B. den potentiellen Migranten Informationen und Ressourcen bereitstellen oder ihre Arbeitskräfte wie im Fall multinationaler Unternehmen durch in Aussicht gestellte Karriereperspektiven zur räumlichen Mobilität motivieren (vgl. FINDLAY and LI 1998, S. 685). Mit ihrer Unterscheidung der Migrationswege in den internen Arbeitsmarkt multinationaler Unternehmen, Firmen mit internationalen Verträgen sowie internationale Personalvermittlungsagenturen greifen FINDLAY und GARRICK ein Postulat der Segmentationstheorie auf (vgl. Kapitel 2.2). So haben beispielsweise DOERINGER und PIORE bereits 1971 für die USA auf eine externe und eine interne Dimension von Arbeitsmärkten hingewiesen. Während multinationale Firmen den internen Arbeitsmarkt für Hochqualifizierte repräsentieren, rekrutieren mittelgroße Firmen mit internationalen Verträgen Arbeitskräfte auf dem externen Arbeitsmarkt, da sie meist ihren Bedarf an Arbeitskräften im Ausland nicht (unbedingt) mit internem Personal decken können. Diese Personalbeschaffung kann auch mit Hilfe von Vermittlungsagenturen stattfinden.[14]

Auf Grund empirischer Studien über Expatriates in Hongkong wurde das *migration channel*-Konzept modifiziert (vgl. FINDLAY and LI 1998, S. 699 ff.). Migranten sollen demnach nicht mehr als passive, sondern als aktive Akteure betrachtet werden, deren Strategien sich in der Wahl des Migrationskanals widerspiegeln. Indem das Konzept mit der Global City-Theorie (vgl. FRIEDMANN 1986, 1995; SASSEN 1991, 2001; HALL, P. 1996; KNOX 1995) verknüpft wird und dem räumlichen Kontext der Akteure im Hinblick auf deren Handlungsmöglichkeiten mehr Beachtung gegeben wird (LI et al. 1995), wird die ursprüngliche Raumvorstellung der Herkunfts- und Zielregionen als räumliche Behälter, zwischen denen Personen ausgetauscht werden, aufgegeben. Die Herkunfts- und Zielregionen sollen vielmehr vor dem Hintergrund einer hierarchischen Wirtschaftsstruktur in das *migration channel*-Konzept eingeordnet werden.

Nicht zuletzt auf Grund der schwierigen Datenlage haben sich viele Arbeiten zur Migration von Hochqualifizierten auf die Analyse des internen Arbeitsmarktes multinationaler Unternehmen konzentriert (vgl. u.a. SALT 1988; BEAVERSTOCK 1991, 1994, 1996a, 1996b, 1996c, 2004, 2005; BEAVERSTOCK and SMITH 1996; HILLMANN und RUDOLPH 1996, 1998; TZENG 1995; WOLTER 1997; GLEBE and WHITE 2001).[15] Übereinstimmend kommen diese Studien zu dem Schluss, dass

---

[14] FINDLAY und GARRICK (1990) gehen davon aus, dass es weitere Migrationskanäle gibt. Das können z.B. von hochqualifizierten Arbeitskräften selbständig initiierte räumliche Veränderungen oder staatliche Initiativen wie Arbeitserlaubnisprogramme (FINDLAY 2002, S. 12) sein.

[15] Eine Analyse der Migrationsprozesse auf dem externen Arbeitsmarkt ist deshalb so schwierig und selten, da es in den meisten Ländern wie Deutschland keine rechtliche Grundlage für die Klassifizierung der grenzüberschreitend mobilen Bevölkerung anhand des Ausbildungs- oder Qualifikationsniveaus gibt (vgl. STATISTISCHES BUNDESAMT 2004). Statistische Daten auf Grundlage des Zensus' sind nur für die USA, Kanada und Australien vorhanden. Daher greifen viele Studien aus diesem Bereich auf Datenbestände von Institutionen wie multinationalen Unternehmen (vgl. SALT 1988, BEAVERSTOCK 1991, 1994,

## 2.1 Migrationsforschung über Hochqualifizierte 15

räumliche Mobilität von Hochqualifizierten hauptsächlich durch den internen Arbeitsmarkt der global agierenden Unternehmen gesteuert wird. Es stellt sich nun für diese Untersuchung die Frage, ob die empirisch gewonnenen Erkenntnisse aus dem Dienstleistungssektor und damit das *migration channel*-Modell auf andere Bereiche wie den internationalen öffentlichen Dienst übertragen werden können.

Obgleich das *migration channel*-Modell eher beschreibenden und strukturierenden Charakter hat, als dass es kausale Erklärungsmuster für die Migration von Hochqualifizierten liefert, kann es unter Berücksichtigung seiner Modifizierungen als ein Ausgangspunkt für die Untersuchung der Mobilität von VN-Bediensteten dienen. Einerseits stellt das Common System der Vereinten Nationen[16] einen internen Arbeitsmarkt dar. Andererseits sind auch der externe Arbeitsmarkt sowie die Rolle von Personalvermittlungsagenturen für den Einstieg ins VN-System zu berücksichtigen. Während ersteres für Direktbewerbungen und Quereinsteiger gilt, agieren Mittlerorganisationen in der Rolle von Personalvermittlungsagenturen[17] (vgl. Ausführungen zum JPO-Programm in Kapitel 4.1.2). Obwohl die meisten Mobilitätsvorgänge im VN-System über den internen Arbeitsmarkt verlaufen, kann er nicht wie im Modell von FINDLAY und GARRICK (1990) als geschlossener Kanal betrachtet werden (vgl. Abb. 2). Vielmehr existieren für den VN-Bereich Wechselwirkungen sowohl mit dem externen Arbeitsmarkt als auch mit den Mittlerorganisationen.

---

1996a, 1996b, 1996c; BEAVERSTOCK and SMITH 1996; TZENG 1995; WOLTER 1997; TAGSCHERER 1999; GLEBE and WHITE 2001) oder Mittlerorganisationen (vgl. JÖNS 2003) zurück oder erheben eigene Primärdaten (vgl. MEUSBURGER und SCHMIDT 1996). Primärerhebungen können entweder im Herkunfts- oder im Zielgebiet durchgeführt werden. Beim Fokus auf die Herkunftsregion stehen beispielsweise Fragen der Ausbildung und sozialen Herkunft im Mittelpunkt (vgl. u.a. KÖSTLIN 1995; MEUSBURGER und SCHMIDT 1996; ROLFES 1996; SCHMIDT 1996). Wird dagegen wie in dieser Studie die Zielregion analysiert, wird u.a. untersucht, über welche Laufbahn- und Mobilitätsstufen die Akteure ihr Ziel erreicht haben (vgl. z.B. MEUSBURGER 1986, 1990, 1991; WEICK 1995).

[16] Zum Common System gehören das VN-Sekretariat, UNDP, UNFPA, UNOPS, UNHCR, UNICEF, UNRWA, ITC, ILO, FAO, WFP, UNESCO, WHO, ICAO, UPU, ITU, WMO, IMO, WIPO, IFAD, UNIDO sowie die IAEO und die WTou (vgl. dazu auch die Webseite der Kommission für den internationalen öffentlichen Dienst ICSC http://icsc.un.org/about4.asp, Stand 3.3.2006).

[17] Die internationalen Personalvermittlungsagenturen werden hier allgemeiner als Mittlerorganisationen bzw. -institutionen bezeichnet, die vom Verständnis her wie Personalvermittlungen agieren mit dem Unterschied, dass es sich dabei nicht um einen freien Wettbewerb von Agenturen, sondern um institutionalisierte und (staatlich) regulierte Mechanismen handelt. So ist für Deutschland das Büro Führungskräfte zu Internationalen Organisationen (BFIO) als nationale Behörde in Kooperation mit dem Bundesministerium für wirtschaftliche Zusammenarbeit und Entwicklung (BMZ) für das Junior Professional Officers (JPO)-Programm und damit für die Rekrutierung von deutschen JPOs für das VN-System zuständig. Zu diesem Bereich zählen auch nationale Ministerien, die im Rahmen von Austauschprogrammen ihre Beamten für einen bestimmten Zeitraum für eine Tätigkeit ins VN-System entsenden.

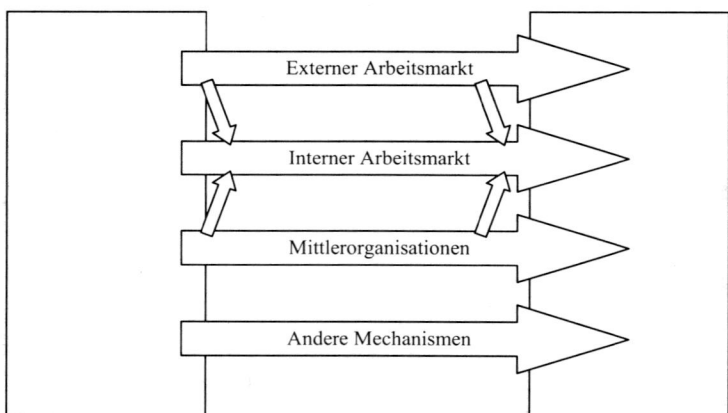

*Abb. 2:* Migration channel-Konzept für den internationalen öffentlichen Dienst
*Quelle:* modifiziert nach FINDLAY (1990), S. 20

## 2.2 Arbeitsmarktforschung: Der Segmentationsansatz

Karrieren von Hochqualifizierten im System der Vereinten Nationen werden nicht nur von den Akteuren selbst, sondern auch von übergeordneten Strukturen und Institutionen beeinflusst. Folglich wird für die Konzeptionalisierung beruflicher Mobilität in diesem Tätigkeitsfeld nicht nur die Perspektive der Arbeitskräfte, sondern auch der Arbeitsmarkt in die Untersuchung mit einbezogen. Der Arbeitsmarkt – so die Grundannahme – ist dabei weder unter funktionalen noch unter regionalen Gesichtspunkten als homogene Einheit zu betrachten. So handelt es sich beim internationalen öffentlichen Dienst um ein Arbeitsfeld, das sich in seinen Strukturmerkmalen und in seiner räumlichen Dimension von denen der Privatwirtschaft oder der nationalen Verwaltung unterscheidet.

### 2.2.1 Grundzüge ausgewählter funktionaler Segmentationstheorien

Grundidee des funktionalen Segmentationsansatzes, der in der Tradition institutionalistischer Ansätze steht, ist die Strukturierung des Arbeitsmarktes in Teilarbeitsmärkte mit eigenen Allokationsregeln. Teilarbeitsmärkte unterscheiden sich durch Strukturmerkmale wie Zugangsberechtigung, Gratifizierung und Qualifizierung der Arbeitskräfte oder Karrieremöglichkeiten und sind dadurch voneinander abgegrenzt. Die Strukturierung des Arbeitsmarktes unterliegt institutionalisierten Regelungen und ist von Dauerhaftigkeit und Stabilität gekennzeichnet (vgl. SENGENBERGER 1987, S. 53). Zwischen den Teilarbeitsmärkten existieren Mobilitätsbarrie-

## 2.2 Arbeitsmarktforschung: Der Segmentationsansatz

ren, die eine volle Flexibilität des Arbeitsmarktes verhindern. So weist WINDZIO (2000) darauf hin, dass beispielsweise organisierte Interessen oder Traditionen bestimmter Berufsgruppen mobilitätshemmend wirken können.

Die Segmentationstheorien betonen die Nachfrageseite des Arbeitsmarktes und stellen sie der Angebotsseite gleichberechtigt gegenüber (PIORE 1978; SENGENBERGER 1978; LUTZ 1987; SESSELMEIER und BLAUERMEL 1998). Damit wird die in der Neoklassik vorherrschende angebotsseitige Erklärung um die Dimension struktureller und institutioneller Erklärungsfaktoren erweitert. Zugleich geht damit ein Paradigmenwechsel in der Konzeptionalisierung des Arbeitsmarktes einher. So werden dem neoklassischen Arbeitsmarktmodell, das auf der Vorstellung eines rational handelnden Akteurs basiert, die in der Tradition des Institutionalismus stehenden Segmentationstheorien entgegen gestellt. Darin spiegeln sich auch zwei wirtschaftspolitische Weltanschauungen wider: die Liberalisierung des Arbeitsmarktes mit einem starken Individuum und ein institutionalisierter und durch (staatliche) Regeln gesteuerter Arbeitsmarkt (vgl. FASSMANN und MEUSBURGER 1997, S. 54). Der in dieser Studie untersuchte Arbeitsmarkt lässt sich eher durch letztere Kategorie charakterisieren, weshalb folglich der Segmentationsansatz zur Konzeptionalisierung beruflicher Mobilität im VN-System gewählt wurde.

Wie aber sehen die Segmente im Einzelnen aus? In den Sozialwissenschaften gibt es eine Vielzahl von Segmentationsansätzen, die sich entlang der Linien strukturierter/unstrukturierter bzw. primärer/sekundärer und betriebsinterner/externer Arbeitsmarkt unterscheiden lassen. Bezugnehmend auf die Kritik an den neoklassischen Arbeitsmarktprämissen entwickelte KERR nach dem 2. Weltkrieg das Modell des dreigeteilten Arbeitsmarktes (vgl. KERR 1988). Demnach lässt sich der Arbeitsmarkt in einen strukturierten und unstrukturierten Teil unterscheiden, wobei letzterer vor allem durch unqualifizierte Tätigkeiten und durch fehlende Regelungen und Institutionen gekennzeichnet ist. Er ist verhältnismäßig klein und wird in den USA, wo diese Theorie entwickelt wurde, meist von ethnischen Minderheiten ausgefüllt. Der Großteil des Gesamtarbeitsmarktes ist jedoch durch Regeln, Normen und Institutionen strukturiert. Dieser strukturierte Arbeitsmarkt lässt sich wiederum in einen externen und internen Teil untergliedern. Der externe Markt stellt hierbei eine Art Plattform dar, auf der interorganisatorische Arbeitsplatzwechsel stattfinden. Der interne Arbeitsmarkt lässt sich anhand der Kriterien der Berufsqualifikation und der Betriebszugehörigkeit nochmals in einen *craft labour market*[18] und einen *plant labour market*[19] untergliedern. Sowohl zwischen den Segmenten als auch innerhalb der Teilarbeitsmärkte existieren Mobilitätsbarrieren. Zum einen ist der Zutritt zu den Segmenten durch Regelungen beschränkt und kann nur durch

---
[18] Berufsfachlicher Arbeitsmarkt.
[19] Innerbetrieblicher Arbeitsmarkt.

bestimmte *ports of entries*[20] erfolgen. Auch innerhalb der Arbeitsmärkte ist eine unbeschränkte Mobilität nicht unbedingt gewährleistet. So regulieren beispielsweise Senioritätsrechte und Laufbahnprinzipien die Mobilität auf betriebsinternen Arbeitsmärkten.

In den 1970er Jahren argumentierten DOERINGER und PIORE (1971, S. 41 ff., S. 64 ff.) in ihrem Modell des dualen Arbeitsmarktes ähnlich. Statt der Begriffe strukturloses und strukturiertes Segment verwendeten sie die Termini sekundärer und primärer Arbeitsmarkt, was allerdings laut KERR (1988, S. 23) auf Grund des moralischen und ideologischen Bedeutungsgehaltes dieser Worte problematisch ist. Der sekundäre Arbeitsmarkt ist durch instabile Beschäftigungsverhältnisse, hohe Fluktuation, geringe Qualifikationsanforderungen und geringe Aufstiegschancen gekennzeichnet, wohingegen das primäre Segment relativ stabile Arbeitsverhältnisse, gute Aufstiegs- und Karriereoptionen und ein relativ hohes Einkommen aufweist. Letzteres umfasst sowohl Tätigkeiten auf Führungs- und Managementebene als auch qualifizierte Arbeiter und Angestellte. Neben der primären und sekundären Dimension unterscheiden DOERINGER und PIORE (1971) zusätzlich eine externe und interne Dimension von Arbeitsmärkten. Der primäre Arbeitsmarkt stellt dabei die kumulierte Form eines internen Arbeitsmarktes dar; das sekundäre Segment verkörpert demnach die Aggregation aller externen Arbeitsmärkte.

Für den bundesdeutschen Arbeitsmarkt haben SENGENBERGER und LUTZ in den 1970er Jahren das Modell der dreigeteilten Arbeitsmarktsegmentation entwickelt (vgl. LUTZ und SENGENBERGER 1974, 1980; SENGENBERGER 1978, 1979, 1987; LUTZ 1987). Ausgehend von der Qualifikation der Arbeitnehmer und der Beziehung zwischen Arbeitgebern und Beschäftigten unterschieden sie für Deutschland drei Teilarbeitsmärkte: das unstrukturierte, das berufsfachliche und das betriebsspezifische Segment. Der unstrukturierte Arbeitsmarkt wird auch als ‚Jedermannsarbeitsmarkt' bezeichnet, da er durch unspezifische Qualifikationsanforderungen gekennzeichnet ist. Dieses Segment entspricht vom Verständnis her dem strukturlosen Arbeitsmarkt bei KERR bzw. dem sekundären Segment des dualen Arbeitsmarktmodells. Auf Grund des in der Bundesrepublik vorherrschenden einheitlichen Berufsausbildungssystems haben SENGENBERGER und LUTZ zudem einen berufsfachlichen Arbeitsmarkt identifiziert. Der Zutritt zu diesem Segment ist über Zertifikate geregelt, die den Nachweis über die Qualifikation der Arbeitnehmer liefern (SENGENBERGER 1987, S. 127). Typische Vertreter des berufsfachlichen Marktes sind Facharbeiter, die ohne Statuseinbußen zwischen Betrieben wechseln können (SENGENBERGER 1987, S. 157; BLOSSFELD und MAYER 1988, S. 266), vorausgesetzt ihre Qualifikationen sind auf Grund des technologischen Wandels nicht veraltet (KRECKEL 1983, S. 153). Arbeitskräfte auf betriebsinternen Arbeitsmärkten verfügen dagegen über betriebsspezifische Qualifikationen, die zumeist ohne Bedeu-

---

[20] Dies bedeutet, dass der Zugang zu einem Arbeitsmarktsegment beschränkt ist, indem er nur über bestimmte Positionen erfolgen kann.

tung für andere Arbeitgeber sind. Das Funktionieren innerbetrieblicher Arbeitsmärkte, zu denen auch der öffentliche Dienst zu zählen ist, basiert auf einem Austauschverhältnis zwischen Arbeitnehmer und Arbeitgeber (KELLER 1985, S. 669). Der Arbeitgeber sichert sich durch interne Beförderungsaussichten die Loyalität und Motivation des Angestellten, der wiederum von den in Aussicht gestellten Gratifikationen profitieren kann und zudem vom Konkurrenzkampf des externen Arbeitsmarktes abgeschottet ist. Entscheidendes Kriterium für innerbetriebliche Aufstiegsprozesse ist meist die Seniorität, also die Dauer der Zugehörigkeit zum Betrieb. Zwischenbetriebliche Mobilität ist in diesem Segment eher selten zu finden, da die Qualifikationen betriebsspezifisch sind und der Arbeitnehmer bei einem Wechsel materielle und symbolische Verluste in Kauf nehmen müsste. Darüber hinaus steigt mit zunehmender Abschottung der internen Märkte der Wettbewerb um die *ports of entry* in die betrieblichen Märkte (KELLER 1985, S. 661).

Aus den Modellannahmen der Segmentationstheorien kann die Vorstellung abgeleitet werden, dass Arbeitsmärkte und die dort stattfindende Mobilität durch institutionelle und rechtliche Rahmenbedingungen strukturiert werden. Weder Arbeitskräfte noch Arbeitsplätze sind demnach als homogene Einheiten zu betrachten, in denen jeder jeden substituieren kann oder jeder mit jedem konkurriert. Bezugnehmend auf diese Vorstellungen sozialwissenschaftlicher Arbeitsmarkttheorien kann der internationale öffentliche Dienst als Teilarbeitsmarkt konzeptionalisiert werden, der die nationalen Teilarbeitsmärkte (des öffentlichen Dienstes) überlagert, und in dem länderübergreifende Mobilität erfolgt, deren Mechanismen in dieser Studie zu identifizieren sind. Demnach unterliegt dieser Teilarbeitsmarkt, auf dem vor allem hochqualifizierte Vertreter der politischen Funktionselite zu finden sind, eigenen institutionalisierten Regelungen für Qualifizierung, Gratifizierung und Mobilität der Beschäftigten.

### 2.2.2 Der internationale öffentliche Dienst als Typ eines internen Arbeitsmarktes

Der internationale öffentliche Dienst ist ein relativ geschlossener Arbeitsmarkt und kann somit dem Segment des internen bzw. innerbetrieblichen Arbeitsmarktes zugeordnet werden. Gleichwohl unterscheidet sich dieser Teilarbeitsmarkt des öffentlichen Sektors von innerbetrieblichen Märkten in der Privatwirtschaft (vgl. WINDZIO 2000). Zum einen entscheiden im öffentlichen Dienst Rechtsnormen und nicht die sozialen Normen der Reziprozität über Besoldung und Laufbahn (BECKER, R. 1993). Diese Rechtsnormen basieren auf einem Austauschverhältnis zwischen Arbeitgeber und Arbeitnehmer, indem die internationalen Beamten Privilegien wie Steuerbefreiung erhalten, und sich die Staatengemeinschaft im Gegenzug deren Loyalität und Unabhängigkeit sichert (vgl. auch ESPING-ANDERSEN 1990 für staatliche Institutionen).

Ein betriebsinterner Markt ist so konzipiert, dass personell notwendige Anpassungsvorgänge in der Regel unternehmensintern, d.h. ohne Rückgriff auf den externen Arbeitsmarkt, erfolgen. Idealtypisch für den internationalen öffentlichen Dienst sind daher betriebsinterne und von den Marktmechanismen abgeschottete Allokationsmechanismen (KELLER 1985, S. 651). Letztere basieren in diesem Segment nicht auf Prinzipien des Marktes, sondern sind gesetzlich fixierte Allokationsentscheidungen, die für das VN-System in den *staff regulations* and *staff rules* festgeschrieben sind. Der Einstieg in diesen Arbeitsmarkt erfolgt in der Regel in einem frühen Stadium des Berufslebens und ist hochgradig formalisiert (vgl. auch Kapitel 4). Die internationalen Beschäftigten werden meist auf Lebenszeit eingestellt und damit an die Institution gebunden. Dies soll die Existenz eines unabhängigen internationalen Dienstes sichern (vgl. Kapitel 2.4.1). Die Aufstiegsmobilität erfolgt auf Grund von Dienstaltersprofilen und Vakanzketten[21]. Die Mobilitätsmechanismen sind stark formalisiert und es findet ein Konkurrenzkampf zwischen den Angestellten um freie Stellen statt. Folglich herrscht auf diesem Arbeitsmarkt kein Lohnwettbewerb, sondern ein Wettbewerb um Positionen. Durch die formalisierten Aufstiegsoptionen wird die dauerhafte Stabilität des internationalen öffentlichen Dienstes gewährleistet und gleichzeitig die Weitergabe von organisationsspezifischem Wissen gefördert (FASSMANN und MEUSBURGER 1997, S. 58).

Wie verschiedene Autoren (vgl. KELLER 1985, DI LUZIO 2003) feststellen, treten im (deutschen) öffentlichen Dienst immer häufiger fachliche, räumliche und zeitliche Flexibilisierungstendenzen auf, die wiederum zu einer Aufweichung des klassischen betriebsinternen Arbeitsmarktes für den öffentlichen Sektor führen. Auch für den internationalen öffentlichen Dienst kann eine ähnliche Entwicklung konstatiert werden, die sich beispielsweise in der immer größer werdenden Zahl an befristeten Arbeitsverträgen abzeichnet und in einer Diskussion über die Unabhängigkeit des internationalen öffentlichen Dienstes mündet (vgl. z.B. GÖTHEL 2002; siehe auch Kapitel 2.4.1). Dies hat mittlerweile zu einer Überschneidung des betriebsspezifischen Arbeitsmarktes des VN-Systems mit externen Arbeitsmarktsegmenten geführt, was u.a. für die Anwendung des *migration channel*-Konzepts auf diese Studie berücksichtigt werden soll (vgl. Kapitel 2.1.2). Zudem spiegelt sich die Verflechtung des internen VN-Arbeitsmarktes mit dem externen Arbeitsmarkt bei der Besetzung von Leitungsfunktionen wider. So werden viele Führungspositionen (ab P5-Level aufwärts) nicht mehr mit internen, sondern mit extern rekrutierten Kandidaten besetzt, was auch für einige Bereiche der nationalen öffentlichen Verwaltung zutrifft:

---

[21] Vakanzketten implizieren, dass freigewordene Stellen jeweils mit Mitarbeitern der nächstniedrigeren Hierarchiestufe besetzt werden, so dass auf die dadurch entstehende Vakanz wiederum ein Angestellter eines unteren Dienstgrades aufsteigen kann. Dies setzt sich solange fort, bis eine freie Position auf der Einstiegsebene entsteht, die dann mit einer Person aus dem externen Arbeitsmarkt besetzt wird. Der Aufstieg einer Person vom Einstiegslevel bis zur Spitze einer Organisation ist der Bewegung einer Vakanz von der obersten bis zur untersten Hierarchieebene entgegengesetzt (SØRENSEN 1983, S. 208).

## 2.2 Arbeitsmarktforschung: Der Segmentationsansatz

Die Einstellung von Hochschullehrern oder Führungskräften in den Spitzen der Verwaltung sind Beispiele für die Existenz teilweise unterschiedlicher Regeln und Zugangsvoraussetzungen im oberen Segment des primären Marktes (KELLER 1985, S. 666).

Trotz der Überlappung dieser Arbeitsmarktsegmente stellt der internationale öffentliche Dienst jedoch idealtypisch einen betriebsinternen Arbeitsmarkt dar, der von den marktgesteuerten Mechanismen abgegrenzt ist und eine weitgehend geschlossene institutionelle Struktur darstellt.

### 2.2.3 Grundzüge ausgewählter räumlicher Segmentationstheorien

Neben der bereits beschriebenen funktionalen Arbeitsmarktsegmentierung ist der Arbeitsmarkt auch räumlich differenziert (vgl. auch Kapitel 2.1.1). Dementsprechend sind die permanenten Niederlassungen der Organisation trotz des globalen Mandats der Vereinten Nationen weltweit nicht gleich verteilt, sondern räumlich konzentriert (vgl. Karte 1).
Auch wenn man diese Abbildung um die temporären, zeitlich wechselnden VN-Standorte erweitern würde, blieben regionale Ungleichheiten in der Verteilung der Niederlassungen bestehen. Was zu der ungleichen räumlichen Verteilung von Arbeitsmarktsegmenten im Allgemeinen, aber auch von Standorten innerhalb eines Teilarbeitsmarktes wie des VN-Systems im Besonderen führt, dafür gibt es verschiedene Erklärungsansätze (für eine Übersicht siehe FASSMANN und MEUSBURGER 1997, S. 66 ff.). An dieser Stelle wird aus forschungspragmatischen Gründen nur auf die für das VN-System relevanten Erklärungsfaktoren eingegangen.

Traditionelle Standortfaktoren wie Mieten und Löhne spielen für diesen Teilarbeitsmarkt eine untergeordnete Rolle, da der internationale öffentliche Dienst weitgehend von marktwirtschaftlichen Mechanismen abgekoppelt ist. Im Non-profit-Sektor, zu dem die Vereinten Nationen zu zählen sind, sind Rentabilitätsüberlegungen nur von marginaler Bedeutung. Zudem ist das VN-System auf Grund seiner Monopolstellung vom Wettbewerb abgeschottet.
Bei den Entscheidungen bezüglich der Standortwahl der Vereinten Nationen haben vielmehr politische Gesichtspunkte eine Rolle gespielt. Demnach mussten verschiedene Großregionen bzw. Kontinente mit UNO-Hauptquartieren versorgt werden. So kann davon ausgegangen werden, dass die USA aus Prestige- und Machtgründen danach strebte, das Hauptquartier der Vereinten Nationen in einer amerikanischen Stadt anzusiedeln.[22] New York wurde 1946 von der Generalversammlung als Standort aus einer Vielzahl von weltweiten Vorschlägen ausgewählt.[23] In

---
[22] Am 10.12.1945 hat der Kongress der USA einstimmig beschlossen, die Vereinten Nationen einzuladen, ihr permanentes Hauptquartier in ihrem Land zu errichten (vgl. auch www.un.org, Stand: 14.2.2007).
[23] Dass schließlich New York und nicht San Francisco gewählt wurde, lag u.a. daran, dass John D. Rockefeller mit einer Spende den Erwerb des Grundstücks am East River ermöglichte.

Europa bot sich Genf als Hauptsitz verschiedener Organisationen an, da es bereits Sitz des Völkerbundes und die Schweiz darüber hinaus während des Zweiten Weltkriegs ein neutraler Staat war. Beide Orte wurden somit wegen ihrer symbolischen Bedeutung und auf Grund von historischen und politischen Faktoren als VN-Standorte ausgewählt.

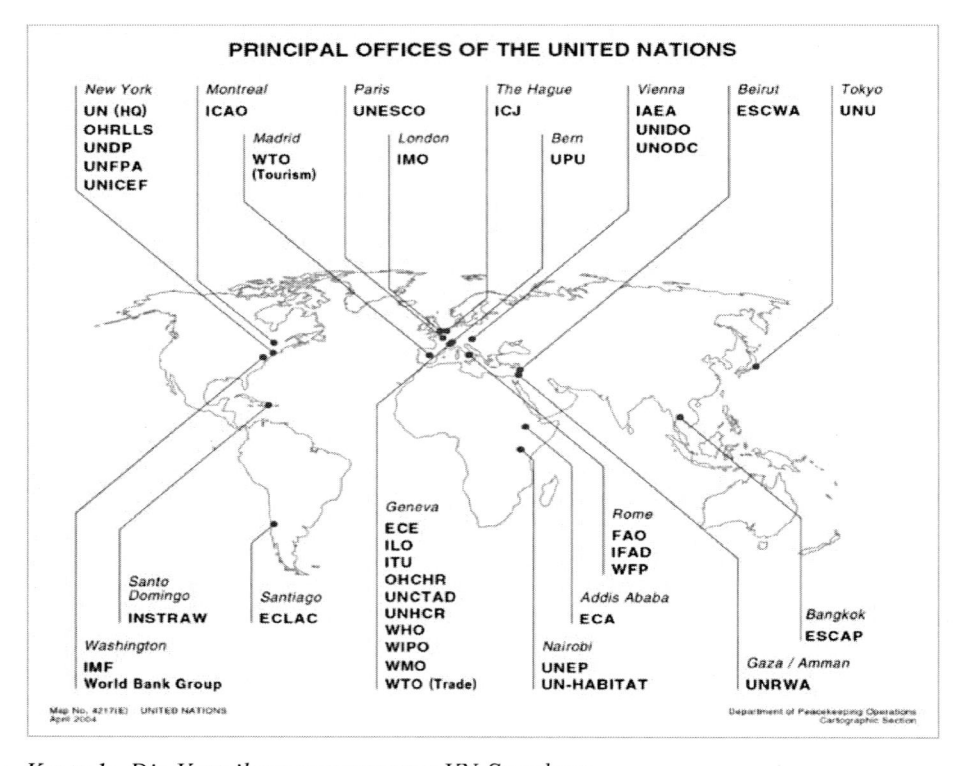

*Karte 1: Die Verteilung permanenter VN-Standorte*
*Quelle: UNITED NATIONS (www.un.org, Stand: 30.11.2004)*

Zur Erklärung der räumlichen Verteilung von UNO-Standorten können auch organisationstheoretische Argumente herangezogen werden. Die räumliche Struktur einer Organisation wird in diesem Ansatz ausgehend von drei Prämissen erklärt: der räumlichen Konzentration von Wissen, der Hierarchisierung von Entscheidungsprozessen und der Beziehung einer anhand dieser Faktoren strukturierten Organisation zu ihrer Umwelt (vgl. MEUSBURGER 1988, 1995, 1998, 2002; FASSMANN und MEUSBURGER 1997). Entscheidenden Einfluss auf die funktionale und räumliche

## 2.2 Arbeitsmarktforschung: Der Segmentationsansatz 23

Architektur einer Organisation haben demnach die Dynamik und die Komplexität ihrer Aufgaben. Auf Grundlage dieser Kriterien hat MINTZBERG (1979) verschiedene Organisationsformen unterschieden. Je nachdem, ob die zeitliche Dynamik der Umwelt stabil oder dynamisch ist und die Marktverhältnisse einfach oder komplex sind, können Organisationen bürokratisch oder organisch, zentralisiert oder dezentralisiert strukturiert sein. Die Vereinten Nationen sind auf Grund ihrer quasi Monopolstellung, ihrer größtenteils geregelten Arbeitsabläufe und ihrer hierarchischen Autoritätsstrukturen als bürokratische und zentralisierte Einheit zu klassifizieren. Gleichwohl kann bei einer so großen, komplexen und facettenreichen Organisation wie den Vereinten Nationen nicht davon ausgegangen werden, dass nur eine Organisationsform vorherrschend ist. So sind etwa in den kleineren Programmen wie UNHCR eher organische Strukturen zu finden. In dieser Organisation ist es seit einigen Jahren üblich, statt permanenten befristete Arbeitsverträge zu vergeben, um personaltechnisch flexibler auf sich ändernde Umweltbedingungen, in diesem Fall Flüchtlingsprobleme, reagieren zu können. Dort, wo das Risiko und die Unsicherheit groß sind, werden auch innerhalb der Vereinten Nationen andere Organisationsformen gewählt. Trotz der Dominanz bürokratischer, zentralisierter Strukturen vereint das VN-System in der Realität demnach je nach Grad der Unsicherheit und Dynamik verschiedene funktionale und räumliche Organisationsformen.

Welche Auswirkung hat diese Organisationsstruktur nun auf die räumliche Verteilung der VN-Standorte? Da die Vereinten Nationen bürokratisch und zentralisiert strukturiert sind und zudem keinen Konkurrenten haben bzw. keinem Wettbewerb ausgesetzt sind, ist eine Aufteilung auf mehrere Standorte gut möglich.[24] Diese Überlegung mag auch bei der Gründung und Konzipierung der Organisation eine Rolle gespielt haben, da die Vereinten Nationen den Anspruch haben, den „wirtschaftlichen und sozialen Fortschritt aller Völker zu fördern" (PRÄAMBEL DER CHARTA DER VEREINTEN NATIONEN) und demnach weltweit einsatzfähig sein müssen. Die globale Verteilung der VN-Standorte ist somit Grundvoraussetzung für die Umsetzung der Ziele dieser internationalen Organisation, wobei die Auswahl der spezifischen Orte – wie bereits argumentiert – unter politischen und historischen Gesichtspunkten erfolgt ist. Zudem kann davon ausgegangen werden, dass deshalb städtische Agglomerationen und nicht periphere Standorte als Hauptniederlassungen gewählt wurden, weil die potentiellen VN-Bediensteten und die Politiker an einen Mindeststandard von urbanem und kulturellem Leben gewöhnt waren.

Obgleich sich die Entstehungsbedingungen und die Organisationsform des VN-Systems von denen in der Privatwirtschaft unterscheiden, kann im Ergebnis auch für das VN-System eine Zentrum-Peripherie-Differenzierung des Wissens und der

---

[24] Die zentrale Einheit des VN-Systems, das Sekretariat, ist durch eine bürokratische und zentralisierte Struktur gekennzeichnet, so dass sich die Analyse an dieser Stelle auf diesen Teil des VN-Systems bezieht, da eine vollständige und differenzierte Analyse aller VN-Einheiten zu weit führen würde.

Macht konstatiert werden. Die strukturelle Hierarchie des VN-Systems spiegelt sich zumindest partiell in der räumlichen Verteilung ihrer Standorte wider. Während in den Zentren auf der Leitungsebene die strategischen Entscheidungen gefällt werden, werden in der Peripherie überwiegend von den Bediensteten der Einstiegsebene und des Mittelbaus operative Routinearbeiten ausgeführt. Diese ungleiche Verteilung von Wissen und Macht hat nicht zuletzt auch Einfluss auf die räumliche und berufliche Mobilität im VN-System.

## 2.3 Ausgewählte Ansätze der Karriereforschung

Im Mittelpunkt dieser Untersuchung steht die Analyse der Karrieren von Mitarbeitern der Vereinten Nationen. Karriere wird hierbei nicht nur als Untersuchungsgegenstand *per se* verstanden, sondern ist zugleich ein geeignetes Element für die Analyse von damit einhergehenden Migrationsprozessen. Denn wie bei global agierenden multinationalen Unternehmen (MNCs) besteht auch für den internationalen öffentlichen Dienst, so die Annahme, ein enger Zusammenhang zwischen Karrieren und den räumlichen Mobilitätsanforderungen seitens der Organisationen, den FINDLAY (1990, S. 18) für MNCs wie folgt beschrieb:

> ...a close association exists between career paths of individuals in MNCs, the nature of specific tasks or jobs assigned to expatriates and the migration demands imposed by MNCs on their staff. International transfers of staff are therefore determined not only by demand factors associated with the needs of MNCs to move certain skills from one geographical location to another, but also by supply related factors such as the career aspirations and prospects of those staff with the requisite skills.

### 2.3.1 Begriffsbestimmung und Analyserahmen

Karriereforschung ist Gegenstand verschiedener Disziplinen. Entsprechend vielfältig sind auch die Definitionen und Ansätze zur Erklärung von Karriere, so dass zunächst ein Überblick über diese Forschungsrichtung gegeben wird (vgl. Abb. 3).

Die verschiedenen Ansätze haben zu einer Vielfalt von Karrieredefinitionen geführt, aus denen sich zwei Trendlinien identifizieren lassen: Karriere als Aufwärtsbewegung und Karriere als Sequenz von Stationen im Berufsverlauf.[25] Die erste Bedeutungsdimension entspricht dem Alltagsverständnis von Karriere und impliziert den Positionsaufstieg einer Person und den damit verbundenen Zugewinn an

---

[25] Obgleich einige Autoren unter dem Begriff Karriere den gesamten Lebensverlauf einer Person (vgl. z.B. YOUNG and BORGEN 1990) subsumieren, wird Karriere in dieser Arbeit wie in den meisten Studien zur Karriereforschung nur auf den Berufsverlauf bezogen, da hier keine Lebensverlaufstudie durchgeführt wird.

## 2.3 Ausgewählte Ansätze der Karriereforschung

Prestige, Einfluss und Verdienst. Unter dem zweiten Karrierebegriff werden sowohl vertikale als auch horizontale Veränderungen der sozialen Position subsumiert.[26] Eine Karriere wird demnach nicht automatisch als berufliche Erfolgskarriere definiert. Jeder, der arbeitet, hat eine Karriere (ARTHUR et al. 1989).

| Ansätze zur Karriereforschung | Vertreter (Auswahl) |
| --- | --- |
| Geographische Karriere- und Qualifikationsforschung | MEUSBURGER (1980, 1998, 2000); GOULD (1988); SALT 1988; WEICK (1995); JÖNS (2003) |
| Soziologische Karriereforschung | BLAU and DUNCAN (1967); FEATHERMAN and HAUSER (1978); HARTMANN (2001); HITZLER und PFADENHAUER (2003) |
| Soziologische und ökonomische Arbeitsmarkt- und Bildungsforschung | ALLMENDINGER (1989, 2005), LUDWIG-MAYERHOFER und ALLMENDINGER (1998); Becker, R. (1993, 1994) |
| Wirtschaftswissenschaftliche Karriere- und Laufbahnforschung | BECKER, G.S. (1975, 1993); DOERINGER and PIORE (1971); MAYRHOFER (1996); MAYRHOFER et al. (2000, 2002) |
| Berufslaufbahn- und Lebenslaufforschung | MAYER (1990, 2001) MAYER and CARROLL (1987); MAYER und HILLMERT (2004); BLOSSFELD (1985, 1987, 1989) |
| Politische Karriere- und Elitenforschung | HERZOG (1975); VON BEYME (1971, 1993); FRANTZ (2005) |
| Empirische Verwaltungsforschung | PIPPKE (1975); PIPPKE und WOLFMEYER (1976); KELLER und KLEIN (1994); DREHER (1996) |
| Arbeits- und Organisationspsychologie | JOCHMANN (1990) |
| Sozialpsychologie | SCHNEIDER and HALL (1972); BAILYN (1980), SHAMIR and ARTHUR (1989) |

*Abb. 3: Multidisziplinäre Ansätze zur Karriereforschung*
*Quelle: eigene Darstellung*

Für diese Studie wird letztere Bedeutung von Karriere zu Grunde gelegt. Ausgehend von der Definition aus dem *Handbook of Career Theory* (vgl. ARTHUR et al. 1989, S. 8) wird Karriere wie folgt definiert: „Career is the evolving sequence of a person's work experience over time" and space. Damit wird das ursprüngliche Verständnis des *Handbook of Career Theory* um den räumlichen Aspekt erweitert, so dass der Berufsverlauf einer Person nicht nur im zeitlichen, sondern auch im räumlichen Kontext betrachtet wird. Der räumliche Kontext kann anhand quantitativer Kriterien wie Infrastrukturausstattung oder qualitativer Faktoren wie Identifikation mit Orten definiert werden. Zudem hat Karrieremobilität neben der sozialen auch eine räumliche Dimension. Veränderungen im Berufsverlauf können folglich sozial und/oder räumlich erfolgen (vgl. JÖNS 2002).

---

[26] Vertikale Veränderungen können sowohl Erfolgskarrieren als auch Abstiegsprozesse umfassen. Letztere sind für diese Untersuchungsgruppe nicht relevant, da es sich meist um Außenseiterkarrieren sozialer Randgruppen wie Krimineller handelt (vgl. HITZLER und PFADENHAUER 2003, S. 9).

Wie aus der Definition abgeleitet werden kann, impliziert Karriere sowohl die Analyse des Individuums als auch der Institution (VAN MAANEN 1977). Während das Individuum direkt erwähnt wird, wird die Rolle der Institution indirekt durch den Begriff der Arbeit angesprochen. Karriere umfasst somit die Beziehung zwischen der einzelnen arbeitswilligen Person, die Karriereentscheidungen trifft oder nicht trifft, und der Organisation, die Arbeit und damit Karriereoptionen anbietet. Individuelle Handlungsmöglichkeiten werden also durch institutionelle Rahmenbedingungen beeinflusst (HILLMERT 2003). Zudem spielt auch die makrostrukturelle Ebene eine Rolle, da die Gesellschaft Opportunitätsstrukturen definiert, die wiederum sowohl auf das Individuum als auch auf Organisationen wirken (ALLMENDINGER 1989, S. 24). Auf der anderen Seite wird die Gesellschaft von den Karrieren der Personen und der Performance der Institutionen beeinflusst (KANTER 1989). Die vorliegende Studie umfasst damit drei Analyseebenen: Mikro-, Meso- und Makroebene (vgl. dazu Kapitel 2.5).

### 2.3.2 Karrierekonzepte

Vor dem Hintergrund der in den letzten zehn bis fünfzehn Jahren zu beobachtenden gesellschaftlichen, technologischen und ökonomischen Veränderungen haben sich auch die Karrieremuster verändert (SCHIFFINGER und STRUNK 2003; STRUNK, MAYRHOFER und SCHIFFINGER 2004). Neben die klassischen organisationellen Karrieren (vgl. u.a. BECKER and STRAUSS 1956; BERTHEL and KOCH 1985; DYER 1976; GUNZ 1989; HALL, D. T. 1976; SCHEIN 1978) treten sogenannte ‚neue Karrieren'. Erstere sind meist in großen Unternehmen oder im öffentlichen Bereich zu finden und sind durch eine dauerhaft stabile Beziehung zwischen dem Individuum und der Institution gekennzeichnet (vgl. Abb. 4). Zudem besteht bei diesem Karrieretyp meist eine enge Bindung zwischen dem einzelnen Beschäftigten und seiner Organisation, die sich im öffentlichen Dienst nicht zuletzt in dem Austauschverhältnis zwischen Privilegien für den Arbeitnehmer einerseits und der Loyalitätssicherung für den Arbeitgeber andererseits äußert (vgl. auch Kapitel 2.2.2).
Die neuen Karrieren werden unter verschiedenen Begriffen wie „boundaryless career" (ARTHUR and ROUSSEAU 1996; ARTHUR et al. 1999; ARTHUR et al. 2005), „protean career" (HALL, D. T. 1996; HALL and CHANDLER 2005), „post-corporate career" (PEIPERL and BARUCH 1997) oder „chronic flexibility" (MAYRHOFER et al. 2000; 2002; STRUNK et al. 2004a, 2004b) konzeptionalisiert. Nach Ansicht vieler Autoren sind diese neuen Karrieren durch steigende Unsicherheit und Unverlässlichkeit der Beschäftigungsverhältnisse gekennzeichnet (z.B. ARNOLD 1997; ARTHUR et al. 1999; BRIDGES 1999; GOFFEE and SCASE 1992; HALL, D. T. 1996; PEIPERL and BARUCH 1997). Die organisationellen Karrieren sind dagegen relativ klar definierte Berufswege, die meist an einen Aufstieg in einer Organisation gekoppelt sind.

## 2.3 Ausgewählte Ansätze der Karriereforschung

Angesichts dieser Entwicklungen haben MAYRHOFER et al. (2000) ein theoretisches Modell entworfen, in dem verschiedene Karrierekonzepte verortet und miteinander in Beziehung gesetzt werden. Karrieren werden demnach anhand der Dynamik der Konfiguration (stabil/instabil) zwischen Akteuren und dem Grad der Kopplung (lose/eng) zwischen diesen Akteuren umfassend beschreibbar (vgl. Abb. 4).

|  | **Konfiguration** | |
|---|---|---|
|  | stabil | instabil |
| eng | Company world / Public sector | Free-floating professionalism |
| lose | Self-employment | Chronic flexibility |

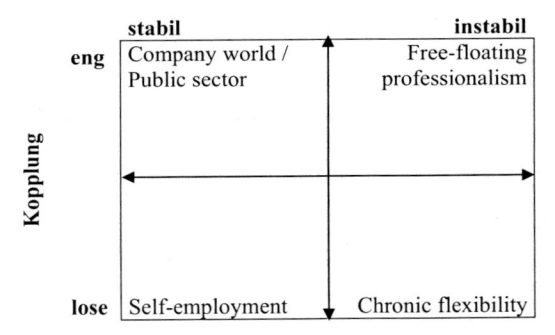

(Kopplung auf der y-Achse)

*Abb. 4:   Karrierekonzepte*
*Quelle:   modifiziert nach SCHIFFINGER und STRUNK (2003), S. 298*

Die bereits angesprochenen gesellschaftlichen und wirtschaftlichen Veränderungen beeinflussen Karrieren dahingehend, dass oftmals sowohl die Stabilität als auch die Intensität der Beziehung zwischen Individuum und Organisation abnehmen. Als Folge treten vermehrt projektorientierte Arbeitsformen auf, in denen der meist freiberufliche Arbeitnehmer für einen begrenzten Zeitraum relativ eng mit einer Institution zusammenarbeitet. Bei Selbständigen ist dagegen meist ein relativ stabiles Umfeld im Sinne eines festen Kundenkreises gegeben, mit dem aber keine engeren Beziehungen eingegangen werden. Ist die Beziehung zwischen den Akteuren instabil und lose, führt das zu einem Karrierekonzept, das von dauerhafter Flexibilität, aber auch Komplexität (vgl. STRUNK et al. 2004a) gekennzeichnet ist. Hier lassen sich die sogenannten neuen Karrieren verorten. Die Berufstätigen in diesem Bereich wechseln nicht nur ihre Kunden, sondern oftmals auch das Tätigkeitsfeld.

Es stellt sich nun die Frage, ob für den internationalen öffentlichen Dienst ähnliche Entwicklungen konstatiert werden können. Wodurch zeichnet sich die organisationelle Karriere im VN-System (im Unterschied zur Privatwirtschaft) aus und gibt es neben der organisationellen Karriere noch andere Karriereformen in dieser internationalen Organisation?

### 2.3.3 Das Karrierekonzept des (internationalen) öffentlichen Dienstes

Da der internationale öffentliche Dienst in Anlehnung an nationale öffentliche Dienste, insbesondere an den englischen *civil service* konzipiert wurde, stimmen viele Grundprinzipien überein, die eine weitgehend gemeinsame Betrachtung von Karriere an dieser Stelle erlauben.

Eines der Strukturprinzipien des Beamtentums ist die Anstellung auf Lebenszeit (WUNDER 1986), die sowohl eine stabile Beziehung als auch eine intensive Bindung zwischen Arbeitnehmer und Organisation garantiert. Zudem ist dadurch eine lebenslange Laufbahn in einer Institution gewährleistet, die wiederum an fixe, zeitlich gegliederte Aufstiegsmechanismen gekoppelt ist. Dieses Karrieremodell[27], das Ende des 18. und Anfang des 19. Jahrhunderts institutionalisiert wurde, ist demnach an den Familienzyklus einer Normalfamilie mit einem männlichen Ernährer gekoppelt (DI LUZIO 2003, S. 97). Mit steigendem Dienstalter erhöhen sich entsprechend der Einfluss bzw. die Verantwortung in der Organisation, was als Senioritäts- bzw. Anciennitätsprinzip bezeichnet wird. Zugleich sind die Bezüge nach Dienstaltersstufen gestaffelt, so dass ein angemessenes Einkommen entsprechend der Tätigkeitsdauer garantiert wird (Alimentation). Das Karrieremodell des öffentlichen Dienstes basiert folglich auf den Strukturprinzipien Lebenszeitanstellung, Alimentation und Anciennität.

Eine der Intentionen dieser ursprünglichen Karrierekonzeption des Beamtentums war, die besondere Beziehung zwischen Beamten und der staatlichen bzw. internationalen Institution zu manifestieren. Die Begleitung eines öffentlichen Amtes sollte sich von der Erwerbstätigkeit in der Privatwirtschaft abgrenzen (CAPLAN 1990, S. 166 ff.). Dies spiegelte sich beispielsweise darin wider, dass die Arbeitsbeziehung zwischen beiden Akteuren durch Pflichtbegriffe geregelt war (vgl. HINTZE 1981 [1911]; CAPLAN 1988). Erbrachte Leistungen des Beamten wurden demnach nicht durch Gegenleistungen des Arbeitgebers wie in der Privatwirtschaft entlohnt. Vielmehr sollte durch eine standesgemäße Alimentation garantiert werden, dass der öffentliche Bedienstete nur dem Allgemeinwohl diente. Dies sicherte zugleich die Unabhängigkeit des Beamtentums vor Einflussnahme durch dritte Akteure.

Diesem Ursprungskonzept des Beamtentums entsprechen im VN-System diejenigen Bediensteten mit einem permanenten Vertrag. Sie sind klassische Karrierebeamte und haben demnach die „opportunity of advancing vertically through the system to the highest post" (MOURITZEN 1990, S. 44). Ihre Beziehung zur Organisation als Arbeitgeber ist wie im klassischen organisationellen Karrierekonzept von

---

[27] Es muss darauf hingewiesen werden, dass der Terminus Karriere für den öffentlichen Dienst in Handbüchern faktisch nicht existiert (DREHER 1996, S. 24). Meist wird stattdessen von laufbahnrechtlichem Aufstieg gesprochen, der einen kontinuierlichen Bewegungsrhythmus impliziert. Karriere hängt im öffentlichen Dienst meist noch das Odium des außergewöhnlichen Berufserfolgs an (vgl. DREHER 1996). Die in dieser Untersuchung verwendete Definition von Karriere (vgl. Kapitel 2.3.1) erlaubt jedoch die Verwendung des Begriffs Karriere für den (internationalen) öffentlichen Dienst.

## 2.3 Ausgewählte Ansätze der Karriereforschung

Stabilität und Kontinuität geprägt. Während der ursprüngliche internationale öffentliche Dienst als (lebenslanger) Karrieredienst konzipiert war (vgl. HAMMARSKJÖLD 1967), gibt es in der Praxis verschiedene Formen von Dienstverhältnissen (vgl. PRIEß 1991, S. 642). Neben der lebenslangen Anstellung, gibt es im VN-System befristete Dienstverhältnisse, die ein anderes als das organisationelle Karrierekonzept zur Folge haben.[28] Zwar sind Mitarbeiter mit befristeten Verträgen durch Vertragsverlängerungen (Kettenverträge) oftmals auch für eine längere Zeit ihres Lebens im VN-System angestellt, doch basieren diese Karrieren nicht auf den gleichen Prinzipien Dauerhaftigkeit und Stabilität wie bei VN-Angestellten mit einem permanenten Kontrakt. Diese Karriereform ließe sich daher als Übergangsform zwischen organisationeller Karriere und free-floating professionalism charakterisieren (vgl. Abb. 4), da zwischen dem Angestellten und der Organisation eine enge Bindung bei semistabiler Konfiguration herrscht. Ein Rest Unsicherheit bezüglich der nächsten Vertragsverlängerung bleibt, da der Angestellte keinen Anspruch auf eine Weiterbeschäftigung hat. Darüber hinaus existieren im VN-System weitere Karriereformen. Als Beispiel sei das Projektpersonal erwähnt, für das eine eigene Personalordnung erlassen wurde, da die traditionellen Dienstverhältnisse für dessen Aufgaben nur bedingt brauchbar waren (GÖTHEL 2002). Bedienstete mit solchen Verträgen haben nur geringe Arbeitsplatzsicherheit, da ihr Vertrag bei Erschöpfung der Mittel oder Unstimmigkeiten zwischen ihnen und dem Einsatzland frühzeitig beendet werden kann. Karrieren von Projektbediensteten sind daher von einer instabilen Konfiguration und einer losen Kopplung gekennzeichnet, so dass sie in den Bereich der sogenannten ‚neuen Karrieren' (chronic flexibility) eingeordnet werden können (vgl. Abb. 4).

Zusammenfassend lässt sich festhalten, dass das VN-System entsprechend seiner vielfältigen Dienstverhältnisse mehrere Karrierekonzepte vereint. Die organisationelle Karriere, die dem Idealkonzept des internationalen öffentlichen Dienstes und seinen Prinzipien gerecht wird, ist insbesondere im VN-Sekretariat vorherrschend. Dadurch soll besonders im politischen Bereich die Unabhängigkeit der Bediensten vor Einflussnahme von Mitgliedsstaaten gesichert werden (vgl. Kapitel 2.4.1). In den Sonderorganisationen und kleineren Programmen findet man dagegen auf Grund der wechselnden Einsatz- und Aufgabengebiete vermehrt Karriereformen, die durch eine instabile Konfiguration sowie eine losere Kopplung zwischen den Akteuren gekennzeichnet sind.

---

[28] In der Praxis gibt es beispielsweise in der WHO ausschließlich befristete Dienstverhältnisse, während insbesondere im politischen Bereich des VN-Sekretariats fast nur permanente Verträge vergeben werden, um die Unabhängigkeit dieser Beamten zu gewährleisten.

## 2.4 Die Vereinten Nationen als Forschungsgegenstand

Diese Studie untersucht mit den Vereinten Nationen einen Bereich, der in der Hochqualifiziertenforschung bisher vernachlässigt worden ist. So unterscheidet sich der Bereich des internationalen öffentlichen Dienstes – wie bereits vorher argumentiert – in seinen Strukturprinzipien von denen der Privatwirtschaft. Darüber hinaus bestehen – wie in diesem Abschnitt gezeigt wird – auch grundlegende Unterschiede zwischen dem nationalen und dem internationalen öffentlichen Dienst. Um die Karrieren und die damit verbundenen Mobilitätsvorgänge im VN-System einordnen und bewerten zu können, sind daher zunächst die Besonderheiten des Berufsfeldes des internationalen öffentlichen Bediensteten als auch des Arbeitsumfeldes der internationalen Organisation näher zu erläutern.

### 2.4.1 Das Berufsfeld des internationalen öffentlichen Dienstes

Das Berufsfeld in internationalen Organisationen wie den Vereinten Nationen wird als internationaler öffentlicher Dienst bezeichnet. Nach der klassischen Definition von BASDEVANT sind internationale Beamte diejenigen, die „von Vertretern mehrerer Staaten oder einer in ihrem Namen handelnden Organisation beauftragt sind, unter ihrer Kontrolle nach speziellen Rechtsnormen auf Dauer und ausschließlich Aufgaben im Interesse der betreffenden Staaten wahrzunehmen" (BASDEVANT, zit. nach PRIEß 1991, S. 640). Diese Definition gilt nur für die sogenannten „officials" (vgl. UNITED NATIONS 1946, Art. V), wohingegen kurzfristig angestellte Experten, Projektpersonal und Ortskräfte einen Angestellten- und keinen Beamtenstatus haben.
Der Status der internationalen Bediensteten ist in den Artikeln 100 und 101 der VN-Charta manifestiert. Sie enthalten einige der wichtigsten Grundprinzipien des internationalen Beamtentums: den Grundsatz der Unabhängigkeit der Beamten von ihren Heimatländern, die Verpflichtung, allein der Organisation zu dienen, die Forderung nach Leistungsfähigkeit, Sachkenntnis und persönlicher Integrität sowie das Prinzip der gerechten geographischen Verteilung. Artikel 101, Abs. 1 ist zudem Grundlage für das Personalstatut, das durch die Generalversammlung erlassen wird. In der Praxis kommt der internationale öffentliche Dienst meist nicht mehr in seiner Idealform vor (vgl. GÖTHEL 2002, S. 125). Obgleich entsprechend der Charta (vgl. Art. 101, Abs. 3) die fachliche Qualifikation als Hauptanstellungs- und Beförderungskriterium gilt, wobei die „Auswahl auf möglichst breiter geographischer Breite vorzunehmen" ist, so hat das Prinzip der geographischen Repräsentanz in der Realität immer mehr an Bedeutung gewonnen (für eine ausführliche Diskussion vgl. z.B. HOUSHANG 1996, PASCHKE 2003). Dadurch wird auch die Unabhängigkeit der internationalen Beamten von ihren Heimatländern unterminiert (YOUNG 1970, S. 228; MOURITZEN 1990, S. 41). Das Prinzip der geographischen Repräsen-

## 2.4 Die Vereinten Nationen als Forschungsgegenstand

tanz und die oft damit einhergehende Einflussnahme der Mitgliedsländer auf Personalentscheidungen wirken sich nicht nur auf die Karriere- und Mobilitätsverläufe der VN-Bediensteten aus, sondern sind zudem Faktoren, die den internationalen öffentlichen Dienst von der freien Wirtschaft unterscheiden.[29]

Was verbirgt sich hinter dem Prinzip der geographischen Verteilung? Die ursprüngliche Formulierung der Charta, nach der die Personalauswahl auf möglichst breiter geographischer Grundlage erfolgen soll, wurde in Resolutionen aufgegriffen und als Prinzip der ausgewogenen geographischen Verteilung festgeschrieben. Schließlich spiegelt sich das Prinzip auf quantitativer Ebene in den Personalquoten wider. Demnach hat jedes Mitgliedsland einen Sollstellenrahmen[30], der sich aus dem Mitgliedschaftsfaktor[31], dem Bevölkerungsfaktor[32] sowie dem Beitragsfaktor[33] ergibt. Mittlerweile ist der Sollstellenrahmen zum entscheidenden Kriterium für die Personalbeschaffung geworden (GÖTHEL 2002). Zudem kann das Prinzip des Nationalitätenproporzes auch den späteren Karriereverlauf innerhalb des VN-Systems beeinflussen, da es auch auf kleinerer Ebene wie Abteilungen angewandt wird. Auch viele Sonderorganisationen, auf die hier aus forschungspragmatischen Gründen nicht weiter eingegangen werden kann, versuchen, Personalpolitik auf der Basis einer möglichst breiten geographischen Verteilung zu betreiben.

Ähnlich wie beim nationalen öffentlichen Dienst soll das Personal internationaler Organisationen – so die Grundidee – auf Dauer angestellt werden, um dessen Unabhängigkeit zu gewährleisten und es vor möglicher Einflussnahme von außen zu schützen. Gleichwohl erkannte man bei der Konzeption des VN-Sekretariats, dass nicht alle Mitarbeiter permanent angestellt werden können, um eine gewisse Flexibilität des Systems zu gewährleisten. Insbesondere Leitungspositionen und Expertentätigkeiten basieren daher auf befristeten Arbeitsverhältnissen. Diese unterschiedlichen Dienstverhältnisse haben zu einer Debatte über die grundlegende Konzeption des internationalen öffentlichen Dienstes geführt (vgl. dazu GÖTHEL 2002, S. 199 ff.; DAVIES 2002, S. 226 ff.). Die Befürworter der Dauerbeschäftigung

---

[29] Wie aus Artikel 100, Abs. 2 der UN-Charta ersichtlich wird, ist den Mitgliedsstaaten diese Einflussnahme auf den Generalsekretär theoretisch untersagt.

[30] Der Sollstellenrahmen erweitert die punktuelle Personalquote, indem ein Personalanteilsbereich ermittelt wird, dessen unterer Rahmen bei 75% und dessen obere Grenze bei 125% der Personalquote liegen. Die obere Grenze von 125% gilt nicht für Beitragszahler mit einem Finanzbeitrag von 10% oder mehr. Zudem gibt es einen gewichteten Sollstellenrahmen, der die Wertigkeit der Stellen nach Hierarchie mit einbezieht (für eine ausführliche Beschreibung siehe GÖTHEL 2002, S. 175 ff.).

[31] Der Mitgliedschaftsfaktor besagt, dass jedem Land allein auf Grund seiner Mitgliedschaft in den Vereinten Nationen 1–14 Stellen (Mindestsollstellenrahmen) zustehen (vgl. VN-DOKUMENT A/57/414, S. 18 ff.).

[32] Der Bevölkerungsfaktor sichert die Berücksichtigung der jeweiligen Bevölkerungszahl für die Ermittlung des Sollstellenrahmens (vgl. VN-DOKUMENT A/57/414, S. 18 ff.).

[33] Der Beitragsfaktor berücksichtigt den Finanzbeitrag eines Landes für die Personalquote (vgl. VN-DOKUMENT A/57/414, S. 18 ff.).

sehen die Unabhängigkeit sowie die Beschäftigungsstabilität der Bediensteten und damit das internationale Beamtentum insgesamt gefährdet. Die Fürsprecher befristeter Arbeitsverhältnisse argumentieren dagegen mit der unsicheren Finanzlage und Flexibilitätsanforderungen an die Organisationen.
Ein weiteres Kriterium dieses Berufsfeldes ist das Prinzip der funktionellen Immunität. In seinem Amt unterliegt der internationale Beamte damit keiner nationalen Gerichtsbarkeit, was sowohl die Unabhängigkeit vom Heimatland als auch vom Sitzstaat des Dienstortes garantieren soll.

Das Berufsfeld des internationalen öffentlichen Sektors unterscheidet sich in einigen Merkmalen deutlich sowohl vom nationalen öffentlichen Dienst als auch von der freien Wirtschaft. So treffen in einer internationalen Organisation wie den Vereinten Nationen die Interessen von 192 Mitgliedsstaaten aufeinander, die sich auch um Personalfragen drehen, zumal damit versucht werden soll, Einfluss auf UN-Politik von ‚innen', also über die Bediensteten, zu nehmen. GÖTHEL (2002, S. 139) spricht in diesem Zusammenhang auch von einer Entwicklung des internationalen öffentlichen Dienstes hin zu einem „multinationalen Dienst, der die pluralistische Vielfalt von Staaten und Interessen widerspiegelt." Inwieweit sich der organisationelle Kontext letztlich durch das Prinzip des Nationalitätenproporzes und die politische Einflussnahme seitens der Mitgliedsstaaten auf die Karrieren der deutschen VN-Bediensteten auswirkt, soll in dieser Studie untersucht werden.

2.4.2 Das Common System der Vereinten Nationen

Diese Studie untersucht mit dem Common System der Vereinten Nationen nur einen Teil des VN-Systems, der sich durch übereinstimmende Regelungen im Dienstrecht auszeichnet. Zum Common System gehören neben dem VN-Sekretariat und seinen zugehörigen Programmen und Fonds zwölf Sonderorganisationen sowie die IAEA und die WTou. Die Entscheidung, mit dem Common System der Vereinten Nationen nur einen Teil der VN-Familie zu untersuchen, war auf Grund der personell und finanziell begrenzten Kapazitäten dieser Studie erforderlich.

Ausgangspunkt für die Konzeption dieses Systems war die Idee, die Gestaltung des internationalen öffentlichen Dienstes zu vereinheitlichen, um beispielsweise den Austausch von Personal zwischen den Organisationen zu erleichtern oder gemeinsame Versorgungsfonds einzurichten. Als Folge haben eine Reihe von Sonder- und Unterorganisationen das Dienstrecht der Vereinten Nationen mit gewissen Abweichungen übernommen.[34] Die gemeinsamen Regelungen sind unter dem Terminus

---

[34] Rechtliche Grundlagen dafür sind die Abkommen (*relationship agreements*) nach Artikel 63 der UN-Charta für Sonderorganisationen sowie Artikel 7, Abs. 2 der Charta für Unterorganisationen wie UNDP.

## 2.4 Die Vereinten Nationen als Forschungsgegenstand 33

*United Nations common system of salaries and allowances and other conditions of service* subsumiert. Darunter fallen somit die einheitlichen Regelungen zu den materiellen Konditionen der Beschäftigung, die gemeinsamen Pensionsfonds und die beiden Verwaltungsgerichte. Für dieses System hat sich die Bezeichnung Common System oder Gemeinsames Personalsystem durchgesetzt, was zugleich die vorrangige Bedeutung der gemeinsamen materiellen Beschäftigungsbedingungen widerspiegelt. In dieser Arbeit wird in der Folge vom ‚Common System der VN' gesprochen, wobei synonym auch der Begriff VN-System verwendet wird. Die einheitlichen Dienstrechtsregelungen ermöglichen es, Karrieren und Mobilitätsprozesse in den verschiedenen Organisationen zu vergleichen, weshalb das gemeinsame Personalsystem als Untersuchungsbereich ausgewählt worden ist. Trotz der weitgehend einheitlichen Beschäftigungsbedingungen im Common System unterscheiden sich jedoch die Personal- und vor allem die Mobilitätspolitiken der einzelnen Organisationen. Auf die Spezifika wird an den jeweiligen Stellen der Analyse eingegangen werden, da ein umfassender Überblick an dieser Stelle zu weit führen würde.

Die vertikalen Strukturen des VN-Systems bilden den Rahmen für Karrieren in diesem Arbeitsfeld. Mit dem oberen Management (*Directors and Principal Officers*), dem höheren Fachdienst (*Professional category*) und dem Allgemeinen Dienst (*General Service category*) existieren drei Laufbahngruppen in dieser internationalen Organisation (vgl. Abb. 5), wobei die beiden ersteren quasi wie eine Einheit behandelt und unter dem Begriff *Professional and higher categories* oder ‚Höherer Dienst' zusammengefasst werden. Ausgangspunkt dafür war, dass sie denselben materiellen Beschäftigungsbedingungen unterliegen.

Typisch für die Führungspositionen, an deren Spitze der Generalsekretär (SG) steht, ist die Pyramidenform. Zudem erfolgt die Besetzung dieser Positionen oftmals nach politischen Gesichtspunkten. Der höhere Fachdienst, der mit der Referententätigkeit des deutschen öffentlichen Dienstes vergleichbar ist, hat dagegen eine Urnenform. Das kommt daher, dass es auf der P5-Ebene, was in etwa der Abteilungsleiterebene in deutschen Ministerien entspricht, weniger Positionen als Bewerber gibt und es folglich zu einem Beförderungsstau kommt. Da somit nicht jeder VN-Bedienstete des höheren Fachdienstes diese Rangstufe erreichen kann, ist der Mittelbau (P3- und P4-Level) zahlenmäßig sehr stark repräsentiert. Zugleich gibt es auf der Nachwuchsebene (P1-/P2-Level) im Vergleich zu den mittleren Dienstgraden zahlenmäßig weniger Stellen. Jeder Dienstgrad bis einschließlich zum Direktorenlevel umfasst mehrere Besoldungsstufen, in denen der internationale Beamte in der Regel jährlich um eine Stufe aufsteigt.

---

Für die rechtlich in das VN-Sekretariat eingegliederten Organisationen wie UNEP oder UNCTAD gilt das VN-Dienstrecht.

| Dienstgrade |
|---|
| Secretary General |
| Under Secretary General |
| Assistant Secretary General |
| Directors Level 2 |
| Directors Level 1 |
| Professional Level 5 |
| Professional Level 4 |
| Professional Level 3 |
| Professional Level 2 |
| Professional Level 1 |
| General Service Level 1-7 |

**Oberes Management**
(Directors & Principal Officers)

**Höherer Fachdienst**
(Professional Service Staff)

**Allgemeiner Dienst**
(General Service Staff)

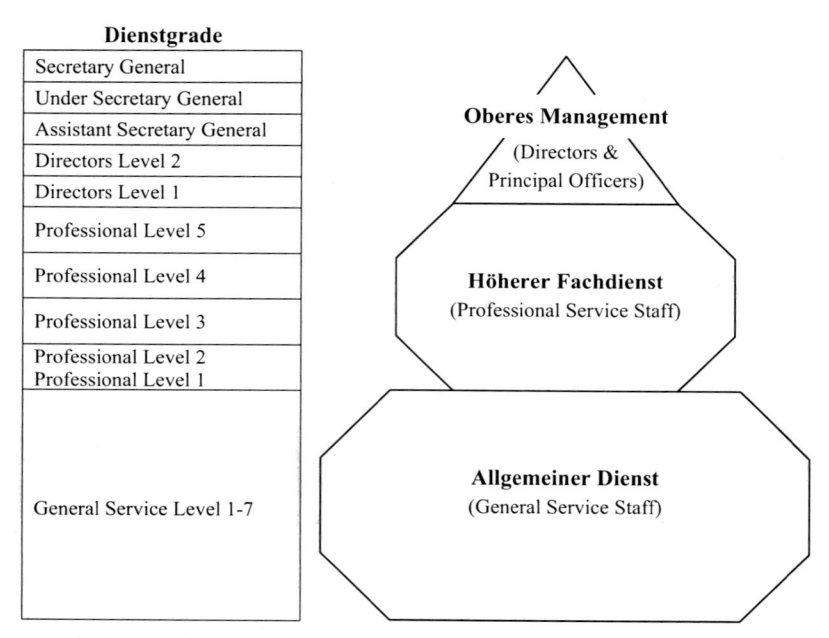

*Abb. 5:   Stellenstruktur des VN-Systems*
*Quelle:   eigene Darstellung*

Auf horizontaler Ebene wird das Personal nicht nach Arbeitsfeldern, sondern nur nach Art und Dauer der Dienstverhältnisse klassifiziert. Neben den festangestellten internationalen Bediensteten bilden der Sprachendienst, das Projektpersonal, das nationale Fachpersonal sowie das Personal von Nachwuchsprogrammen (vgl. auch Kapitel 4) Sondergruppen des höheren Dienstes der Vereinten Nationen. Ihre Stellenklassifizierungen richten sich nach dem oben beschriebenen Rahmen, sie werden aber anders bezeichnet (vgl. GÖTHEL 2002, S. 165).[35]

Das VN-System im Allgemeinen und die vertikalen sowie horizontalen Funktionsgruppen im Besonderen konstituieren den organisationellen Kontext für Karrieren in diesem Bereich. Die institutionellen Rahmenbedingungen und die damit verbundenen Regeln wirken strukturierend auf berufliche und räumliche Mobilität im internationalen öffentlichen Dienst und müssen somit bei der Analyse dieser Prozesse berücksichtigt werden.

---

[35] Beispielsweise ist für das Projektpersonal das Äquivalent zum P2-Level das L2-Level.

## 2.5 Karriere und Mobilität im internationalen öffentlichen Dienst – ein integrativer Ansatz

Da es keine Theorie zur Analyse der Karriere- und Mobilitätsprozesse im internationalen öffentlichen Dienst gibt, arbeitet diese Studie mit Postulaten verschiedener Theoriefamilien, die in dieser Arbeit zu einem integrativen Ansatz miteinander verbunden werden: das *migration channel*-Konzept, räumliche und funktionale Segmentationstheorien, organisationstheoretische Ansätze sowie die Konzeptionalisierung von Karrierekonzepten. Dabei soll unter anderem überprüft werden, inwieweit die Prämissen und Hypothesen dieser Ansätze auf den höheren Dienst internationaler Organisationen übertragbar sind.

Die aus den jeweiligen Theorien und Modellen abgeleiteten Vorstellungen führen zu einem auf drei Analyseebenen basierenden Forschungsansatz, bestehend aus individueller, organisationeller und gesellschaftlicher Ebene (vgl. Abb. 6).

| Individualebene (Mikroebene) | Organisationelle Ebene (Mesoebene) | Gesellschaftliche Ebene (Makroebene) |
|---|---|---|
| Karrierestreben / Wahl von Karriereoptionen | organisationelle Gelegenheitsstrukturen | politische und ökonomische Rahmenbedingungen |
| individuelle Ressourcen und Dispositionen | Strukturen (z.B. Regeln) | externer Arbeitsmarkt |
| persönlicher Kontext | interner Arbeitsmarkt | (historische) Ereignisse |
| | funktionale und räumliche Hierarchie | |

*Abb. 6: Analyseebenen*
*Quelle: eigener Entwurf*

Ausgangsüberlegung ist, dass der Berufsverlauf einer Person nicht nur von deren individuellen Ressourcen und Dispositionen abhängt, sondern dass er auch von institutionellen und gesamtgesellschaftlichen Strukturen determiniert, strukturiert und kanalisiert wird. Karrieren sind demnach Produkte individuellen Handelns in gegebenen sozialen Kontexten, die aus dem Zusammenhang von individuellem Handeln, organisationellen Prozessen und institutionellen sowie historischen Kräften resultieren (CARROLL and MAYER 1984, 1986; BLOSSFELD und MAYER 1988; BLOSSFELD 1989; BECKER 1993).

Auf der Mikroebene werden Karrieren durch die individuellen Ressourcen und Dispositionen der VN-Bediensteten beeinflusst. Personen besitzen also unterschiedliche Potentiale, die sich nach BOURDIEU (1983) in verschiedene Kapitalsorten differenzieren lassen: ökonomisches Kapital (z.B. materieller Besitz), kulturelles Kapital (z.B. Bildung) und soziales Kapital (z.B. soziale Beziehungen). Diese Ressourcen können im Berufsverlauf eingesetzt und transformiert werden, indem beispielsweise soziales und kulturelles Kapital in ökonomisches und auch symbolisches Kapital (Prestige, Macht) umgewandelt werden. Darüber hinaus wird der Berufsverlauf maßgeblich von organisationellen Gelegenheitsstrukturen beeinflusst, die wiederum im Zusammenspiel mit individuellen Karriereaspirationen stehen.

Das VN-System entspricht dem Typus eines internen Arbeitsmarktes, wobei sich die funktionale Hierarchie dieser Organisation in der räumlichen Verteilung ihrer Standorte widerspiegelt. Während die höchste Entscheidungsgewalt in den Hauptquartieren in New York und Genf verortet ist, werden in den Feldbüros überwiegend Tätigkeiten mit geringeren eigenen Entscheidungsbefugnissen durchgeführt. Karrieren werden zudem auch von makroökonomischen, makropolitischen und makrosozialen Faktoren beeinflusst. Politische Entscheidungen und Ereignisse sind für den Bereich internationaler Organisationen dabei von besonderer Bedeutung, da sie direkten Einfluss auf die Strukturen, Mandate und Arbeitsgebiete des VN-Systems haben können.

Mit der Berücksichtigung der verschiedenen Analyseebenen werden nicht nur verschiedene theoretische Paradigmen und Modelle in einem Ansatz integriert, sondern zudem eine ganzheitliche Analyse der Karrieren deutscher Hochqualifizierter im VN-System ermöglicht. Die verschiedenen Ebenen spiegeln sich auch in den gewählten Forschungsmethoden wider.

# 3 Methodik der Untersuchung und Datengrundlagen

## 3.1 Multimethodischer Ansatz

Um die Karrieren der VN-Bediensteten auf den verschiedenen Ebenen (vgl. Kapitel 2.5) analysieren zu können, wurde ein multimethodischer Ansatz aus quantitativer Analyse und qualitativer Fallstudie gewählt. Die Methoden- und Datentriangulation, also die Kombination verschiedener Datenerhebungs- und Analyseverfahren, bietet sich an, um die spezifischen Schwächen eines Ansatzes mit den spezifischen Stärken eines anderen zu kompensieren (SCHNELL, HILL, ESSER 1995, S. 248). Dieses Argument basiert auf der Annahme, dass multiple und unabhängige Methoden nicht die gleichen Schwächen und Verzerrungspotentiale enthalten wie die Einzelmethoden (vgl. LAMNEK 2005). Durch die Multimethodik kann einerseits eine additive Wirkung erzielt werden, die zu einer Erhöhung der Validität der Ergebnisse führt (MAYRING 1993, DIEKMANN 1999).[36] Andererseits führt der Einsatz verschiedener Erhebungs- und Analyseverfahren nicht notwendigerweise zu den gleichen Ergebnissen (BORTZ und DÖRING 2002). Dies wird jedoch nicht als Schwäche, sondern als Stärke der Methodentriangulation gesehen, da komplementäre Ergebnisse die Beleuchtung verschiedener Facetten eines Phänomens ermöglichen. Die Kombination von qualitativen und quantitativen Methoden bedeutet nicht nur, dass der Untersuchungsgegenstand aus unterschiedlichen Perspektiven beleuchtet wird, sondern auch, dass ein tieferes und besseres Verständnis des Forschungsgegenstandes erreicht werden kann. Somit wird eine ganzheitliche Sicht der Mobilität im System der Vereinten Nationen erzielt (LAMNEK 2005).

In dieser Arbeit wurde ein multimethodischer Ansatz aus der quantitativen Auswertung statistischer Daten, einer standardisierten Internetbefragung und leitfadenorientierten verstehenden Interviews gewählt (vgl. Abb. 7). Die quantitativen Daten wurden durch vorhandene statistische Daten des Auswärtigen Amts und durch eine eigene Erhebung mittels Methoden der empirischen Sozialforschung (Online-Befragung) gewonnen. Anhand der Statistiken konnten tätigkeitsspezifische anonyme Individualdaten deutscher UNO-Bediensteter des höheren Dienstes erfasst werden. Da in den Statistiken des Auswärtigen Amts keine persönlichen Daten verzeichnet waren, wurden diese durch die eigene Befragung erhoben. Auf der Basis der aus der quantitativen Analyse gewonnenen Ergebnisse wurden anschließend verstehende Leitfadeninterviews durchgeführt und mittels qualitativer Forschungsmethoden ausgewertet. Damit stützt sich die Arbeit auf folgende drei Datenquellen:

---

[36] So schreibt MAYRING (1993, S. 112) zur Triangulation: „Wie die Schenkel eines Triangels zusammengeschweißt sind, so sind qualitative und quantitative Analyseschritte miteinander zu verbinden, sie sind aufeinander angewiesen, um einen reinen Klang hervorbringen zu können."

- anonymisierte Individualdaten von 1.529 deutschen UNO-Bediensteten des höheren Dienstes aus Statistiken des Auswärtigen Amts von 1981 bis 2003;
- persönliche Daten aus der eigenen Online-Befragung von 174 UNO-Bediensteten des höheren Dienstes verschiedener Arbeitsgebiete und -orte zwischen 1973 und 2003;
- Bewertungen aus verstehenden Leitfadeninterviews mit 25 deutschen UNO-Bediensteten des höheren Dienstes in New York und Genf.

| | Projekt: Karrieren im System der Vereinten Nationen | | |
|---|---|---|---|
| Erhebung | Statistische Daten | Online-Befragung | Verstehende Leitfadeninterviews |
| - Teilgesamtheit | N=1.529 | N=174 | n=25 |
| - Feldzeitraum | März – Oktober 2004 | Mai – Juli 2004 | November 2004 – März 2005 |
| Stichprobenverfahren | Vollerhebung deutscher Angestellter des höheren Dienstes von UNHCR, ILO, WHO, VN-Sekretariat, UNEP, UNCHS, UNRWA, UNESCO, UNDP zwischen 1981 und 2003 | Vollerhebung der bereinigten Grundgesamtheit deutscher Angestellter des höheren Dienstes des Systems der Vereinten Nationen zwischen 1973 und 2003 | Theoretical sampling |
| Erhebungsmethode | Statistische Daten des Auswärtigen Amts (Personalwirtschaftliche Jahresberichte) | Online-Befragung mit E-Mail-Kontaktierung | Persönliche mündliche Interviews |
| Vorstudien | | Pilotstudie (n=20) | Pilotstudie (n=4) |
| Datenerfassung | Eingabe der Daten in eine Access-Datenbank | Datenübertragung mittels CGI2SPSS direkt vom Fragebogen in eine SPSS-Datenbank | Transkription der Interviews vom Tonband; Einlesen der Daten in MAXQDA |
| Auswertungsverfahren | Quantitativ Methoden der empirischen Sozialforschung | Quantitativ Methoden der empirischen Sozialforschung | Qualitativ Methoden der empirischen Sozialforschung |

*Abb. 7: Datenerhebungs- und Analyseverfahren*
*Quelle: eigener Entwurf*

Das multimethodische Vorgehen bezieht sich somit nicht nur auf die Methoden-, sondern auch auf die Datentriangulation, also die Kombination der mit unterschiedlichen Methoden gewonnenen verschiedenen Datenquellen (vgl. FLICK 1995,

LAMNEK 2005). Dies ermöglicht wiederum die Durchführung vielfältiger Auswertungsmöglichkeiten als nur bei einer Datenquelle (ERZBERGER 1995). Zusammenfassend ist das Ziel der Methoden- und Datentriangulation die Überwindung der Dichotomie zwischen qualitativen und quantitativen Methoden, die oft durch fehlende Offenheit seitens der Forscher bedingt ist (vgl. MERTON und KENDALL 1979, LAMNEK 2005). Mit der Integration verschiedener Erhebungs- und Analyseverfahren in dieser Studie wird zum einen die Konvergenz von Ergebnissen sowie deren Komplementarität angestrebt (KELLE, KLUGE und SOMMER 1998).

## 3.2 Statistische Daten

Mittels der quantitativen Daten aus den Statistiken des Auswärtigen Amts können Aussagen zu raumzeitlichen Karriere- und Mobilitätsmustern, zu weltweiten Kooperationsnetzen und zu Repräsentationen der verschiedenen organisationellen Einheiten des VN-Systems in Form von Ranglisten getroffen werden. Zudem geben die verwendeten statistischen Daten Auskunft über individuelle Karriereverläufe.[37]

Da es keine Gesamtstatistik zur Mobilität von deutschen Hochqualifizierten im Allgemeinen und von deutschen internationalen Bediensteten im Besonderen gibt, wurde für diese Untersuchung auf Daten von einer Mittlerorganisation, dem Auswärtigen Amt, zurückgegriffen. Die schwierige Datenlage resultiert unter anderem daraus, dass die Personaldaten wegen des Datenschutzes von den VN-Organisationen unter Verschluss gehalten werden, so dass sie für externe Personen nicht zugänglich sind. Auch auf mehrmalige Anfrage der Autorin mit Unterstützung der Deutschen Vertretung bei den Vereinten Nationen in New York waren vom VN-Sekretariat keine (aggregierten) Personaldaten zu bekommen.

Somit wurden die Daten anhand der Personalwirtschaftlichen Jahresberichte des Auswärtigen Amts erfasst. Da diese Akten der dreißigjährigen Sperrfrist nach dem Bundesarchivgesetz[38] unterliegen, war eine Sondergenehmigung des Staatssekretärs des Auswärtigen Amts für die Akteneinsicht erforderlich.[39] Zum Schutz der Persönlichkeitsrechte verpflichtete sich die Autorin, die dort enthaltenen Informationen nur in aggregierter und anonymisierter Form zu verwenden.
Auf Grund der begrenzten personellen und finanziellen Ressourcen dieser Studie konnten nicht alle personalwirtschaftlichen Daten des VN-Systems erfasst werden. Daher wurden statistische Daten zum deutschen Personal von folgenden Organisa-

---

[37] Individuelle Karriereverläufe werden selbstverständlich anonymisiert analysiert und verwendet.
[38] Gesetz über die Sicherung und Nutzung von Archivgut des Bundes (BarchG) vom 6. Januar 1988, zuletzt geändert durch das Gesetz vom 13. März 1992.
[39] Mein Dank gilt an dieser Stelle dem Koordinator für internationale Personalpolitik des Auswärtigen Amts, der meinen Antrag auf Akteneinsicht unterstützt hat.

tionen in eine eigens konzipierte Datenbank aufgenommen: UNHCR, ILO, WHO, VN-Sekretariat inklusive Regionalkommissionen, UNCTAD, UNEP, UNCHS, UNRWA, UNESCO und UNDP. Die Auswahl dieser Organisationen wurde in Anlehnung an das *theoretical sampling* (vgl. Kapitel 3.4.1) anhand von zwei Kriterien getroffen. Das erste ist das Vorhandensein personalwirtschaftlicher Daten dieser Organisationen. Zweitens sollen die ausgewählten Organisationen möglichst verschiedene Arbeitsorte und -felder des VN-Systems wie humanitäre Aufgaben, Umwelt- und Kulturtätigkeiten oder administrative Aufgaben repräsentieren.

Die statistischen Daten zum deutschen Personal bei den ausgewählten internationalen Organisationen des VN-Systems konnten für den Zeitraum von 1981 bis 2003 in die Datenbank aufgenommen werden.[40] Diese zeitliche Einschränkung gegenüber dem Untersuchungszeitraum 1973-2003 ergibt sich durch eine interne Richtlinie des Auswärtigen Amts, der zufolge Daten über deutsche internationale Bedienstete erst ab 1981 systematisch erfasst worden sind.[41] Die Personalwirtschaftlichen Jahresberichte enthalten neben Angaben zum Geschlecht Informationen über tätigkeitsspezifische Variablen wie den Arbeitsort, den Anstellungsbeginn, den Dienstgrad, die Art und die Laufzeit des Vertrages sowie für das VN-Sekretariat auch über die Abteilungen der Bediensteten. Soziodemographische Daten, die nicht in den Dokumenten des Auswärtigen Amts dokumentiert waren, wurden mit Hilfe der Online-Befragung erhoben (vgl. Kapitel 3.3).

Ausgehend von diesen Bedingungen wurden von der Autorin anonymisierte Individualdaten von 1.529 deutschen VN-Angestellten in eine Access-Datenbank eingegeben, was einer Vollerhebung des deutschen Personals der ausgewählten Organisationen entspricht. Neben den Referenzinformationen ID-Nummer und Geschlecht wurden die oben genannten Informationen jeder einzelnen Person für jedes Jahr ihrer Tätigkeit im VN-System während des Erhebungszeitraums erfasst. Dies führte zu einer Datenbank, die insgesamt 8.554 Einträge zum beruflichen Werdegang deutscher VN-Mitarbeiter umfasst.

Diese quantitativen Daten wurden mittels Kreuztabellen, Korrelations- und Regressionsanalysen sowie explorativer Signifikanztests ausgewertet, wobei ein enger Bezug zur empirischen Datenbasis gewahrt wurde (vgl. GLASER and STRAUSS 1967, S. 200 ff.; BORTZ und DÖRING 2002). Ein wichtiger Bestandteil der Auswertung war die Analyse zeitlicher und räumlicher Entwicklungen der Karriereverläufe deutscher VN-Angestellter.

---

[40] Die Daten von 1995 konnten auf Grund fehlender Personalwirtschaftlicher Jahresberichte nicht erhoben werden.
[41] Dieser Zeitraum erschien jedoch trotzdem angemessen, um Aussagen zu raumzeitlichen Entwicklungen der Mobilität von internationalen öffentlichen Bediensteten treffen zu können.

## 3.3 Online-Befragung

Um soziodemographische Merkmale deutscher UNO-Angestellter des höheren Dienstes, die nicht aus den statistischen Daten gewonnen werden konnten, sowie grundlegende Rahmenbedingungen und Langzeitauswirkungen der Arbeitsaufenthalte und der damit verbundenen Mobilitätsereignisse im Untersuchungszeitraum zu erheben, wurde als Erhebungsmethode eine standardisierte Online-Befragung[42] gewählt. Die Befragung war als Vollerhebung von Deutschen, die zwischen 1973 und 2003 im höheren Dienst des VN-Systems (vgl. Kapitel 2.4.2) angestellt waren, konzipiert und wurde im Mai, Juni und Juli 2004 durchgeführt.[43]

### 3.3.1 Online-Befragung als gewählte Methode

Die Internetbefragung wurde der standardisierten schriftlichen Befragung aus mehreren Gründen vorgezogen.[44] Ein wichtiges Argument, warum für diese Studie eine Online-Befragung gewählt wurde, ist die durch das Internet gewährleistete Alokalität (BATINIC und BOSNJAK 2000, BOSNJAK 2002). Denn das WWW ist ein ubiquitäres Netzwerk, das die Möglichkeit bietet, Befragungen unabhängig vom Aufenthaltsort der Untersuchungsteilnehmer und -leiter durchzuführen. Daher eignet sich diese Methode besonders für Studien wie diese, deren Personengruppen mittels konventioneller schriftlicher Befragungsverfahren schwer oder nicht erreichbar sind (vgl. COOMBER 1997). Durch die weltweite Verteilung der Zielgruppe dieser Studie war eine ortsunabhängige Befragungsmethode, bei der die Erreichbarkeit der Zielpersonen sicher gestellt werden konnte, die einzig wählbare Methode.

Zweitens können sich Kosteneinsparungen ergeben (BATINIC und BOSNJAK 2000, ATTESLANDER 2003). Dazu müssen jedoch gewisse Bedingungen erfüllt sein. So weist PANNEWITZ (2003) darauf hin, dass sich Kosteneinsparungen erst ab einer gewissen Samplegröße ergeben. Online-Befragungen bieten sich demnach erst ab einer Stichprobengröße von mehreren 100 Personen an, damit eine kostenökonomische Durchführbarkeit gewährleistet ist (SCHONLAU et al. 2001). Diese Bedingung ist mit einem Sample von 495 in dieser Studie erfüllt. Kostenverursachende Faktoren wie die Anschaffung der notwendigen Software waren für diese Studie zu vernachlässigen, da die Arbeitsplätze am Geographischen Institut der Universität Heidelberg mit den entsprechenden Programmen (SPSS, Frontpage) ausgestattet wa-

---

[42] Die Begriffe Online-Befragung und Internetbefragung werden in dieser Arbeit synonym verwendet.
[43] Es fand eine Vollerhebung mit den Deutschen statt, deren Adressen über den VDBIO und die Deutsche Vertretung verfügbar und die nicht verstorben waren (vgl. Kapitel 3.3.3).
[44] Die Möglichkeiten, aber auch die methodischen Probleme dieser Forschungsmethode werden u.a. von BATINIC und BOSNJAK (2000), DILLMANN (2000), BIRNBAUM (2001), REIPS und BOSNJAK (2001), THEOBALD, DREYER und STARSETZKI (2001), SCHONLAU et al. (2001) sowie BOSNJAK (2002) ausführlich diskutiert.

ren. Die Software für die Übertragung der Daten aus dem Internet in eine SPSS-Datenbank war im Internet kostenlos verfügbar (vgl. MÜLLER and FUNKE 1998). Eine weitere Bedingung, die notwendig ist, um wesentliche Kostenvorteile mit webbasierten Umfragen zu erzielen, ist Routine in dieser Methodik (SCHONLAU et al. 2001, PANNEWITZ 2003). Da die Autorin bereits in ihrer Examensarbeit eine Online-Befragung durchgeführt hat (vgl. DECKERT 2002), verfügt sie somit über das notwendige technische Know-how.[45] Müssten beispielsweise externe Experten für die technische Umsetzung herangezogen werden, könnte dies eine kostenökonomische Durchführbarkeit zunichte machen. Zudem entstehen bei der Internetbefragung hinsichtlich der Aussendung der Fragebögen keine bzw. nur unwesentliche Kosten (SPROULL 1986, PARKER 1992). Neben dem Wegfall der Portokosten tragen insbesondere die nicht anfallenden Druckkosten zu einer Kostenersparnis bei, die mit einer konventionellen schriftlichen Befragung nicht zu erreichen wäre. Ähnlich wie bei letzterer fallen zudem durch den Selbstausfüllermodus keine Kosten für den Interviewer an (BANDILLA, BOSNJAK und ALTDORFER 2001).

Ein weiterer Vorteil der Online-Befragung ist die Zeitersparnis. Diese ergibt sich ebenfalls nur dann, wenn Erfahrung im Umgang mit Onlineumfragen besteht. Des Weiteren wird beim Versand der Fragebögen Zeit gespart, was insbesondere durch die weltweite Verteilung der Zielgruppe und der teilweisen langen und widrigen Postwege ein wichtiger Vorteil in dieser Studie ist. Somit konnte zugleich der Unsicherheitsfaktor, ob die Post überhaupt ihr Ziel erreicht, was insbesondere in Krisengebieten nicht garantiert werden kann, ausgeschlossen werden. Analog zum Versand der Fragebögen ergaben sich auch Zeitvorteile, was die Rückläufe betrifft, die laut ANDERSON und GANSNEDER (1995) schneller als bei konventionellen postalischen Umfragen sind. In dieser Untersuchung haben die meisten Personen den Fragbogen innerhalb der ersten vier Tage ausgefüllt und zurückgesandt. Somit war eine kurze Feldzeit garantiert. Auch war die Möglichkeit der Nachfassung in relativ geringem zeitlichen Abstand zur Erstbefragung gegeben, wovon in dieser Arbeit Gebrauch gemacht wurde. Dadurch konnte die Rücklaufquote von ursprünglich 21% auf 35,2% gesteigert werden. Nicht zuletzt wurde Zeit dadurch gewonnen, dass die manuelle Eingabe der Datensätze entfiel (BATINIC und BOSNJAK 2000, ATTESLANDER 2003, PANNEWITZ 2003). Allerdings muss PANNEWITZ' (2003) Argument widersprochen werden, dass Zeitvorteile dadurch entstehen, dass die Kodierung der Antworten entfällt. Dieser Arbeitsschritt hat sich lediglich zeitlich nach vorne verlagert, so dass diese Tätigkeit vor dem Versand der Fragebögen durchgeführt wurde, wohingegen bei postalischen Befragungen die Kodierung in der Regel bei der Dateneingabe, also nach Rücksendung der Fragebogen erfolgt. Eine Zeitersparnis war hierbei nicht erkennbar.

---

[45] Die Autorin dankt an dieser Stelle Jörn Schellenberg und Ute Forster-Schwerk für ihre Anregungen und Hilfestellungen bei der technischen Umsetzung des Fragebogens.

Durch die automatisierten Speicherungs- und Auswertungsprozeduren konnte zudem die Gefahr von Eingabefehlern minimiert werden (KIESLER and SPROULL 1986). Auch die Automatisierbarkeit der Durchführung und der Daten zählt zu den Vorteilen der Online-Befragung, da dadurch die Objektivität der Untersuchung gesichert werden konnte (BATINIC und BOSNJAK 2000, BOSNJAK 2002). Zudem wurde die Datenqualität dadurch gesteigert, dass mögliche Fehlerquellen ausgeschlossen werden konnten (PANNEWITZ 2003). Dies betraf zum einen mögliche Fehler seitens des Befragers, zum Beispiel bei der Dateneingabe. Auf der anderen Seite konnten fehlerhafte Antworten wie ein fünfstelliges Geburtsjahr bereits während des Befragens mittels entsprechender Feldvorgaben kontrolliert werden.

Letztlich gibt die Rücklaufquote der Befragung von 35,2% der gewählten Methode recht, denn sie liegt in dem von FRIEDRICHS (1990) festgelegten Rahmen für Rückläufe von (konventionellen) schriftlichen Befragungen zwischen 10% und 70%. Im Vergleich zu anderen Online-Befragungen ist dieser Wert relativ hoch einzuschätzen, da die Rücklaufquote für Internetbefragungen meistens zwischen 7% und 44% (SCHONLAU et al. 2001) und bei Umfragen in Institutionen oder Organisationen gar nur zwischen 15% und 20% liegt (vgl. WELKER 1999).

### 3.3.2 Repräsentativität der Online-Befragung

Zielgruppe dieser Studie ist nicht die Gesamtbevölkerung, sondern diejenigen Personen aus Deutschland, die zwischen 1973 und 2003 im höheren Dienst der Vereinten Nationen angestellt waren. Damit entfällt eines der methodischen Hauptprobleme der Internetbefragung, nämlich das Abdeckungs- bzw. coverage-Problem (SCHNELL, HILL und ESSER 1995, BANDILLA, BOSNJAK und ALTDORFER 2001, SCHONLAU et al. 2001, ATTESLANDER 2003), das durch regionale und soziale Unterschiede hinsichtlich der Internetzugangsmöglichkeiten und durch unterschiedliche Fähigkeiten, die entsprechende Hard- und Software anzuwenden, entsteht. So zeigen alle bisher auf dem Gebiet der Internetforschung publizierten Studien, dass sich Internetnutzer hinsichtlich des Bildungsabschlusses deutlich von der Allgemeinbevölkerung unterscheiden, also über einen höheren Bildungsabschluss verfügen (vgl. BANDILLA, BOSNJAK und ALTDORFER 2001, S. 17). Die Probanden dieser Studie sind *per definitionem* hochqualifiziert und gehören demnach zu der Gruppe von Personen, die über Internetzugang und die notwendige Sachkenntnis verfügen, da sie seit Jahren mit dem Internet arbeiten.

Die Befragung war als Vollerhebung konzipiert, so dass das schwierige Problem der Stichprobenziehung bei Online-Befragungen entfiel.[46] Da es kein Gesamtverzeichnis mit Anschriften der deutschen VN-Angestellten gibt und somit die definierte Grundgesamtheit, alle Deutschen, die zwischen 1973 und 2003 im höheren Dienst der Vereinten Nationen angestellt waren, nicht ermittelbar war, wurde eine Vollerhebung mit der bereinigten Grundgesamtheit durchgeführt, das heißt, mit denjenigen Personen, deren Anschriften über den Verband deutscher Bediensteter bei internationalen Organisationen (VDBIO) und die deutsche Vertretung bei den Vereinten Nationen in New York verfügbar waren und die noch nicht verstorben waren.[47] Insgesamt umfasste die bereinigte Grundgesamtheit 495 Personen.

Eine Herausforderung sowohl für konventionelle als auch für webbasierte Umfragen ist das Problem des Nichtantwortens (non-response). Es gibt jedoch einige Strategien, diesem viel diskutierten Phänomen (vgl. SCHUMANN 1997, BANDILLA und BOSNJAK 2000, BOSNJAK 2002) gegenzusteuern, von denen in dieser Studie Gebrauch gemacht wurde. Um den Anteil der Antwortverweigerer zu minimieren, ist es unerlässlich, die Ziele der Untersuchung und die Integrität der durchführenden Institution darzulegen (SCHUMANN 1997). Dies hat auch deswegen einen entscheidenden Einfluss auf die Teilnahmebereitschaft, weil, wie BATINIC und BOSNJAK (1999) gezeigt haben, eine Hauptmotivation für die Teilnahme an E-Mailsurveys altruistische Gründe sind. Die Teilnehmer möchten also einen Beitrag zur Forschung leisten. Zudem wurde in dieser Studie die Wirkung von *incentives* in Form eines kleinen Gewinnspiels genutzt. So wurde unter anderem von FRICK, BÄCHTINGER und REIPS (1999) empirisch nachgewiesen, dass die Chance auf eine Gewinnspielteilnahme die drop-out-Raten verringert.

Die Teilnehmer in dieser Studie wurden von den Mittlerorganisationen, VDBIO und der deutschen Vertretung bei den Vereinten Nationen in New York, per E-Mail kontaktiert. Da diese beiden Institutionen den potentiellen Teilnehmern der Studie bekannt waren, wurde die Wahrscheinlichkeit erhöht, dass die Personen der Zielgruppe diese E-Mail überhaupt öffnen und nicht gleich in den Papierkorb verschieben (vgl. TUTEN 1997). Darüber hinaus ist natürlich das Interesse des im Betreff

---

[46] Eine Stichprobenziehung ist insofern schwierig, als dass der Kreis der Internetnutzer nicht eindeutig abgrenzbar ist und als dass sich die Teilnehmerrekrutierung als schwierig erweist, weil keine kompletten Listen der internetnutzenden Population existieren (vgl. BOSNJAK 2002).

[47] Das Auswärtige Amt hat zwar seit 1981 Statistiken über deutsche Angestellte in internationalen Organisationen (vgl. Kapitel 3.2), verfügt jedoch nicht über die Anschriften dieser Personen. Die Organisationen des VN-Systems selber führen eigenständige Personallisten, die weder vereinheitlicht, noch aus Datenschutzgründen für Externe zugänglich sind. Nicht einmal die ständigen Vertretungen als diplomatische Vertretungen erhalten von den Organisationen Listen mit persönlichen Details oder gar Anschriften von Angestellten oder ehemaligen Angestellten. Anfragen seitens der Autorin mit Unterstützung der ständigen Vertretung in New York blieben erfolglos.

## 3.3 Online-Befragung

der E-Mail genannten Themas entscheidend, ob die potentiellen Teilnehmer erreicht werden.

### 3.3.3 Konzeption und Durchführung der Befragung

Die Befragung wurde mit Hilfe des Verbands deutscher Bediensteter bei internationalen Organisationen (VDBIO) sowie der deutschen Vertretung bei den Vereinten Nationen in New York durchgeführt. Der VDBIO ist eine Interessensvertretung deutscher internationaler Bediensteter, die deren Anliegen und Ansprüche gegenüber der Bundesrepublik Deutschland vertritt. Mitglieder sind deutsche Mitarbeiter bei internationalen Organisationen sowie ehemalige Angestellte. Der Verband hat weltweit 700 Mitglieder und verfügt über die Adressen dieser Personen.[48] Auch die ständige Vertretung bei den Vereinten Nationen in New York pflegt eigenständig einen Verteiler mit deutschen VN-Bediensteten in New York. Mit den deutschen UNO-Mitarbeitern, die nicht verstorben waren und deren Adressen über diese beiden Institutionen verfügbar waren, also der bereinigten Grundgesamtheit, wurde somit eine Vollerhebung durchgeführt. Unter den 495 angeschriebenen Personen waren sowohl noch tätige als auch pensionierte internationale Beamte der Vereinten Nationen.[49] Der bereinigte Rücklauf lag zunächst bei 21% und erhöhte sich nach einer Nachfassung auf 35,2%.

Der Fragebogen bezog sich auf die erste Stelle im höheren Dienst der Vereinten Nationen, um die Vergleichbarkeit der Daten gewährleisten zu können. Zudem war es dadurch auch möglich, langfristige Auswirkungen wie Nachfolgekontakte oder die Rückkehr in den externen Arbeitsmarkt zu erfassen. Der Fragebogen bestand aus folgenden Themenkomplexen:

- soziodemographische Merkmale,
- Einstieg ins System der Vereinten Nationen,
- privater und beruflicher Kontext,
- Auswirkungen der Tätigkeit,
- Bewertungen des Umfelds und der Mobilitätsereignisse,
- berufliche Laufbahn.

---

[48] Der VDBIO hat nicht nur Mitglieder im VN-System, sondern auch in anderen internationalen und zwischenstaatlichen Organisationen wie z.B. CERN oder OSZE. Es war jedoch möglich, die Bediensteten der Vereinten Nationen herauszufiltern, so dass nur diese angeschrieben wurden.

[49] Die Teilnehmer der Studie wurden vom VDBIO bzw. von der deutschen Vertretung bei den Vereinten Nationen in New York in einer mit persönlichem Anschreiben der Autorin versehenen E-Mail angeschrieben. Aus Datenschutzgründen und um nicht den in Abschnitt 3.3.2 erwähnten methodischen Vorteil der Vertrautheit des Absenders einer E-Mail zu konterkarieren, wurde die E-Mail nicht von der Autorin selber verschickt.

Bei den Auswertungen der Daten wurde auf einen starken Bezug zur empirischen Datenbasis geachtet, um dem zu Grunde liegenden hypothesengenerierenden Ansatz gerecht zu werden (vgl. GLASER and STRAUSS 1967, S. 200 ff.).

### 3.3.4 Ausgewählte soziodemographische Merkmale des Fragebogensamples

Im Folgenden werden einige ausgewählte soziodemographische Merkmale der Teilnehmer an der standardisierten Online-Befragung skizziert, die für weitere Analysen und Auswertungen (vgl. Kapitel 4, 5 und 6) von Bedeutung sind.
Mit einem Geschlechterverhältnis von Männern zu Frauen von 65% zu 35% ist das Sample der Umfrage repräsentativ für die UNO-Angestellten des höheren Dienstes im Jahr 2002 (GÖTHEL 2002, S. 169).[50] Die 174 Umfrageteilnehmer repräsentieren verschiedene Organisationen des VN-Systems. Wie in Abbildung 8 dargestellt ist das Sekretariat am stärksten vertreten, was auf Grund der Größe dieser UNO-Institution und ihrer Bedeutung als zentrale Verwaltungseinheit zu erwarten war. Dagegen ist die FAO als zweitstärkste Organisation etwas überrepräsentiert, was sich auf die aktive Lokalgruppe des VDBIO in Rom zurückführen lässt. Allerdings ist die deutsche Personalquote in der FAO für 2003 mit 6,31% höher als beispielsweise im VN-Sekretariat (5,21%), so dass trotz der geringeren Größe der FAO dort verhältnismäßig mehr Deutsche arbeiten. Unter Berücksichtigung der Personalquote ist also der Anteil an FAO-Bediensteten in dieser Umfrage nicht zu hoch und daher auch nicht als verfälschend einzuschätzen.

Unter dem Punkt Sonstige sind aus Übersichtsgründen diejenigen Organisationen zusammengefasst, die nur durch ein oder zwei Personen im Sample vertreten waren. Insgesamt kann festgestellt werden, dass bis auf fünf kleinere Organisationen des Common Systems wie der IMO alle Organisationen in dem Sample vertreten sind. Das kommt annähernd einer gesamten Abdeckung gleich, da die nicht repräsentierten Organisationen entweder gar kein oder nur sehr wenig deutsches Personal haben und daher vernachlässigbar sind (DEUTSCHER BUNDESTAG 2003).

---

[50] Wie GÖTHEL (2002, S. 98 ff.) feststellt, ist es fast unmöglich, eine Übersicht über die Personalausstattung des VN-Systems zu erhalten. Die vorhandenen Daten bieten entweder nur eine Momentaufnahme, enthalten nur Personen mit einem Arbeitsvertrag über einem Jahr oder führen nur das Personal auf, das den Personalquoten unterliegt. Daher kann hier nur von Trends und Größenverhältnissen, die annähernd bekannt sind, gesprochen werden, da keine verlässlichen Vergleichszahlen vorliegen.

## 3.3 Online-Befragung

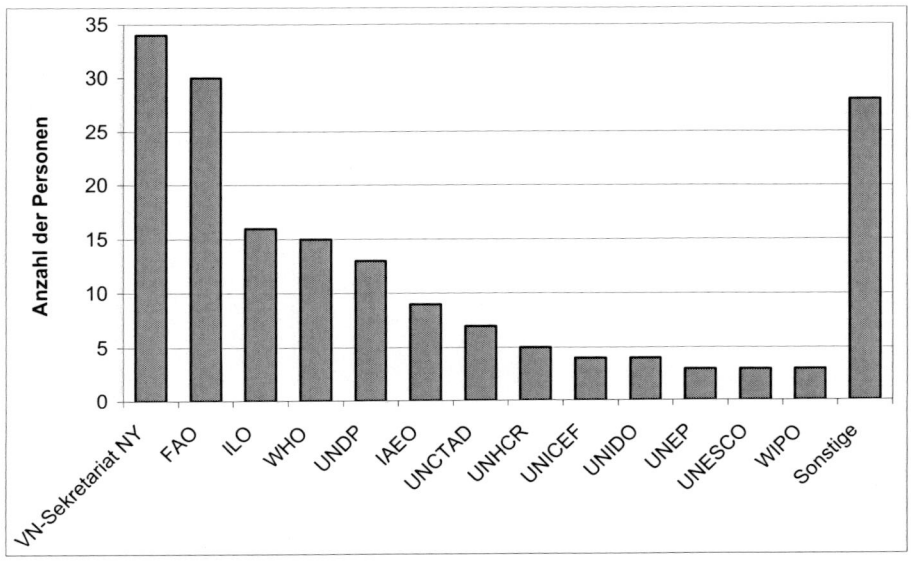

Abb. 8: Die häufigsten Organisationen des Online-Samples (N=174)
Quelle: Online-Befragung

Die häufigsten Arbeitsorte der Probanden sind New York (28,2%), gefolgt von Genf (27,6%), Rom (16,1%) und Wien (9,8%), was annähernd der personellen Größe der Standorte des VN-Systems entspricht. Das Sample deckt alle Kontinente ab, wobei die wichtigsten Standorte das reale Größenverhältnis der Mitarbeiterverteilung widerspiegeln. Unter zeitlichen Gesichtspunkten kann festgestellt werden, dass alle Perioden vertreten sind (vgl. Abb. 9). Gleichwohl sind die früheren Jahre (bis 1973 und von 1974-1983) weniger stark vertreten, was zum einen mit dem Beitrittsdatum Deutschlands (BRD und DDR) zur UNO, 1973, zusammenhängt.[51] Folglich hat sich der Personalbestand deutscher Bediensteter bei den Vereinten Nationen erst in den darauf folgenden Jahren aufgebaut. Die Bediensteten, die vor 1973 im VN-System angestellt waren, waren bei Organisationen wie der ILO tätig, bei denen die BRD schon vor 1973 Mitglied war.

---

[51] Die Kategorien beziehen sich auf den Beginn der ersten Stelle, so dass Personen, die vor 1973 im VN-System angestellt waren, im Untersuchungszeitraum 1973 bis 2003 noch dort tätig waren.

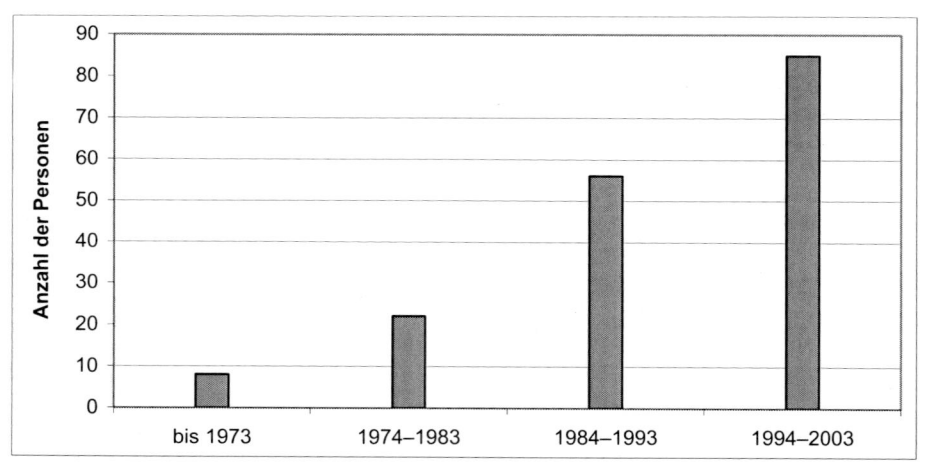

Abb. 9: Beginn der ersten Stelle nach Dekaden (N=171)
Quelle: Online-Befragung

Neben diesen systembedingten Einflüssen auf die niedrigere Personalquote in den Jahren vor 1984 spielen auch demographische Aspekte eine Rolle. So muss davon ausgegangen werden, dass einige Personen, die in der ersten Dekade im VN-System angestellt waren, aus Altersgründen nicht mehr erreichbar oder bereits verstorben waren. Zugleich ist der Anstieg des Personals in den letzten zwei Dekaden einerseits mit dem Stellenanstieg im VN-System zu begründen, was unter anderem durch die Neugründung verschiedener Suborganisationen wie OHCHR 1993 bedingt ist. Andererseits hat insbesondere die Wiedervereinigung 1990 dazu geführt, dass sich der Personalanteil Deutschlands erhöht hat. Nicht zuletzt kann auch eine aktive Personalpolitik Deutschlands seit den 1990er Jahren zur Erhöhung des deutschen Personalanteils im VN-Systems geführt haben (vgl. HÜFNER 2001; MÜLLER, K. 2004; BERLINER INITIATIVE 2002). Trotz gewisser Verzerrungspotentiale kann somit davon ausgegangen werden, dass das Sample zeitlich repräsentativ ist, da alle Perioden abgedeckt sind.

Die Stellenverteilung in Abbildung 10 zeigt, dass die erste Position im VN-System von 57,2% der Umfrageteilnehmer eine P2-Stelle war. Das bedeutet, dass die meisten VN-Bediensteten auf einem niedrigen Level und meist gleichbedeutend in einem frühen Stadium der Berufslaufbahn ins System der Vereinten Nationen einsteigen, was zugleich auf die klassische Lebenslaufkarriere in der UNO hinweist.

## 3.3 Online-Befragung

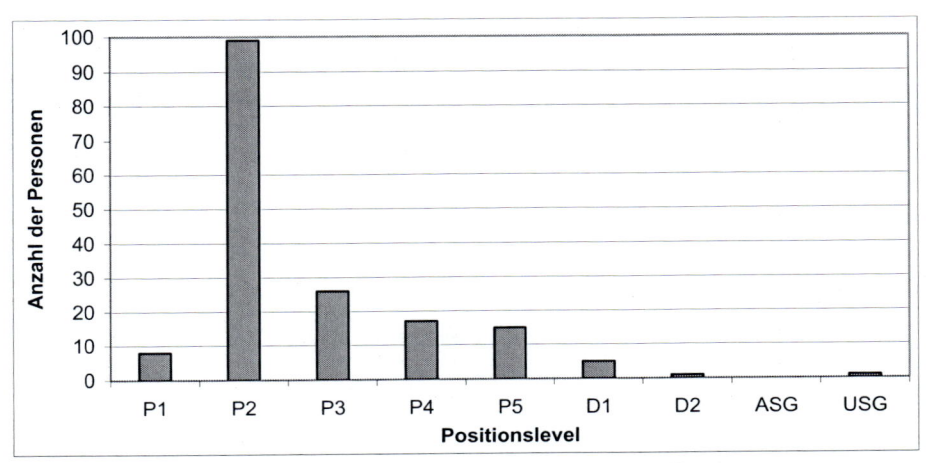

*Abb. 10: Fragebogensample – Level der ersten Stelle (N=172)*
*Quelle: Online-Befragung*

Das P1-Level ist quasi als Dienstgrad nicht mehr existent, was die niedrige Zahl von Einsteigern dort erklärt.[52] Zudem ist erkennbar, dass es nur eine geringe Anzahl von Quereinsteigern auf höheren Hierarchieebenen gibt, das heißt, von denjenigen Personen, die meist im späteren Berufsverlauf aus der Wirtschaft, dem diplomatischen oder dem nationalen öffentlichen Dienst auf eine hohe Position im VN-System wechseln.

Wie in Abbildung 11 erkennbar sind die größten Berufsgruppen des Samples in den Feldern der Entwicklungszusammenarbeit (Administratoren der technischen Zusammenarbeit) und der Wirtschaftswissenschaften zu finden.

---

[52] In den 1970er und Anfang der 1980er Jahre gab es das P1-Level noch vereinzelt als Einstiegsposition für externe Bewerber. Ein anderer Weg auf diesen Dienstgrad ist die Beförderung vom General-Service-Level auf die niedrigste Stufe des Professional Service Levels. Dieser Einstiegsweg in den höheren Dienst ist jedoch sehr ungewöhnlich und trat vor allem in den letzten Jahren so gut wie nicht mehr auf (vgl. Kapitel 4.1.1).

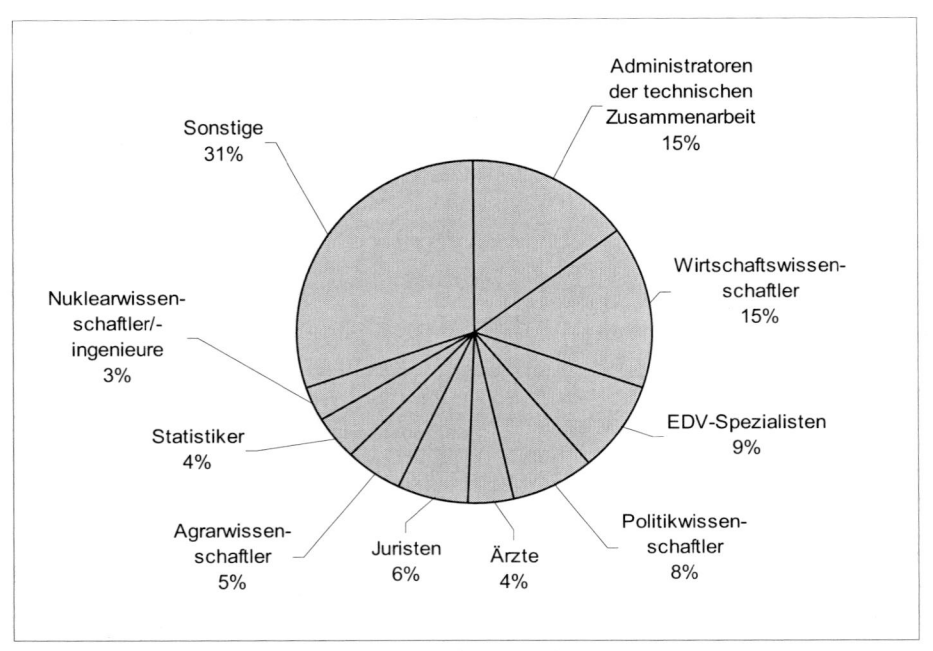

*Abb. 11: Die häufigsten Berufsgruppen des Samples (N=172)*
*Quelle: Online-Befragung*

Die Berufsgruppen des Samples spiegeln das für den internationalen öffentlichen Dienst typische Generalistenprinzip wider. Das bedeutet, die VN-Mitarbeiter haben meist eine breite Ausbildung z.B. als Politikwissenschaftler erfahren, die es ihnen ermöglicht, sich schnell in verschiedene Themen- und Tätigkeitsgebiete einzuarbeiten. Spezialisten wie Nuklearwissenschaftler (3%) repräsentieren dagegen erwartungsgemäß nur eine kleine Gruppe des Samples. Sie sind häufig in den Sonderorganisationen wie der IAEO tätig. Spezialistenstellen sind zahlenmäßig begrenzt und daher auch im Sample in einem realen Verhältnis vertreten.

Der Vergleich mit den häufigsten Berufsfeldern des VN-Systems (vgl. Abb. 12) zeigt, dass die Verteilung des Samples weitestgehend den generellen VN-Personalstrukturen entspricht. Insbesondere die drei stärksten Berufsfelder, Administratoren der technischen Zusammenarbeit, Wirtschaftswissenschaftler und EDV-Spezialisten, stimmen – mit geringen prozentualen Abweichungen, auf die im Folgenden noch eingegangen wird – überein.

## 3.3 Online-Befragung

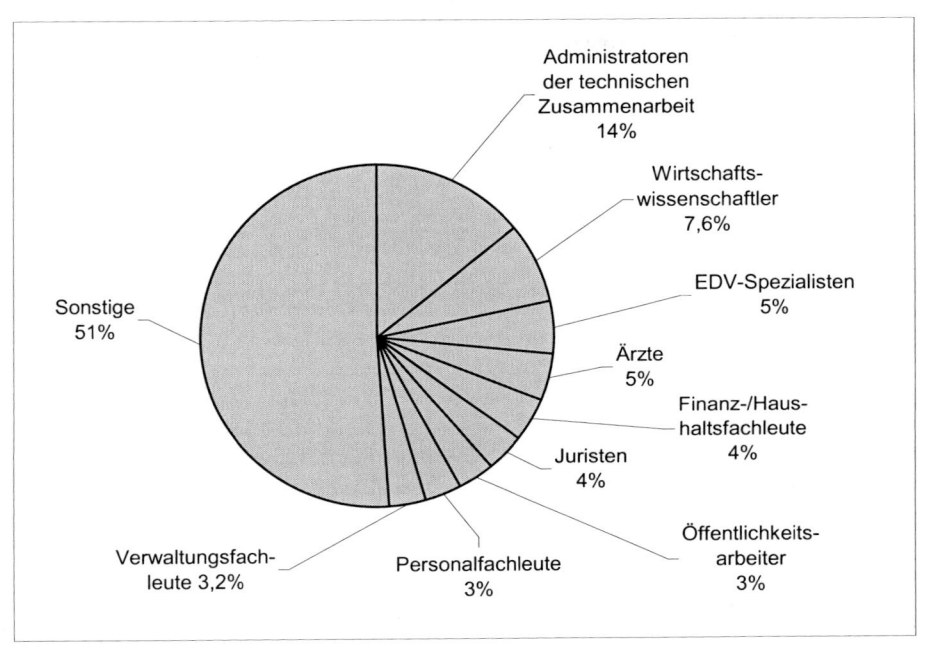

*Abb. 12: Die häufigsten Berufsfelder im VN-System*
*Quelle: eigene Darstellung, Daten aus GÖTHEL (2002)*

Bei den Vergleichsdaten muss beachtet werden, dass dies im Gegensatz zum Onlinesample Zahlen für das gesamte VN-System sind, das sowohl über eine höhere Gesamtzahl an Personal als auch auf Grund der vielen Sonderorganisationen über ein breiteres Spektrum an Berufs- und Tätigkeitsfeldern verfügt. Dies erklärt auch den großen Anteil an sonstigen Berufsfeldern im VN-System. Darüber hinaus bezieht sich das Sample auf einen Zeitraum von 1973 bis 2003, beziehungsweise gegebenenfalls auf ein Einstiegsdatum noch vor dieser Periode. Da sich die Probanden in dem Fragebogen auf ihre erste Stelle im VN-System beziehen, muss somit berücksichtigt werden, dass eine Person im Lauf ihrer UNO-Karriere das Arbeitsfeld wechseln kann. Ebenso muss bedacht werden, dass sich die Schwerpunkte der VN-Tätigkeiten im Lauf der Zeit verändert haben. So hat sich beispielsweise die Anzahl der friedenserhaltenden Einsätze seit Ende des Kalten Krieges immens erhöht (vgl. OPITZ 2002, S. 32 ff.). Wie aus dem Vergleich der beiden Darstellungen zu sehen ist, sind insbesondere die Wirtschaftswissenschaftler in der Befragung überrepräsentiert. Dies kann damit erklärt werden, dass sie entweder überwiegend in Entwicklungsländern als *Economic Officers* eingesetzt sind oder fachfremd arbeiten, indem sie beispielsweise auf Grund des Generalistenprinzips das Arbeitsfeld gewechselt haben oder sich direkt beim Einstieg ins VN-System fachfremd beworben haben. Es kann jedoch festgehalten werden, dass das Sample unter Berücksichtung der Zeitkomponente und der Begrenzung der Befragung auf ausgewählte VN-Organisationen auch repräsentativ für die Berufsfelder ist.

## 3.4 Verstehende Leitfadeninterviews

Die Nachteile der standardisierten Befragung wie Kategorisierung und Vereinfachung der Antwortmöglichkeiten können durch leitfadengestützte verstehende Interviews ausgeglichen werden, da diese eine Rekonstruktion individueller Karrieren und damit eine ganzheitliche Betrachtung der Mobilitätsereignisse ermöglichen. Diese Forschungsmethode ermöglicht zwar tiefe Einsichten in die Mobilitätsereignisse, jedoch sind diese auf wenige spezifische Fälle konzentriert. Daher wurde der multimethodische Ansatz gewählt, um nicht nur individuelle Entscheidungsmechanismen und Relevanzstrukturen zu untersuchen, sondern die Mobilitätsereignisse mittels quantitativer Erhebungsmethoden auch in einen größeren zeitlichen und räumlichen Zusammenhang einordnen zu können. Die Vor- und Nachteile statistischer Daten, einer standardisierten Internetbefragung und leitfadenorientierter Interviews ergänzen sich somit wechselseitig.

### 3.4.1 Konzeption und Durchführung der Interviews

Ziel der Interviews war die Eruierung der spezifischen Hintergründe des Karriere- und Erwerbsverlaufs von Angestellten des höheren Dienstes bei den Vereinten Nationen sowie der damit verbundenen Stellen- und Ortswechsel. Dabei sollte insbesondere die Rolle des Kontextes im Zusammenhang mit den Mobilitätsprozessen untersucht werden.

Aufbauend auf den Ergebnissen aus der standardisierten Online-Befragung wurden Interviews mit 25 ausgewählten deutschen VN-Bediensteten geführt, um individuelle Hintergründe, Verläufe und Auswirkungen beruflicher und räumlicher Mobilität im System der Vereinten Nationen zu erfahren. Die Interviewpartner wurden aus den Teilnehmern der Online-Befragung gewonnen, bei der sie am Ende des Fragebogens Gelegenheit hatten, sich für ein weiterführendes Interview zur Verfügung zu stellen. Insgesamt 70 der 174 Teilnehmer der Internetumfrage haben sich zur Teilnahme an einem vertiefenden Interview bereit erklärt, was einer Quote von 40,2% entspricht.

In Anlehnung an die *grounded theory* im Allgemeinen und an das *theoretical sampling* im Besonderen ist die Auswahl der Interviewpartner nicht nach statistischer Repräsentativität erfolgt. Vielmehr wurde bei der Selektion darauf geachtet,

## 3.4 Verstehende Leitfadeninterviews

dass die zu befragenden Personen geeignet sind, das Wissen über den Untersuchungsgegenstand zu erweitern und dass die Wahl der Interviewstandorte größtmögliche Heterogenität bei gleichzeitiger ressourcenbedingter Machbarkeit garantiert. Dies entspricht GLASERS Verständnis von *theoretical sampling*:

> The analyst [...] decides what data to collect next and where to find them, in order to develop his theory as it emerges (GLASER and STRAUSS 1967, S. 1).

Bei der Auswahl der Interviewpartner wurde eine soziale und regionale Differenzierung berücksichtigt, um der Komplexität des VN-Systems und den damit verbundenen vielfältigen Karrierewegen, aber auch der Dauer der Mitgliedschaft Deutschlands bei den Vereinten Nationen gerecht zu werden. Da die finanziellen und personellen Ressourcen begrenzt waren, lag es nahe, Standorte auszuwählen, an denen VN-Bedienstete aus möglichst vielen Arbeitsgebieten, aller Perioden und möglichst verschiedener Institutionen anzutreffen waren. Auf Grundlage dieser Kriterien boten sich New York und Genf an, die Standorte von Hauptquartieren verschiedener Institutionen des VN-Systems und demnach personell stärkste Standorte dieser Organisation sind. Zudem waren die meisten Probanden der Online-Befragung, die sich zur Teilnahme an einem Interview bereit erklärt haben, in New York und Genf tätig. Folglich wurden diese beiden Städte ausgewählt, um dort *face-to-face* Interviews mit VN-Bediensteten zu führen.

Die Interviews wurden aus dreierlei Gründen persönlich und nicht per Telefon durchgeführt. Zum einen ist der personale Aspekt des Gesprächs bedeutsam. Denn nur, wenn durch das visuelle Element eine vertraute und persönliche Gesprächsatmosphäre geschaffen werden kann, ist der Befragte bereit, seine Vorstellungen über Zusammenhänge der sozialen Wirklichkeit in der Tiefe und Ausführlichkeit darzustellen, so dass sie für den Forscher eine brauchbare Interpretationsgrundlage bilden können (LAMNEK 2005). Im Vergleich zu den Pilotinterviews, die aus finanziellen Gründen per Telefon geführt worden sind, hat sich gezeigt, dass bei *face-to-face* Interviews eine deutlich offenere und nicht unter unmittelbarem zeitlichen Druck stehende Gesprächssituation aufgebaut werden konnte. Wichtig war dabei sicher auch, dass sich die Gesprächspartner persönlich von der Integrität der Interviewerin überzeugen konnten und dadurch eher bereit waren, ihre Erfahrungen ausführlich darzulegen. Zum zweiten bot sich das *face-to-face* Interview aus thematischen Gründen an, da in dem Gespräch persönliche und teilweise intime Themen wie Familiensituation und subjektive Zufriedenheit mit der Arbeitssituation angesprochen werden sollten. Die Bereitschaft der Interviewpartner, solche Aspekte ausführlich zu erläutern, steigt erfahrungsgemäß durch eine persönliche, nichtanonyme Gesprächssituation. Ein weiterer Grund für ein *face-to-face* Interview war, dass die Interviews im „alltäglichen Milieu des Befragten" erfolgen sollten, „um eine möglichst natürliche Situation herzustellen und authentische Informationen zu erhalten" (LAMNEK 2005, S. 355). Folglich oblag es den Befragten, den Ort für die Durchführung des Interviews auszuwählen. Denn dort, wo sich die Befragten wohl fühlen, können sie auch entspannen und ihre Sichtweise ähnlich wie in Alltagsgesprächen frei formulieren (DIEKMANN 2003, S. 444).

Die Interviews wurden im November 2004 in New York und im März 2005 in Genf geführt. Unter den 25 Interviewpartnern waren zu den Interviewzeitpunkten 60% im Sekretariat der Vereinten Nationen an einem der beiden Orte tätig. Unter ihnen waren VN-Bedienstete, die verschiedene Abteilungen und Unterorganisationen des Sekretariats wie UNCTAD, ECE und OCHA repräsentiert haben. Die anderen Befragten haben zum Interviewzeitpunkt bei UNHCR, UNDP, WHO, WIPO, UNFPA, ILO und UNICEF gearbeitet (32%), beziehungsweise waren bereits pensioniert (8%). 64% der interviewten Personen waren Männer.

Die Interviews wurden bis auf eine – ortswechselbedingte – Ausnahme am Arbeitsplatz bzw. früheren Arbeitsplatz der Befragten sowie in den Cafes der jeweiligen Organisationen geführt. Sie dauerten zwischen 35 Minuten und drei Stunden und wurden auf Tonband aufgezeichnet.[53] Inhaltlich waren die Interviews in vier thematische Themenblöcke untergliedert, zu denen jeweils mehrere Schlüssel- und Eventualfragen vorbereitet worden waren:

- Karriere- und Erwerbsverlauf,
- Arbeitsumfeld,
- Mobilität im Berufsverlauf,
- Herkunft.

Bei den Gesprächen wurde darauf geachtet, möglichen Verzerrungen vorzubeugen, indem beispielsweise immer die gleichen Frageformulierungen verwendet wurden oder darauf bestanden wurde, die Interviews immer als Einzelinterviews durchzuführen.[54] Dennoch müssen bei der Auswertung mögliche verfälschende Effekte wie das Bestreben, dem Interviewer gefallen zu wollen, die geringe Bereitschaft zur Selbstenthüllung oder Motive zur Selbstdarstellung berücksichtigt werden.[55]

3.4.2 Auswertungs- und Analyseverfahren

Die leitfadengestützten Interviews dienen – ganz im Sinne der *grounded theory* – der Hypothesenentwicklung (ATTESLANDER 2003) und demnach der Systematisie-

---

[53] Bis auf eine Person waren alle Interviewpartner mit der Aufzeichnung der Gespräche einverstanden. Bei dem Interview, das nicht aufgezeichnet wurde, wurde ein Gesprächsprotokoll erstellt.
[54] Ein Interviewpartner hatte den Vorschlag gemacht, das Interview mit mehreren Personen als Gruppendiskussion durchzuführen, was aber aus den o.g. Gründen abgelehnt worden ist.
[55] Der Hawthorne-Effekt kann für diese Studie vernachlässigt werden, da er bisher nur für gruppenbasierte qualitative Untersuchungen nachgewiesen wurde (vgl. z.B. THOMMEN 2002).

## 3.4 Verstehende Leitfadeninterviews 55

rung vorwissenschaftlichen Verständnisses (SCHEUCH 1973). Folglich erfolgt die Auswertung der Interviews, ohne sich von theoretischen Vorüberlegungen leiten zu lassen. Damit ist diese Analysemethode offen für empirisch begründbare Kategorien, die sich aus dem Datenmaterial ergeben (vgl. MAYRING 1983, 1985, 2002, 2003).

Obgleich dieser Untersuchung die Ziele der *grounded theory* zugrunde liegen, wurde diese nicht explizit für die Analyse der Interviews angewandt. Dies liegt zum einen an dem Vorwurf gegenüber der *grounded theory*, sie verlöre während des Auswertungsprozesses den Bezug zu den empirischen Daten (vgl. RICHARDS and RICHARDS 1994). So schreiben RITCHIE und LEWIS (2003, S. 204) dazu:

> ... this type of analysis [grounded theory] ‚takes off' from the data, jettisoning them once they have informed the development and refinement of categories (Anführungszeichen im Original).

Die Originaldaten sollen demnach nicht nur der Ausgangspunkt für den Analyseprozess, sondern sie sollen vielmehr integrierter Bestandteil dieses Vorgangs sein. Damit soll der Bezug zwischen abstrakten Kategorien und empirischem Datenmaterial während des gesamten Auswertungsprozesses gewährleistet werden. Dies erhöht zugleich die Reliabilität und Überprüfbarkeit qualitativer Analysen.

> Just naming and classifying what is out there is usually not enough. We need to understand the patterns, the recurrences, the *whys*. As KAPLAN (1964) remarks, the bedrock of inquiry is the researcher's quest for 'repeatable regularities' (MILES and HUBERMAN 1994, S. 67, Hervorhebung im Original).

Ausgehend von diesen Überlegungen wurde für diese Analyse die *Framework-Methode* gewählt, die in den 1980er Jahren am *National Centre for Social Research* in England entwickelt worden ist (vgl. RITCHIE and LEWIS 2003). Grundidee dieses Ansatzes ist die Auswertung qualitativer Daten mittels einer Datenmatrix. Diese ermöglicht ein transparentes Datenmanagement, wodurch der Forscher zu jedem Zeitpunkt der Analyse zwischen den verschiedenen Abstraktionslevels und den Rohdaten hin- und herwechseln kann. Zugleich wird damit sichergestellt, dass die Fülle an Daten verarbeitbar und überschaubar bleibt, was bei einer auf der *grounded theory* basierenden Analyse nicht unbedingt gegeben ist (vgl. LAMNEK 2005, S. 115).[56]

In der ersten Auswertungsphase wurden die auf Tonband aufgezeichneten Interviews zunächst transkribiert. Anschließend wurden die Texte einzeln gelesen, wobei wiederkehrende und auffällige Themen identifiziert wurden. Diese konnten zum einen substantieller Natur und zum anderen methodischer Art sein. Anhand

---

[56] Für eine ausführliche kritische Diskussion der *grounded theory* nach Glaser und Strauss bietet sich z.B. LAMNEK (2005, S. 100 ff.) an.

dieser Themen wurde dann durch Kategorisieren und Zusammenfassen ein thematischer Index erstellt, der als Grundlage für das Kodieren der Interviews diente.

Das Kodieren wurde elektronisch mit Hilfe des Programms MAXQDA durchgeführt. Die Vorteile der computergestützten gegenüber der manuellen Bearbeitung qualitativer Daten sind vor allem die Handhabung, Navigation und Bearbeitung großer Textmengen sowie die Verbesserung der Folgerichtigkeit eines Ansatzes (WEITZMANN 2000). Allerdings muss bei der Anwendung der *computer-assisted qualitative data analysis software* (CAQDAS) beachtet werden, dass das Programm nicht den Analysevorgang, also das Abstrahieren und die Theorieentwicklung, ersetzt.

> None of the computer programs will perform automatic data analysis. They all depend on researchers defining for themselves what analytic issues are to be explored, what ideas are important and what modes of representation are most appropriate (Coffey and Atkinson 1996, S. 187).

Die Software muss vielmehr als Werkzeug zum möglichst effektiven und überschaubaren Umgang mit qualitativen Daten verstanden werden. Sie ist daher ein geeignetes Instrument zur Datenverwaltung und -archivierung, aber kein Analysemittel an sich.

Auf Grundlage des Kodebaumes wurde im nächsten Analyseschritt eine thematische Matrix erstellt, der dieser Ansatz seinen Namen *Framework-Methode* verdankt. Für jedes Hauptthema des Kodeverzeichnisses wie Einstieg ins VN-System oder Einflussfaktoren auf Karrieren wurde eine separate Matrix kreiert, deren Spalten die jeweiligen Subthemen und deren Zeilen die einzelnen Fälle repräsentieren. Dieses Gerüst dient als Grundlage für weitere Auswertungs- und Reduktionsprozesse und ermöglicht es dem Forscher, sowohl Einzelanalysen von Fällen (Zeile) als auch Querschnittsanalysen nach thematischen Gesichtspunkten (Spalte) durchzuführen. Zugleich ist durch Zeilenangaben und Zitatverweise in der Matrix der Bezug zu den Rohdaten gegeben. Das Framework ist also eine Art komprimierter Guide der gesamten Interviews. Des Weiteren können in diesem Stadium bereits erste Auswertungen stattfinden, die im weiteren Verlauf mittels der explorativen Datenanalyse vertieft werden.

# 4 Beruflicher Einstieg ins System der Vereinten Nationen

Die Analyse der Karrieren deutscher VN-Angestellter erfolgt in drei Abschnitten, die auf dem chronologischen Berufsverlauf im internationalen öffentlichen Dienst aufbauen: Zunächst werden die Einstiegswege ins VN-System und die damit einhergehenden Einflussfaktoren untersucht. Anschließend werden die Karrieren während der gesamten Tätigkeit in dieser Organisation und die zugrunde liegenden Mechanismen analysiert (Kapitel 5). Zuletzt werden Ausstiegswege aus dem VN-System erforscht (Kapitel 6). Die chronologische Vorgehensweise bietet sich nicht zuletzt daher an, weil die jeweiligen Abschnitte des Berufslebens den weiteren Karriereverlauf beeinflussen können.

## 4.1 Einstiegswege ins VN-System

Der berufliche Einstieg in den internationalen öffentlichen Dienst ist stark formalisiert und kann zu verschiedenen Zeitpunkten des Berufslebens erfolgen:[57] Einerseits wird das Personal für den höheren Dienst der Vereinten Nationen durch die Rekrutierung von Nachwuchskräften[58] gewonnen. Andererseits werden auch berufserfahrene Seiteneinsteiger eingestellt. Die statistischen Daten des Auswärtigen Amts zeigen, dass die meisten VN-Angestellten im frühen Stadium ihres Berufslebens ins VN-System einsteigen. Knapp zwei Drittel (65,5%) der deutschen VN-Bediensteten begannen demnach ihre Tätigkeit auf Nachwuchspositionen. Die anderen 34,5% repräsentieren diejenigen VN-Angestellten, die in einem fortgeschrittenen Stadium ihres Berufslebens eine Tätigkeit im VN-System begonnen haben.

### 4.1.1 Rekrutierung von Nachwuchskräften

Dem Idealkonzept des internationalen öffentlichen Dienstes zufolge sollen die internationalen Beamten in jungen Jahren, das heißt, zu Beginn ihrer Berufslaufbahn, durch Bestenauslese gewonnen werden (vgl. auch Kapitel 2.4.1). Mit zunehmender Erfahrung und Qualifikation haben die Angestellten im weiteren Berufsverlauf dann die Chance, im Rahmen der Laufbahnförderung höhere Positionen und mehr Verantwortung im VN-System zu übernehmen. Dieser Grundsatz des internationa-

---

[57] Obgleich sich die Ausschreibungs- und Personalgewinnungsverfahren der verschiedenen Organisationen des VN-Systems voneinander unterscheiden, kann aus forschungspragmatischen Gründen in dieser Arbeit nicht auf alle Besonderheiten eingegangen werden. Auf Grund der Bedeutung und Größe des VN-Sekretariats sowie der Transparenz seiner Personalrekrutierungsverfahren wird diese VN-Einheit als Ausgangspunkt für weitere Ausführungen in diesem Kapitel dienen.

[58] In Anlehnung an die Definition der *Joint Inspection Unit* (JIU) der Vereinten Nationen werden in dieser Studie „young professionals" als Nachwuchskräfte definiert (vgl. MEZZALAMA 2000, S. 1). Als *young professionals* gelten VN-Angestellte auf den Positionen P1, P2 oder P3.

len öffentlichen Dienstes ist in mehrerlei Hinsicht umstritten. Zum einen kritisieren einige Staaten dieses Prinzip auf Grund von finanziellen und personaltechnischen Beweggründen. Auf der anderen Seite ist das VN-System wie bereits vorher argumentiert keine homogene Einheit, sondern unterliegt je nach Organisation und Tätigkeitsfeld unterschiedlichen Anforderungen, für die das Konzept der lebenslangen Beschäftigung im internationalen öffentlichen Dienst teilweise ungeeignet ist. In einigen Arbeitsfeldern wie HIV-Bekämpfung oder Kernenergiefragen wird beispielsweise Fachpersonal benötigt, das über die nötige Berufserfahrung verfügt, um den hochspezialisierten Anforderungen gerecht zu werden. In diesen Fällen werden von den jeweiligen Organisationen wie WHO oder IAEO eher Personen rekrutiert, die bereits über Berufserfahrung verfügen (vgl. Kapitel 4.1.2). Daraus lässt sich auch erkennen, dass die systematische Gewinnung von Nachwuchskräften für die meisten Sonderorganisationen wegen ihrer starken Spezialisierung und der hohen Qualifikationsanforderungen nicht von Bedeutung ist. Ausnahmen hiervon sind nur die ILO, die FAO und die UNESCO, die auch junge Berufseinsteiger in höherer Zahl einstellen (GÖTHEL 2002, S. 189). Dies kann sowohl durch die Ergebnisse der Online-Befragung für die genannten Organisationen als auch durch die statistischen Daten für diese Institutionen außer für die FAO, für die in den Statistiken keine Daten vorhanden waren, belegt werden (vgl. Abb. 13).

GÖTHELS (2002, S. 189) Feststellung für das Gesamtpersonal, dass auch die WHO junge Berufseinsteiger in höherer Anzahl rekrutiert, kann allerdings für deutsches VN-Personal durch die Daten nicht bestätigt werden. Sowohl im Vergleich zu anderen Organisationen als auch im Vergleich zu den eigenen Personalzahlen für andere Einstiegsebenen scheint der Anteil der rekrutierten Nachwuchskräfte für die WHO nicht von zahlenmäßig großer Bedeutung zu sein. Dass die Situation für junge Berufstätige, insbesondere für die Absolventen der nationalen Nachwuchsprogramme, *Associate Professional Officers* (APO), auf Grund der Struktur und Tätigkeitsfelder in dieser Organisation schwierig ist, wird auch aus dem folgenden Zitat eines WHO-Angestellten deutlich:

> Das andere ist das APO-Programm. Wobei das APO-Programm für die WHO, denke ich, nicht funktioniert. Das sind illusorische Vorstellungen. Ein APO kommt als P2 rein, hat normalerweise wenig Berufserfahrung, darf ja höchstens 32 sein, ist relativ wenig qualifiziert für die Arbeit, lernt irgendwas zwei Jahre, wird hier irgendwo eingesetzt hinterher und dann gibt es praktisch keinen weiteren Aufstieg. Es gibt keine P3-Stellen. Das heißt, von einem P2-Niveau kommt man nicht weiter. Und die nächsten Stellen sind dann eben mein Niveau, P4, P5, Mid-career-jobs. Ein APO, der hier reinkommt, zwei oder drei Jahre was lernt, muss dann im Prinzip fünf Jahre woanders hingehen, um diese Erfahrung zu sammeln, um diese Lücke zu überspringen, und um dann auf der P4- oder P5-Ebene wieder angestellt zu werden. Und das ist was, was man eigentlich den APO-Bewerbern schon von vornherein sagen sollte, dass sie eigentlich in dem Augenblick, wenn sie ihren APO-Posten hier antreten, sich schon umtun sollten, was sie dann irgendwo anders machen können, damit sie halt weitere Erfahrung sammeln (ID 79).

## 4.1 Einstiegswege ins VN-System

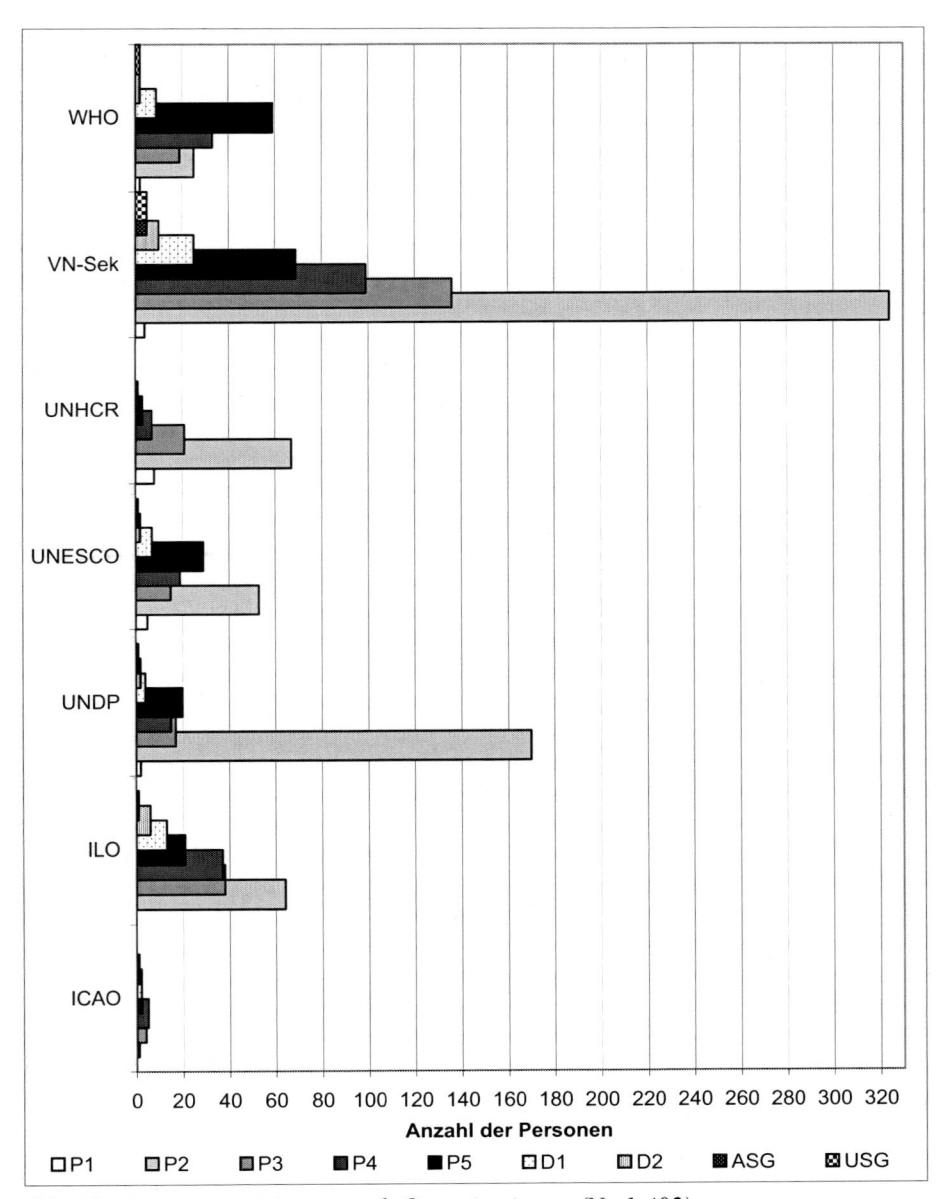

*Abb. 13: Einstiegspositionen nach Organisationen (N=1.492)*
*Quelle: eigene Darstellung, basierend auf den statistischen Daten des Auswärtigen Amts*

Die systematische Rekrutierung von Nachwuchskräften wird generell eher vom VN-Sekretariat und seinen Programmen und Fonds forciert, was wohl auch auf das Selbstverständnis eines internationalen Beamten als Generalisten zurückzuführen ist.

Für Nachwuchskräfte[59] gibt es eine Reihe von Einstiegswegen ins VN-System: Auswahlwettbewerbe der Organisationen, einzelstaatliche und von Organisationen betriebene Nachwuchsprogramme sowie Einzelausschreibungen[60]. Da die Programme und Wettbewerbe über Höchstaltersgrenzen verfügen, stehen sie nur jüngeren Bewerbern offen.[61] Darüber hinaus können sich Beamte oder Angestellte des nationalen öffentlichen Dienstes bzw. der Wirtschaft für eine begrenzte Zeit für eine Tätigkeit im VN-System abordnen lassen, auch wenn sich dies eher für Personen im späteren Berufsverlauf anbietet (vgl. Kapitel 4.1.2). Neben diesen stark formalisierten Einstiegsmöglichkeiten gibt es einige weniger formalisierte Wege für junge Berufseinsteiger, eine Anstellung im VN-System zu erhalten: Dazu zählen Tätigkeiten als Berater[62], Experte oder Projektpersonal. Hierbei handelt es sich allerdings meist um befristete, aus extrabudgetären Mitteln finanzierte Stellen, so dass in dieser Arbeit aus forschungspragmatischen Gründen nur auf die erstgenannten formalisierten Einstiegswege näher eingegangen wird. Eine weitere Einstiegsoption, die der Vollständigkeit halber genannt werden muss, auf die aber auch nicht im Detail eingegangen werden wird, ist die Initiativbewerbung. Diese ist jedoch meist nicht erfolgreich und kommt folglich nicht so häufig vor. Ein Grund für die geringe Bedeutung von Initiativbewerbungen sind fehlende *roster*, also Reservelisten, seitens der Organisationen (vgl. BERLINER INITIATIVE 2002, S. 11). Konkurrenz für die Nachwuchskräfte besteht durch die Möglichkeit des internen Aufstiegs vom mittleren in den vergleichbaren höheren Dienst der Vereinten Nationen. Dieser Weg wurde jedoch von der Generalversammlung drastisch eingeschränkt, um die formalisierten Rekrutierungsmechanismen wie Auswahlwettbewerbe nicht zu konterkarieren.

Die vielfältigen Einstiegswege spiegeln sich auch in den Ergebnissen der Online-Befragung wider. Von den Nachwuchskräften haben 20,3% an einem Auswahlwettbewerb des VN-Sekretariats sowie 41,4% an dem einzelstaatlichen Nach-

---

[59] Meist wird für die Teilnahme an einem der Nachwuchsprogramme relevante Berufserfahrung vorausgesetzt (vgl. BUNDESANSTALT FÜR ARBEIT 2002, S. 98), so dass der Einstieg ins VN-System meist nicht dem ersten Schritt im Berufsverlauf einer Person entspricht.

[60] Einzelausschreibungen können sowohl Positionen, die aus dem regulären Budget bezahlt werden und damit der geographischen Verteilung unterliegen, als auch Positionen sein, die über Projektgelder bzw. extrabudgetäre Zuwendungen finanziert werden.

[61] Die Höchstaltersgrenzen für Bewerber variieren je nach Organisation und Programm bzw. Wettbewerb zwischen 30 und 35 Jahren.

[62] *Consultant.*

## 4.1 Einstiegswege ins VN-System 61

wuchsprogramm Deutschlands, Programm Beigeordnete Sachverständige[63], bzw. an einem organisationsinternen Nachwuchsprogramm teilgenommen.[64] Hinzu kommen 18%, die sich auf eine Einzelausschreibung beworben haben, und 13,5%, die über eine Initiativbewerbung ins VN-System eingestiegen sind. Der relativ hohe Anteil von Initiativbewerbern kann dadurch erklärt werden, dass dieser Einstiegsweg zwar in den letzten Jahren an Bedeutung verloren hat, dass er aber vor allem in den 1970er und 1980er Jahren, als es noch weniger formalisierte Einstiegswege gab, eine häufiger auftretende Option war. Knapp zwei Drittel der Initiativbewerbungen wurden in diesem Zeitraum abgeschickt. Die verbleibenden 6,8% der Befragten sind entweder als deutsche Beamte oder öffentliche Bedienstete abgeordnet worden oder haben ihre erste Stelle im VN-System über Kontakte erhalten (vgl. auch Kapitel 4.2.3).

*Die Auswahlwettbewerbe des Sekretariats der Vereinten Nationen*

Die Auswahlwettbewerbe wurden vom VN-Sekretariat mit dem Ziel initiiert, langfristig eine auf dem Sollstellenrahmen (vgl. Kapitel 2.4.2) basierende, ausgeglichene geographische Verteilung des Personals zu erzielen. Seit dem Start 1979 finden die sogenannten National Competitive Recruitment Examination (NCRE) jedes Jahr statt. Sie richten sich jeweils an Kandidaten aus personell unterrepräsentierten Ländern, die nicht älter als 32 Jahre sein dürfen, und decken je nach Bedarf verschiedene Arbeitsfelder des VN-Systems und damit Berufsgruppen ab. Auf Grund der nicht adäquaten Präsenz waren deutsche Nachwuchskräfte bis auf vier Jahre im gesamten Untersuchungszeitraum zur Teilnahme an den Prüfungen zugelassen (vgl. Abb. 14).[65]

Nach dem erfolgreich bestandenen Auswahlverfahren werden die Kandidaten in eine Reserveliste (*roster*) aufgenommen, bis ihr Profil mit einer vakanten Stelle übereinstimmt. Dieser Vorgang kann, so die Erfahrungen von einigen interviewten Deutschen, die das NCRE erfolgreich absolviert haben, sehr langwierig sein und sich teilweise anderthalb bis zwei Jahre hinziehen:

---

[63] Ein Beigeordneter Sachverständiger wird in den meisten Organisationen wie UNDP als *Junior Professional Officer* (JPO), in manchen Organisationen wie der WHO aber auch als *Associate Professional Officer* (APO) oder als *Associate Expert* bezeichnet.
[64] Da in dem Fragebogen nur allgemein nach Nachwuchsprogrammen gefragt wurde, kann nicht nach nationalen und von Organisationen betriebenen Programmen differenziert werden.
[65] In diesen Jahren war der Personalanteil der BRD unterhalb oder gerade im unteren Bereich des Sollstellenrahmens. So können Mitgliedsstaaten u.U. auch dann auf eine Teilnahme am Auswahlwettbewerb drängen, wenn ihr Personalanteil zwar innerhalb der festgelegten Bandbreite, aber immer noch deutlich unterhalb des Mittelwertes der Personalquote liegt.

> Unter anderem hatte ich eben das NCRE für die UNO gemacht. Und das ist ein ziemlich langer Prozess. Ich glaube, es hat zwei Jahre gedauert von der schriftlichen Prüfung, bis ich dann eingestiegen bin (ID 162).

Der Grund ist nicht nur in den zeitintensiven Bewerbungsmechanismen zu suchen, sondern liegt in erster Linie an der eigentlichen Konzeption des NCREs. Das bedeutet, dass ein Kandidat, der den Auswahlwettbewerb erfolgreich absolviert hat, kein Anrecht auf eine (konkrete) Stelle, sondern nur das Angebot auf die Aufnahme in eine Reserveliste hat:

> Successful candidates will be placed on a reserve list of qualified candidates. Candidates may then be selected, normally within one year, in accordance with the needs of the Organization and the availability of posts (UNITED NATIONS 2005, S. 2).

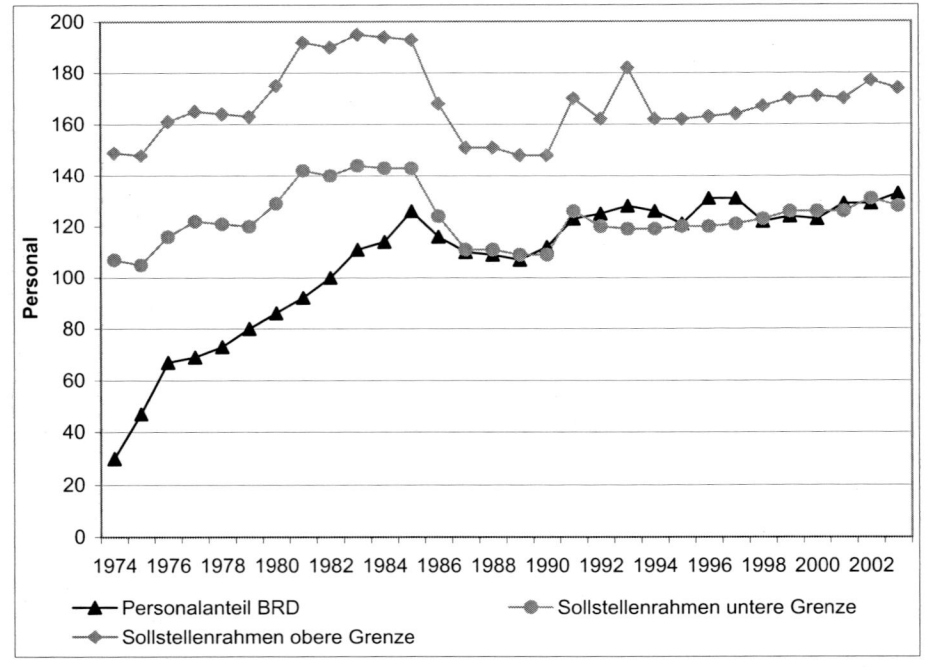

*Abb. 14: Deutscher Personalanteil & Sollstellenrahmen, VN-Sekretariat, 1974 – 2003[66]*
*Quelle: eigene Darstellung, basierend auf Daten aus VN-Dokumenten Composition of the Secretariat*

---

[66] Bis 1990 nur BRD.

## 4.1 Einstiegswege ins VN-System

Obgleich der voraussichtliche zeitliche Ablauf also in den Statuten festgeschrieben ist, empfinden die Bewerber diesen als Unsicherheitsfaktor in Hinblick auf ihre eigene Karriereplanung:

> Und dann habe ich lustigerweise innerhalb einer Woche sowohl das Examen hier bei der UN bestanden als auch beim W. in D. angefangen. Und da sieht man, wie unterschiedlich schnell die Systeme arbeiten. In D. habe ich anderthalb Jahre gearbeitet und bis hier die ganze Maschinerie fertig war, waren halt anderthalb Jahre um. [...] Das Problem bei der UN ist, man kann sich auf das System im Prinzip nicht verlassen, das dauert einfach sehr lange, mindestens ein halbes Jahr, in manchen Fällen auch ein ganzes Jahr, bis man irgendwas hört (ID 86).

Angesichts dieser Einschätzung überrascht es nicht, dass 59% der Teilnehmer der Online-Befragung, die erfolgreich an den Auswahlwettbewerben des VN-Sekretariats teilgenommen haben, schlechte Erfahrungen mit der Transparenz des Bewerbungsverfahrens gemacht haben.

Für die Vereinten Nationen kann dies unter Umständen den Verlust aussichtsreicher Kandidaten an externe Arbeitgeber bedeuten. Hier würde es sich seitens der Organisation sicherlich anbieten, den Informationsfluss zwischen Bewerbern und Institution nach dem erfolgreich bestandenen Auswahlprozess zu verbessern, wodurch die zukünftigen Angestellten mehr Sicherheit hinsichtlich ihrer Berufsplanung haben und zugleich von der Organisation gehalten werden können. Das VN-Sekretariat sollte sich im Klaren darüber sein, dass sich nicht nur die hochqualifizierten Bewerber im Wettbewerb untereinander um eine Anstellung bei den Vereinten Nationen befinden, sondern dass auch potentielle Arbeitgeber in Konkurrenz zueinander um die besten Kandidaten stehen. Was bereits seit Jahren bei vielen privatwirtschaftlichen Unternehmen selbstverständlich ist (vgl. z.B. BLAUW 2002), sollte auch von der UNO als Prinzip verinnerlicht werden.

Die Prüfung des NCREs, bestehend aus schriftlichem Examen und mündlichem Auswahlgespräch, wurde von den Interviewpartnern unterschiedlich bewertet. Einerseits wurde das Verfahren mit einer Diplomprüfung an einer deutschen Universität verglichen und als „nicht ganz trivial" (ID 156) bezeichnet. Andere Personen schätzten das Examen als „recht einfach" (ID 112) und „nicht so schwierig" (ID 109) ein. Einem Interviewpartner zufolge ist das NCRE als Einstiegsweg ins VN-System sogar besonders für deutsche Bewerber geeignet:

> Aber das ist auch typisch deutsch: Prüfung machen, gut sein in Anführungsstrichen und einfach. Das kam mir zugute (ID 109).

Diese Einschätzung bedient zwei Stereotype von Deutschen, auf die im weiteren Verlauf dieser Arbeit noch detaillierter eingegangen werden wird: Zum einen liegt es Deutschen, sich auf den Punkt genau gut vorzubereiten und damit die Prüfungssituation erfolgreich bestehen zu können. Zum anderen spielen bei diesem stark formalisierten Einstiegsweg mögliche „inform(ation)elle" (DREHER 1996, S. 425) Karrierefaktoren wie Networking, die traditionell nicht zu den Stärken der Deutschen zählen, keine bzw. nur eine untergeordnete Rolle (vgl. dazu auch Kapitel 4.2.3).

Nachdem der Bewerber das NCRE bestanden hat, beginnt der eigentliche Stellenvergabeprozess. Dieser gestaltet sich nach Erfahrungen einiger Interviewpartner insofern als schwierig, als dass die Kandidaten oft nur wenig Einfluss auf die ihnen angebotene Einstiegsstelle haben:

> Also, es war ganz klar, wenn man die [angebotene Stelle] jetzt nicht nimmt, dann, na ja, dann braucht man sich auch hinterher nicht beklagen (ID 109).

Das führt mitunter dazu, dass die Nachwuchskräfte ein Stellenangebot in einem schwierigen, weil riskanten, oder in einem unattraktiven räumlichen Umfeld bekommen:

> Bis dann eines Tages eben ein seinerzeit unerwartetes Stellenangebot der UNO kam, das ich dann mit einigem Zögern, aber dann doch akzeptiert habe. Das war nämlich in Bagdad. Nicht nur jetzt, in Bagdad hat es immer Kriege gegeben, seinerzeit war gerade der Iran-Irak Krieg. Ich habe mich dennoch entschlossen, das Angebot zu akzeptieren. Man hat mir auch mehrere Angebote gemacht seinerzeit, glaube ich, fünf verschiedene Angebote, die allerdings den Nachteil hatten, dass sie alle in Bagdad waren, allerdings in verschiedenen Positionen (ID 124).

> Ich habe dann ein Angebot für einen P3-Posten in Beirut bekommen und habe das dann ausgeschlagen. Ich habe mich auch mit der Frau getroffen und habe gesagt, vielleicht für die Zukunft, aber im Moment will mein Mann nicht weg und schon gar nicht in den Libanon (ID 92).

> Es gab damals überhaupt keine Stellen in New York. Es gab welche in Genf und eine in Bangkok. Ich wollte eigentlich damals schon nach New York. Die Sache ist auch, wenn sie erst mal eine Stelle angeboten bekommen und die dann ablehnen, dann können sie das Examen wieder machen. Ich dachte damals auch, na ja für zwei Jahre (ID 112).

**Neben den räumlich bedingten Nachteilen kann auch das direkte Arbeitsumfeld als unerträglich empfunden werden:**

> Ich wurde eingestellt auf eine Stelle bei UNIFEM. Das war eine Stelle, wo mich keiner haben wollte. Es war klar, von dem Moment an, wo ich da ankam, dass sie mich nicht haben wollten. Mich nicht als Person, die hatten Leute, die da Kurzzeittrainees waren, die aus der Abteilung waren, die sie gerne auf der Stelle gehabt hätten. Denen wurde dann einer aufgedrückt aus dem NCRE. Es war keine gute Situation. Die Leiterin von der ganzen Abteilung – es war einfach keine gute Situation. Mir wurde die Stelle angeboten und man kann ja oder nein sagen (ID 60).

## 4.1 Einstiegswege ins VN-System

Trotz des teilweise als starr und unflexibel empfundenen Stellenvergabeprozesses nach dem erfolgreich bestandenen NCRE gab es auch zwei Interviewpartner, die durch Eigeninitiative Einfluss auf das Angebot ihrer ersten Stelle im VN-System genommen haben:

> Nachdem ich dann auch die mündliche Prüfung bestanden hatte, bin ich dann nach New York geflogen, ich war da sowieso in USA, und habe dort mit Human Resources ein paar Interviews gehabt und habe dann gefragt, also Genf, können sie mir da ein paar Adressen geben, an wen soll ich mich da wenden. Und ich habe dann Leute hier in Genf kontaktiert, unter anderem auch in UNCTAD, und bin dann auch nach Genf gefahren, um dann Interviews zu führen und habe somit dann das Angebot hier bei UNCTAD bekommen. Also es war meine Initiative. Weil sonst, der normale Prozess ist so, man kommt in diese Kartei, diese Liste, die wird eben verschickt, und wenn man halt gerade passt oder so, wird man vielleicht ausgewählt oder nicht (ID 162).
>
> Den Posten selbst habe ich bekommen, in dem ich, als ich auf dem roster war, mal beim Personalbüro vorbeigeschaut habe, und mich informiert habe, was es so für Jobs gibt (ID 217).

Der Einfluss auf die erste Stelle hängt somit vom Engagement des Bewerbers ab. Gab es ein konkretes Stellenangebot, waren die Erfahrungen der Bewerber bezüglich des Einstiegsdatums positiv. So zeigte sich die jeweilige Abteilung, aus der das Stellenangebot kam, meistens flexibel, was den Zeitpunkt des Arbeitsbeginns betraf:

> Ich hatte damals noch Glück, weil ich meine eigene akademische Arbeit noch fertig machen wollte. Da haben die dann ein viertel Jahr oder fast ein halbes Jahr auf mich gewartet und dann habe ich die Stelle angefangen (ID 109).

> Ich habe mich dann direkt bei der UNO beworben und am NCRE teilgenommen. Da ich mich gleichzeitig noch für ein Aufbaustudium in Frankreich beworben hatte, habe ich dann den angebotenen Posten bei der UNO aufgeschoben. Das war kein Problem, wenn man erst mal in dem Roster ist, sind die sehr flexibel. Also habe ich erst meinen Abschluss in Frankreich gemacht und danach meinen jetzigen Posten angetreten (ID 217).

Der oft als gering empfundene Einfluss auf die Stellenvergabe für erfolgreiche Examenskandidaten hängt nicht nur von individuellen Faktoren wie Eigeninitiative, sondern auch von makrostrukturellen Gegebenheiten wie der Personalpolitik der Vereinten Nationen ab. So gab es beispielsweise Mitte der 1980er Jahre auf Grund der prekären finanziellen Situation der UNO einen Stellenstop (vgl. auch Abb. 14): „Recruitment was suspended from 21 March 1986 as a result of the current financial crisis" (VN-DOKUMENT A/41/627). Der Stellenstop wurde erst 1990 wieder vollständig gelockert. In den Jahren dazwischen sollten vakante Positionen durch Umverteilung des internen VN-Personals besetzt und externe Kandidaten nur im Ausnahmefall neu eingestellt werden. Dadurch war es erfolgreichen Kandidaten des NCREs in dieser Zeit (fast) nicht möglich, eine Anstellung im VN-System zu erhalten:

> Ich habe dann 1985 das Auswahlverfahren NCRE gemacht und habe bestanden. Da gab es dann aber seinerzeit einen mehrjährigen recruitment freeze, so dass ich ein Schreiben bekam, in dem mir einerseits gratuliert wurde zum bestandenen Examen, aber gleichzeitig bedauert wurde, dass mir keine Anstellung angeboten werden kann wegen dieses Stops (ID 124).

Generell, so lässt sich für das NCRE-Verfahren resümieren, wird das Prinzip, also die Idee, Nachwuchskräfte über ein möglichst objektives Auswahlverfahren zu gewinnen, von den über dieses Verfahren rekrutierten Interviewpartnern befürwortet. Gleichwohl werden einzelne Punkte in der Durchführung dieses Verfahrens wie die Stellenvergabe und die Dauer des Bewerbungsprozesses kritisiert. Die verschiedenen Erfahrungen der Interviewten gerade bei der Stellenvergabe haben aber gezeigt, dass es nicht nur seitens der Organisation Verbesserungsbedarf gibt, sondern auch, dass von den Bewerbern mehr Eigeninitiative gefordert ist. So kann aus den Erfahrungen der Interviewpartner der Schluss gezogen werden, dass es sinnvoll ist, sich nach dem bestandenen Examen mit Personalverantwortlichen oder Fachabteilungen des VN-Sekretariats in Verbindung zu setzen und damit Einfluss auf die Stellenauswahl zu nehmen, statt nach dem NCRE auf ein unter Umständen nicht zufriedenstellendes Stellenangebot von der Organisation zu warten.

Es wird vermutet, dass hierbei ein Generationeneffekt auftritt. Das heißt, das Verhalten der Examenskandidaten hat sich im Verlauf des Untersuchungszeitraums dahingehend verändert, dass die Bewerber in den 1980er Jahren meist auf ein Stellenangebot seitens der Organisation gewartet haben, während sich die Nachwuchskräfte in den 1990er Jahren und danach vermehrt eigenständig um ein Stellenangebot im VN-Sekretariat bemüht haben. Anhand der vorhandenen Daten dieser Arbeit, insbesondere der Interviews, lässt sich dieser Trend nur vermuten. Diese These müsste daher in einer weiteren Studie verifiziert werden.

*Einzelstaatliche Nachwuchsprogramme*

Einige Länder, darunter die Bundesrepublik Deutschland, betreiben einzelstaatliche Nachwuchsprogramme, die eine (befristete) Einstiegsmöglichkeit in internationale Organisationen darstellen.[67] Ziele des deutschen Programms Beigeordnete Sachverständige sind einerseits, die jeweilige personelle Präsenz in internationalen Organisationen zu verbessern und andererseits, einen Beitrag zur Entwicklungshilfe zu leisten (BERLINER INITIATIVE 2002, S. 9).[68] Aus Mitteln des Bundesministeriums für wirtschaftliche Zusammenarbeit und Entwicklung (BMZ) werden pro Jahr

---

[67] Auf Grund des finanziellen Aufwands werden einzelstaatliche Nachwuchsprogramme meist nur von Ländern wie Dänemark, Kanada und Korea durchgeführt, die über die notwendigen staatlichen Mittel verfügen. Derzeit stellen 23 Länder Beigeordnete Sachverständige (vgl. www.jposc.org, Stand: 16. Mai 2006).

[68] Beigeordnete Sachverständige sind international bekannt als *Junior Professional Officer* (JPO), *Associate Expert* (AE) oder *Associate Professional Officer* (APO).

## 4.1 Einstiegswege ins VN-System

ca. 30–40 Stellen für JPOs bei verschiedenen internationalen Organisationen, mit welchen die Bundesregierung Abkommen über die Entsendung von Beigeordneten Sachverständigen geschlossen hat, finanziert. Die Durchführung des Programms obliegt dem Büro Führungskräfte zu Internationalen Organisationen (BFIO).[69]
Stellen für Beigeordnete Sachverständige haben in der Regel eine Laufzeit von zwei Jahren. In dieser Zeit sind die Nachwuchskräfte hinsichtlich ihrer Rechtsstellung und Beschäftigungsbedingungen den regulären VN-Bediensteten gleichgestellt. Ihr Gehalt sowie die Lohnnebenkosten werden jedoch vom Geberland, also in diesem Fall von Deutschland, gezahlt.
Bis 2002 lief das Bewerbungs- und Auswahlverfahren für das Programm Beigeordnete Sachverständige so, dass sich Bewerber jederzeit in eine Kandidatendatei des BFIOs aufnehmen lassen konnten und erst dann kontaktiert wurden, wenn eine passende Stelle als JPO zur Verfügung stand. Da die meisten Interviewpartner vor diesem Zeitpunkt eine Stelle als Beigeordneter Sachverständiger angetreten haben, beziehen sich ihre Bewertungen auf dieses mittlerweile reformierte Bewerbungsverfahren.[70] Die Interessenten konnten sich damals zwar auf ein Arbeitsfeld und ggf. für eine Tätigkeit in einer bestimmten Organisation, aber nicht auf eine konkrete Position bewerben. Dies hat manchmal dazu geführt, dass zwischen der eingereichten Bewerbung und dem Stellenangebot einige Zeit vergehen konnte, wohingegen die Besetzung einer vorhandenen Position dann meist sehr schnell erfolgte:

> Ich hatte mich bei dem JPO-Programm beworben und habe drei Jahre nichts von denen gehört. Irgendwann haben die herausgefunden, wo ich wohne. Und dann kam das Angebot, nach Malaysia zu gehen. Das war ungünstigerweise gestern Nachmittag und die gaben mir drei Wochen Zeit. Da habe ich dann meine Zelte abgebrochen (ID 128).

Generell mussten die Bewerber bis 2002 wohl mit der Unsicherheit leben, dass sie eventuell niemals oder in unbestimmter Zeit ein Stellenangebot als JPO erhalten. Obgleich an dieser Stelle keine repräsentativen Zahlen über die Bewerberzahlen des JPO-Programms präsentiert werden können, kann davon ausgegangen werden, dass sich vor 2002 mehr Personen für das Nachwuchsprogramm beworben haben, als tatsächlich vermittelt werden konnten. Vorliegende Zahlen zu den generellen, d.h. auch über das Programm Beigeordnete Sachverständige hinausgehenden, Vermittlungsaktivitäten des BFIOs für 1995 bestätigen diese Vermutung.[71] Unter den-

---

[69] Eine ausführliche Beschreibung des Programms findet sich unter: http://www.arbeitsagentur.de/vam/vamController/CMSConversation/anzeigeContent?navId=4469&rqc=4&ls=false&ut=0, Stand: 16.5.2006.
[70] 2002 wurde das Programm Beigeordnete Sachverständige reformiert (vgl. DEUTSCHER BUNDESTAG 2003, S. 4), was sich u.a. in veränderten Bewerbungs- und Auswahlmechanismen widerspiegelt. So können sich Kandidaten seitdem nur noch auf konkrete JPO-Positionen bewerben. Die Auswahlverfahren für die Stellen finden gebündelt einmal jährlich statt.
[71] Demnach gingen in diesem Jahr 11.785 Anfragen ein, die sich auf eine Tätigkeit in internationalen Organisationen bezogen. Von den Ende 1995 5.100 registrierten Bewerbern der BFIO-Kartei beriet diese Institution in dem Jahr 1.141 Kandidaten. Auf 1.330 Ausschreibungen wurden 3.781-mal geeignete Kan-

jenigen, die als ‚Karteileichen' beim BFIO geendet sind, war auch einer der Interviewpartner:

> Mit meinen Verwaltungswissenschaften habe ich mich beim BFIO beworben, habe aber von denen nie etwas gehört (ID 60).

Sicherlich sind einige der Kritikpunkte nach der Reform des JPO-Programms hinfällig geworden. Ob es aber rückblickend fair und organisatorisch nicht anders machbar war, als die Bewerber im Unklaren über den Stand des Verfahrens zu lassen, bleibt anzuzweifeln.

Um eine Stelle als JPO zu bekommen, müssen von den Interessenten nach den Bewerbungsvoraussetzungen für das Programm neben der Höchstaltersgrenze von 32 Jahren höchste persönliche und berufliche Kriterien erfüllt werden:

> Hervorragende universitäre Leistungen, die vertiefte Auseinandersetzung mit einer internationalen oder entwicklungspolitischen Fragestellung in der Diplom- oder Magisterarbeit sind für eine Bewerbung ebenso von Vorteil wie im Ausland erworbene relevante berufliche Erfahrungen und absolvierte Praktika. [...] Fließende Kenntnisse in Englisch und meistens einer weiteren VN-Amtssprache sind notwendig. Interkulturelle Kompetenz, Teamfähigkeit, Planungs- und Organisationskompetenz, Kreativität und Lernbereitschaft sind weitere Elemente der seitens der Internationalen Organisationen gewünschten Mitarbeiterprofile (http://www.arbeitsagentur.de, Stand: 18.5.2006).

Im Gegensatz dazu stehen die Erfahrungen einiger Interviewpartner während ihrer Tätigkeit als JPO. Die den Beigeordneten Sachverständigen übertragenen Aufgaben entsprachen oft nicht ihrer Qualifikation und die Arbeitssituation insgesamt war daher nicht zufriedenstellend:

> Aber damals die ganzen deutschen JPOs, oder ich glaube, alle europäischen JPOs, da war das wohl ähnlich frustrierend. Also es gab kein richtiges Programm. Man hat praktisch eine Stelle frei gemacht, oder man brauchte ja gar nichts zu machen, die haben bloß einen Tisch und einen Stuhl hingestellt. Es gab kein strukturiertes Training von den Personalbüros, was die Leute machen müssen, wenn sie einen JPO akzeptieren, was der Manager machen muss. Zum Beispiel, dass es bestimmte Stufen von On-the-job-Training gibt. In der Hinsicht gab es nichts. Von daher war es für viele JPOs wie ein Intercheck-Programm, entweder wurden die Leute total unterbenutzt. Mit ihren Masters und Diplomen aus Deutschland waren die total überqualifiziert für die Arbeit, die ihnen übertragen wurde. [...] Ich war damals in der Evaluierungsabteilung und habe praktisch Dokumente sortiert und war zuständig für das Einrichten eines Archivs. Dafür hätte man auch eine Sekretärin nehmen können. Aber was Besseres ist ihnen nicht eingefallen (ID 131, UNICEF, New York).

---

didaten angeschrieben, von denen sich 1.392 auf eine Stelle beworben haben. Letztlich resultierten daraus 326 Vermittlungen des BFIOs (DEUTSCHER BUNDESTAG 1996).

## 4.1 Einstiegswege ins VN-System

Dies hängt nicht zuletzt auch mit dem Image von Beigeordneten Sachverständigen zusammen, das im VN-System weitverbreitet zu sein scheint, dass JPOs unerfahrene und daher wenig qualifizierte sowie in erster Linie unbezahlte Arbeitskräfte sind:

> Meine erste Chefin sah JPOs wie viele andere im UN-System auch als jung, berufsunerfahren, ohne Felderfahrung in Afrika, kleine Besserwisser aus Industrienationen, obwohl sie selber Amerikanerin ist. So in dem Rahmen und entsprechend waren dann auch meine Aufgaben, die ich zu tun hatte. Das war Praktikantenarbeit. UNDP ist bekannt dafür, dass JPOs zu 80% rumsitzen und dass sie nicht irgendwie strategisch genutzt werden. Was ziemlich frustrierend ist, ist, dass keiner was dagegen tut. Ein Kollege von mir durfte die E-Mails für seine Chefin ausdrucken. Die hat ihn wirklich als Drucker benutzt (ID 98, UNDP, New York).

> Als JPO ist es so Wischiwaschi. Ja für zwei Jahre. In Genf [als Consultant] bin ich teilweise ernster genommen worden als hier, weil dem JPO immer das Bild anhaftet, ach eine ganz junge Unerfahrene, die ist ja zum Lernen hier. Den gleichen Ärger hatten meine JPO-Freunde in Genf, nicht nur Deutsche. Die haben ihr Sozialleben genossen, aber die Arbeit war Scheiße. Jeder schreit erst mal hier, wenn es heißt, oh super eine unbezahlte Arbeitskraft, ohne sich Gedanken zu machen, was derjenige eigentlich machen soll (ID 61, UNICEF, New York).

Die Erfahrungen der Interviewpartner zeigen, dass es sich hierbei weder um Einzelfälle noch um ein institutionell begrenztes Phänomen handelt. So hat auch die *Joint Inspection Unit* der Vereinten Nationen, eine interne Aufsichtsbehörde, festgestellt, dass „in several cases, insufficient structures for the integration, orientation and development of staff restrict their [the junior professional officer's] ability to make a significant contribution to the work of their organizations, leading to rapid disenchantment" (VN-DOKUMENT JIU/REP/2000/7). Gleichwohl geht aus den Interviews hervor, dass eher diejenigen Kritik an ihrer Tätigkeit geübt haben, die eine JPO-Stelle in einem der Hauptquartiere in New York oder Genf hatten, wohingegen JPOs, die im Feld begonnen haben, keine Unzufriedenheit über ihre Arbeit geäußert haben. Diese räumlichen Unterschiede decken sich mit der Zentrums-Peripherie-Differenzierung der Stellen- und Aufgabenstruktur des VN-Systems (vgl. Kapitel 2.2.3). Da in den Hauptquartieren die Leitungs- und Führungspositionen lokalisiert sind und dort die politischen und strategischen Entscheidungen getroffen werden, kann es eher vorkommen, dass die Aufgaben- und Einsatzgebiete für Nachwuchskräfte auf Grund ihrer mangelnden Berufserfahrung begrenzt sind. In Feldbüros dagegen wird hauptsächlich die operative Arbeit des VN-Systems verrichtet, wofür nicht notwendigerweise jahrelange Erfahrung notwendig ist. Hier haben Nachwuchskräfte viele ihren Qualifikationen entsprechende Einsatzmöglichkeiten und sind demnach subjektiv zufriedener mit ihrer Tätigkeit als ihre Kollegen in New York oder Genf.

Obwohl es folgerichtig scheinen mag, dass es im Interesse der Bewerber als auch der Organisationen liegen sollte, *Junior Professional Officers* eher in Feldbüros einzusetzen, muss hierbei neben der Tätigkeit im Rahmen des Nachwuchsprogramms auch die berufliche Perspektive im VN-System mit berücksichtigt werden. Letztere hängt, wie später argumentiert werden wird, nicht nur von der geleisteten Arbeit, sondern auch von Kontakten ab (vgl. auch Kapitel 4.2.3).

Die meisten JPOs, die mit ihrer Aufgabe und ihrem Umfeld nicht zufrieden waren, haben sich um einen Stellenwechsel bemüht, was auf Grund der zeitlich begrenzten Beschäftigung eher ungewöhnlich ist. Oft haben die teilweise verzweifelten Nachwuchskräfte darin die einzige Möglichkeit gesehen, das JPO-Programm zu beenden und damit zugleich ihre Chance auf den Einstieg bzw. auf eine Übernahme ins VN-System zu wahren:

> Ich hatte wahnsinnige Probleme die zwei Jahre als JPO. Abusive supervisors, also das war richtig schwierig teilweise. Das war in einer anderen Organisation und dann in einer anderen Abteilung hier. Hier ist das viel, viel besser geworden. Ich bin auch dreimal gewechselt innerhalb von zwei Jahren, das ist schon ungewöhnlich (ID 216).

> *Wie kam es zu dem Wechsel?* Ich habe geschimpft wie ein Rohrspatz, hatte anderthalb Jahre Kriegssituation im Büro mit meiner Chefin. Die über ihr war immer schon auf meiner Seite und hat gesagt, sobald es geht, holen wir dich da raus, was dann auch frustrierend ist, wenn die Oberen dein Problem anerkennen, aber im UN-System nicht so richtig was machen können. Nach anderthalb Jahren kam die Umstrukturierung unseres Büros, die aber nur darauf hinaus lief, dass ich endlich von der Chefin weg kam. Ich kam dann in ein anderes Team, bin jetzt überglücklich, klasse Chef, jung, hilft, wo geholfen werden muss (ID 98).

Inwieweit die hier beschriebene Unzufriedenheit auf Grund einer problematischen Beziehung zum Vorgesetzten spezifisch für Beigeordnete Sachverständige oder für Nachwuchskräfte generell ist, wird in Kapitel 5.2.3 näher analysiert. Es wird jedoch angenommen, dass diese Problematik weniger auf die Struktur des JPO-Programms als auf kontextuelle Gegebenheiten zurückzuführen ist.

Das JPO-Programm bietet, so die Meinung unter den meisten der befragten Personen, die als Beigeordnete Sachverständige tätig waren oder noch sind, Nachwuchskräften die Chance, wichtige Kontakte zu knüpfen und Erfahrungen zu sammeln, die für eine spätere Übernahme ins VN-System bedeutend sein können. Ein Interviewpartner sah in dem JPO-Programm beispielsweise eine gute Vorbereitung auf seine spätere Teilnahme am NCRE:

> Ja sicher, die Tatsache, dass ich an dem regulären Auswahlverfahren erfolgreich teilnehmen konnte, hat schon damit zu tun, dass ich eben vorher Erfahrung sammeln konnte. [...] Die JPOs haben einerseits das Privileg, dass sie sich also im Bereich der internationalen Organisationen umtun können, Kontakte knüpfen können, auch ihre sprachlichen Fähigkeiten verbessern können und testen können, ob ihnen das wirklich so gefällt (ID 124).

Allerdings haben viele Interviewpartner auch auf das JPO-Programm betreffende Probleme hingewiesen. Trotz der rechtlichen Gleichstellung mit fest angestellten

## 4.1 Einstiegswege ins VN-System

VN-Bediensteten ist den meisten Beigeordneten Sachverständigen bewusst, dass sie „nicht im VN-System drin" sind (ID 216). Die darin implizierten Nachteile gegenüber festen VN-Angestellten sind folgende:

- kein Pensionsanspruch,
- befristete Anstellung im VN-System,
- keine Übernahmegarantie seitens der Organisationen.

Dies verdeutlicht, dass einzelstaatliche Nachwuchsprogramme zwar eine gute Möglichkeit bieten, zeitweise im VN-System zu arbeiten und dadurch die Wettbewerbschancen bei Bewerbungen für eine Beschäftigung in internationalen Organisationen zu erhöhen, dass es aber kein unmittelbares und sicheres Einstiegsprogramm ins VN-System ist. So geht aus den Statistiken hervor, dass von den Beigeordneten Sachverständigen 40% länger als zwei Jahre im VN-System angestellt waren und demnach eine Anstellung über die Regelzeit einer JPO-Stelle im VN-System erhalten haben. Die Abweichung gegenüber den Zahlen der Bundesregierung, die die Übernahmequote von Beigeordneten Sachverständigen ins VN-System mit 58% angibt (vgl. VDBIO 2001, S. 15), lässt sich einerseits mit der Beschaffenheit der statistischen Daten begründen.[72] Andererseits beziehen sich die Daten der Bundesregierung auf das JPO-Programm insgesamt. Daran sind auch Organisationen beteiligt, die nicht zum Untersuchungsgegenstand dieser Arbeit zählen.

Der Übergang von einer JPO-Stelle auf einen Posten im VN-System kann, so die Erfahrungen der Interviewpartner, unterschiedlich verlaufen. Auf der einen Seite kann ein Beigeordneter Sachverständiger *unmittelbar* einen Anschlussvertrag in einer internationalen Organisation erhalten. Andererseits kann der Übergang *mittelbar*, z.B. über eine Tätigkeit als Berater (Consultant), erfolgen.

Je nach Einsatzort der JPOs waren für die direkte Übernahme ins VN-System verschiedene Faktoren ausschlaggebend: Den JPOs, die im Hauptquartier gearbeitet haben, kam der Vorteil zugute, Kontakte zu den Entscheidungsträgern aufbauen zu können und sich damit einen relativen Vorteil gegenüber räumlich weit entfernten Konkurrenten zu schaffen:

> Ich hatte mich auf den Posten beworben mit zwei anderen ehemaligen JPOs, die alle weit außer der Sicht sind. Ich bin auch zu der Dame ins Büro, habe gesagt, dass ich an dem Job interessiert bin und ich könnte das und das mitbringen. Die kannte mich schon vor dem Interview und wusste, dass ich dafür ganz gut geeignet wäre. Dann hat man einfach die größeren Chan-

---

[72] Die statistischen Daten geben nur Auskunft darüber, wie lange eine Person in ausgewählten Organisationen des VN-Systems, in dem Fall als JPO, angestellt war (vgl. Kapitel 3.2). Es kann nicht ausgeschlossen werden, dass Personen, die nicht länger als zwei Jahre angestellt waren, in eine von diesen Statistiken nicht erfasste internationale Organisation gewechselt sind. Gleichwohl muss davon ausgegangen werden, dass ein gewisser Anteil der Personen, die ein bis zwei Jahre angestellt waren, keinen Einstieg ins VN-System gefunden hat bzw. finden wollte.

cen. So unfair das ist, aber man muss sich da was einfallen lassen. Wenn man jemanden also gut kennt, dann hilft das schon (ID 92, New York).

Ich habe damals in der anderen Abteilung schon viel mit meiner jetzigen Abteilung zusammengearbeitet und dann ergab sich das so. Mir ist aufgefallen, dass es mir hier gefällt, die haben gemerkt, dass man sich auf mich verlassen konnte. Mir ist dann angeboten worden, hierher zu kommen und dann habe ich mich hier auf einen Job beworben. Das ging dann eigentlich relativ unproblematisch zu meinem großen Erstaunen (ID 216, New York).

Auch wenn es demnach als Nachteil erscheinen mag, eine JPO-Stelle im Feld zu haben, so haben auch Beigeordnete Sachverständige, die außerhalb von New York oder Genf stationiert waren, den direkten Einstieg ins VN-System geschafft. Hierbei waren allerdings weniger Kontakte als andere Faktoren wie beispielsweise die Personalpolitik Deutschlands bei den Vereinten Nationen oder ein passendes Stellenprofil ausschlaggebend:

Und dann war ich also in Buenos Aires für fast zwei Jahre. Und während dieser zwei Jahre wurde ich eingeladen von UNDP zum Interview, um an dem Management Training Programm teilzunehmen. [...] Zum Beispiel glaube ich, dass ich damals reinkam in das Management Training Programm von UNDP, weil Deutschland sich damals beklagt hatte, dass kaum Deutsche übernommen wurden vom JPO-System. Und das hat mir geholfen. Ich musste nach wie vor durchkommen, aber es hat bewirkt, dass sie damals mehr Deutsche genommen haben (ID 66, Buenos Aires).

Ich saß in Dakar am Ende der zwei Jahre und habe mich darauf vorbereitet, einen anderen Job zu machen – zumindest bei UNHCR raus. Es war damals auch noch nicht so, dass das einfacher war, zwischen den UN-Organisationen zu wechseln. Es kam mir damals nicht so vor. Ich erinnere mich, dass ich damals sehr stark auf der Suche war, etwas ganz anderes zu machen und dass das UNHCR mir damals signalisiert hat, es gibt hier überhaupt keine Möglichkeit weiterzumachen. Und dann kam ein Anruf aus Genf und da wurde gesagt, wir brauchen dich für diesen einzelnen Posten. Und es war wieder die Geschichte, dass für einen besonderen Posten die Kombination interessant war (ID 65, Dakar).

Wie diese beiden Fälle zeigen, ist eine direkte Übernahme jedoch mit einem Ortswechsel, meist gleichbedeutend mit einem Wechsel ins Hauptquartier, verbunden, da die Anzahl der Stellen im Feld begrenzt ist (vgl. Kapitel 2.4.2).

Nicht alle interviewten ehemaligen Beigeordneten Sachverständigen haben unmittelbar einen Anschlussvertrag im VN-System erhalten. So mussten einige Interviewpartner Kurzzeitverträge annehmen, bevor sie nach einigen Jahren eine reguläre Anstellung im VN-System und damit einen längerfristigen Vertrag erhalten haben:

Das war relativ mühsam der Übergang, bis man einen anständigen Vertrag hatte, einen Zweijahresvertrag mit anderen Worten, nicht nur drei Monate. Das hat also vier Jahre gedauert (ID 139).

## 4.1 Einstiegswege ins VN-System

> Ich hatte mich auch auf zwei feste Stellen beworben. Das hat dann auch mit einer Abteilung geklappt. Da hat man mich eingestellt als replacement für jemanden, der gerade bei einer Peacekeeping-Mission war. Dann bin ich praktisch lateral rüber. Dann hatte ich Glück, denn das war short-term, also immer Vertrag für drei Monate, drei Monate, ein Monat. Dann kriegte ich einen fixed-term Vertrag angeboten und wurde auch innerhalb dieser Abteilung versetzt (ID 131).

Dass nicht alle JPOs direkt oder überhaupt ins VN-System übernommen werden können, hängt einerseits mit der begrenzten Anzahl an Stellen und andererseits mit den Personalpolitiken der Organisationen, insbesondere mit deren Einstellungsrichtlinien, zusammen:

> The filling of vacant posts by candidates from national competitive examinations and the close monitoring of this process have become an established priority within the context of the human resource planning (VN-DOKUMENT A/56/512, S. 15).

Der Grundsatz der Personalpolitik des VN-Sekretariats, Nachwuchskräfte hauptsächlich über Auswahlwettbewerbe zu rekrutieren, geht auf das Prinzip der ausgeglichenen geographischen Verteilung zurück (vgl. Kapitel 2.4.1). Dies liegt daran, dass zu den Auswahlverfahren nur Bewerber aus unter- oder nicht repräsentierten Ländern zugelassen werden. Zudem kann das JPO-Programm aus Sicht der Organisation kein Hauptrekrutierungswerkzeug sein, da es bis auf wenige Ausnahmen eine exklusive Möglichkeit für junge Berufseinsteiger aus ausgewählten Industrieländern ist.

Aus nationalstaatlicher Sicht kann das Programm Beigeordnete Sachverständige ein personalpolitisches Instrument sein, die Chancen für eine spätere Bewerbung in internationalen Organisationen zu erhöhen. Es darf jedoch weder von Regierungsseite noch von den Bewerbern als direkter und unmittelbarer Einstiegsweg ins VN-System verstanden werden. Dass seit Beginn des Programms trotzdem eine Vielzahl an deutschen Nachwuchskräften über diesen Weg den ersten Schritt für eine Karriere ins VN-System machen konnte, ist ein Zeichen für die Qualität und das Durchhaltevermögen deutscher JPOs.

### *Weitere Einstiegswege für Nachwuchskräfte*

In geringem Umfang sind auch Bewerbungen auf Einzelausschreibungen eine Option für Nachwuchskräfte, eine Stelle im VN-System zu bekommen. Dieser Einstiegsweg hat jedoch im VN-Sekretariat seit Bestehen der Auswahlwettbewerbe an Bedeutung verloren, da freie Stellen auf P2- oder P3-Niveau überwiegend mit erfolgreichen Examenskandidaten besetzt werden. Folglich haben diejenigen interviewten Nachwuchskräfte, die über eine Einzelausschreibung ins VN-System eingestiegen sind, alle ihre erste Stelle bis Ende der 1970er Jahre angetreten. Zudem geben die Daten der Online-Befragung einen Hinweis darauf, dass Bewerbungen auf einzelne Stellen eher eine Einstiegsoption für Sonderorganisationen wie IAEO oder FAO darstellen. 69% der Nachwuchskräfte des Onlinesamples, die sich auf eine Einzelausschreibung beworben haben, haben ihre erste Stelle im VN-System bei einer Sonderorganisation angetreten.[73]

Eine weitere Möglichkeit für Nachwuchskräfte, für die Vereinten Nationen zu arbeiten, ist eine Tätigkeit als Kurzzeitpersonal, beispielsweise als Consultant. Die Anstellung erfolgt in dem Fall über einen Sonderdienstvertrag. Personen mit diesem Anstellungsverhältnis gelten als selbständige Vertragnehmer, unterliegen nicht den gleichen Beschäftigungsbedingungen wie das reguläre Personal und haben zudem nicht deren Vorrechte und Immunitäten. Ein Interviewpartner sprach in diesem Zusammenhang auch von einer „Zweiklassengesellschaft zwischen Professional und Consultant" (ID 61). Obgleich das Kurzzeitpersonal wie Berater die Flexibilität und Arbeitsfähigkeit der Organisationen sichert, indem es beispielsweise Arbeitsspitzen deckt oder kurzfristig ausfallendes Personal vertritt, wird es von den regulären VN-Angestellten insofern als Bedrohung empfunden, als dass dadurch eine neue Konkurrenzsituation um Stellen im VN-System entsteht:

> Da gab es auch Leute, die den Job [als Consultant] jahrelang gemacht haben, und da gab es kaum eine Aufstiegschance, weil immer dieses Label war, oh du bist ja Consultant. Du bist ja nicht jemand, der legal ins System gekommen ist. Dabei haben wir genauso die Auswahlgespräche gemacht. Dann wird einem dies auch nicht als Berufserfahrung angerechnet. Daher war es für mich sicher besser, dass ich die Organisation gewechselt habe (ID 61).

Auch bei vielen Mitgliedsstaaten hat die Tatsache, dass in den letzten Jahren Aufgaben im VN-System vermehrt von Personal mit Sonderdienstverträgen übernommen wurden (vgl. GÖTHEL 2002, S. 207), zur Unzufriedenheit geführt. Die Länder sehen dadurch den Grundsatz der ausgewogenen geographischen Verteilung gefährdet, indem Nachwuchskräfte über diesen Weg ins VN-System quer einsteigen und damit die formalisierten Einstiegsmechanismen unterlaufen.

Für Nachwuchskräfte bieten Tätigkeiten als Berater trotz der Nachteile gegenüber einer regulären Anstellung im VN-System gute Möglichkeiten, in internationalen Organisationen zu arbeiten. Ähnlich wie beim JPO-Programm liegen die Vorteile vor allem darin, Erfahrungen und wichtige Kontakte für eine spätere Festanstellung zu sammeln. Zudem sind die Rekrutierungsmechanismen im Vergleich zu den formalisierten Verfahren relativ unkompliziert geregelt. Gleichwohl sind auch die Kündigungsverfahren einfach gestaltet, was Personalvertreter der internationalen Organisationen befürchten lässt, dass auf diese Weise der Kündigungsschutz des Common Systems unterlaufen wird (GÖTHEL 2002, S. 207; vgl. auch Kapitel 6).

---

[73] Unter den Sonderorganisationen waren: FAO, IAEO, ILO, UNICEF, UNIDO und WHO.

## 4.1 Einstiegswege ins VN-System

Die Hindernisse für eine spätere Übernahme ins VN-System liegen vor allem in der Priorisierung der Examenskandidaten und in dem damit verbundenen Grundsatz der ausgewogenen geographischen Verteilung.

Weitere Einstiegswege für Nachwuchskräfte, auf die jedoch aus forschungspragmatischen Gründen an dieser Stelle nicht detailliert eingegangen wird, sind die Nachwuchsprogramme von Organisationen wie ILO, UNESCO, UNDP und UNICEF.[74] Auf Grund der teilweise unsicheren Finanzlage der Organisationen finden diese Programme jedoch nicht regelmäßig statt und sind bereits mehrfach ausgesetzt worden (GÖTHEL 2002, S. 189). Zudem können Nachwuchskräfte mit entsprechender Qualifikation auch an dem Auswahlverfahren für deutsche Übersetzer teilnehmen, das allerdings je nach Personalbedarf der Organisation nur in unregelmäßigen und längerfristigen Abständen stattfindet (vgl. VN-DOKUMENT ST/AI/1998/7). Auch die Abordnung als Beamter oder Angestellter des öffentlichen Dienstes bzw. der Wirtschaft zu den Vereinten Nationen ist prinzipiell auch für Nachwuchskräfte möglich, wird in der Praxis aber eher von Personen im späteren Berufsverlauf als Option wahrgenommen (vgl. Kapitel 4.1.2). Eine weitere Möglichkeit für Nachwuchskräfte, im späten Stadium ihrer Ausbildung bzw. zu Beginn ihrer Berufslaufbahn erste Erfahrungen im VN-System zu sammeln, ist ein Praktikum im VN-System.

Wie bereits bei einzelnen Einstiegswegen angedeutet ist auch die Kombination verschiedener Auswahlverfahren und Programme möglich. Zum einen wollen die Nachwuchskräfte damit die Chancen auf ihre (dauerhafte) Einstellung im VN-System erhöhen:

> Bevor ich als JPO hier angefangen habe, habe ich auch an dem NCRE teilgenommen. Ich war dann auch zu einem Interview hier und die haben mich auch auf dieses Roster gesetzt. Ich hatte dann während meiner JPO-Zeit immer die Option, ich könnte zu einem permanenten Posten rüber ins Sekretariat. Ich habe das aber nicht weiter verfolgt, weil mir die Arbeit hier [UNFPA] sehr viel besser gefällt. Ich hatte es bloß deswegen verfolgt, weil es eben sehr viel mehr Sicherheit gibt im Sekretariat durch diese permanenten Verträge, die es hier nicht mehr gibt (ID 92).

Zum anderen kann ein Bewerber durch äußere Umstände dazu gezwungen sein, verschiedene Möglichkeiten anzugehen. Dies kann sowohl an einer gescheiterten als auch an einer gar nicht erst zustande gekommenen Bewerbung liegen, wenn zum Beispiel im Rahmen des JPO-Programms keine adäquate Stelle verfügbar war.

Für Nachwuchskräfte gibt es generell eine Reihe von Einstiegsmöglichkeiten ins VN-System, denen allen die hohen Qualifikationsanforderungen und die harten Selektionsmechanismen gemeinsam sind. Gleichwohl bieten die jeweiligen Wege un-

---

[74] Mehr Informationen dazu gibt es unter: www.unicef.org, www.unesco.org, www.undp.org, www.ilo.org, Stand: 6.6.2006.

terschiedliche Berufsperspektiven bei den Vereinten Nationen. Während Kandidaten der Auswahlwettbewerbe gute Chancen auf ein Stellenangebot im VN-System, wenn auch nicht notwendigerweise auf ihre Präferenz, haben, ist eine Übernahme von JPO-Positionen oder Expertentätigkeiten auf reguläre VN-Posten nicht unbedingt gegeben. Die Ergebnisse dieser Studie haben jedoch gezeigt, dass es unter bestimmten Voraussetzungen wie Kontakten zu VN-Mitarbeitern oder Durchhaltevermögen möglich ist, auch indirekt, d.h. über einzelstaatliche Nachwuchsprogramme oder über Kurzzeittätigkeiten, (dauerhaft) ins VN-System einzusteigen. Haben die Nachwuchskräfte über diesen oder einen der anderen erwähnten Wege eine reguläre Stelle im VN-System erhalten, besteht meist die Option auf eine lebenslange Karriere in der Organisation (vgl. Kapitel 5).

### 4.1.2 Einstiegsverfahren für Seiteneinsteiger

Personen mit längerer Berufserfahrung haben die Möglichkeit, als Seiteneinsteiger ins VN-System zu wechseln. Vor allem Sonderorganisationen mit technischen oder wirtschaftlichen Mandaten benötigen hochqualifiziertes berufserfahrenes Personal. Gleichwohl besteht auch bei den Organisationen des VN-Systems mit weniger spezialisierten Aufgaben wie dem VN-Sekretariat Bedarf an Fach- und Führungskräften mit externer Berufserfahrung.
Bei berufserfahrenen Seiteneinsteigern ist zwischen Fachkräften einerseits und Führungskräften andererseits zu unterscheiden. Stellen für Fachkräfte (meist P4-, P5- oder P6-Level[75]) werden in der Regel ausgeschrieben und über reguläre Bewerbungs- und Auswahlverfahren besetzt. Oft werden vakante Positionen zunächst jedoch nur intern veröffentlicht, damit sich VN-Angestellte ohne externe Konkurrenz auf die Stellen bewerben können. Grundlage dafür ist der Artikel 4.4 des PERSONALSTATUTS DER VEREINTEN NATIONEN:

> Vorbehaltlich des Artikels 101, Absatz 3 der Charta und unbeschadet der Einstellung neuer Talente in allen Besoldungsgruppen sind bei der Besetzung freier Stellen die Qualifikation und die Erfahrung von Personen, die bereits im Dienst der Vereinten Nationen stehen, voll zu berücksichtigen. Dieser Gesichtspunkt gilt auf der Grundlage der Gegenseitigkeit auch für die mit den Vereinten Nationen in Beziehung gebrachten Sonderorganisationen.

Der Wettbewerbsvorteil für das interne Personal stellt eine Hürde für Seiteneinsteiger ins VN-System dar. So haben die Interviewpartner, die sich als Seiteneinsteiger im späteren Berufsverlauf bei den Vereinten Nationen beworben haben, nur dadurch ein Stellenangebot erhalten, dass es keinen geeigneten Kandidaten unter den

---

[75] P6-Positionen entsprechen finanziell der Hierarchieebene D1, nur dass sie als Fach- und nicht als Leitungspositionen betrachtet werden.

## 4.1 Einstiegswege ins VN-System

VN-Angestellten für diese Position gab oder dass es Probleme mit dem internen Mitbewerber gab:

> Die größte Gefahr, die größte Konkurrenz kam eigentlich von intern hier. Da war eine interne Kandidatin und das war am Schluss dann die Wahl zwischen der internen Kandidatin und mir. Da spielen alle möglichen Faktoren rein. Ich hätte keine Chance gehabt, wenn da keine Probleme gewesen wären mit der Dame. Das ist ganz klar. Ich habe nur gehört, dass die Situation mit der betreffenden Person sehr schwierig war (ID 190).

Auffällig ist, dass dieser Personalgrundsatz, den internen Arbeitsmarkt abzuriegeln, vor allem im VN-Sekretariat angewandt wird, was wohl auf das hier weitgehend gültige Laufbahn- und Lebensprinzip des internationalen öffentlichen Dienstes sowie auf die (trapezförmige) Personalstruktur auf den mittleren Dienstgraden zurückzuführen ist (vgl. dazu weiterführend Kapitel 5). Dass ein externer Bewerber den Einstieg in die Ebenen P4 oder P5 schafft, wird von einer Interviewteilnehmerin, der das gelungen ist, als „relativ ungewöhnlich" (ID 138) bewertet.

In den meisten Sonderorganisationen ist die Rekrutierung von externen berufserfahrenen Fachkräften und damit die Öffnung des internen Arbeitsmarktes dagegen gängige Praxis. Dies liegt nicht zuletzt daran, dass die Mandate der Organisationen sehr spezialisiert sind und daher in größerer Zahl qualifizierte Fachleute benötigt werden, die oft auf Grund der Personalstruktur nicht aus internen Kandidaten gewonnen werden können:

> Es gab von außen andere Bewerber. Intern gab's niemanden, weil die Arbeit doch sehr spezifisch ist (ID 41).

> Insofern bin ich relativ typisch für etwa die Hälfte der Leute, die hier arbeiten: midcareer, also mit beruflicher Qualifikation, Berufserfahrung. Die vollziehen dann halt einen Mitteleinstieg bei der WHO (ID 79).

Bei der Rekrutierung ist aus Sicht der Bewerber wichtig, dass die Stellen regulär ausgeschrieben sind, da dies meist die Voraussetzung für eine dauerhafte Beschäftigung im VN-System ist:

> Und dann gibt es direct-recruitment und recruitment, bei dem vorher eine competition war. Bei mir ist es so, dass ich eine competition durchlaufen habe, und dann eine fixed-term Anstellung bekommen habe. Bei solchen Anstellungen ist es eigentlich die Regel, dass der Vertrag weiterverlängert wird, es sei denn, man lässt sich was zu Schulden kommen. Jemand, der direkt rekrutiert worden ist, muss dann erst noch eine competition durchlaufen und es ist nicht sicher, ob der dann auch wirklich danach genommen wird (ID 41).

Ein nach objektiven und kompetitiven Kriterien verlaufendes Bewerbungsverfahren erhöht demnach die Chancen auf eine längerfristige Karriere bei den Vereinten Nationen.

Die relativ hohen Einstiegshürden bei gleichzeitigen Risiken wie Arbeitsplatzverlust oder finanziellen Einbußen gegenüber einer Tätigkeit in der freien Wirtschaft machen einen Seiteneinstieg für deutsche Fachkräfte ins VN-Sekretariat eher unattraktiv. Dagegen kann sich ein Wechsel in der Mitte der Berufslaufbahn in eine Sonderorganisation unter tätigkeitsspezifischen und anstellungsrechtlichen Gesichtspunkten lohnen, da die Arbeit meist herausfordernd ist und (relative) Arbeitsplatzsicherheit gewährleistet werden kann.

Stellen für Führungskräfte im VN-System umfassen Positionen ab dem Direktorenlevel D1 aufwärts (vgl. auch Kapitel 2.4.1). Die Stellen auf den so genannten Senior- und Policy-Making Ebenen sind auf Grund der pyramidenförmigen Stellenstruktur auf diesen Ebenen des VN-Systems zahlenmäßig begrenzt. Folglich gibt es für Führungskräfte weniger Stellenausschreibungen im Vergleich zum Fach- oder Nachwuchspersonal. Auf Grund der Bedeutung und des Einflusses dieser Positionen versteht es sich von selbst, dass Kandidaten nicht nur ein hohes Maß an Qualifikationen und Führungsqualitäten, sondern auch entsprechende jahrelange Berufserfahrung für eine solche Tätigkeit mitbringen müssen.

Auch bei der Besetzung hochrangiger Positionen soll eine ausgeglichene geographische Verteilung gewährleistet werden (VN-RESOLUTION 55/258). Daher werden Stellen auf dem Policy-Making Level meist nicht ausgeschrieben, sondern nach nationalen Gesichtspunkten vergeben (BERLINER INITIATIVE 2002, S. 12). Ein Seiteneinstieg auf Führungsebene ins VN-System ist somit fast ausschließlich mit Unterstützung der nationalen Regierung möglich. In Deutschland verläuft dieser Prozess oft so, dass sich die zuständigen Ministerien um die Gewinnung geeigneter Personen bemühen, die dann anschließend als offizielle deutsche Kandidaten für die zu besetzenden Führungspositionen vorgeschlagen werden (vgl. GÖTHEL 2002, S. 272 ff.). Die Vermittlung von Seiteneinsteigern auf dem Policy-Making Level erfordert seitens der Regierung intensive Kontaktpflege sowie Lobbying (vgl. Kapitel 4.2.4), denn es herrscht ein harter Wettbewerb unter den Mitgliedsstaaten um die Besetzung der prestigeträchtigen und Einfluss sichernden Leitungspositionen. In dieser Hinsicht hat Deutschland aber einige komparative Nachteile gegenüber anderen Ländern, die Gründer- oder Sitzstaaten der Vereinten Nationen sind, deren Sprachen Amtssprachen der UNO sind und die ständige Mitglieder des Sicherheitsrates sind:

> Nicht unterschätzt werden sollte in diesem Zusammenhang, dass jeder VN-Generalsekretär bei seiner Wahl und Wiederwahl das Plazet der ständigen Sicherheitsratsmitglieder benötigt. Dies garantiert jedem ständigen Sicherheitsratsmitglied faktisch einen USG-Posten und prominente Beachtung bei der Vergabe von Posten im Leitungsbereich (DEUTSCHER BUNDESTAG 1996).

Diese gängige Stellenvergabepraxis auf der Leitungsebene führt dazu, dass kritisiert wird, dass die Besetzung dieser Positionen oft nicht transparent erfolgt (KUDRYAVTSEV 2000).

Für die obersten Führungspositionen werden von den Vereinten Nationen nur noch befristete Verträge vergeben, die jedoch beliebig oft verlängert oder erneuert werden können (vgl. PERSONALSTATUT DER VEREINTEN NATIONEN, Artikel 4.5). Ein Status als permanenter internationaler Beamter ist auf dieser Ebene nicht mehr möglich. Diese Einstellungsbedingung kann unter Umständen ein Hindernis für die Gewinnung qualifizierter externer Kandidaten sein, wenn beispielsweise Personen aus gesicherten Arbeitsverhältnissen rekrutiert werden sollen. Auch in finanzieller Hinsicht sind die Vereinten Nationen nicht so attraktiv wie viele multinationale Unternehmen. Gerade bei der Gewinnung von Führungspersonal muss sich eine internationale Organisation jedoch dem Wettbewerb mit anderen privatwirtschaftlichen und öffentlichen Arbeitgebern um die besten Köpfe stellen.

Auf Grund der Besetzung von Leitungspositionen nach politischen Gesichtspunkten ist ein Seiteneinstieg ins VN-System auf dieser Ebene im Regelfall nur möglich, wenn ein Bewerber in diesem Vorhaben von seiner nationalen Regierung unterstützt wird. Die Kontakte zur deutschen Regierung sind in diesem Fall entscheidend, um als Kandidat für einen Posten nominiert zu werden.

Eine Möglichkeit, als Seiteneinsteiger eine Anstellung im VN-System zu erhalten, ist die Abordnung als nationaler Beamter.[76] Diese Form der Personalgewinnung geht bis in die Zeit des Völkerbundes zurück. Die Vorteile der Entsendung von nationalen Beamten liegen aus Sicht der Organisation vor allem darin, Expertise zu gewinnen. Gleichwohl gibt es auch die Befürchtung, dass diese Praxis die Unabhängigkeit und Unparteilichkeit des internationalen öffentlichen Dienstes gefährden könnte.[77]

Deutsche Beamte haben zwei Möglichkeiten der Anstellung im VN-System: Zum einen haben sie die Option, sich auf eine reguläre Stelle bei den Vereinten Nationen zu bewerben. Zum anderen können deutsche Beamte einen Vertrag in Form einer Abordnung (*secondment*) erhalten, was als eigenständiges Beschäftigungsverhältnis im VN-System gilt.

---

[76] Abordnungen sind analog auch für Angestellte und Arbeiter des nationalen öffentlichen Dienstes möglich. Ebenso können Beschäftigte der Privatwirtschaft entsandt werden, nur dass dies seltener vorkommt, was unter anderem auf die geringe(re) Absicherung bei einer Abordnung sowie auf vergleichsweise unattraktive Beschäftigungsbedingungen im VN-System zurückzuführen ist.

[77] Dieser Vorwurf entstand häufig zur Zeit des Kalten Krieges, als v.a. die sozialistischen Staaten die Möglichkeit der Entsendung nationaler Beamter missbraucht haben, indem sie ihre Vertrauensleute ins VN-System eingeschleust haben (vgl. GÖTHEL 2002, S. 202 ff.).

Grundlage für die Entsendung von Beamten an internationale Organisationen sind die Entsende- und Beurlaubungsrichtlinien, denen zufolge ein Beamter im Bundesdienst Sonderurlaub ohne Fortzahlung der Bezüge beantragen kann. Der Sonderurlaub ist zweckgebunden, d.h., er soll ausschließlich für die Ausübung einer Tätigkeit in internationalen Organisationen verwendet werden. Zunächst ist die Beurlaubung auf fünf Jahre befristet, kann jedoch um weitere fünf Jahre verlängert werden. Darüber hinaus ist eine Beurlaubung nur in dringenden dienstlichen Gründen oder aus Rücksicht auf besonders schutzwürdige Belange des Beamten möglich.

Eine Entsendung zu einer internationalen Organisation geht in der Regel auf die Eigeninitiative des interessierten Beamten zurück. Gleichwohl wurden die Unterstützungsstrukturen seitens des deutschen öffentlichen Dienstes in den letzten Jahren dahingehend verbessert, dass es interessierten Beamten erleichtert werden soll, eine Zeit lang im VN-System zu arbeiten. Beispielsweise wurde in einigen Ressorts das sogenannte Spiralmodell implementiert, durch das qualifizierten Beamten nach der Rückkehr von einer Tätigkeit in internationalen Organisationen die Möglichkeit auf eine Tätigkeit in höherer Position gewährleistet wird. Zudem wurden die Entsenderichtlinien 2000 für Beamte derart modifiziert, dass eine absolvierte Tätigkeit in internationalen Organisationen als zusätzliches Qualifikationsmerkmal für eine Beförderung gewertet wird. Während der Entsendung behält der Beamte darüber hinaus sein Besoldungsdienstalter, nimmt an Regelbeförderungen teil und diese Zeit wird ihm auch auf die Pension angerechnet.

Ausgehend von diesen rechtlichen Rahmenbedingungen und der Tatsache, dass die Entsendung nationaler Beamter von der Generalversammlung als vorteilhaft sowohl für die Vereinten Nationen als auch für ihre Mitgliedsstaaten bewertet wurde, scheint ein Einstieg ins VN-System über dieses Verfahren ein vielversprechender Weg zu sein. Gleichwohl stellen Beamte mit ca. 10% aller deutschen VN-Angestellten nur einen geringen Teil des Personals (BERLINER INITIATIVE 2002, S. 11). Die Ursachen dafür liegen sicher einerseits in den in früheren Jahren geltenden restriktiven Entsende- und Beurlaubungsrichtlinien sowie in der noch weitverbreiteten mangelnden Anerkennung dieser Berufserfahrung im deutschen öffentlichen Dienst.

> Das ist ein relativ starres System im öffentlichen Dienst in Deutschland. [...] Die sehen in Deutschland die internationalen Organisationen eher als Potential, eigene Leute abzuschieben und damit Plätze frei zu machen und Beförderungsmöglichkeiten im eigenen Hause zu schaffen. Aber in die andere Richtung findet das eben überhaupt nicht statt. Leute, die zu uns kommen, beklagen sich eigentlich regelmäßig, dass, wenn sie zurückkommen, ihnen das in keiner Weise positiv angerechnet wird, dass sie da beneidet werden. Ich habe da viele Fälle gehört, ein Kollege, der aus dem gehobenen Dienst in Deutschland kam, dann bei der WHO Karriere machte und in den höheren Dienst aufstieg bis P5. Als er dann zurückkommen wollte aus familiären Gründen, dann wollten die ihn im gehobenen Dienst auf der Ebene A12 einstufen, also auf der Stufe, auf der er Deutschland verlassen hat (ID 139).

## 4.1 Einstiegswege ins VN-System

So war eine zeitweise Tätigkeit in einer internationalen Organisation zumindest in früheren Jahren eher ein Hindernis als ein Vorteil für die Karriere im deutschen öffentlichen Dienst. Sicherlich auch bedingt durch den Stellendruck in nationalen Institutionen blieb entsandten Beamten nach ihrer Rückkehr die berufliche Anerkennung (in Form einer Beförderung) oft versagt.

Einer der größten Vorteile bei der Entsendung nationaler Beamter ist die gesicherte Rückkehrmöglichkeit nach Deutschland, die alle anderen VN-Angestellten nicht haben (vgl. Kapitel 6). Dies und die Modifizierung der (rechtlichen) Rahmenbedingungen für dieses Verfahren sollten die Entsendung nationaler Beamter zu einem bedeutenderen Einstiegsweg im Rahmen der deutschen VN-Personalpolitik machen. Zugleich kann dieser Weg mit seinen zugrundeliegenden Mechanismen als Vorbild für die Entsendung von Personal aus der freien Wirtschaft dienen.

### 4.2 Einflussfaktoren auf den Einstieg ins VN-System

Die Frage nach den Einflussfaktoren auf den Einstieg ins VN-System ist sicherlich nicht allgemeingültig und objektiv zu beantworten. Diese Studie hat vielmehr das Ziel, die den verschiedenen Einstiegswegen zugrundeliegenden Mechanismen vergleichend zu analysieren. Dabei hat die Arbeit nicht den Anspruch, alle möglichen Faktoren mit einzubeziehen. Vielmehr konzentriert sich die Analyse auf ausgewählte zentrale Einflussgrößen. Neben den auf der institutionellen Ebene verhafteten Formalien der Rekrutierungsverfahren werden auch persönliche Voraussetzungen wie der professionell-berufliche Hintergrund sowie informelle und formelle Kommunikationsstrukturen mit in die Untersuchung einbezogen. Die Analyse der Einflussfaktoren orientiert sich hauptsächlich an den identifizierten Einstiegswegen, also insbesondere entlang der Differenzierung zwischen Nachwuchskräften und Seiteneinsteigern.

#### 4.2.1 Motivation und Selbstverständnis

Um den Einstiegsweg und seine jeweiligen Einflussfaktoren untersuchen zu können, muss zunächst die Motivation einer Person für diesen beruflichen Schritt sowie ihr damit zusammenhängendes Selbstverständnis analysiert werden.

Die Gründe für eine Bewerbung bei den Vereinten Nationen können, wie aus den Ergebnissen der Online-Befragung ersichtlich ist (vgl. Abb. 15), beruflicher, ortsspezifischer oder privater Natur sein.

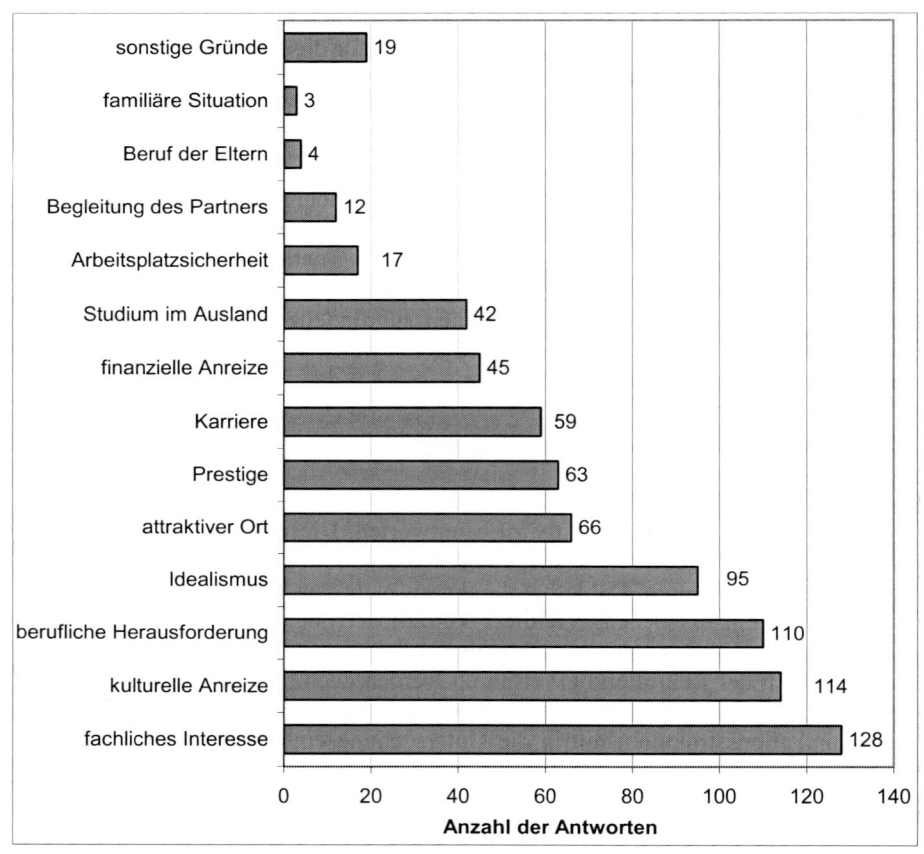

## 4 Beruflicher Einstieg ins System der Vereinten Nationen

| Grund | Anzahl der Antworten |
|---|---|
| sonstige Gründe | 19 |
| familiäre Situation | 3 |
| Beruf der Eltern | 4 |
| Begleitung des Partners | 12 |
| Arbeitsplatzsicherheit | 17 |
| Studium im Ausland | 42 |
| finanzielle Anreize | 45 |
| Karriere | 59 |
| Prestige | 63 |
| attraktiver Ort | 66 |
| Idealismus | 95 |
| berufliche Herausforderung | 110 |
| kulturelle Anreize | 114 |
| fachliches Interesse | 128 |

*Abb. 15: Gründe für die Bewerbung bei den Vereinten Nationen, Mehrfachnennung (N=174)*
*Quelle: Online-Befragung*

Für die meisten Personen des Samples sind berufsspezifische Gründe die Hauptmotivation, sich für eine Stelle im VN-System zu bewerben. Während das fachliche Interesse bei Bewerbern aller Organisationen, Fachrichtungen und aller Einstiegsebenen gleichermaßen vorhanden ist, ist die berufliche Herausforderung signifikant eher für Seiteneinsteiger im späteren Berufsverlauf als für Nachwuchskräfte ein Grund, eine Tätigkeit im VN-System anzustreben.[78] Dieses Ergebnis spiegelt sich auch in den Interviews wider:

---

[78] Diese und alle weiteren Signifikanzprüfungen für 2*2-Kreuztabellen wurden mit dem exakten Test nach Fischer (2-seitig) durchgeführt. Insbesondere bei kleinen Stichproben sowie bei kleinen und/oder kon-

## 4.2 Einflussfaktoren auf den Einstieg ins VN-System

> Es war für mich aber auch interessant, noch mal den Horizont zu erweitern. Es war zwar auch interessant, beim E. zu arbeiten, aber ich wollte auch noch mal was zu globalen Themen machen (ID 138).
>
> *Warum haben Sie sich für den Berufsweg in die internationale Organisation entschieden?*
> Das internationale Umfeld, dann auch die Möglichkeit, noch mal was Neues anzufangen (ID 41).

Das berufliche Interesse steht in engem Zusammenhang mit UNO-spezifischen Vorzügen wie der globalen Ausrichtung und der internationalen Arbeitsatmosphäre. Die Daten der Online-Befragung zeigen zudem, dass in vielen Fällen (38%) eine anvisierte Herausforderung im Berufsleben mit Karriereaspirationen einhergeht. Diese Kopplung von Interessen tritt unabhängig vom Einstiegslevel und vom Geschlecht auf. Bei der Betrachtung des Motivationsfaktors Karriere alleine werden allerdings Unterschiede zwischen Nachwuchskräften und berufserfahrenen Seiteneinsteigern deutlich: Obgleich kein signifikanter Unterschied zwischen den genannten Einstiegsgruppen bei der Bewertung dieses Aspekts nachgewiesen werden konnte, ist doch eine Tendenz ersichtlich, die mit einer größeren Fallzahl erneut auf Signifikanz getestet werden müsste. Dieser Trend lässt darauf schließen, dass die Karriereaspiration eher ein Bewerbungsgrund für Personen im fortgeschrittenen Berufsverlauf als für Nachwuchskräfte ist. Seiteneinsteiger können beispielsweise eine Verbesserung der beruflichen Position anstreben.

Finanziell ist eine Anstellung bei den Vereinten Nationen eher für Männer als für Frauen attraktiv,[79] wohingegen keine Unterschiede zwischen verschiedenen Einstiegsgruppen nachgewiesen werden konnten. Letzteres ist insofern überraschend, als dass das Besoldungssystem der Vereinten Nationen auf dem traditionellen Konzept des öffentlichen Dienstes basiert und demnach für qualifizierte Nachwuchskräfte konzipiert ist. Mit zunehmender Erfahrung rücken die internationalen Beamten in höhere Gehalts- und Dienstaltersstufen vor. Bei gleicher Besoldungsstufe kann ein unterschiedliches Dienstalter bis zu 30% Lohnunterschied verursachen (GÖTHEL 2002, S. 219). Seiteneinsteiger haben hier gegenüber internen Kollegen auf der gleichen Besoldungsstufe den Nachteil, dass sie (normalerweise) in der ersten Dienstaltersstufe anfangen müssen. Dies hat langfristig auch negative Auswirkungen auf die Pensionsansprüche:

---

zentrierten Zellbesetzungen lassen sich mit diesem Verfahren Fehler in Hinblick auf die Hypothesenentscheidung vermeiden (vgl. JANNSSEN und LAATZ 2005, S. 258 ff.). Als Richtwerte für die Signifikanzprüfung wurden in Anlehnung an BÜHL und ZÖFEL (2002, S. 111) folgende Richtwerte verwendet: $p>0,05$ = nicht signifikant (ns); $p<=0,05$ = signifikant (*); $p<=0,01$ = sehr signifikant (**); $p<=0,001$ = höchst signifikant (***).

[79] Obgleich keine Signifikanz nachgewiesen werden konnte, deutet das Ergebnis aber zumindest auf einen Trend hin, der mit einem größeren Sample auf Signifikanz getestet werden müsste.

> Wenn man das sieht, wie hoch die Lebenshaltungskosten hier sind. Wenn man später mal im Ruhestand ist, dann ist der Fall des Einkommens so stark, wenn man nicht entsprechend Dienstjahre hat, dass ich da zum Beispiel nur noch 30 Prozent meines vorherigen Einkommens habe. Das Einkommen ist hier zwar sehr gut, aber 30 Prozent ist dann doch zu wenig, um hier auf Dauer zu leben. Und bei mir kommen eben nicht mehr genügend Dienstjahre zusammen (ID 41).

Trotz des steuerfreien Gehalts und Benefits wie *dependency allowance, education grant, home leave* und internationalem Versicherungszuschuss wird die Besoldung im VN-System im Vergleich mit potentiellen externen Arbeitgebern jedoch von einigen Deutschen auch kritisch gesehen:

> Für mich war es nicht attraktiv, im Einwohnermeldeamt oder in einer Bank oder Versicherung zu arbeiten, auch wenn es da vielleicht höhere Gehälter gibt. Für mich war es immer interessanter, sich international zu orientieren und in Funktionen tätig zu sein, wo man ein hinreichendes wirtschaftliches Auskommen hat, gleichzeitig aber seine Tätigkeit nicht profitorientiert ist (ID 124).

Die Gehälter des VN-Systems sind nicht nur teilweise niedriger als in der freien Wirtschaft, wobei die Unterschiede mit zunehmender Hierarchie immer größer werden, sondern liegen auch unter denen von anderen internationalen Organisationen wie EU, OECD und Weltbank (GÖTHEL 2002, S. 225 ff.). Zugleich treten Verzerrungen im Besoldungsgefüge bei einem Vergleich mit dem Referenzsystem des amerikanischen Bundesdienstes auf: Demnach sind die VN-Angestellten auf niedrigeren Positionen über- und Führungskräfte im VN-System eher unterbezahlt. Für die Gewinnung von Leitungspersonal ist dies ein weiterer Nachteil im Wettbewerb mit anderen potentiellen Arbeitgebern. Verzerrungen im Gehaltssystem ergeben sich auch zwischen verschiedenen Standorten des VN-Systems als Folge des unterschiedlichen Kaufkraftausgleichs.

Während die Bezahlung vor allem für Bewerber aus Entwicklungsländern attraktiv ist, müssen Interessenten für eine VN-Anstellung aus Hochlohnländern wie Deutschland bei einer Anstellung im VN-System teilweise sogar finanzielle Einbußen gegenüber einer Beschäftigung in ihrem Heimatland in Kauf nehmen. Gleichwohl zahlt die UNO unter den Akteuren der internationalen Entwicklungszusammenarbeit die besten Gehälter:

> UNO hat mich schon immer gereizt. NGO ist auch nicht so schlecht. Und in der EZ ist halt UNO das Große und hat fantastische Bezahlung, also NGOs in London zahlen sehr wenig. Das war natürlich auch ein Reiz. Und die ganzen benefits, die man kriegt. Und dann dachte ich, das auf jeden Fall (ID 92).

Die Notwendigkeit, das Besoldungssystem zu reformieren, wurde von der Organisation schon vor längerer Zeit erkannt. Ersten Reformvorschlägen der *International*

*Civil Service Commission* (ICSC) sind jedoch bislang keine konkreten Maßnahmen gefolgt (für eine ausführliche Diskussion vgl. GÖTHEL 2002, S. 218 ff.).

Unter den antizipierten beruflichen Vorteilen bei einer Tätigkeit im VN-System nimmt die Arbeitsplatzsicherheit den hintersten Rang ein. Dass dieser Aspekt nur für 9,7% der Teilnehmer der Online-Befragung ein Grund für die Bewerbung bei den Vereinten Nationen war, lässt sich sicherlich mit der weitverbreiteten Praxis befristeter Anstellungen von VN-Personal erklären. Daher ist auch die Tatsache nicht überraschend, dass 70% derjenigen Personen, die sich unter anderem wegen der Arbeitsplatzsicherheit im VN-System beworben haben, ihre erste Stelle im VN-Sekretariat angetreten haben. Auf Grund der Aufgabenstruktur dieser Organisation und den damit verbundenen Anstellungsbedingungen bestehen hier ungleich bessere Aussichten auf eine permanente Anstellung als beispielsweise bei den Fonds und Programmen der Vereinten Nationen, zumal wenn der Einstieg über Auswahlwettbewerbe erfolgt. Für eine Bewerbung bei Organisationen wie UNHCR, die überwiegend befristete Verträge vergeben, ist Arbeitsplatzsicherheit dagegen kein entscheidender Faktor.

Auch Prestigegründe sind für 36% der Befragten Motivation, sich im VN-System zu bewerben. Hierbei steht vor allem ein organisationsspezifisches Interesse an den Vereinten Nationen im Mittelpunkt:

> Als potentieller Arbeitgeber war die VN immer ein Bereich. Ich hatte aber nie gedacht, dass ich am Anfang da direkt rein komme. Diese internationale Perspektive war immer schon da (ID 112).

> Es war für mich schon beim Abi klar, dass ich gerne in den Bereich der internationalen EZ möchte. Deshalb habe ich mir auch die Uni ausgesucht, wo ich mich darauf spezialisieren konnte. Und dann war für mich schnell klar, dass ich zur UNO möchte. Die wichtigsten Probleme sind halt globaler Natur (ID 61).

Auffällig war, dass in den Interviews das Wort Prestige nicht explizit genannt wurde, sondern eher von „Faszination" (ID 86; ID 190) gesprochen wurde bzw. andere Umschreibungen benutzt wurden. Dies mag zum einen mit einer wenig ausgeprägten Präferenz des Interviewsamples für diesen Faktor und zum anderen mit dem oft in Interviews vorhandenen Selbstdarstellungseffekt (vgl. BORTZ und DÖRING 2002, S. 232) zusammenhängen.

Einen weitaus höheren Stellenwert scheint dagegen sowohl dem Online- als auch dem Interviewsample zufolge das Motiv Idealismus zu haben. Darin dürfte auch einer der größten Unterschiede zu einer Beschäftigung in der Privatwirtschaft liegen, für die altruistische Gründe meist von nachrangiger Bedeutung sind. Idealismus ist höchst signifikant öfter für Nachwuchskräfte als für berufserfahrene Seiteneinsteiger ein Motiv, sich bei den Vereinten Nationen zu bewerben. Gründe dafür könnten in der langjährigen Praxiserfahrung der Fach- und Führungskräfte sowie in der oft studiumsbasierten uneingeschränkten Überzeugung der Berufseinsteiger liegen. Idealismus impliziert dabei:

a) die Identifikation mit den Zielen und Aufgabengebieten der Vereinten Nationen (*esprit des corps*):

*Warum haben Sie sich für diesen Berufsweg entschieden?* Einmal die Identifikation mit den UN-Zielen (ID 112).

*Warum haben Sie sich für diesen Berufsweg entschieden?* Das war immer so ein Ideal, das man hatte. [...] Und dann eben auch durch die sozialpolitische Komponente, ich habe also auch immer die UNO als sozialausgleichende Organisation gesehen, also nicht als Instrument der letzten globalen Macht (ID 109).

*Warum haben Sie sich für diesen Berufsweg entschieden?* Als junger Mensch war ich noch naiv und habe gedacht, wie kann das sein, die armen Menschen und man muss ihnen helfen (lacht). Später das Interesse am Internationalen. Ich bin selber sehr kritisch, was wir machen und ob es wirklich das richtige ist. Es ist trotzdem der Bereich, der mich interessiert (ID 92).

b) das Selbstverständnis, in einer nicht-profitorientierten Institution zu arbeiten:

Ich könnte mir gar nicht vorstellen, nur für Profit zu arbeiten. Da ist nicht viel dahinter (ID 92).

Für mich war es immer interessanter, sich international zu orientieren und in Funktionen tätig zu sein, wo man ein hinreichendes wirtschaftliches Auskommen hat, gleichzeitig aber seine Tätigkeit nicht profitorientiert ist. Ich habe selbst als Student mal Bausparverträge verkauft und ich kenne auch diese Bedingungen, aber das war für mich keine lebenserfüllende Perspektive (ID 124).

*Warum haben Sie sich für diesen Berufsweg entschieden?* Ich konnte mir nicht vorstellen, im Privatsektor zu arbeiten. Da fehlt mir schon die Motivation, morgens aus dem Bett zu kommen. Wenn ich so unsere Consultants hier sehe, denke ich manchmal, dass es doch mal ganz schön wäre, irgendwo zu arbeiten, wo man denken und machen darf. Wo man Leute hat, die halt auch machen und nicht nur political concerns aufstellen. Ich wollte es schon immer (ID 98).

Gerade letzteres Zitat zeigt, dass selbst bei Nachwuchskräften anfänglicher Idealismus durch den von Pragmatismus und politischen Bestimmungen geprägten Arbeitsalltag im VN-System schnell verfliegen kann. Wahrscheinlich ist dies auch ein Prozess, der im Berufsverlauf bei einigen Personen zu einer Desillusionierung führen kann, ohne dass diese dabei aber notwendigerweise die Überzeugung an die Ziele der Vereinten Nationen verlieren.

## 4.2 Einflussfaktoren auf den Einstieg ins VN-System 87

Neben beruflichen und altruistischen Beweggründen sind für 38% des Online-Samples auch ortsspezifische Gründe für eine Bewerbung bei den Vereinten Nationen ausschlaggebend. Dabei ist auffällig, dass ein bevorzugter Ort meist gleichbedeutend mit dem Hauptquartier einer Organisation des VN-Systems ist: In der Präferenz der Teilnehmer der Befragung, die sich wegen eines attraktiven Ortes im VN-System beworben haben, liegt New York (37,8%) vor Rom (27,3%), Genf (18%) und Wien (9%). Oft hängt das Interesse an Orten wie New York mit früheren Aufenthalten dort zusammen:

> *Warum haben Sie sich für diesen Berufsweg entschieden?* Weil ich halt den Standort New York eben sehr positiv fand. Das war halt auch eine Kombination. Ich war halt zu dieser Zeit auch schon mehrmals zu Besuch und hatte auch schon mal als Praktikant gearbeitet bei UNCDF. Und das hat mein Interesse eher noch gestärkt (ID 109).

> *Warum haben Sie sich für diesen Berufsweg entschieden?* Es war eine Mischung aus Politik und Wirtschaft, der Studiengang war sehr offen und internationale Beziehungen haben mich interessiert. Ich fand New York sehr interessant, mir hat's Spaß gemacht, hier zu wohnen, als ich Praktikum gemacht habe. Und das war halt eine Möglichkeit, wieder hier her zu kommen (ID 60).

Dass Feldstationen dagegen nur für 5% der Befragten, die sich eines Ortes wegen im VN-System beworben haben, Attraktionsfaktoren für eine Bewerbung im VN-System darstellen, kann zum einen an fehlenden Kenntnissen über diese Standorte liegen. Andererseits werden von den Bewerbern auch bereits potentielle karrierebezogene Nachteile eines Feldeinstiegs bei den Vereinten Nationen antizipiert (vgl. Kapitel 5.2.1). Nicht zuletzt können auch familiäre Aspekte von Bedeutung sein. So sind die Bildungschancen für die Kinder bzw. die Arbeitsmöglichkeiten für Partner in europäischen oder nordamerikanischen Standorten in der Regel besser als in Dienstorten in Entwicklungsländern (vgl. auch Kapitel 5.2.4).

Während einige der Befragten und Interviewten konkrete Präferenzen für einen bestimmten Ort oder eine bestimmte Region haben, ist bei vielen eher ein unspezifisches Interesse an fremden Ländern oder an ein Leben im Ausland generell vorhanden:

> Nachvollziehen können sie ein langjähriges Interesse an internationaler Zusammenarbeit, das mit einer beruflichen Tätigkeit für internationale Organisationen im Ausland einhergehen soll (ID 124).

> *Warum haben Sie sich für diesen Berufsweg entschieden?* Sprachen, fremde Länder und Reisen haben mich schon immer interessiert (ID 103).

Oft hängen ortsspezifische Motive eng mit kulturellen Anreizen zusammen. Für 87,7% der Befragten, die sich aus standortspezifischen Gründen im VN-System beworben haben, waren auch kulturelle Aspekte Gründe, bei den Vereinten Nationen tätig zu werden.

Zusammenfassend lässt sich feststellen, dass die meisten Personen des Online- und Interviewsamples aus beruflichen Gründen eine Anstellung im VN-System anstreben. In Analogie zu den verschiedenen Einstiegswegen nach Dienstgraden wurden dabei unterschiedliche Bewertungen zwischen Nachwuchskräften einerseits und berufserfahrenen Seiteneinsteigern andererseits offensichtlich. Während für junge Berufseinsteiger eher idealistische Gründe ausschlaggebend für eine Bewerbung bei den Vereinten Nationen sind, wollen Fach- und Führungskräfte eher der beruflichen Herausforderung oder der Karriere wegen ins VN-System wechseln. Geschlechtsspezifische Unterschiede spielen dagegen außer bei finanziellen Aspekten kaum eine Rolle. Ob und wie sich diese antizipierten Faktoren schließlich im Verlauf der UNO-Karriere verwirklichen lassen, wird in Kapitel 5.2 analysiert werden.

### 4.2.2 Qualifikationen

Welche Kompetenzen sind für den Einstieg ins VN-System von Bedeutung? Am Beispiel der Vereinten Nationen werden die Bedeutung und die Gewichtung der Qualifikationen für Rekrutierungsverfahren dieser internationalen Organisation analysiert werden. Neben den formalen beruflichen Kriterien werden dabei auch soziale Fähigkeiten mit berücksichtigt werden.

*Studium*

Für die Einstellung im höheren Dienst der Vereinten Nationen wird ein abgeschlossenes Hochschulstudium erwartet. Zwar variieren die Anforderungen je nach Organisation und Stellenangebot, jedoch wird in der Regel ein Abschluss der zweiten Ebene des angloamerikanischen Systems, also ein *Master's Degree*, verlangt.[80] Für Stellen in der Forschung oder Lehre wird meist eine Promotion (*PhD*) vorausgesetzt (GÖTHEL 2002).

Entsprechend der verschiedenen Tätigkeitsfelder und Mandate der Organisationen des VN-Systems variieren folglich auch die höchsten Bildungsabschlüsse des Online-Samples (vgl. Abb. 16).
Während in stärker forschungsorientierten Organisationen wie UNCTAD, WHO und IAEO die Mitarbeiter größtenteils promoviert oder gar habilitiert sind, über-

---

[80] Da es für manche Arbeitsfelder nicht in allen Ländern Studiengänge gibt, wird in Ausschreibungen auch eine dem Universitätsstudium gleichwertige Ausbildung oder Berufserfahrung zugelassen, was auch dem Grundverständnis von hochqualifizierten internationalen Bediensteten entspricht (vgl. Kapitel 1).

## 4.2 Einflussfaktoren auf den Einstieg ins VN-System

wiegen in Organisationen, die ein stärker generalistisch geprägtes Aufgabengebiet haben, wie im Sekretariat und bei UNDP der Anteil an Personen mit einem dem *Master's Degree* gleichwertigen Universitätsabschluss. Trotz des relativ hohen Anteils an Doktoren in einigen nicht-technisch orientierten Organisationen wie der ILO scheint eine Promotion außer in den bereits erwähnten Gebieten Forschung und Lehre nicht unbedingt notwendig zu sein: „Meine Promotion nützt mir hier wenig" (ID 139). Vielleicht erhöht eine Promotion auf Grund der besseren fachlichen Qualifikationen die Bewerbungschancen bei den Vereinten Nationen, jedoch sollte in Hinblick auf das Hochschulsystem in Deutschland nicht vergessen werden, dass das unter Umständen hohe Alter von Doktoren im internationalen Wettbewerb ein erheblicher Nachteil sein kann, zumal es insbesondere für Nachwuchsprogramme Höchstaltersgrenzen gibt. Wird keine technische oder forschungsspezifische, sondern eine administrative Tätigkeit im VN-System angestrebt, kann sicher eher auf die Promotion zugunsten beruflicher Praxiserfahrung verzichtet werden.

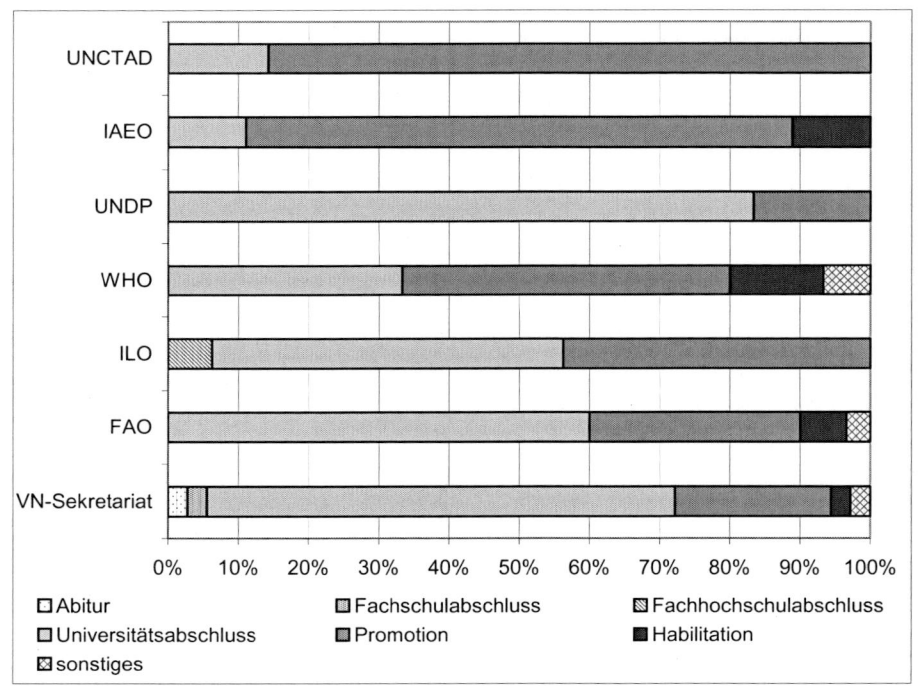

*Abb. 16: Höchster Bildungsabschluss nach ausgewählten Organisationen (N=125)*
*Quelle: Online-Befragung*

So vielfältig wie die Aufgabengebiete der Vereinten Nationen sind, so verschieden sind auch die Studienrichtungen, mit denen man sich im VN-System bewerben kann. Um kein spezifisches Bildungssystem zu bevorzugen bzw. zu benachteiligen, werden die Ausschreibungen meist sehr weit gefasst. Entsprechend vielfältig sind auch die Studienfächer des Online-Samples, wobei Geisteswissenschaften mit 24% und Wirtschaftswissenschaften mit 22% den größten Anteil ausmachen.
Unabhängig vom eigentlichen Studienfach sind, wie aus den Interviews hervorgeht, für eine erfolgreiche Bewerbung bei den Vereinten Nationen vor allem die fachliche Sachkenntnis und Auslandserfahrung von Bedeutung. Ein inhaltlicher Bezug zu möglichen Arbeitsbereichen schon während des Studiums ist dabei fast unabdingbar:

> Ich habe in diesem Bereich meine Masterarbeit gemacht und ich wusste, das ist die Richtung, in die ich gehen will. [...] Dann gab's eine einzige Quote und die war eben dieser Posten hier in New York (ID 92).

> Ich glaube, mein Studium hat sehr viel geholfen. Verwaltungswissenschaft ist ein multidisziplinäres Studium, wir haben Politik, Wirtschaft, Soziologie, man lernt sehr schnell, sich relativ schnell in Sachen einzuarbeiten. Man hatte ein breites Wissen und das wurde in den Tests abgefragt. Denen ging's darum, dass man ein relativ breites Wissen hat (ID 60).

> Ich denke, letztendlich hat bei mir der Hintergrund gepasst. Ich bin Jurist, habe internationale Abschlüsse, spreche Englisch und Französisch, zwei der Arbeitssprachen (ID 217).

Auslandserfahrung ist dabei nicht nur der Sprachen wegen wichtig, auf die weiter unten noch eingegangen wird, sondern auch, um fachliche und interkulturelle Kompetenzen zu erwerben.

> Was mir dann, glaube ich, entscheidend geholfen hat, war genau das, was im Auswärtigen Amt ein Nachteil war: mein ausländisches Examen. Das war bei der UNO ein Vorteil. Weil ich schon erkannt wurde als jemand, der nicht so ein typischer Deutscher ist. Und ich sprach Englisch, Französisch. Das war sicher ein Vorteil (ID 70).

> *Welche Faktoren waren Ihrer Meinung nach ausschlaggebend, dass Sie ins VN-System reingekommen sind?* Auslandsstudium. Ich glaube, zu der Zeit war das noch recht wichtig, dass man also seine eigene Amtssprache gut kann, also Englisch in meinem Fall. Ich habe ja auch jahrelang in England studiert, aber auch in Lausanne, also auch Französisch. Das war dann schon ein wichtiger Effekt für die wichtigen Prüfungsphasen. Da kamen dann schon auch Fragen, die man dann nicht unbedingt so in Deutschland kannte – manchmal (ID 109).

Zudem ist das Auslandsstudium ein Indikator für Flexibilität und Mobilitätsbereitschaft der Bewerber – zwei Eigenschaften, die für eine Beschäftigung bei den Vereinten Nationen ebenfalls wichtig sind. Die Bedeutung des Auslandsstudiums für einen erfolgreichen Einstieg ins VN-System wird auch durch die Daten der Online-

## 4.2 Einflussfaktoren auf den Einstieg ins VN-System

Befragung bestätigt. So haben 48,3% der Probanden ihr Studium bzw. Teile davon im Ausland absolviert. Welche Rolle die besuchte Universität für den Einstieg ins VN-System spielt, ist sicherlich schwer einzuschätzen. Ein Kriterium könnte der Ruf einer akademischen Einrichtung sein, der sich anhand von Hochschulrankings ablesen lässt. Auf Grund der schwierigen Datenlage und Vergleichbarkeit der Qualität von Universitäten wird an dieser Stelle auf das angesehene *World University Ranking* der *Times* von 2005 zurückgegriffen, um zumindest den quantitativen Anteil an Absolventen von namhaften Hochschulen ermitteln zu können.[81] Demnach waren von den Teilnehmern der Online-Befragung 60% an einer der 200 von der *Times* aufgelisteten Eliteuniversitäten wie Princeton, Harvard, Oxford oder Cambridge eingeschrieben.[82] Der Besuch einer namhaften Universität scheint sich also durchaus positiv auf eine Bewerbung bei den Vereinten Nationen auszuwirken, auch wenn Kandidaten dadurch keinen automatischen Stellenanspruch haben. Ein Vorteil, an einer Elitehochschule studiert zu haben, liegt sicher in den profunden fachlichen Qualifikationen, die Absolventen mitbringen.[83] Zudem kann sich der Besuch einer bestimmten Universität insbesondere bei der Bildung von Netzwerken und Kontakten positiv auswirken: So haben beispielsweise Absolventen von Eliteuniversitäten meist den Vorteil eines funktionierenden Alumnisystems gegenüber ihren Kollegen von anderen Hochschulen (vgl. Kapitel 4.2.3).

*Berufserfahrung*

In der Regel wird für eine Tätigkeit im VN-System eine relevante Berufserfahrung im nationalen und/oder im internationalen Umfeld erwartet. Diese Ansprüche werden umso größer, je höher die zu besetzende Position in der Stellenhierarchie ist. Auch Bewerber für Nachwuchsprogramme müssen meist über spezifische Berufserfahrung verfügen. Diese berufliche Praxis kann entweder durch externe Tätigkeiten, durch die Teilnahme an einem der Nachwuchs- oder Einsteigerprogramme wie an dem Beigeordneten Sachverständigen Programm oder durch Praktika erworben werden. Von den Teilnehmern der Online-Befragung haben 28,6% vor ihrer ersten Anstellung im VN-System ein Praktikum bei den Vereinten Nationen absolviert.

---

[81] Vgl. http://www.thes.co.uk/statistics/international_comparisons/2005/top_unis.aspx?window_type=pop-up, Stand: 6.7.2006. Das Ranking umfasst die 200 besten Universitäten der Welt und basiert auf Befragungen von Forschern und Arbeitgebern. Auf Grund ihrer Methoden und Vergleichbarkeit eignet sich diese Liste, um die Bedeutung der Eliteuniversitäten für diese Arbeit zu analysieren.

[82] Von diesen Personen haben 38,5% an einer Eliteuniversität in Deutschland wie München, Heidelberg oder Berlin studiert (vgl. http://www.thes.co.uk/statistics/international_comparisons/2005/top_unis.aspx? Window_type=popup, Stand: 6.7.2006).

[83] Hinter dieser Aussage steckt keine Abwertung der fachlichen Ausbildung von Absolventen von Nicht-Eliteuniversitäten. Vielmehr wird angenommen, dass Elitehochschulen ihren Studenten auf Grund der wissenschaftlichen Reputation entsprechende fachliche Qualifikationen vermitteln.

Von denen wiederum waren 95% Nachwuchskräfte, was darauf hinweist, dass diese Art der Berufserfahrung bei Seiteneinsteigern nahezu keine Rolle spielt, sondern eher für Bewerber auf niedrigen Einstiegspositionen relevant ist:

> *Welche Faktoren waren Ihrer Meinung nach ausschlaggebend, dass Sie ins VN-System reingekommen sind?* Ich habe ein Praktikum bei der UNO gemacht. Ich habe Verwaltungswissenschaft studiert und da gibt's einen achtmonatigen Arbeitsaufenthalt und den habe ich bei UNDP in New York gemacht und habe dadurch einen Einblick ins UN-System gekriegt (ID 60).

> *Welche Rolle hat das Praktikum gespielt?* Das war auf alle Fälle positiv. Das sage ich auch immer meinen Kindern, die sind zwar noch recht klein, aber die müssen ja auch mal eine Stelle finden. Und das ist das große Manko in Deutschland, oder andersherum, was hier in Amerika so gut ist. Dass halt die Leute von der Uni auch schon mal den Arbeitsalltag sehen und sich langsam zurechtfinden. In meinem Fall war das, dass ich viel Sozialarbeit gemacht habe. Ich habe in Deutschland schwerpunktmäßig Sozialpolitik studiert. Das kann ich also nur befürworten, auch wenn es damals ein wenig ausgenutzt worden ist. Es war ja auch so Mode. Das Praktikum hat schon Probleme dann verdeutlicht, aber für mich die Sache dann auch interessant gemacht (ID 109).

Neben den Einblicken in die Arbeitsgebiete und -weisen der Vereinten Nationen werden durch Praktika auch wichtige Kontakte für einen möglichen späteren Einstieg ins VN-System vermittelt (vgl. Kapitel 4.2.3). Zudem erhält ein Praktikant durch seine Tätigkeit bei den Vereinten Nationen (exklusive) Informationen, die sich vorteilhaft auf eine spätere Bewerbung bei dieser Organisation auswirken können. Trotz dieser Vorzüge ersetzen Praktika jedoch nicht die meist mehrjährige berufliche Praxis, die in der Regel Voraussetzung für eine Anstellung bei den Vereinten Nationen auch auf Einstiegsebene ist.

Bei Fachkräften, die sich im späteren Berufsverlauf auf eine Stelle im VN-System bewerben, scheinen nicht nur die berufliche Erfahrung an sich, sondern auch das Umfeld, in dem diese erworben wurde, von Bedeutung zu sein. Meist wird konkret eine vorherige Beschäftigung im internationalen Umfeld – ob privatwirtschaftlicher oder öffentlicher Natur – erwartet:

> Hätte ich davor nicht schon im internationalen Umfeld gearbeitet, hätte ich Probleme gehabt, den Job zu bekommen, auf jeden Fall (ID 138).

Oft hat auch die Spezialisierung in einem Berufsfeld einen Einfluss darauf, ob eine Bewerbung bei den Vereinten Nationen erfolgreich ist oder nicht. Je mehr Expertise ein Kandidat in einem spezifischen Tätigkeitsfeld hat, desto besser sind sicher auch die Chancen, sich gegen interne Bewerber mit komparativen Vorteilen in Hinblick auf die Struktur und Arbeitsfelder einer UN-Abteilung durchzusetzen:

## 4.2 Einflussfaktoren auf den Einstieg ins VN-System

*Welche Faktoren waren Ihrer Meinung nach ausschlaggebend, dass Sie ins VN-System reingekommen sind?* Mit Sicherheit die Tatsache, dass ich im selben Gebiet schon auf internationaler Ebene gearbeitet habe. Es ist ein relativ spezialisiertes Gebiet, d.h., die Konkurrenz von wirklich auch guten Fachleuten war nicht sehr groß gewesen. Gut, Europa ist auf diesem Gebiet auch im gewissen Sinne führend, da hatte ich relativ gute Voraussetzungen (ID 190).

Seiteneinsteiger müssen also nicht nur die spezifischen fachlichen Qualifikationen erfüllen, sondern auch interkulturelle sowie sprachliche Kompetenzen nachweisen, die sie durch Tätigkeiten im Ausland bzw. in einer Institution mit internationaler Ausrichtung erworben haben. Von Bewerbern auf Leitungspositionen werden neben fachlichen Qualifikationen und praktischer Erfahrung auch Führungs- und Managementkompetenzen erwartet.

Generell geben Stellenausschreibungen immer sehr detailliert Auskunft über die gewünschten Qualifikationen und Erfahrungen, so dass eine Bewerbung dann umso aussichtsreicher ist, je größer die Kongruenz zwischen dem Stellen- und dem Bewerberprofil ist.

*Welche Faktoren waren Ihrer Meinung nach ausschlaggebend, dass Sie diese Stelle dann erhalten haben?* Das hat eben gerade gepasst. Als ich hier das Interview für den Einstieg in UNCTAD hatte, hatte ich mit meinem damaligen Chef ein Gespräch. Mein Profil hat sehr gut gepasst auf das, was gerade gesucht wurde. Und dann war das sozusagen sofort entschieden (ID 162).

*Welche Faktoren waren Ihrer Meinung nach ausschlaggebend, dass Sie ins VN-System reingekommen sind?* Ich glaube, es ging damals vor allem darum, dass ich gut in das Team passte. Das Team war relativ international, verschiedene Nationalitäten und auch verschiedene Themenschwerpunkte. Und die suchten jemanden mit meinem Profil (ID 138).

Die Prinzipien Leistungsfähigkeit und Sachkenntnis scheinen demnach nicht nur in den Personalstatuten und in der Charta der Vereinten Nationen festgeschrieben, sondern auch in der täglichen Einstellungspraxis überwiegend verwirklicht worden zu sein. Um diesen als Bewerber für eine Stelle im VN-System gerecht zu werden, ist relevante Berufserfahrung in der Regel unbedingt erforderlich.

*Sprachen*

Auf Grund der internationalen Zusammensetzung der Vereinten Nationen und dem multikulturellen Arbeitsumfeld sind Fremdsprachenkenntnisse für eine Tätigkeit in dieser Organisation unabdingbar. Zwar sind die sechs Amtssprachen des VN-Systems – Englisch, Französisch, Spanisch, Arabisch, Chinesisch und Russisch – formal gleichwertig, jedoch sind im Arbeitsalltag ein bis maximal zwei Amtssprachen von Bedeutung. Das ist an erster Stelle Englisch gefolgt von Französisch. Je nach Standort variiert der Einfluss dieser Sprachen, so dass beispielsweise in New York Englisch dominiert, während Genf eher französischsprachig geprägt ist, was nicht zuletzt auf die meist lokal rekrutierten Angestellten des Allgemeinen Dienstes der Vereinten Nationen zurückzuführen ist.

Für eine Tätigkeit im VN-System ist die Kenntnis mindestens einer Arbeitssprache, also Englisch oder Französisch, Voraussetzung, auch wenn manche Organisationen in Stellenausschreibungen auf Grund der rechtlichen Gleichstellung verlangen, dass Bewerber eine oder mehrere der sechs Amtssprachen beherrschen müssen (GÖTHEL 2002, S. 183). In der Regel wird aber in den Vakanzen konkret Kenntnis einer oder beider Arbeitssprachen gefordert.

Vom Niveau her werden verhandlungssichere Sprachkenntnisse verlangt. Das bedeutet, es wird von den VN-Angestellten erwartet, dass über allgemeine Konversationen hinaus auch fachliche Diskussionen und Debatten in den Arbeitssprachen geführt werden können.[84] Um diese geforderten Sprachkenntnisse zu erwerben, scheint ein Auslandsaufenthalt im Verlauf des Studiums oder des Berufslebens unabdingbar zu sein, nicht zuletzt auch deshalb, weil die Kenntnis einer oder mehrerer Sprachen auch eine Voraussetzung dafür ist, in einem multikulturellen Umfeld arbeiten zu können:

> Ich war dann ein Jahr in der University of New Jersey auf einem Austausch, wo ich Englisch gelernt habe, also mich schriftlich und verbal auszudrücken. Schon das Praktikum bei UNDP hat geholfen, aber dann das Jahr Studium war einfach gut, um zu lernen, Papiere auf Englisch zu schreiben. Ich war danach 100% flüssiger in Englisch. [...] Ich habe dann auch überlegt, was macht's denn aus. Ich habe während dieses Auswahlprozesses viele Leute getroffen und ich dachte immer, da hast du keine Chance sprachlich. Die Leute konnten drei, vier Sprachen. Ich habe immer gedacht, ich versuche es einfach. Ich glaube, mein Studium hat sehr viel geholfen. [...] Und dann, glaube ich, auch der Ausdruck. Ich konnte mich einfach sehr gut ausdrücken, für mich waren die Fragen sprachlich kein Problem (ID 60).

> Ich habe nie studiert, um irgendeine Karriere zu machen. Ich habe immer das gemacht, was mir Spaß gemacht hat. Schon in der Schule haben mir Sprachen gefallen und ich wollte sie auch irgendwann mal richtig sprechen können. Und das lernt man eben nur, wenn man in das Land geht (ID 217).

Für eine Tätigkeit im VN-System ist die Beherrschung der englischen Sprache von vorrangiger Bedeutung. Die Kenntnis weiterer Amtssprachen gilt als zusätzliches Qualifikationsmerkmal bei einer Bewerbung, ist aber kein entscheidendes Einstellungskriterium.

---

[84] Dies sind allgemeine Anforderungen für eine Tätigkeit im höheren Dienst der Vereinten Nationen. Für eine Anstellung im Sprachendienst des VN-Systems müssen spezifische Anforderungen erfüllt und separate Auswahlverfahren absolviert werden (vgl. VN-DOKUMENT ST/AI/1998/7).

## 4.2 Einflussfaktoren auf den Einstieg ins VN-System

*Persönliche Kompetenzen*

Wie aus Artikel 101 (3) der Charta der Vereinten Nationen hervorgeht, sind nicht nur Leistungsfähigkeit und Fachkenntnis, sondern auch Integrität wichtige Einstellungskriterien für eine Beschäftigung im VN-System. Letzteres Merkmal impliziert Tugenden wie Ehrlichkeit, Aufrichtigkeit und Unkorrumpierbarkeit – Eigenschaften, die dem Idealkonzept des internationalen öffentlichen Dienstes zugrunde liegen. Neben der Loyalität zu den Zielen der Vereinten Nationen ist die Unparteilichkeit ein weiteres wichtiges Kriterium, das VN-Angestellte erfüllen müssen (vgl. auch Kapitel 2.4.2).

Da diese Arbeit weder den Anspruch noch die methodischen Mittel hat, sämtliche persönlichen Kompetenzen, die für eine Beschäftigung bei den Vereinten Nationen bedeutsam sind, zu analysieren, werden an dieser Stelle einige wichtige Aspekte aus der einschlägigen Literatur zitiert. Wichtige Faktoren, die Bewerber für den internationalen öffentlichen Dienst demnach mitbringen (sollten), sind „interkulturelle Kommunikationsfähigkeiten" (GÖTHEL 2002, S. 184), eine „hohe Bereitschaft zur Assimilierung", die „erforderliche mentale Flexibilität" (PASCHKE 2003, S. 555), Kommunikationsfähigkeiten, soziale Kompetenzen und die Fähigkeit, im Team zu arbeiten (PROFIO 2006a, S. 34 ff.). Diese persönlichen Kompetenzen sind vor allem deshalb so wichtig für eine Beschäftigung bei den Vereinten Nationen, weil die UNO ein „Spiegelbild unser Welt" (PASCHKE 2002, S. 556) mit Angestellten und Wertevorstellungen aus verschiedenen Ländern ist. Multikulturelles Grundverständnis, Toleranz und Offenheit sind quasi Voraussetzungen dafür, um im VN-System arbeiten zu können.

Für eine Tätigkeit bei den Vereinten Nationen sind neben fachlichen Qualifikationen auch Eigenschaften und Verhaltensweisen, also persönliche Kompetenzen, wichtige zu erfüllende Kriterien. Denn Angestellte im VN-System erledigen nicht nur ihre tägliche Arbeit, sondern sind darüber hinaus als internationale öffentliche Bedienstete den Zielen und Idealen der Organisation verpflichtet, was ein wesentlicher Unterschied zu einer Tätigkeit in der Privatwirtschaft ist. Dies spiegelt sich auch in der Motivation und dem darin zugrundeliegenden Selbstverständnis der Probanden dieser Studie wider (vgl. Kapitel 4.2.1). Folglich haben die Vereinten Nationen für die Personalauswahl und -entwicklung einen Katalog von Kompetenzen entwickelt, der grundlegende fachliche und persönliche Kompetenzen festschreibt, die unabhängig vom spezifischen Arbeitsgebiet von jedem VN-Mitarbeiter erfüllt werden müssen (vgl. GÖTHEL 2002, S. 185 ff.).

### 4.2.3 Kontakte zu Mitarbeitern im VN-System

Inwieweit sind neben formellen Kriterien wie Qualifikationsanforderungen auch informelle Faktoren wie Kontakte für den Einstieg ins VN-System von Bedeutung? Dieser Frage wird in diesem Abschnitt nachgegangen. Informelle Kommunikationsstrukturen wurden dabei bewusst mit in die Beurteilung der Einstiegsmerkmale einbezogen, um ein über die Dimension der formellen Rekrutierungskriterien hinausgehendes Verständnis der Einstiegswege ins VN-System zu erhalten.

Die Bedeutung von Kontakten zu Mitarbeitern im VN-System wird unter anderem daraus ersichtlich, dass 65,5% der Befragten des Onlinesamples vor der ersten Anstellung bei dieser Organisation bereits soziale Beziehungen – ob privater oder beruflicher Art – zu internationalen Bediensteten der Vereinten Nationen hatten. Differenziert man diese Gesamtzahl nach Einstiegspositionen, ergibt sich ein unterschiedliches Bild der Bedeutung von Kontakten zwischen Nachwuchskräften einerseits und berufserfahrenen Seiteneinsteigern andererseits (vgl. Abb. 17).

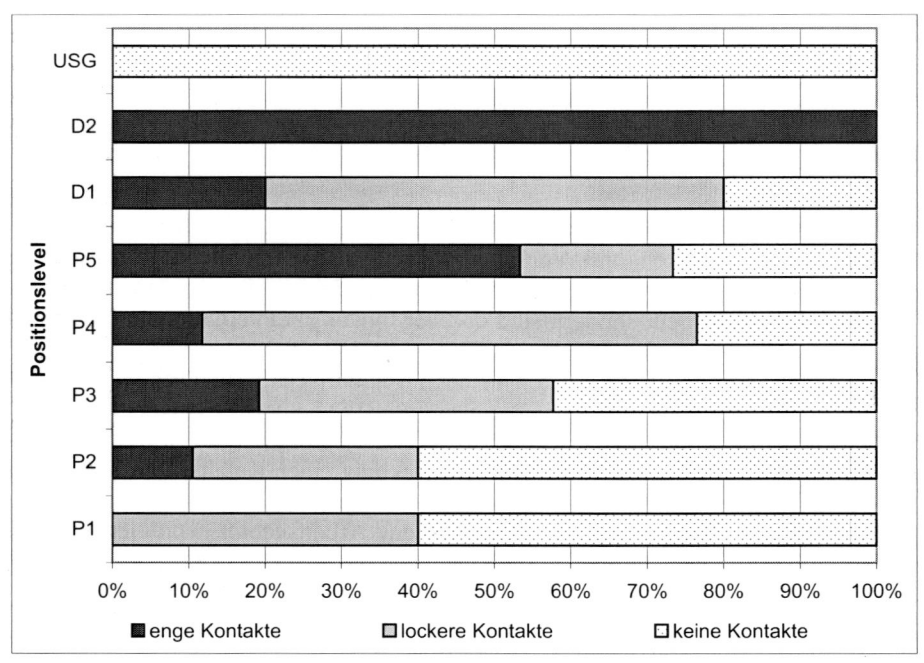

*Abb. 17: Berufliche Kontakte zu VN-Mitarbeitern vor dem Einstieg ins VN-System nach Einstiegsebenen (N=165)*
*Quelle: Online-Befragung*

Fach- und Führungskräfte, die sich auf eine Stelle im VN-System bewerben, haben demnach im Vergleich zu Nachwuchskräften signifikant öfter berufliche Kontakte zu Angestellten der Vereinten Nationen. Die Signifikanz tritt unabhängig von der Nationalität der jeweiligen Kontaktpersonen im VN-System auf, so dass man nicht explizit von deutschen Netzwerken sprechen kann. Dieses Ergebnis korrespondiert mit MEUSBURGERS (2002b) Argumentation, dass der Anteil direkter Kontakte zu anderen Organisationen sowie von Planungs- und Orientierungskontakten mit zunehmender Hierarchie eines Akteurs steigt. Dass berufserfahrene Seiteneinsteiger öfter Kontakte zu VN-Mitarbeitern haben, kann demnach sicher auch darauf zurückgeführt werden, dass bereits vor Eintritt ins VN-System eine berufliche Zusammenarbeit mit Institutionen der Vereinten Nationen stattgefunden hat:

> Der wichtigste Grund, warum ich hierher gekommen bin, war eben tatsächlich, dass ich relevante Arbeit gemacht habe für die Abteilung. Insoweit hatte ich schon einen sehr detaillierten Kontakt und die kannten mich schon ziemlich genau, die wussten, was ich da gemacht hatte und deswegen haben die mich auch relativ gezielt kontaktiert, dann hierher zu kommen. Und dadurch habe ich letztendlich den Einstieg hier gekriegt. Weit entfernt von irgendwelchen anonymen Bewerbungen auf eine Stelle, über die man überhaupt nichts weiß, sondern eigentlich schon sehr viel Kongruenz für die Arbeit, die ich dann hier gemacht habe (ID 79).

Zudem ist der Einstiegsweg für eine Fach- und Führungskraft ins VN-System weniger stark formalisiert als die Rekrutierungsverfahren für Nachwuchskräfte (vgl. Kapitel 4.1), so dass der Erfolg einer externen Bewerbung auf höhere Positionen auch von informellen Faktoren wie beruflichen Kontakten beeinflusst wird. Diese informellen Kommunikationsstrukturen sind insbesondere in Sonderorganisationen von Bedeutung, da dort die Rekrutierung von berufserfahrenen Seiteneinsteigern einen ungleich höheren Stellenwert als im VN-Sekretariat hat. Es erstaunt daher nicht, dass diese erstgenannten Organisationen bei der Rekrutierung bevorzugt auf Leute zurückgreifen, die sich in gemeinsamen Projekten oder auf Konferenzen bewährt und dadurch auch bereits Einblicke in die Strukturen und Arbeitsweisen des VN-Systems erhalten haben:

> Als ich bei meinem früheren Arbeitgeber war, hatte ich mich freiwillig gemeldet neben meiner täglichen Arbeit auch noch an der Weiterentwicklung eines Systems mitzuarbeiten. Wenn man da mitarbeitet, dann muss oder kann man auf solche Arbeitsgruppentreffen fahren. Und die finden hier statt, die werden hier organisiert. Und ich vermute, weil ich einigermaßen aktiv hier mitgearbeitet habe, dass mich dann mein jetziger Chef gefragt hat, ob ich nicht Lust hätte, hierher zu kommen. Er brauchte eben auch noch zusätzliche Leute und das hing wiederum damit zusammen, dass sich dieses System zurzeit in einer Reformphase befindet. Und da ist das Arbeitsaufkommen sehr viel höher. Also hier war konkret Bedarf, jemanden einzustellen. Er fragte mich dann direkt (ID 41).

Oftmals geht die Initiative für eine Bewerbung bei Sonderorganisationen dann sogar von der Organisation selbst aus. Bereits bestehende berufliche Verbindungen tragen in diesen Fällen dazu bei, dass einem Kandidaten ein Stellenangebot unterbreitet wird. Der Bewerber nimmt dabei eher eine *passive* Haltung ein, da er sich nicht initiativ im VN-System beworben hat. Im VN-Sekretariat funktionieren Kontakte beim Einstieg von Fach- und Führungskräften dagegen meist derart, dass der Kandidat oder die Kandidatin sich selbst um ein Treffen mit VN-Angestellten bemühen. Die Kontaktaufnahme geht hier also vom Stellenanwärter aus, der durch *aktives* Networking seine Bewerbungschancen erhöhen möchte:

> Ich bin mir aber auch relativ sicher, dass sich die Tatsache ausgewirkt hat, dass ich persönlich vorgesprochen habe später, also nicht direkt vor der Bewerbung, sondern als die ganzen Bewerbungsunterlagen schon eingegangen waren. Ich war zufällig in New York und bin dann da halt vorbei gegangen. Man hat mich dann eine viertel Stunde interviewt, was ich gar nicht wusste. Ich hatte dann gesagt, ich gehe da mal vorbei, hatte mir da nicht groß was ausgerechnet. Das offizielle Vorstellungsgespräch war dann später per Telefon. Oftmals ist es so, man ist der richtige Mensch am richtigen Ort zum richtigen Zeitpunkt (ID 138).

Kontakte haben im VN-Sekretariat, wie der letztere Fall zeigt, eher die Funktion der Persönlichkeitsdarstellung, während durch die längerfristigen beruflichen Verbindungen in den Sonderorganisationen sowohl fachliche als auch menschliche Kompetenzen der Bewerber zum Vorschein kommen.

Neben direkten Kontakten zu Mitarbeitern des VN-Systems sind insbesondere für die Besetzung von Stellen auf der Policy-Making Ebene auch Beziehungen zu den jeweiligen nationalen Regierungen erforderlich (vgl. Kapitel 4.1.2). Da die Vergabe dieser Führungspositionen nach politischen Gesichtspunkten erfolgt, müssen Bewerber für Leitungspositionen im VN-System notwendigerweise über Regierungskontakte verfügen (vgl. auch Kapitel 4.2.4).

Auf der Nachwuchskräfteebene variiert die Bedeutung von sozialen Beziehungen für den Einstieg ins VN-System je nach gewähltem Rekrutierungsverfahren. Für die Examina (NCRE) spielen Kontakte zumindest bis zu den eigentlichen Prüfungen keine Rolle, da das Verfahren stark formalisiert ist. Die schriftlichen und mündlichen Testverfahren laufen unter gleichen Bedingungen für alle Bewerber ab und dienen der Kandidatenauswahl für zu besetzende Stellen (vgl. Kapitel 4.1.1). Kontakte sind bei diesem Einstiegsweg nur und erst *nach* der erfolgreich abgelegten Prüfung relevant, wenn es um die eigentliche Stellenvergabe geht. Hier haben Kandidaten die Möglichkeit, durch aktives Networking Einfluss auf ihr erstes Stellenangebot im VN-System zu nehmen.

> Hinterher [nach dem Examen] habe ich auch mal versucht, Leute anzusprechen. Allerdings kannte ich nur einen. In meinen Fall eben die Informatiker, aber ich kannte nur ein Projekt in diesem Bereich. Ich habe ihn dann auch ausfindig gemacht. Leider hat's nicht geklappt, weil meine Präferenz wäre schon gewesen, nach New York zu gehen. Das war schon mein Wunsch und die Enttäuschung war schon sehr groß, als dann ‚nur' Genf rauskam (ID 156).

## 4.2 Einflussfaktoren auf den Einstieg ins VN-System

Auch wenn wie in diesem Fall aktives Networking nicht unbedingt garantiert, dass ein Kandidat die gewünschte Stelle bekommt, so können Bewerber, die das NCRE erfolgreich absolviert haben, durchaus durch Nutzen bereits vorhandener bzw. Aufbau neuer sozialer Beziehungen ihre Chancen, die gewünschte Position zu bekommen, erhöhen (vgl. dazu auch Kapitel 4.1.1).

Auf Grund der Struktur des Programms Beigeordnete Sachverständige differiert die Bedeutung der Kontakte bei diesem Einstiegsweg von der des vorherigen Rekrutierungsverfahrens. Netzwerke zwischen Bewerbern und VN-Mitarbeitern sind insofern von nachrangiger Bedeutung, als dass die Stellenvergabe (in der Regel) durch das BFIO in Kooperation mit dem BMZ, also durch nationale Mittlerorganisationen, erfolgt. Bei dem Einstieg über das JPO-Programm spielen Kontakte nur in zweierlei Hinsicht eine Rolle: Zum einen kann es durchaus Verbindungen zwischen den Nachwuchskräften und den Mittlerorganisationen, denen die Auswahl der Beigeordneten Sachverständigen obliegt, geben (vgl. dazu weiterführend Kapitel 4.2.4). Zum anderen können Kontakte dann relevant werden, wenn nach Ende der Anstellung als *Junior Professional Officer* die Übernahme in eine reguläre Anstellung im VN-System ansteht. Indem die Weiterbeschäftigung bei den Vereinten Nationen Aufschluss über den (nicht nur, aber auch) auf Netzwerke zurückzuführenden Erfolg gibt, kann sie hier als Indikator für die Bedeutung von Kontakten dienen. Neben individuellen Faktoren hat dabei auch der Arbeitsort des JPOs Einfluss auf den Aufbau und den Nutzen von Netzwerken: Von den 173 deutschen Beigeordneten Sachverständigen, die in einem der Hauptquartiere der in den Statistiken erfassten Organisationen tätig waren, wurden 49% nach Ablauf des Programms in eine reguläre Anstellung im VN-System übernommen.[85] Bei denjenigen JPOs, die in einer der Feldstationen tätig waren, lag die Übernahmequote dagegen nur bei 31,5%. Kontakte von Nachwuchskräften hängen demnach stark von der räumlichen Distanz zu den Entscheidungsträgern ab: Je weiter entfernt ein *Junior Professional Officer* von den Leitungsebenen entfernt ist, desto schwieriger werden das Networking und damit die Übernahme ins VN-System.[86]

Bei sonstigen Einstiegswegen für Nachwuchskräfte ins VN-System wie *Consultancies* sind Kontakte auf Grund der weniger starken Formalisierung dieser Verfahren von größerer Bedeutung als bei den bisher diskutierten Rekrutierungsprozeduren. Je weniger reguliert und formalisiert ein Einstiegsverfahren ist, desto mehr Einfluss

---

[85] Auf Grund der Struktur der statistischen Daten kann die Übernahmequote nur für die hier erfassten und untersuchten Organisationen ermittelt werden. Es kann davon ausgegangen werden, dass von den hier als nicht-übernommen klassifizierten ehemaligen Beigeordneten Sachverständigen einige Personen eine Anstellung in anderen internationalen Organisationen bekommen haben und sich demnach die Übernahmequote bei Betrachtung aller internationalen Organisationen noch erhöhen könnte.
[86] Neben Kontakten hat aber auch wie bereits in Kapitel 4.1.1 erwähnt die Stellenstruktur der jeweiligen Standorte Einfluss auf die Übernahme von JPOs ins VN-System.

haben persönliche Beziehungen und Netzwerke auf eine Bewerbung bei den Vereinten Nationen.

Auch wenn soziale Beziehungen von Nachwuchsbewerbern zu VN-Mitarbeitern seltener vorkommen und weniger intensiv sind als die von Fach- und Führungskräften, so stellt sich doch die Frage, wie diese zustande gekommen sind. Ausgehend von der berufsbiographischen Vergangenheit der Bewerber auf den Einstiegsebenen P1–P3 kann angenommen werden, dass Netzwerke weitaus seltener durch vorherige externe tätigkeitsspezifische Kooperationen als bei Seiteneinsteigern entstanden sind. Kontakte können vielmehr auf mögliche vorangegangene befristete Tätigkeiten im VN-System beispielsweise im Rahmen eines Praktikums oder einer Anstellung als Beigeordneter Sachverständiger sowie auf studienbezogene Verbindungen wie Alumninetzwerke zurückgeführt werden (vgl. auch Kapitel 4.2.2):

> Ich halte Netzwerke für wichtig. Nur für meinen Einstieg waren sie nicht von Bedeutung. Aber ich weiß z.B., dass ich bei ENA-Leuten anrufen könnte, wenn ich was in der französischen Administration machen wollte, und dann einen guten Job bekommen würde (ID 217).

Auch wenn dieser Fall sich auf ein Beispiel aus der nationalen Administration bezieht, so zeigt er doch, dass insbesondere Absolventen von Eliteuniversitäten von gut funktionierenden Ehemaligennetzwerken profitieren. Es wird vermutet, dass diese studiumsbasierten Netzwerke auch im internationalen öffentlichen Dienst durchaus von Bedeutung sind (vgl. dazu auch Kapitel 5.2.3).

Private Kontakte zu VN-Mitarbeitern spielen im Gegensatz zu den bisher diskutierten beruflichen Beziehungen sowohl bei berufserfahrenen Seiteneinsteigern als auch bei Nachwuchskräften vor dem Einstieg ins VN-System nur eine untergeordnete Rolle, so dass auf diese hier nicht näher eingegangen wird.

Wie schätzen nun deutsche VN-Angestellte die Rolle von sozialen Beziehungen für ihren eigenen Einstieg ins VN-System ein? Aus den Interviews ist ersichtlich, dass einige deutsche VN-Mitarbeiter Networking oft eher negativ bewerten und ablehnen:

> *Welche Rolle haben Kontakte für Ihren Einstieg ins VN-System gespielt?* Eigentlich keine, also meine jetzige Chefin kannte ich flüchtig, weil sie auch schon an früheren Meetings teilgenommen hat. Und da hatte ich mich auch mal mit ihr unterhalten, aber wirklich sehr flüchtig. Es hatte jetzt keinerlei Einfluss, außer dass sie vielleicht mein Gesicht kannte und meine Präsentation gehört hatte in der Sitzung, es gab keinerlei Versuch, jetzt irgendwie politisch da Einfluss zu nehmen (ID 190).

> Die Praktikanten in unserer Abteilung kannten alle jemanden, der bei uns arbeitet, oder ihr Professor hatte irgendwelche Kontakte durch irgendwelche Gremien, in denen er sitzt. Die sind alle über Kontakte reingekommen. Aber ich mag diesen Weg nicht. Ich bin auch so rein-

## 4.2 Einflussfaktoren auf den Einstieg ins VN-System

gekommen. Ich würde daher auch keine Praktika vermitteln. Und ich finde es schön, es auch alleine geschafft zu haben (ID 217).

Neben dieser strikten Ablehnung gibt es aber auch einige Interviewpartner, die durchaus aktives Networking betrieben haben, dies nur nicht als solches empfunden und eher dem Zufall zugeschrieben haben. Dies äußert sich dann durch bestimmte Signalwörter wie „*zufällig* vorbei gegangen" (ID 138) und „war *sowieso* in New York" (ID 162). Dahinter steckt – so die Vermutung – oft der Versuch, nicht den Anschein möglicher subjektiver Einflussnahme zu erwecken und damit objektive Rekrutierungskriterien zu unterlaufen. Es hat sich aber gezeigt, dass es bei einigen Einstiegsverfahren durchaus hilfreich ist, Kontakte zu nutzen bzw. neu aufzubauen, um die Chancen, ein (zufriedenstellendes) Stellenangebot zu bekommen, zu erhöhen.

Auch wenn die Bedeutung von Kontakten je nach Einstiegsweg und -stadium variiert, so haben informelle Kommunikationsstrukturen generell einen Einfluss auf die Rekrutierung von VN-Personal. Während Netzwerke für die Besetzung von Fach- und Führungspositionen oft ein notwendiges Kriterium dafür sind, ob ein Bewerber eine Stelle bekommt, entscheiden Kontakte bei Nachwuchsverfahren und insbesondere bei den Auswahlwettbewerben nicht darüber, ob, sondern für welche Stelle jemand ein Angebot erhält. Soziale Beziehungen zwischen Seiteneinsteigern und VN-Angestellten basieren meist auf gemeinsamen früheren beruflichen Kooperationen, wohingegen Nachwuchskräfte entweder durch vorherige befristete Anstellungen oder durch Netzwerke aus Studienzeiten Beziehungen zu Mitarbeitern der Vereinten Nationen aufgebaut haben.
Wenn deutsche Bewerber mehr anerkennen würden, dass Kontakte andere formale Kriterien wie Qualifikationsanforderungen nicht konterkarieren, sondern ergänzen, steigen vielleicht auch die Chancen, mehr Stellen, insbesondere Leitungspositionen, mit Deutschen zu besetzen und insgesamt eine größere subjektive Arbeitszufriedenheit unter den deutschen VN-Angestellten zu erreichen.

### 4.2.4 Rolle der Förderinstitutionen

Bei einigen Einstiegswegen ins VN-System wie einzelstaatlichen Nachwuchsprogrammen sind auch Förder- bzw. Mittlerinstitutionen[87] in den Rekrutierungsprozess involviert. Sie spiegeln die Bemühungen deutscher Personalpolitik bei den Vereinten Nationen wider. Es stellt sich an dieser Stelle die Frage, welche Rolle solche

---

[87] Als Förder- bzw. Mittlerorganisationen gelten in dieser Arbeit solche Einrichtungen, die analog zu Personalvermittlungsagenturen in der freien Wirtschaft um die Vermittlung von deutschem Personal ins VN-System bemüht sind. Dazu gehören beispielsweise das BFIO, das BMZ sowie das Auswärtige Amt. Die Begriffe Förder- bzw. Mittlerorganisationen werden synonym verwendet.

Einrichtungen wie das Auswärtige Amt für den Bewerbungs- und Einstellungsprozess des VN-Systems spielen, wobei die Arbeit nicht den Anspruch hat, eine Gesamtanalyse der deutschen Personalpolitik bei internationalen Organisationen vorzunehmen.

Die Bedeutung der Mittlerorganisationen für den Einstieg ins VN-System wird exemplarisch an zwei ausgewählten Institutionen untersucht: dem Auswärtigen Amt und dem Büro Führungskräfte zu Internationalen Organisationen (BFIO). Diese Einrichtungen wurden auf Grund ihrer Zuständigkeitsbereiche ausgewählt.

Dass Förderinstitutionen einen Einfluss auf den Einstieg deutscher Bewerber ins VN-System haben, zeigt sich beispielsweise daran, dass 37,8% der Probanden der Online-Befragung vor ihrer ersten Anstellung bei den Vereinten Nationen Kontakte zu einer Mittlerorganisation hatten. Diese Verbindungen treten signifikant öfter bei Nachwuchskräften als bei Seiteneinsteigern auf, was entweder bedeutet, dass Förderinstitutionen eher für den Einstieg von Berufsanfängern von Bedeutung sind oder dass Fach- und Führungskräfte seltener Beziehungen zu diesen Institutionen haben. Auf Grund der bisherigen Argumentation (vgl. Kapitel 4.2.3) wird angenommen, dass letztere Erklärung zutrifft, was darauf zurückzuführen ist, dass Kontakte von Seiteneinsteigern zu Förderinstitutionen deswegen eine untergeordnete Rolle spielen, weil der typische Einstieg eines Seiteneinsteigers, insbesondere in Sonderorganisationen, oft auf direkten sozialen Beziehungen zwischen dem Bewerber und VN-Mitarbeitern basiert. Andererseits ist das geringe Ausmaß der beruflichen Kontakte zwischen Seiteneinsteigern und Mittlerorganisationen gerade in Hinblick auf die Besetzung von Leitungspositionen überraschend. Dafür ist nämlich die Unterstützung der deutschen Regierung erforderlich.

Je nach Aufgabengebiet einer internationalen Organisation ist von deutscher Regierungsseite das zuständige Fachressort federführend in der Wahrnehmung der Pflichten und Rechte einer deutschen Mitgliedschaft in der jeweiligen Organisation.[88] Das Auswärtige Amt nimmt dabei auf Grund seiner Ressortverantwortung für die deutsche Außenpolitik eine besondere Stellung ein, indem es die Bundesregierung in Organisationen mit überwiegend politischem Mandat wie den Vereinten Nationen vertritt. Zu den Zuständigkeitsbereichen eines verantwortlichen Ministeriums gehört auch die internationale Personalpolitik in den von ihm betreuten Organisationen. Demnach ist das Auswärtige Amt verantwortlich für personalpolitische Angelegenheiten, die das VN-System betreffen. In Personalfragen, die darüber hinausgehen, hat dieses Ministerium dagegen nur eine Koordinierungsfunktion.

Innerhalb des Auswärtigen Amts ist die vor einigen Jahren geschaffene Stabsstelle des Koordinators für internationale Personalpolitik für diesen Aufgabenbereich zuständig. Hauptfunktion dieser Abteilung ist die Bewusstseinsbildung – sowohl bei den internationalen Organisationen als auch bei den deutschen Kandidaten – für ei-

---

[88] Fallen die Aufgabengebiete einer internationalen Organisation in die Zuständigkeitsbereiche mehrerer Ministerien, übernimmt ein Ministerium in Absprache mit den anderen die Federführung.

## 4.2 Einflussfaktoren auf den Einstieg ins VN-System

ne verbesserte personelle Repräsentanz Deutschlands im internationalen öffentlichen Dienst.[89]

Die Aufgabenschwerpunkte des Auswärtigen Amts haben sich im Verlauf des Untersuchungszeitraums verändert. In der heutigen Zeit unterstützt das Ministerium in erster Linie Bewerber auf höhere Stellen im VN-System. Interessierte Personen für Einstiegspositionen werden dagegen in der Regel an das BFIO verwiesen, auf das weiter unten näher eingegangen wird. Bis Anfang der 1980er Jahre, bevor die Auswahlwettbewerbe implementiert wurden, war das Auswärtige Amt auch stärker in die Bewerbungsverfahren von Nachwuchskräften involviert. Insbesondere vor dem Beitritt der beiden deutschen Staaten zu den Vereinten Nationen war eine Bewerbung deutscher Staatsbürger bei einigen VN-Organisationen auf Grund der politischen Situation nur mit Unterstützung der damaligen Beobachtermission möglich:[90]

> Um in die UNO hinein zu kommen, hatte ich niemanden, das war alles zufällig. Deshalb hat's auch lange gedauert. Das hat zwei Jahre gedauert. Ich wollte immer versuchen zu vermeiden, dass das Auswärtige Amt mich gefiltert hat, ich wollte direkt rein und es gelang mir nicht. Zum Schluss musste ich die Unterstützung annehmen und die bekam ich. [...] Immer noch sind Kontakte wichtig, aber zu meiner Zeit musste man den Einstieg schon machen durch einige Instanzen, die mit der UNO direkt Kontakt hatten. Das war bei mir eben das Auswärtige Amt. Ich bin nicht zu UNDP gekommen wegen des Auswärtigen Amts, ich habe vielleicht einen Türöffner bekommen, aber der Fuß war meiner (ID 70).

Das politische Umfeld wirkt sich folglich auf die Bedeutung der Mittlerorganisationen, hier des Auswärtigen Amts, auf den Einstieg ins VN-System aus. Auf Grund der veränderten politischen Konstellation ist dieser Aspekt jedoch heutzutage bis auf die Besetzung von Leitungspositionen vernachlässigbar.

Die deutschen VN-Angestellten, die an der Online-Befragung sowie an den Interviews teilgenommen haben, haben annähernd paritätisch sowohl positive als auch negative Erfahrungen hinsichtlich der Rolle des Auswärtigen Amts bei ihren Bewerbungsverfahren bei den Vereinten Nationen gemacht. Während von den Interviewten vor allem geschätzt wird, dass die deutschen Vertretungen als Mittlerorganisationen deutsche Kandidaten bei der Bewerbung unterstützen, werden vor allem zwei Dinge als verbesserungswürdig angesehen: Erstens, dass das Auswärtige Amt bei der Unterstützung einer Bewerbung nicht mehr so stark zwischen von ihm vorgeschlagenen Bewerbern und Kandidaten, die sich initiativ an das Ministerium wenden, differenziert:

---

[89] Vgl. weiterführend: http://www.auswaertiges-amt.de/diplo/de/AAmt/AusbildungKarriere/IO-Taetigkeit/Allgemeines/AllgemeineInformationen.html, Stand: 14.7.2006.
[90] Die Studie untersucht Deutsche, die zwischen 1973 und 2003 bei den Vereinten Nationen angestellt waren. Da dabei nicht der Eintritt ins VN-System entscheidendes Kriterium ist, kann die erste Anstellung im VN-System durchaus vor diesem Zeitraum begonnen haben.

> Ich bin zur Vertretung. Jemand, den ich um Rat gefragt habe, hat gesagt, hier füll dieses Formular aus und wenn du zur Vertretung gehst, die unterstützen dich vielleicht. Ich bin hingegangen, die wollten mich rausschmeißen, weil sie gedacht hatten, ich wollte eine Stelle da haben, bis ich ihnen dann erklärt habe, dass ich keine Stelle hier haben will. Man hat mir gesagt, sie können das einreichen. Das war im Oktober, ich habe bis April nichts gehört. Ich habe zweimal nachgefragt, sie haben gesagt, dass sie die Unterlagen weiter gereicht haben. Die haben natürlich auch Bewerbungen von vielen anderen Leuten, die ihnen aus Deutschland empfohlen worden sind, auch eingereicht. Zu dem Zeitpunkt wurde aktuell, dass man Eintrittsangebote durch dieses NCRE ausgab. Na ja, ich war ja hier, ich habe das nicht gemacht. Und als ich dann das Angebot bekam, bin ich zur Vertretung, um zu fragen, was das bedeutet. Das war so bürokratischer Mambojambo, P1 dies und jenes. Die waren nicht sehr erfreut. Ich hörte dann, wie jemand sagte, wieso haben die ihr zurückgeschrieben. Mit mir hatten die ja nichts weiter im Sinn. *Wieso?* Na ja, ich war nicht vom System. Ich habe nicht das NCRE gemacht oder war nicht von der GTZ oder was weiß ich. Und ich glaube, das war Zufall, dass das irgendwie zusammen passte. Und dann bin ich eben zum Interview gegangen und das ist dann auf meinen Mist gewachsen, dass das eben positiv gelaufen ist (ID 122).

Obgleich, wie dieser Fall zeigt, jedem geeigneten Bewerber Unterstützung gewährt wird, kann einem Kandidaten doch unter Umständen das Gefühl vermittelt werden, dass es nicht nur darum geht, irgend einen qualifizierten deutschen Bewerber im VN-System zu platzieren, sondern dass bestimmte Personen favorisiert werden. Die Verantwortlichen sollten sich darüber im Klaren sein, dass dies unter Umständen zu einem eher gespannten Verhältnis mit denjenigen deutschen VN-Angestellten, die nicht vom Auswärtigen Amt dafür ausgewählt wurden, führen und folglich den Aufbau eines deutschen Netzwerkes im VN-System erschweren kann (vgl. Kapitel 5.2.3).

Der zweite Verbesserungsvorschlag zielt auf den Vergleich der deutschen Bemühungen mit denen anderer Länder:

> *Was müsste Ihrer Meinung nach getan werden, um das Arbeitsumfeld, internationale Organisationen, noch attraktiver zu machen?* Schwierig zu sagen. Von meiner Einstellungserfahrung her gezielt die deutsche Unterstützung – die deutsche Botschaft kann man weitgehend vergessen. Die Unterstützung von anderen Nationalitäten, das sieht man ja bei der Jobsuche, ist deutlich stärker. Die pushen auch sehr stark, um Leute reinzubringen und ich sitze auch in einigen Bewerbungspanels und da sieht man auch, wie sich zum Beispiel die Italiener massivst einsetzen. Das sieht man von deutscher Seite so gut wie überhaupt nicht. Wenn man sich anschaut, wie die Engländer Leute pushen, wo DEFID (Department for International Development) im Prinzip ja doch stärker mit dem Außenministerium zusammen arbeitet. Die haben zum Beispiel einen Programm-Manager für Malaria hier rein gebracht mit massivstem Geld, mit finanzieller Unterstützung (ID 79).

Demnach haben andere Länder effizientere Unterstützungsmechanismen für den Einstieg ins VN-System. Einige dieser Rekrutierungs- und Unterstützungsstrukturen können hierbei sicher als Vorbild für deutsche personalpolitische Bemühungen dienen.

Das BFIO wurde 1971 als spezialisierte Vermittlungsstelle der Zentralstelle für Arbeitsvermittlung der damaligen Bundesanstalt für Arbeit gegründet und ist mittlerweile in Bonn ansässig. Eine Aufgabe dieser Institution ist die Beratung und Vermittlung von Fach- und Führungskräften, die sich für eine Tätigkeit in internationalen Organisationen interessieren. Zudem ist das BFIO für die Durchführung des Programms Beigeordnete Sachverständige, eines Nachwuchsförderprogramms, verantwortlich. Insbesondere durch die letztgenannte Aufgabe hat diese Mittlerorganisation einen großen Einfluss auf den Einstieg von Berufsanfängern ins VN-System. Die Erfahrungen der Teilnehmer der Online-Befragung mit dieser Institution waren überwiegend positiv: „Mit dem BFIO war das sehr einfach" (ID 92). Von einigen Interviewpartnern waren dagegen auch kritische Töne zu hören, die sich vor allem auf die bereits angesprochenen alten Bewerbungsverfahren, die mittlerweile reformiert wurden, bezogen, so dass einige der Kritikpunkte mittlerweile hinfällig geworden sind (vgl. Kapitel 4.1.1). Ein allgemeines Problem, das in mehreren Gesprächen angesprochen wurde, ist die Uninformiertheit des BFIOs:

> *Wie haben Sie den Einstieg in die UNO gemeistert?* Das war eine ganz spezielle Sache und es war schon Zufall, dass ich von dem Auswahlverfahren überhaupt erfahren habe. Ich hatte damals z.B. auch an das BFIO geschrieben, die nichts von dem Auswahlverfahren wussten, obwohl es bei ihnen abgehalten wurde. Das war eine Kuriosität (ID 103).

Es kann durchaus sein, dass auch dieser Kritikpunkt mittlerweile obsolet geworden ist. Andernfalls besteht hinsichtlich dieses Aspekts sicher noch Verbesserungsbedarf beim BFIO.

Der Einfluss der Mittlerorganisationen auf die Bewerbungsverfahren von Deutschen ist im Vergleich zu den anderen Faktoren eher von nachrangiger Bedeutung, variiert jedoch nach Einstiegswegen ins VN-System und in Abhängigkeit von den sich verändernden politischen Bedingungen. Während insbesondere bei der Besetzung von Führungspositionen die Unterstützung der Regierung unabdingbar war und ist, spielen Mittlerorganisationen bei den Bewerbungsverfahren von Fachkräften heutzutage nur eine marginale Rolle. War das Auswärtige Amt vor allem bis zur Einführung der formalisierten Auswahlwettbewerbe eine wichtige Anlauf- und Koordinierungsstelle für Bewerber auf Nachwuchspositionen, konzentriert sich dessen Engagement für Berufsanfänger seit einigen Jahren auf die Vorbereitung von Kandidaten für die NCREs. Die eigentliche Vermittlung und Betreuung von Nachwuchskräften gehört nun zum Aufgabenbereich des BFIOs.

Obgleich die Mehrheit der Befragten dieser Studie zufrieden mit der Arbeit dieser Institutionen war, wurde dennoch Verbesserungspotential hinsichtlich der Effektivität und Kommunikation in der Betreuung der Bewerber gesehen. Ein möglicher Schritt, um wirksamere Unterstützung beim Einstieg ins VN-System zu gewähren, könnte die Ausweitung der Fördermechanismen sein, indem beispielsweise auch Fachpersonal stärker betreut wird.

Allerdings wird hier zu bedenken gegeben, dass diese Unterstützungsstrukturen dazu da sind, deutschen Nachwuchs-, Fach- und Führungskräften den Einstieg ins VN-System zu erleichtern, dass aber nicht – wie oft angenommen – ein Anspruch seitens der Bewerber auf bestimmte (Fürsorge-)Leistungen durch die Mittlerorganisationen besteht. Interessenten müssen immer noch geforderte Kompetenzen selbst erfüllen und die Bewerbungsverfahren eigenständig durchlaufen.

### 4.2.5 Soziale Herkunft

Als Vertreter einer funktionalen Elite stellen die Angestellten des höheren Dienstes der Vereinten Nationen ein klassisches Objekt sozialwissenschaftlicher Herkunftsstudien dar. Studien zur sozialen Intergenerationenmobilität von Hochqualifizierten dienen unter anderem dazu, Rückschlüsse auf die Chancengleichheit und Offenheit einer Gesellschaft zu ziehen. Obgleich es nicht Anspruch dieser Arbeit ist, eine vollständige Analyse der sozialen Herkunft der VN-Angestellten durchzuführen, wird dennoch der Frage nachgegangen, inwieweit dieser Faktor den Einstieg ins VN-System beeinflusst.[91] Es wird vermutet, dass das Berufsfeld des internationalen öffentlichen Dienstes (weiterhin) nur den Personen, deren Eltern über ein bestimmtes Qualifikationsniveau verfügen, offen steht.

Wie aus Abbildung 18 hervorgeht, ist in Hinblick auf die berufliche Stellung der Väter der deutschen VN-Angestellten im Untersuchungszeitraum ein deutlicher Anstieg in der obersten sozialen Schicht, die Berufe mit Führungsverantwortung oder akademischer Ausbildung umfasst, zu verzeichnen.[92]

---

[91] Die Untersuchung von sozialer Intergenerationenmobilität ist methodisch in mehrerlei Hinsicht problematisch: Erstens ist es schwierig, einen geeigneten Zeitpunkt im Lebensverlauf der Eltern und ihrer Kinder festzulegen, an dem die soziale Mobilität zwischen den Generationen verglichen werden kann. Zudem verändern sich Prestige- und Verantwortungsbereiche in einer Gesellschaft über einen längeren Zeitraum (WEICK 1995, S. 151). Da es in diesem Fall zunächst aber um den Einstieg in ein bestimmtes (elitäres) Berufsfeld unabhängig von der Einstiegsposition geht und der relativ kleine Untersuchungszeitraum mögliche gesellschaftliche Entwicklungen vernachlässigbar macht, sind diese methodischen Schwierigkeiten von nachrangiger Bedeutung für diese Studie. Selbstverständlich muss bei der Betrachtung einer beruflichen Tätigkeit auch berücksichtigt werden, dass sich diese im Lebensverlauf einer Person verändern kann.

[92] Betrachtet man bei dieser Analyse auch die freien Berufe und Selbständigen, unter denen viele Ärzte und Rechtsanwälte sind, erhöht sich der Anteil der Akademiker nochmals.

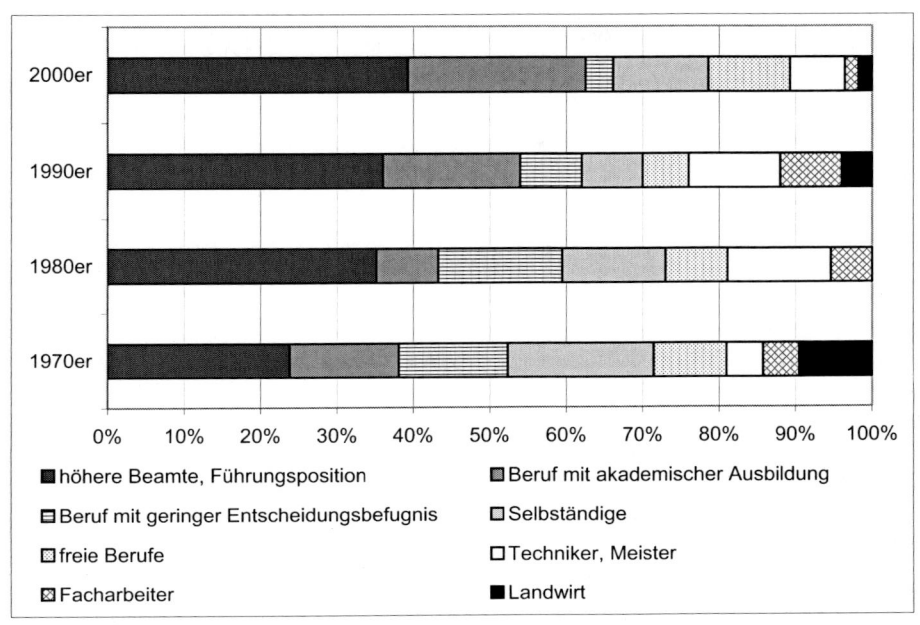

## 4.2 Einflussfaktoren auf den Einstieg ins VN-System

*Abb. 18: Berufliche Stellung des Vaters nach Einstiegsdekaden (N=164)*
*Quelle: Online-Befragung*

Vergleicht man diesen Anstieg der Akademisierung mit der gesamtgesellschaftlichen Bildungsentwicklung,[93] zeigt sich, dass die Zunahme an Berufen mit akademischer Qualifikation in dieser Gruppe mit einem Faktor von 4,4 überproportional höher als die der männlichen Gesamtbevölkerung im Untersuchungszeitraum ist (Faktor 1,85).[94] Bei den Frauen ist dieser Unterschied noch deutlicher ausgeprägt (vgl. Abb. 19): Der Anteil der Mütter der Probanden mit Berufen mit akademischer Qualifikation stieg im Untersuchungszeitraum um mehr als das 15-fache an, während sich die Anzahl der weiblichen Studierenden an deutschen Universitäten im

---

[93] Eine Situationsanalyse ist an dieser Stelle auf Grund der Datenstruktur nicht möglich, da die Daten nur punktuelle Einblicke in die Bildungsstruktur der Eltern geben. Daher wird an dieser Stelle der Trend in der Akademisierung dieser Gruppe mit dem der Gesamtbevölkerung verglichen. Zudem bestünde sonst der Nachteil, dass Eltern sehr unterschiedlichen Alters zusammengefasst und damit die Ergebnisse verzerrt werden (MEUSBURGER 1998).

[94] Da es seit dem Wegfall der Volkszählung keine Erfassung des Bildungsniveaus der Gesamtbevölkerung in Deutschland mehr gibt, wurden die Studierendenzahlen als Indikator für das tertiäre Bildungsniveau verwendet. Die Zahlen stammen vom Statistischen Bundesamt (http://www.destatis.de/indicators/d/lrbil01ad.htm, Stand: 19.7.2006).

gleichen Zeitraum um das 3,3-fache erhöhte.[95] Gleichzeitig ist der Anteil an nichtberufstätigen Müttern des Samples von 73% in den 1970er Jahren auf 37% im 21. Jahrhundert zurückgegangen.

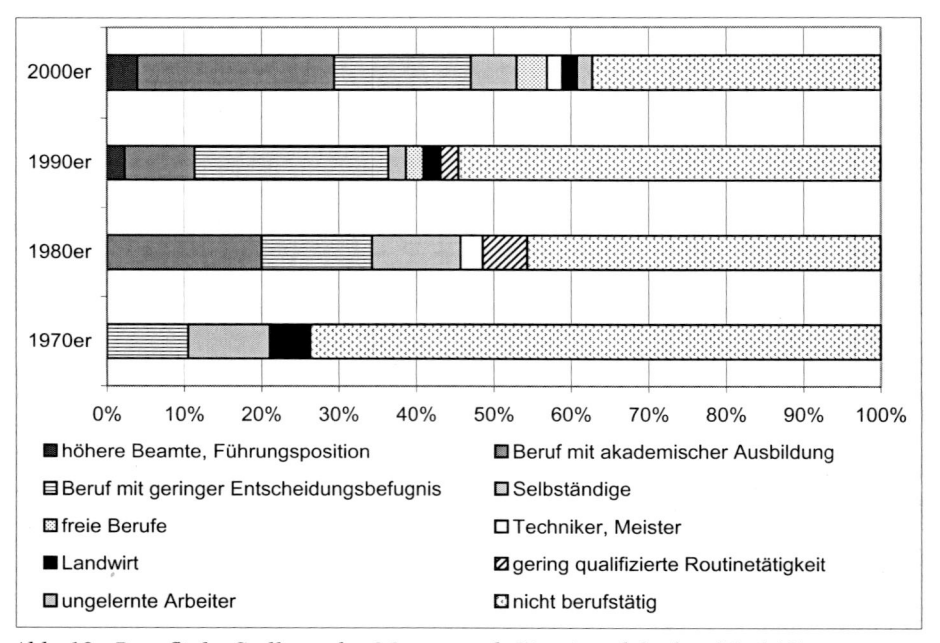

*Abb. 19: Berufliche Stellung der Mutter nach Einstiegsdekaden (N=149)*
*Quelle: Online-Befragung*

Der überproportionale Anstieg in der Akademisierung dieser Bevölkerungsgruppe und die Tatsache, dass 66,1% der Probanden aus einem Elternhaus mit mindestens einem Akademiker stammen, lassen darauf schließen, dass das Qualifikationsniveau der Eltern von den Personen, die sich für eine Berufstätigkeit in einer internationalen Organisation entscheiden, in der Regel sehr hoch ist. Dies entspricht auch den Ergebnissen des bevölkerungsrepräsentativen BILDUNGSBERICHTS FÜR DEUTSCHLAND (2003), demzufolge auch 2003 noch eine enge Kopplung zwischen dem Kompetenzniveau und der sozialen Herkunft besteht. Letztere ist somit der

---

[95] Oft wird bei der Untersuchung der sozialen Intergenerationenmobilität nur der Beruf oder das Ausbildungsniveau der Väter analysiert. Hier wurde bewusst auch das Qualifikationsniveau der Mütter mit einbezogen, da sich letzteres wesentlich deutlicher auf die Schul- und Berufslaufbahn der Töchter und Söhne auswirkt (MEUSBURGER 1980).

## 4.2 Einflussfaktoren auf den Einstieg ins VN-System

wichtigste Bestimmungsfaktor des Bildungsverhaltens (MEUSBURGER 1998, S. 273 ff.). Mit sozialer Herkunft ist jedoch nicht das Einkommensniveau, sondern das soziokulturelle Anregungsmilieu des Elternhauses gemeint. Durch die Sozialisation in einem familiären Umfeld, in dem der Vater und/oder die Mutter über einen tertiären Bildungsabschluss verfügen, ist das Aspirations- und Informationsniveau der Bewerber vor ihrer ersten Anstellung im VN-System entsprechend hoch:

*Aus welchem familiären Umfeld stammen Sie?* Das kann man mitverfolgen, dass die meisten meiner Kollegen aus einem familiären Umfeld stammen, in dem also Internationales in irgendeiner Form wichtig war. So war das eigentlich auch bei mir. Mein Vater war beratender Ingenieur, war selbst im In- und Ausland tätig. Und da war ich auch Schüler im In- und Ausland. Von daher waren mir die Bedingungen, unter denen man sich in so einer Situation befindet, von Anfang an geläufig und in meiner Wertschätzung auch eine attraktive Perspektive (ID 124).

*Aus welchem familiären Umfeld stammen Sie?* Ich komme aus einer Kleinstadt, 30.000 Einwohner. Meine Eltern haben einen mittelständischen Betrieb, Familienbetrieb. [...] Unser Betrieb hat exportiert in die USA, da hatten wir einfach Kontakte zu den USA. Wir hatten oft Geschäftsbesuch aus den USA und das war faszinierend. In den 60er Jahren war ein Besuch aus Amerika einfach noch was anderes. Während des Studiums habe ich zwei- bis dreimal im Jahr an Kundenbesuchen in den USA teilgenommen und deshalb war ich viel hier (ID 60).

Neben der Schaffung eines soziokulturellen Anregungsmilieus durch ideelle und fachliche Förderung können Eltern mit einem hohen Qualifikationsniveau auch die monetären Ressourcen für die Ausbildung und Förderung ihrer Kinder aufbringen. Dazu gehört beispielsweise die Finanzierung des Auslandsstudiums, das eine wichtige Voraussetzung für eine Tätigkeit im VN-System ist.[96]

*Aus welchem familiären Umfeld stammen Sie?* Meine Eltern sind Unternehmer, aber eher so Mittelstand. Wir wohnen eher in einer ländlichen Gegend. Wir sind relativ viel verreist. Eigentlich mehr so in Europa. Ich habe daher auch sehr viel Interesse an Sprachen gehabt und habe daher auch angewandte Sprachwissenschaften studiert. Meine Eltern haben das immer sehr unterstützt. Ich bin dann zum Studium nach England und nach Paris gegangen (ID 138).

Die Analyse der Herkunftsstruktur der deutschen VN-Angestellten zeigt, dass nur ein geringer Teil der internationalen Bediensteten von adeliger Herkunft ist: 3,3% der 1.529 in den Statistiken erfassten VN-Mitarbeiter sind aristokratischer Abstammung[97]. Von denen haben wiederum 42,6% ihre erste Stelle im VN-System 1981 oder früher angetreten. Das deutet darauf hin, dass die soziale Schichtzugehörigkeit auf Grund von Privilegien zumindest in den letzten zwei Dekaden keine Bedeutung mehr für den Einstieg ins VN-System hat. In den 1960er und 1970er Jah-

---

[96] Wenn das Kind auf Grund seiner Leistungen ein hochrangiges Stipendium erhält, müssen die Eltern die Ausbildung, in dem Fall das Auslandsstudium, nicht bezahlen.
[97] Als Kriterium für eine aristokratische Herkunft wurde der Name bzw. der Namenszusatz ‚von' verwendet.

ren dagegen, als die Einstiegwege noch weniger stark formalisiert waren, konnte eine aristokratische Abstammung durchaus einen positiven Einfluss auf eine Bewerbung bei den Vereinten Nationen haben:[98]

> In den 1960er Jahren, da hat mir ein Vertreter der deutschen ständigen Beobachtervertretung, was mich sehr gestört hat, gesagt, hör mal bei UNDP, da wollte ich hin, da ist der Leiter der Personalabteilung ein alter Offizier und der weiß, dass dein Vater Offizier war. Da hast du vielleicht Chancen. Das hat mich unheimlich geärgert. Ich wollte nicht durch Beziehungen rein. Na ja, zum Schluss haben halt viele Faktoren eine Rolle gespielt (ID 70).

Zusammenfassend lässt sich für das Berufsfeld internationaler öffentlicher Dienst in Hinblick auf die soziale Herkunft feststellen, dass die Angestellten überwiegend aus Familien mit akademischem Bildungshintergrund stammen. Damit bestätigt sich die These, dass der Berufsweg in internationale Organisationen eher Personen aus Elternhäusern mit tertiärem Bildungsabschluss vorbehalten ist. Entscheidend ist hierbei, dass Kinder aus Akademikerfamilien besser über Karrieremöglichkeiten informiert sind, andere Berufe anstreben und von ihren Eltern frühzeitig auf bestimmte Berufe hin sozialisiert werden. Die soziale Schichtzugehörigkeit auf Grund einer Privilegienhierarchie hat dagegen seit gut zwei Jahrzehnten keinen bedeutsamen Einfluss mehr auf den Einstieg ins VN-System.

---

[98] Dies stellt jedoch nicht in Frage, dass Bewerber aus aristokratischen Elternhäusern über ein hohes Qualifikations- und Ausbildungsniveau verfügen können. In diesem Fall handelt es sich nicht um eine Privilegien-, sondern um eine Kompetenzhierarchie.

# 5 Karrieren im System der Vereinten Nationen und ihre Einflussfaktoren

Nach dem Einstieg ins VN-System beginnt mit der beruflichen Erstplatzierung in dieser Organisation die eigentliche Laufbahn im internationalen öffentlichen Dienst. Die diesem Kapitel zugrundeliegende Forschungsfrage ist, welche Faktoren die Karrieren im System der Vereinten Nationen beeinflussen. Dazu ist im ersten Abschnitt dieses Kapitels zunächst die Identifikation von Karrieremustern und -typen, die für diese Organisation typisch sind, erforderlich. Zwar gibt es bereits eine Reihe von Karrierestudien für Bereiche der Privatwirtschaft (vgl. z.B. BEAVERSTOCK 1990, 1996a, 1996b, 2004, 2005; BLAIR-LOY 1999; MAYRHOFER 1996; SALT 1984, 1988), für einige nationale öffentliche Dienste (vgl. u.a. DI LUZIO 2003; DREHER 1996; JÖNS 2003; MATHESON 1999; MEUSBURGER 1986; MORANO-FOADI 2005; PIPPKE 1975; WEICK 1995) sowie für Vergleiche dieser beiden Sektoren (u.a. BECKER 1993; PIPPKE und WOLFMEYER 1976). Gleichwohl ist auf Grund der Spezifika des Arbeitsmarktes der internationalen Organisationen zu erwarten (vgl. Kapitel 2.2.2, 2.2.3, 2.4), dass sich die Laufbahnen der VN-Angestellten von denen hochqualifizierter Berufstätiger anderer Branchen unterscheiden. Die Deskription der verschiedenen Karriereverläufe ist auch deshalb notwendig, weil es bislang keine über die Personalstrukturen und Einstiegswege hinausgehenden Studien zu Laufbahnen im VN-System gibt. An die Beschreibung der Karrieren schließt sich im zweiten Teil dieses Kapitels die Analyse der karriererelevanten Bedingungen und Mechanismen dieses spezifischen Arbeitsmarktes an.

## 5.1 Ausgewählte Karriereverläufe im VN-System

Auf Grund der Größe und Vielfalt des VN-Systems gibt es eine Vielzahl von möglichen Karriereverläufen in dieser internationalen Organisation. In diesem Abschnitt werden exemplarisch einige ausgewählte Karriereverläufe, die auf den Daten der Interviews, der Online-Befragung und der Statistiken des Auswärtigen Amts beruhen, unter räumlichen und strukturellen Gesichtspunkten analysiert werden.[99] Die Beschreibung der Berufsbiographien wird nach Einstiegsposition, entscheidenden Etappen, Position, Arbeitsort und Zeitdauer pro Abschnitt sowie den typischen Entscheidungskonstellationen an Karrierewendepunkten gegliedert. Ziel dieses Abschnitts ist es dabei, Idealtypen aus dem aufbereiteten empirischen Material der Einzelfälle zu konstruieren, an denen sich weitere Untersuchungen über Karrieren in internationalen Organisationen orientieren können. Anhand der Karrie-

---

[99] Angesichts einer breiten Streuung der Interviewteilnehmer ist die Gefahr organisationsspezifischer Karrierestrukturverzerrungen nicht sehr groß.

retypen kann exemplarisch der Einfluss des spezifischen Organisationskontextes auf die räumlichen und strukturellen Berufsverläufe dargestellt werden.

Insgesamt wurden drei Haupttypen von Karrieren identifiziert, die in diesem Abschnitt beschrieben werden und die als Ausgangspunkt für die Analyse im zweiten Teil dieses Kapitels dienen:

1) Hauptquartierskarrieren,
2) Feldkarrieren,
3) Kombinierte Feld-Hauptquartierskarrieren.

Die Klassifizierung dieser Karrieretypen erfolgt anhand zweier Kriterien: des Grades räumlicher Mobilität der VN-Mitarbeiter und der Standorttypen des VN-Systems.

### 5.1.1 Hauptquartierskarrieren

Der erste identifizierte idealtypische Karriereverlauf ist die Hauptquartierskarriere, die dadurch gekennzeichnet ist, dass ein VN-Mitarbeiter nach seiner Erstplatzierung in der Zentrale einer internationalen Organisation seine Berufslaufbahn im internationalen öffentlichen Dienst an diesem Ort fortsetzt. Diese Anfangsmobilität ist Voraussetzung, um überhaupt bei einer internationalen Organisation, was meist gleichbedeutend mit einem Einsatz außerhalb des Heimatlandes ist, tätig werden zu können:

> Eine weitere persönliche Voraussetzung, zumindest für die überwiegend international rekrutierten Angehörigen des Höheren Dienstes, ist die Bereitschaft, das gesamte Berufsleben im Ausland zu verbringen (GÖTHEL 2002, S. 186).

Nach dem Umzug aus dem Herkunftsland, in diesem Fall also Deutschland, an den Hauptquartiersstandort des neuen Arbeitgebers bleibt ein internationaler Bediensteter mit diesem Karriereverlauf meist dauerhaft, oft sogar auch nach Ausscheiden aus dem VN-System, dort wohnen.

Die Hauptquartierskarriere ist der weitverbreitetste Karrieretyp im System der Vereinten Nationen. So haben 48,35% der deutschen VN-Mitarbeiter ihre gesamte Laufbahn in einer der Zentralen dieser internationalen Organisation verbracht.[100]
Dieser Karrieretyp ist typisch für Organisationen, die einen hohen Anteil an immobilen Mitarbeitern in ihren Zentralen haben. Dazu gehören die in der nachfolgenden Tabelle aufgelisteten Organisationen des VN-Systems. Diese verfügen jeweils über

---

[100] Statistische Daten des Auswärtigen Amts.

## 5.1 Ausgewählte Karriereverläufe im VN-System

einen sehr hohen Anteil an Mitarbeitern, die im Lauf ihrer Karriere bei diesen Organisationen nur im jeweiligen Hauptquartier tätig waren.

*Tab. 1: Anteil der immobilen Mitarbeiter in Hauptquartieren[101]*

| Organisation | Hauptquartiersstandort | Anteil der nicht-mobilen Mitarbeiter am Gesamtpersonal des Hauptquartiers |
|---|---|---|
| ICAO (N=11) | Montreal | 100,0% |
| ILO (N=121) | Genf | 86,0% |
| UNCTAD (N=271) | Genf | 93,7% |
| UNEP (N=23) | Nairobi | 82,6% |
| UNESCO (N=93) | Paris | 91,4% |
| VN-Sekretariat (N=188) | New York | 75,0% |
| WHO (N=79) | Genf | 91,1% |

*Quelle: eigene Darstellung, basierend auf den statistischen Daten des Auswärtigen Amts*

Entsprechend der hier aufgelisteten Organisationen sind Hauptquartierskarrieren zahlenmäßig am häufigsten in New York und Genf zu finden. Dies ist sicherlich dadurch bedingt, dass in Genf viele Organisationen des VN-Systems angesiedelt sind und dass New York personell der größte Standort der Vereinten Nationen ist. Worauf sich dieser ortsfeste Karriereverlauf zurückführen lässt, wird in Kapitel 5.2 näher analysiert werden.

Der strukturelle Verlauf der Hauptquartierskarriere variiert je nach Organisationskontext. Die berufliche Laufbahn im VN-Sekretariat ist in der Regel durch einen Einstieg in jungen Berufsjahren auf eine Nachwuchsposition (P1–P3-Level) gekennzeichnet. Daran schließt sich entsprechend des Idealkonzepts des internationalen öffentlichen Diensts eine meist lebenslange Laufbahn in dieser Organisation an. Den statistischen Daten zufolge können mehr als 50% der Angestellten im VN-Sekretariat mit einer mehr als zehnjährigen Dienstzeit mit mindestens drei Beförderungen[102] in ihrer Laufbahn rechnen. Bei einem Einstieg auf einer P2-Position bedeutet das in der Regel eine Karriereentwicklung bis zur P5-Ebene (vgl. Abb. 20).

---

[101] Hier sind nur die in den Statistiken erfassten Organisationen des VN-Systems berücksichtigt.
[102] Als Beförderung werden in dieser Arbeit vertikale Aufwärtsbewegungen in einem hierarchisch strukturierten Organisationsgefüge der internationalen öffentlichen Verwaltung bezeichnet. Diese Aufstiege können mit oder ohne Funktions- oder Positionswechsel einhergehen. Kriterium für eine Beförderung ist die vertikale Aufwärtsbewegung in die nächsthöhere Besoldungsgruppe (vgl. LUHMANN und MAYNTZ 1973, S. 134 f.; PIPPKE 1975, S. 141), die auf Grund der Datenstruktur nachvollzogen werden können.

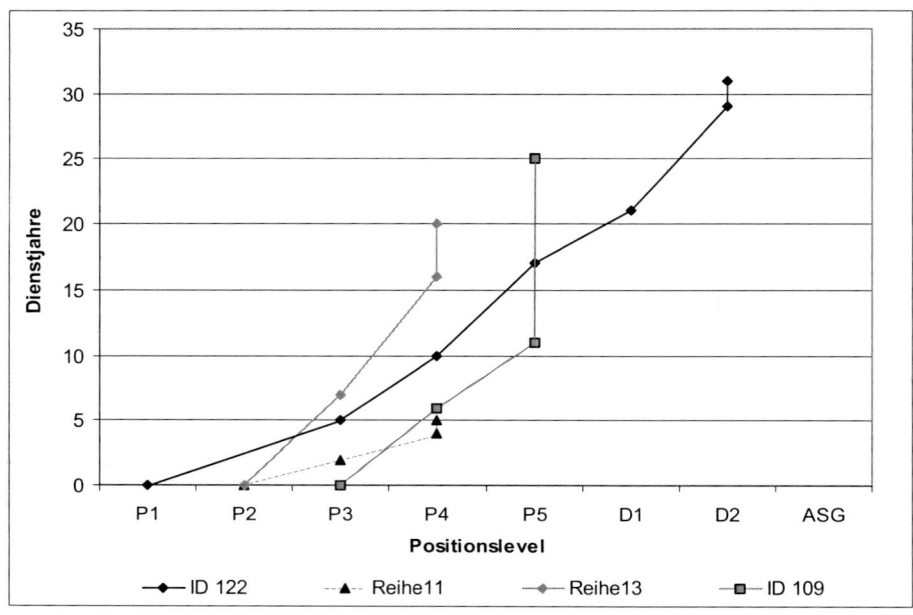

*Abb. 20:* Hauptquartierskarrieren VN-Sekretariat
*Quelle:* Statistische Daten des Auswärtigen Amts[103]

Da die Stellenstruktur der höheren Führungspositionen[104] pyramidenförmig ist, also dort mit zunehmender Hierarchie immer weniger Stellen verfügbar sind, ist es nur wenigen VN-Angestellten vorbehalten, in ihrer Laufbahn auf diese Ebene zu gelangen. Beförderungen ins obere Management liegen somit nicht innerhalb der normalen Karriereerwartung (GÖTHEL 2002, S. 157). Vielmehr ist für die meisten Mitarbeiter des VN-Sekretariats mit Erreichen des P5-Levels eine ‚Glasdecke' erreicht:

---

Gleichwohl finden in nicht unerheblichem Ausmaß auch Aufstiege innerhalb dieser Besoldungsgruppen (entspricht in diesem Fall den jeweiligen Hierarchiestufen P1–D2), also ohne Funktionsveränderung, statt. Diese äußern sich in der Form jährlicher bzw. zweijährlicher (automatischer) Gehaltssteigerungen (vgl. PERSONALSTATUT DER VEREINTEN NATIONEN 2003, Anhang I, Punkt 4). Sie werden daher in dieser Arbeit vernachlässigt, da sie einerseits nicht in den Daten erfasst sind und da andererseits Beförderungen nicht nur als automatisierte Veränderungen der Bezüge, sondern vor allem als Wechsel der Verantwortungsbereiche verstanden werden.

[103] Aus Übersichtsgründen sind bei allen Abbildungen dieses Typs nur ausgewählte, repräsentative Karriereverläufe dargestellt.

[104] Die Führungs- bzw. Leitungsebene umfasst die Dienstgrade vom P5-Level bis zum Generalsekretär (vgl. Kapitel 2.4.2). Als höhere Führungspositionen werden jedoch nur die Ebenen ab dem Direktorenlevel aufwärts klassifiziert.

## 5.1 Ausgewählte Karriereverläufe im VN-System

> Ich hatte relativ Glück mit meiner Karriere, ich bin relativ schnell auf P5 gekommen. Jetzt habe ich die sogenannte Glasdecke erreicht. Ob ich hier weiterkomme, weiß ich nicht. Da fehlt schon noch einiges. Dass man also eine Karrierelaufbahn hat, ist im Sekretariat sehr schwierig (ID 66).

Dieser Karriereverlauf ist nicht zuletzt auch durch die externe Konkurrenz für Leitungspositionen bedingt, die für Ausschreibungen ab der P5-Ebene aufwärts zunehmend größer wird, wobei die Besetzung dieser Stellen verstärkt nach politischen Gesichtspunkten erfolgt (vgl. Kapitel 4.1.2). Gleichwohl sind auch intraorganisationale Karrieren bis hin zur Führungsebene möglich, wie das prominente Beispiel Kofi Annans zeigt.

Bei einer durchschnittlichen Dienstzeit von 20 Jahren im VN-System und drei bis vier zu erwartenden Beförderungen kann der Zeitraum zwischen den einzelnen Karrierestufen mehrere Jahre betragen.[105] Dies spiegelt sich auch in den Ergebnissen einer VN-weiten Umfrage von 1995 wider, wonach 41% der Befragten zu diesem Zeitpunkt länger als zehn Jahre in ihrer Besoldungsgruppe verweilen (vgl. BOUAYAD-AGHA und HERNANDEZ 1996). Insofern wird von den Mitarbeitern des Sekretariats auch in Frage gestellt, ob man von einer Karrierelaufbahn in dieser Organisation sprechen kann:

> Ich meine, die erste Frage ist, inwieweit gibt es eine Karriere bei der UNO? Also, es gibt ja nur drei, vier, wenn man wirklich Glück hat, vielleicht mal fünf Beförderungen pro Nase. Und davon habe ich jetzt zwei. Erst mal Eingangsstufe, dann wird man befördert und noch mal befördert. Ob man dann noch mal befördert wird, ist dann die große Frage (ID 109).

Auf Grund der zahlenmäßig vielen Stellen im Mittelbau erfolgen die ersten ein bis zwei Beförderungen in relativ kurzen Zeitabständen nach dem Einstieg ins VN-Sekretariat. Im weiteren Berufsverlauf steigen dann mit der geringer werdenden Wahrscheinlichkeit auf weitere Höherversetzungen die Zeitabstände zwischen den Beförderungen (vgl. auch Abb. 20).

Verglichen mit der Anzahl von Beförderungen sind Stellenwechsel[106] von geringerer Bedeutung für die Hauptquartierskarrieren im VN-Sekretariat. So haben von den in den Statistiken erfassten Mitarbeitern 74,1% ihre Position in ihrer VN-

---

[105] Laut statistischen Daten ergibt sich eine durchschnittliche Dienstzeit für das Personal des VN-Sekretariats (exkl. Kurzzeitpersonal) von 13,4 Jahren. Die Differenz zu den von GÖTHEL (2002) angegebenen 20 Jahren ergibt sich durch die Struktur der Daten, deren begrenzter Erhebungszeitraum u.U. nicht die gesamte Dienstzeit eines VN-Beamten abdeckt. Trotz dieser datentechnisch bedingten Abweichungen sind die statistischen Daten sehr gut für die Ermittlung von Trends und Unterschieden zwischen Einrichtungen geeignet, da sie alle den gleichen Erhebungsbedingungen unterliegen.

[106] Stellenwechsel umfassen sowohl vertikale als auch horizontale Veränderungen der Position.

Laufbahn nicht verändert.[107] Der hohe Anteil von Personen, die während ihrer Anstellung keinen Stellenwechsel durchgeführt haben, lässt sich durch den hohen Prozentsatz von Kurzzeitpersonal[108] im VN-Sekretariat in New York erklären: Von den Mitarbeitern ohne Positionswechsel waren 87,6% kurzfristig angestellt. Internationale Bedienstete, die zwar immer die gleiche Stelle inne hatten, können jedoch trotzdem vertikale Aufstiege[109] vollzogen haben: So wurden 16,5% der Angestellten mindestens einmal befördert, ohne die Stelle gewechselt zu haben. Diese Daten deuten darauf hin, dass die Mobilität innerhalb des VN-Sekretariats in New York eher gering ist und dass Beförderungen oft einer Aufwertung der ursprünglichen Position gleichkommen. Stellenwechsel zwischen den verschiedenen Abteilungen können sich dann auszahlen, wenn dadurch mögliche Sackgassen in der vertikalen Karriereentwicklung umgangen oder die subjektive Arbeitszufriedenheit verbessert werden können.

Neben dem VN-Sekretariat sind Hauptquartierskarrieren auch typisch für einige Sonderorganisationen mit eher technischen Mandaten (vgl. Tab. 1). Wie die Klassifizierung bereits impliziert, unterscheidet sich der räumliche Karriereverlauf in diesen Organisationen mit Ausnahme des jeweiligen Arbeitsortes nicht von dem des VN-Sekretariats. Allerdings differiert die strukturelle Berufslaufbahn in den Sonderorganisationen auf Grund der unterschiedlichen Mandate und den damit verbundenen Personalpolitiken von der in der Zentrale der Vereinten Nationen in New York. So werden beispielsweise in der WHO wegen der sehr spezialisierten Projekte und Aufgaben mehr berufserfahrene Fachkräfte als Nachwuchsleute eingestellt (vgl. Kapitel 4.1.2). Folglich ist eine lebenslange Anstellung in dieser Organisation eher die Ausnahme. Vielmehr ist ein Einstieg in der Mitte der Berufslaufbahn (P5-Ebene) charakteristisch für WHO-Karrieren (vgl. Abb. 21).

Grundsätzlich unterscheidet sich auch die durchschnittliche Anstellungsdauer der WHO von der des VN-Sekretariats. Diese liegt bei der erstgenannten Organisation bei fünfeinhalb Jahren.[110] Im Schnitt sind WHO-Mitarbeiter in Genf also über einen deutlich kürzeren Zeitraum bei dieser Organisation angestellt als ihre Kollegen in der Zentrale der Vereinten Nationen. Zudem differieren auch die Vertragsarten der Angestellten. In der WHO werden seit 1978 Zeit- statt Dauerverträge vergeben.

---

[107] Stellenwechsel im VN-Sekretariat sind hier auf Grund der Datenstruktur gleichbedeutend mit Abteilungswechseln, da für die Mitarbeiter dieser VN-Einheit auch die jeweilige Abteilung in den Personalwirtschaftlichen Jahresberichten aufgelistet war. Horizontale Stellenwechsel innerhalb einer Abteilung sind daher aus diesen Daten nicht ablesbar.

[108] Unter Kurzzeitpersonal werden diejenigen Angestellten subsumiert, die vier Jahre oder weniger im VN-System tätig waren.

[109] Die Begriffe vertikaler Aufstieg bzw. vertikale Aufwärtsbewegung werden in dieser Arbeit synonym zum Terminus Beförderung verwendet. Zwar können soziale Aufstiege auch ohne Änderung des Dienstgrades erfolgen. Jedoch wird diese Art sozialer Mobilität in der vorliegenden Studie vernachlässigt, da sie anhand der vorhandenen Daten nicht nachvollzogen werden kann.

[110] Statistische Daten des Auswärtigen Amts.

## 5.1 Ausgewählte Karriereverläufe im VN-System                                                            117

Hinzu kommen die vielen Mitarbeiter mit Kurzzeitverträgen, deren Anteil am Gesamtpersonal etwa gleichgroß wie der der regulären Angestellten ist. Bedingt einerseits durch diese personalwirtschaftlichen Rahmenbedingungen sowie andererseits durch die Projektstrukturen ist für die WHO eine hohe Personalfluktuation kennzeichnend.

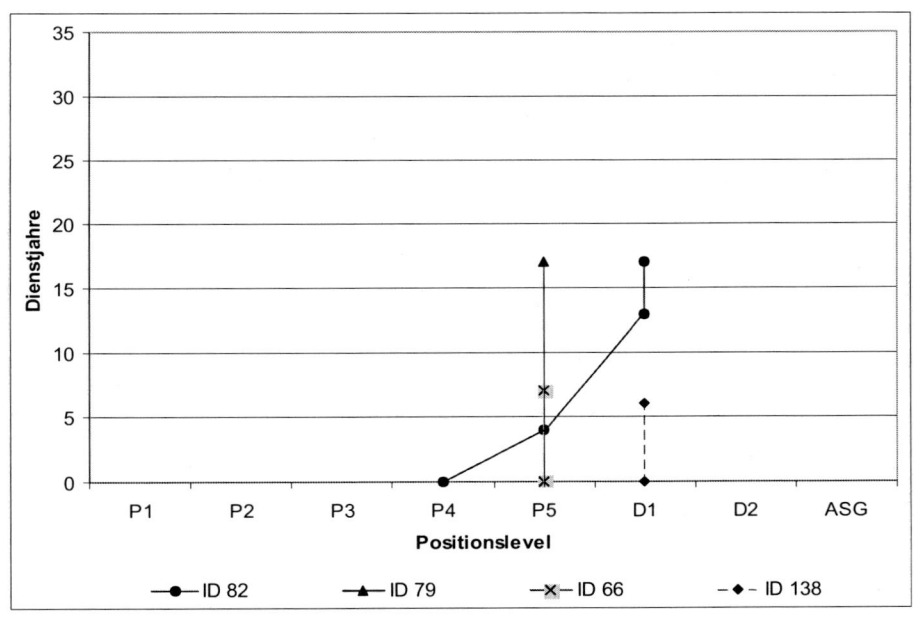

*Abb. 21:     Hauptquartierskarrieren WHO*
*Quelle:   Statistische Daten des Auswärtigen Amts*

Entsprechend der Einstiegsstrukturen und Anstellungsmodalitäten ist die vertikale Stellenmobilität in dieser Sonderorganisation eher von nachrangiger Bedeutung. Im Schnitt kann nur jeder zweite Mitarbeiter mit einer Beförderung während seiner Tätigkeit in der WHO rechnen, so dass man nicht von einer (vertikalen) Karriereentwicklung in der WHO sprechen kann:

> Ich bin als P5 hergekommen und bin noch P5, auch in der gleichen Abteilung. Insofern kommt's darauf an, wie viel Ehrgeiz man hat, ob man das noch verbessern könnte auch von deutscher Seite. Innerhalb der Organisation gibt es im Prinzip auch keine Karriereentwicklung (ID 79).

118　　　　　　　5 Karrieren im System der Vereinten Nationen und ihre Einflussfaktoren

Auf Grund fehlender Daten konnte die Stellenwechselhäufigkeit für die WHO-Mitarbeiter nicht erfasst werden.[111] Wegen der hohen Spezialisierung der internationalen Bediensteten in der WHO wird jedoch vermutet, dass die Anzahl der Stellenwechsel in dieser Organisation ähnlich gering wie die der Beförderungen ist:

> Ich denke, wenn ich in eine andere Abteilung wechseln wollte hier in Genf, würde ich das schaffen. Ich sehe aber keine, wo ich unbedingt hin wollte, weil ich eigentlich zufrieden bin mit dem, was ich mache. Das andere ist, es braucht lange Zeit, bis man sich eingearbeitet hat. Obwohl ich ja gezielt gesucht wurde, braucht es etwa zwei, drei Jahre, bis man sich grob zuhause fühlt in dem Gebiet, in dem man arbeitet. Bis dann die Sachen richtig ins Laufen kommen, dauert es auch wieder. Also ich habe jetzt nach sieben Jahren eine gewisse Erntezeit. Man braucht einen langen Atem, bis man seine Erfolge dann sieht (ID 79).

Obgleich sowohl die Laufbahn im VN-Sekretariat als auch die WHO-Karriere durch regionale Immobilität gekennzeichnet sind, unterscheiden sich beide in ihrem strukturellen Verlauf. Hauptgründe für die differierenden Karriereentwicklungen sind sicher die verschiedenen Mandate und Aufgabengebiete sowie die meist darauf basierenden unterschiedlichen Personalpolitiken. In ihrem strukturellen Verlauf werden Hauptquartierskarrieren also stark von den jeweiligen Organisationsmilieus geprägt.

### 5.1.2 Feldkarrieren

Der zweite identifizierte Karrieretyp ist die Feldkarriere, die sich dadurch auszeichnet, dass ein VN-Mitarbeiter seine Berufslaufbahn an einer oder an mehreren Feldstationen, also an Standorten außerhalb des Hauptquartiers einer internationalen Organisation, absolviert. Auf Grund der unterschiedlichen institutionellen Kontexte innerhalb des VN-Systems sind zwei verschiedene Arten von Feldkarrieren zu unterscheiden: Die *mobile Feldlaufbahn*, die durch mehrfache räumliche Mobilitätsvorgänge zwischen verschiedenen Dienstorten einer internationalen Organisation gekennzeichnet ist (vgl. Abb. 22), und die *immobile Feldlaufbahn*, bei der die gesamte Dienstzeit an einem Standort außerhalb des Hauptquartiers verbracht wird.

*Mobile Feldlaufbahn*

Unter den Arbeitsorten der mobilen Feldlaufbahn kann durchaus auch die Zentrale einer VN-Organisation sein. Gleichwohl unterscheidet sich der Aufenthalt im Hauptquartier zeitlich nicht von denen in den Feldstationen. Trotz eines möglichen

---

[111] In den Personalwirtschaftlichen Jahresberichten des Auswärtigen Amts waren die Abteilungen für die WHO nicht erfasst, so dass nur Positionswechsel im Sinne einer Beförderung oder eines Ortswechsels erfasst werden konnten.

## 5.1 Ausgewählte Karriereverläufe im VN-System

Arbeitsaufenthaltes in der Zentrale einer Organisation ist der Terminus Feldkarriere für diesen Berufsverlauf im VN-System insofern nicht irreführend, als auch die mobileren Organisationen wie UNDP, für die dieser Karrieretyp charakteristisch ist, zunehmend bestrebt sind, dass ihre Angestellten neben der Feld- auch Hauptquartierserfahrung haben:

> Man will heute sicherstellen, dass Leute nicht nur Headquartererfahrung haben oder nur Felderfahrung. Man will einen Austausch, dass zum Schluss ein Produkt rauskommt, dass die Person sowohl das eine als auch das andere hat (ID 70).

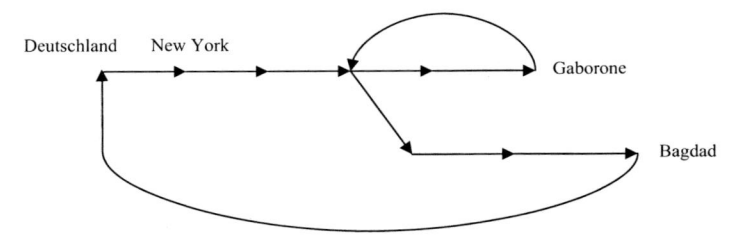

*Abb. 22: Räumlicher Verlauf der mobilen Feldkarriere (schematische Darstellung)*
*Quelle: ID 70*

Mobile Feldkarrieren sind im Vergleich zu den Hauptquartierslaufbahnen zahlenmäßig von geringerer Bedeutung im System der Vereinten Nationen. Nur 14,4% der deutschen VN-Mitarbeiter hatten demnach einen mobilen Karriereverlauf im Feld.[112] Laufbahnen dieses Typs sind vor allem typisch für Organisationen mit ausgeprägten Mobilitätspolitiken, insbesondere Rotationspolitiken[113]. Dazu gehören beispielsweise UNDP, WFP oder UNHCR. Dies sind zugleich Organisationen mit stark entwicklungspolitischen und humanitären Mandaten, deren Projekte und Aufgaben sich oft an weltweiten Krisengebieten orientieren. Dementsprechend handelt es sich bei den Arbeitsorten einer mobilen Feldkarriere meist um Standorte in Entwicklungsländern und/oder in Konfliktgebieten.

Ein Grundprinzip der Personalpolitik der genannten Organisationen ist die Rotation zwischen Hauptquartier und Feld. Folglich müssen Mitarbeiter von UNDP, WFP und UNHCR eine große Mobilitätsbereitschaft mitbringen. So wird von den Angestellten erwartet, dass sie in der Regel alle drei bis vier Jahre, in Ausnahmefällen auch in längeren Zeitabständen, umziehen:

---

[112] Statistische Daten des Auswärtigen Amts.
[113] Rotationspolitik impliziert, dass die Mitarbeiter dieser Organisationen in einem bestimmten zeitlichen Rhythmus den Dienstort wechseln.

> Manche Organisationen, wie UNDP oder WFP, die wollen, dass man eben die Orte wechselt. Man hat dann eben eine gewisse Anzahl von Jahren in einer Duty Station. In New York sind es sechs Jahre. In anderen sind es drei oder vier Jahre, es kommt auf den Härtegrad an. Man wird dazu angehalten, dass man eben regelmäßig die Stelle wechselt und, wenn möglich, vom Headquarter ins Feld. Die waren früher ein bisschen lockerer, jetzt herrscht aber auf alle Fälle ein sehr starker Druck (ID 66).

Unter bestimmten Bedingungen kann der Arbeitsaufenthalt an einem Standort ausnahmsweise um einen bestimmten Zeitraum verlängert werden. Solche Ausnahmen werden jedoch nur in Härtefällen wie der Krankheit von Kindern gemacht. Unter diesen Umständen ergibt sich dann ein längerer Zeitraum zwischen zwei Ortswechseln.[114]

Bei der Rotation ist es durchaus möglich, dass ein Mitarbeiter im Verlauf seiner Karriere in gewissem zeitlichen Abstand mehrere Arbeitsaufenthalte am gleichen Ort absolviert (vgl. auch Abb. 22). Im Verlauf der mobilen Feldkarriere kann es also zu zirkulären Mobilitätsvorgängen kommen. Die Rückkehr an einen Ort kann zum Beispiel daran liegen, dass ein internationaler Bediensteter eine besondere persönliche und/oder berufliche Affinität zu einer Region hat oder dass sich die Organisation die vom Angestellten erworbenen landesspezifischen Kenntnisse und Kontakte nutzbar machen möchte:

> Man hat sicher gemerkt, dass es ein Vorteil wäre, mich noch mal dahin zu schicken. Ich hatte mir dort schon eine Basis geschaffen in einem so schwierigen Land. Und ich hatte auch nie irgendwelche Schwierigkeiten gehabt, von der Regierung akzeptiert zu werden (ID 70).

Auf Grund der Aufgabenstrukturen und den damit verbundenen weltweiten Einsatzgebieten sowie den zugrundeliegenden Personalprinzipien sind reine Hauptquartierskarrieren oder immobile Feldlaufbahnen in diesen Organisationen nur selten anzutreffen.[115] Demnach führen die meisten Mitarbeiter von UNHCR und UNDP, die länger als vier Jahre dort angestellt sind, in der Regel zwei Ortswechsel in ihrer Laufbahn durch.[116] Die Bereitschaft zur Mobilität und zum Einsatz in Krisengebieten ist quasi Voraussetzung für eine Tätigkeit bei Organisationen mit Rotationspolitiken.

---

[114] Bei UNHCR gibt es zum Beispiel ein *special constraints panel*, an das man sich wegen einer Ausnahmeverlängerung an einem Standort auf Grund von persönlichen Umständen wenden kann.

[115] Es gibt sicher Ausnahmefälle, wenn beispielsweise in früheren Jahren der Druck, ins Feld zu gehen, seitens der Organisation noch nicht so groß war oder wenn ein Mitarbeiter nur für einen kurzen Zeitraum bei einer dieser Organisationen tätig ist und dadurch ggf. den zeitlichen Rotationsrhythmus umgeht.

[116] Modus: 28% (statistische Daten des Auswärtigen Amts).

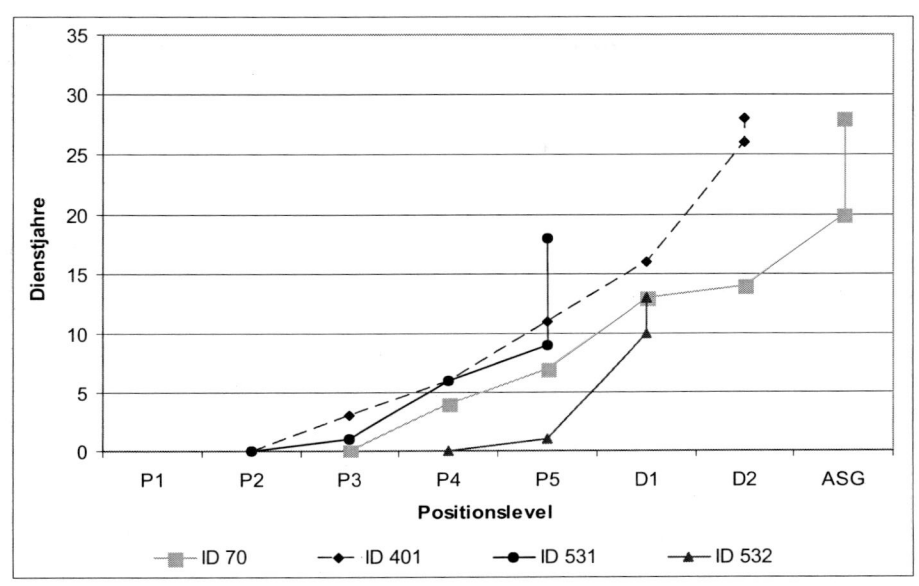

## 5.1 Ausgewählte Karriereverläufe im VN-System 121

*Abb. 23: Mobile Feldkarrieren UNDP*
*Quelle: Statistische Daten des Auswärtigen Amts*

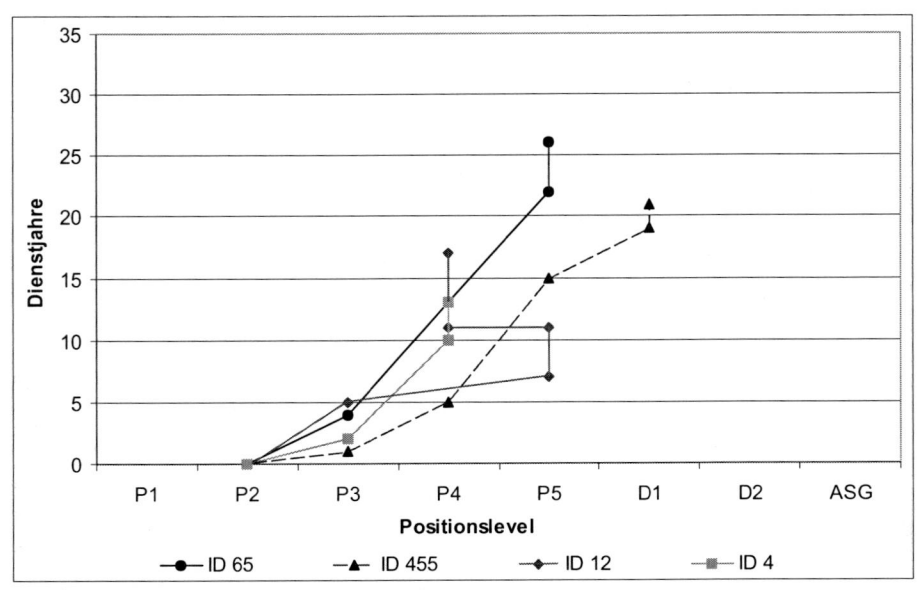

*Abb. 24: Mobile Feldkarrieren UNHCR*
*Quelle: Statistische Daten des Auswärtigen Amts*

Wegen ähnlicher institutioneller Gegebenheiten wird der strukturelle Verlauf der mobilen Feldkarrieren bei UNDP und UNHCR gemeinsam analysiert. Der Einstieg erfolgt in beiden Organisationen meist im frühen Berufsstadium, also als Nachwuchskraft (vgl. Abb. 23 und Abb. 24). In ihrer ersten Stelle müssen sich die Mitarbeiter in der Regel zunächst bei Einsätzen in Krisengebieten bewähren.

Prinzipiell ist eine längerfristige[117] bis lebenslange Karriere bei UNHCR oder UNDP durchaus möglich. Gleichwohl gibt es eine Vielzahl von Angestellten mit kurz- und mittelfristigen Verträgen, die vor allem Arbeitsspitzen der Organisationen abdecken sollen. Durch ihre vereinfachten Rekrutierungsverfahren und Beschäftigungsbedingungen ermöglichen diese Arbeitsverhältnisse dem Amt des Hohen Flüchtlingskommissars der Vereinten Nationen und dem Entwicklungsprogramm der Vereinten Nationen, personaltechnisch flexibel auf sich verändernde Arbeitsanforderungen und Budgets zu reagieren.[118] Bei der letztgenannten Organisation betrug der Anteil der kurz- und mittelfristig tätigen Mitarbeiter zwischen 1981 und 2003 64,5% des Gesamtpersonals, während er bei UNHCR im gleichen Zeitraum immerhin noch 42,1% der Belegschaft ausmachte.[119] Auf Grund des Anstellungszeitraums und des zeitlichen Rotationsrhythmus' sind Feldkarrieren typisch für längerfristig angestellte Mitarbeiter bei diesen Organisationen, weshalb sich die Analyse in erster Linie auf sie bezieht.[120]

Beim Vergleich der mobilen Feldkarrieren mit der strukturellen Entwicklung der Hauptquartierskarrieren, insbesondere mit der des VN-Sekretariats, fällt auf, dass die Kurven dieser beiden Berufsverläufe (bis zum Erreichen der Leitungsebene P-5) deutlich flacher sind, was ein Indiz für die geringeren zeitlichen Abstände zwischen den Beförderungen ist (vgl. Abb. 23 und Abb. 24). Zugleich ist aus den Karrierewegen ersichtlich, dass insbesondere das Entwicklungsprogramm der Vereinten Nationen seinen Mitarbeitern gute Aufstiegschancen bietet:

> Mein erster Posten war unterste Ebene. Und rückblickend kann man sagen, dass eine absolut geradlinige Karriere nach oben entstanden ist (ID 70).

> Bei den Agenturen wie UNDP oder WFP ist das halt auch eine Riesenmöglichkeit, dass man die Karriere auch plant. Dass man also mehr Verantwortung bekommt im Feld und dass die Leute, wenn sie gut arbeiten, eine gewisse Karriereperspektive haben. Eigentlich viel besser als hier im Sekretariat (ID 66).

---

[117] Als längerfristige Mitarbeiter gelten hier diejenigen Personen, die länger als vier Jahre bei einer Organisation angestellt sind.
[118] UNDP und UNHCR bestreiten einen Großteil ihrer Ausgaben aus freiwilligen extrabudgetären Zuwendungen ihrer Mitgliedsstaaten. Diese Konstellation erschwert eine langfristige Personalplanung.
[119] Die Zahlen wurden anhand der Anstellungsdauer aus den statistischen Daten ermittelt.
[120] So haben nur 9,6% von den kurz- und mittelfristig tätigen Mitarbeitern bei UNDP und 20% derer bei UNHCR einen Ortswechsel während ihrer Tätigkeit bei diesen Organisationen durchgeführt.

## 5.1 Ausgewählte Karriereverläufe im VN-System

So können UNDP-Mitarbeiter, die längerfristig bei dieser Organisation tätig sind und die auf einer P2-Position einsteigen, in ihrer Karriere mehr als zwei Beförderungen erwarten.[121] UNHCR-Angestellte haben unter gleichen Annahmen meist nur eine Beförderung in Aussicht. Die Bedeutung der Stellenmobilität[122] ist bei UNHCR und UNDP annähernd gleich. Mit Ausnahme der kurz- und mittelfristig Beschäftigten führen die Mitarbeiter dieser beiden Organisationen in der Regel drei oder mehr Stellenwechsel in ihrer Laufbahn durch.[123] Die gleiche Stellenwechselhäufigkeit in beiden Einrichtungen bei der gleichzeitig höheren Anzahl von Beförderungen im Entwicklungsprogramm der Vereinten Nationen lässt darauf schließen, dass die Karriereaussichten der UNDP-Mitarbeiter besser sind als die der Angestellten beim Hohen Kommissariat für Flüchtlinge der UNO.

Wie aus Abbildung 24 hervorgeht, kann die Führungsverantwortung auch zeitlich befristet sein.[124] Dies ist aber meist nicht auf die persönliche Leistung eines Mitarbeiters, sondern auf die Stellenstruktur sowie die Personalpolitik der Organisation zurückzuführen:

> Ja, ich habe damals auf einem P5-Posten gearbeitet und habe einen P4-Posten akzeptiert. Aber beim UNHCR ist es so, dass man nicht notwendigerweise schon P5 ist, wenn man als P5 arbeitet. Man wird zwar danach bezahlt und die Seniority wird danach gestaffelt, aber dadurch, dass es eben nur sehr wenig Posten gibt ... (ID 65).

> Ich war auf secondment in Rom. Ich habe die Stelle [UNDP, New York] auch bekommen. Es war eine P5-Stelle. Ich war in Rom auch P5. Aber dann ist mir irgendwann gesagt worden, dass ich als P4 zurückgehen sollte, weil ich damals als P4 weggegangen bin und meine Beförderung in der Zwischenzeit nicht anerkannt wird (ID 66).

Die pyramidenförmige Stellenstruktur der Leitungspositionen vor allem in Hauptquartieren und der gleichzeitige Stellendruck an diesen Orten (durch die größere Anzahl von Bewerbern als Stellen) führen dazu, dass Mitarbeiter von UNHCR und UNDP zwar Führungsverantwortung übernehmen können, dass diese jedoch in der Regel zeitlich befristet und an einen Feldaufenthalt gebunden ist. Zumindest einige Mitarbeiter dieser Organisationen müssen dann bei ihrem Wechsel in die Zentralen vertikale Abwärtsbewegung in ihrer Karriereentwicklung in Kauf nehmen.

---

[121] Statistische Daten des Auswärtigen Amts.
[122] In den Personalwirtschaftlichen Jahresberichten des Auswärtigen Amts waren die Abteilungen für UNDP und UNHCR nicht erfasst, so dass nur Positionswechsel im Sinne einer Beförderung oder eines Ortswechsels erfasst werden konnten.
[123] Statistische Daten des Auswärtigen Amts. Berücksichtigt wurden nur Angestellte mit einer Dienstzeit von mehr als vier Jahren.
[124] Obgleich hier nur Beispiele für UNHCR mit einem solchen Karriereverlauf aufgeführt sind, kann es auch bei UNDP vorkommen, dass eine Leitungsposition nur für eine befristete Dauer übernommen werden kann.

*Immobile Feldlaufbahn*

Immobile Feldkarrieren ähneln in ihrem räumlichen Verlauf den Hauptquartierskarrieren. Der Unterschied besteht nur darin, dass der Arbeitsort nicht die Zentrale, sondern eine Feldstation der Vereinten Nationen ist. Dieser Karrieretyp kommt im VN-System häufig vor: 28,25% der internationalen Bediensteten verbringen ihre gesamte Laufbahn an einem Feldstandort.[125]

Die immobile Feldkarriere tritt vorwiegend bei Mitarbeitern jener Organisationen auf, für die auch die Hauptquartierslaufbahnen typisch sind (vgl. Kapitel 5.1.1). Diese Organisationen verfügen bis auf UNCTAD nicht nur über einen hohen Anteil an immobilen Mitarbeitern in ihren Zentralen, sondern auch in ihren Feldstationen (vgl. Tab. 2).

*Tab. 2: Anteil der immobilen Mitarbeiter in Feldstationen[126]*

| Organisation | Hauptquartiersstandort | Anteil der nicht-mobilen Mitarbeiter am Gesamtpersonal außerhalb des Hauptquartiers |
|---|---|---|
| ICAO (N=4) | Montreal | 75,0% |
| ILO (N=38) | Genf | 67,8% |
| UNCTAD (N=9) | Genf | 27,0% |
| UNEP (N=12) | Nairobi | 92,0% |
| UNESCO (N=30) | Paris | 81,6% |
| VN-Sekretariat (N=115) | New York | 82,4% |
| WHO (N=42) | Genf | 61,1% |

*Quelle: eigene Darstellung, basierend auf den statistischen Daten des Auswärtigen Amts*

Eine Erklärung dafür, warum diese Organisationen einen hohen Anteil an ortsfesten Mitarbeitern im Feld aufweisen, liegt in der Anstellungsdauer. Von den internationalen Bediensteten des VN-Sekretariats mit einer immobilen Feldlaufbahn waren beispielsweise nur 17,4% längerfristig, d.h. mehr als vier Jahre, bei den Vereinten Nationen tätig. Ähnlich niedrig bzw. tiefer lagen die Quoten bei UNEP, der WHO und der ILO. Nur bei der UNESCO war der Anteil der Mitarbeiter, die eine Feldlaufbahn ohne Ortswechsel hatten und dabei längerfristig angestellt waren, mit 29%

---

[125] Statistische Daten des Auswärtigen Amts.
[126] Hier sind nur die in den Statistiken des Auswärtigen Amts erfassten Organisationen des VN-Systems berücksichtigt.

## 5.1 Ausgewählte Karriereverläufe im VN-System

etwas höher. Das bedeutet, dass von den Mitarbeitern mit immobilen Feldlaufbahnen in diesen Organisationen ein Großteil Kurzzeit- bzw. Projektpersonal ist. Auf Grund ihrer geringen Dienstzeit bei den Vereinten Nationen bietet sich den kurzzeitig Angestellten in der Regel gar nicht erst die Möglichkeit eines Ortswechsels. Die Analyse wird sich daher in erster Linie auf die internationalen Bediensteten mit einer Anstellungsdauer von mehr als vier Jahren konzentrieren, da die Immobilität während einer Feldlaufbahn, so wird vermutet, auch durch andere Faktoren als die Vertragsdauer beeinflusst wird (vgl. dazu weiterführend Kapitel 5.2).

Die Standorte, an denen immobile Feldlaufbahnen typischerweise auftreten, variieren je nach Organisation des VN-Systems (vgl. Karte 2). Diese Unterschiede sind unter anderem auf die differierenden räumlichen Strukturen und Aufgabengebiete der Organisationen zurückzuführen.

Im Sekretariat der Vereinten Nationen sind Genf (53,8%) und Wien (19,2%) die bedeutendsten Standorte, an denen ortsfeste Mitarbeiter außerhalb des Hauptquartiers vorwiegend tätig sind. Diese beiden Standorte sind die europäischen Hauptquartiere der Vereinten Nationen.

Die meisten immobilen Angestellten des Umweltprogramms der Vereinten Nationen außerhalb der Zentrale in Nairobi arbeiten in Genf (30,4%), Paris (21,7%) und Montreal (17,4%).[127] An diesen Orten befinden sich jeweils größere Niederlassungen von UNEP. Genf ist nicht nur Standort eines Regionalbüros, sondern auch von Sekretariaten verschiedener Konventionen von UNEP. In Paris ist eine Hauptabteilung des Umweltprogramms (Division of Technology, Industry and Economics) angesiedelt und Montreal ist Standort der Sekretariate einiger von UNEP verwalteter Konventionen wie der Konvention über die biologische Vielfalt.

Bei der WHO wiederum ist immobiles Personal außerhalb von Genf vor allem in Kopenhagen (40,1%), Lyon (11,4%) und Neu Delhi (9%) zu finden. Diese Standorte überraschen insofern nicht, als sich in Lyon das Internationale Krebsforschungszentrum der WHO und in den beiden anderen Orten die Regionalbüros für Europa bzw. Südostasien befinden.

Ganz anders stellt sich dagegen die räumliche Verteilung der ILO-Feldstandorte, an denen viele immobile Angestellte tätig sind, dar. 17,5% der Mitarbeiter der Internationalen Arbeitsorganisation waren im Untersuchungszeitraum in der Niederlassung in Bonn, 10% im Trainingszentrum der ILO in Turin und jeweils 7,5% in den subregionalen Büros für das östliche bzw. südliche Afrika in Addis Abeba bzw. Harare tätig.

---

[127] Für UNEP und die nachfolgenden Organisationen werden die Standorte für das gesamte immobile Personal inklusive der Kurzzeitangestellten aufgelistet, da die Samples ohne die Kurzzeitangestellten zu klein sind. Da das ICAO-Sample insgesamt sehr klein ist, wurde hierfür keine Standortanalyse vorgenommen.

UNESCO-Mitarbeiter mit immobilen Feldlaufbahnen arbeiten vorwiegend im Regionalen Wissenschaftsbüro für Asien und den Pazifik in Jakarta (9,7%) und im Institut für Statistik dieser Organisation in Montreal (9,7%).

Unter Berücksichtigung aller Mitarbeiter lässt sich organisationsübergreifend kein einzelner Standort ermitteln, an dem immobile Feldkarrieren typischerweise auftreten. Die Stationen außerhalb der Zentralen, an denen besonders viele ortsfeste Mitarbeiter tätig sind, werden generell vom jeweiligen Organisationsmilieu geprägt. Betrachtet man dagegen nur die längerfristig Angestellten einer Organisation, was auf Grund der Samplegröße nur für das VN-Sekretariat möglich war, zeigt sich, dass immobile Karriereformen an wenigen, größeren Standorten vorkommen. Kleinere Feldbüros sind dagegen nur von marginaler Bedeutung für diesen räumlichen Berufsverlauf im Sekretariat der Vereinten Nationen.

Ausgehend von den Orten im VN-System, für die immobile Karriereformen – ob Hauptquartiers- oder Feldlaufbahnen – überwiegend charakteristisch sind (vgl. auch Kapitel 5.1.1), lassen sich mit New York und Genf zwei Städte identifizieren, in denen viele internationale öffentliche Bedienstete ihre gesamte Berufslaufbahn verbringen (vgl. Karte 2). Genf ist beispielsweise sowohl Standort der Zentralen einiger Organisationen als auch der Feldbüros anderer Organisationen. Je nach räumlicher Struktur einer Organisation sind diese immobilen Mitarbeiter dann Hauptquartiersangestellte oder Feldpersonal.
Zusammenfassend lässt sich feststellen, dass ortsfeste Karriereverläufe typischerweise an nordamerikanischen und europäischen Standorten des VN-Systems auftreten, wohingegen Standorte auf anderen Kontinenten nicht von vielen Mitarbeitern als dauerhafte Arbeitsplätze in Betracht gezogen werden.

Aus dem hohen Anteil an nicht mobilen Mitarbeitern sowohl in den Hauptquartieren als auch in den Feldbüros einiger Organisationen wie der WHO und des VN-Sekretariats lässt sich schlussfolgern, dass zwischen den Zentralen und ihren Außenstellen nur ein zahlenmäßig sehr geringer Austausch von Personal stattfindet. Die Gründe für die geringe Mobilität in diesen Organisationen des VN-Systems werden in Kapitel 5.2 analysiert.

## 5.1 Ausgewählte Karriereverläufe im VN-System

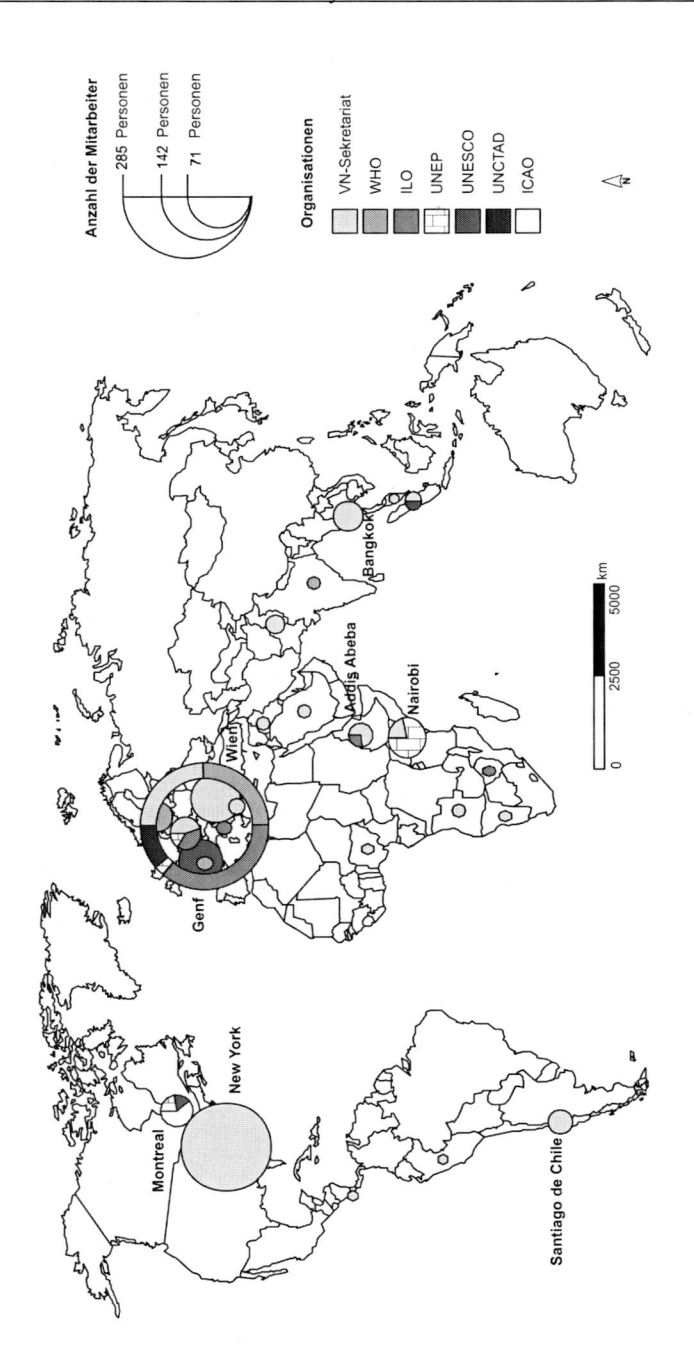

*Karte 2:* *Räumliche Verteilung von VN-Mitarbeitern mit immobilen Feld- und Hauptquartierskarrieren (N=1.170)*
*Quelle:* *eigene Darstellung, basierend auf den statistischen Daten des Auswärtigen Amts*

Auch in Hinblick auf den strukturellen Verlauf der immobilen Feldkarrieren lassen sich Unterschiede zwischen den einzelnen Organisationen konstatieren. Da sich die Analyse aber auf die längerfristig Angestellten bezieht und die für repräsentative Aussagen notwendige Samplegröße nur für die Mitarbeiter des VN-Sekretariats vorhanden ist, beziehen sich die Aussagen im Folgenden auf diese Organisation.

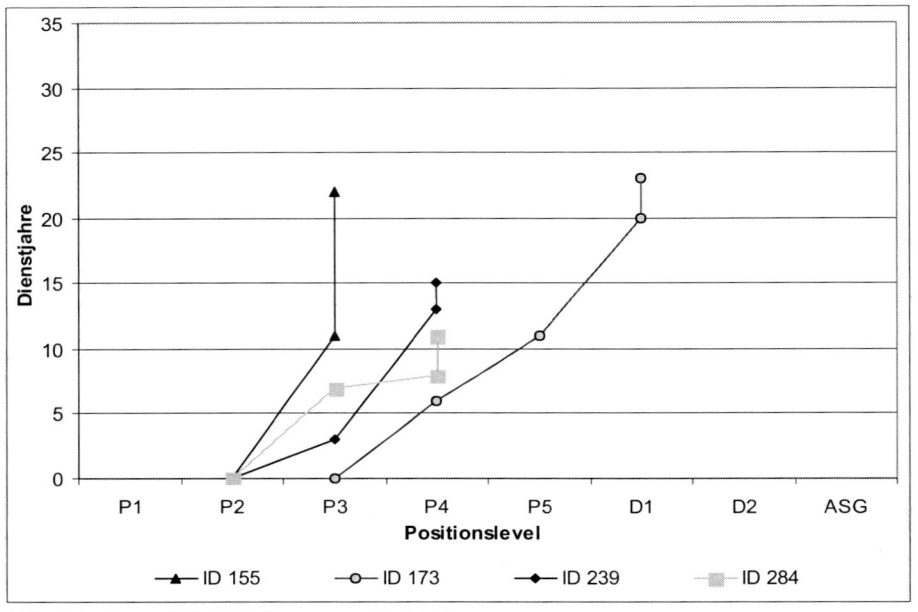

*Abb. 25: Immobile Feldkarrieren VN-Sekretariat*
*Quelle: Statistische Daten des Auswärtigen Amts*

Der berufliche Einstieg erfolgt – wie für die Mitarbeiter des VN-Sekretariats typisch – auch bei der immobilen Feldlaufbahn als Nachwuchskraft (vgl. Abb. 25). Gleichwohl ist die durchschnittliche Dienstzeit des Personals im Feld kürzer als die der Kollegen im Hauptquartier: Die durchschnittliche Anstellungsdauer der Angestellten mit diesem Karriereverlauf betrug im Untersuchungszeitraum 11,6 Jahre.[128] In dieser Zeit konnten die immobilen VN-Mitarbeiter im Feld, die auf einer P2-Position eingestiegen sind und mindestens zehn Jahre bei den Vereinten Nationen tätig waren, in der Regel mit zwei Beförderungen rechnen.[129] Immobile Mitarbeiter

---

[128] Statistische Daten des Auswärtigen Amts.
[129] Modus: 50% (statistische Daten des Auswärtigen Amts).

im Feld können also eine vertikale Karriereentwicklung bis zur P4-Ebene erwarten (vgl. Abb. 25). Die geringere Anzahl an Beförderungen je Mitarbeiter deutet darauf hin, dass die Zeitabstände zwischen den einzelnen vertikalen Mobilitätsvorgängen länger sind als die zwischen den einzelnen Beförderungsstufen der Hauptquartierskarrieren.[130]

Immobile Feldlaufbahnen kommen besonders häufig in europäischen Standorten vor und sind charakteristisch für Organisationen, die auch über einen hohen Anteil an Mitarbeitern mit Hauptquartierskarrieren verfügen. Wie das Beispiel des VN-Sekretariats zeigt, führen dieselben Beschäftigungsbedingungen und die gemeinsame Immobilität jedoch nicht zwangsläufig zu den gleichen Karriereverläufen von Angestellten in Feldbüros einerseits und im Hauptquartier andererseits. Welche Faktoren die unterschiedlichen beruflichen Entwicklungen beeinflussen, wird in Kapitel 5.2 näher analysiert werden.

### 5.1.3 Kombinierte Feld- /Hauptquartierskarrieren

Kombinierte Feld-/Hauptquartierskarrieren zeichnen sich dadurch aus, dass sie sowohl Arbeitsstationen in den Zentralen als auch in den Feldbüros der Organisationen umfassen. Im Unterschied zur klassischen mobilen Feldlaufbahn ist dieser Karrieretyp jedoch durch einen längeren Aufenthalt im Hauptquartier einer Organisation gekennzeichnet. Demnach kommt der berufsbedingten Anwesenheit in der Zentrale in zeitlicher Hinsicht eine ungleich höhere Bedeutung zu als den einzelnen Aufenthalten in Feldbüros. Es gibt verschiedene Formen der kombinierten Feld-/Hauptquartierskarrieren, die in diesem Abschnitt vorgestellt und diskutiert werden:[131]

- Hauptquartiers-Feldkarriere,
- Zirkuläre Hauptquartiers-Feldkarriere,
- Feld-Hauptquartierskarriere.

---

[130] Angaben zur horizontalen Mobilität können an dieser Stelle nicht exakt gemacht werden, da für die Mitarbeiter außerhalb des VN-Sekretariats in New York keine Abteilungen in den Personalwirtschaftlichen Jahresberichten des Auswärtigen Amts angegeben waren. Folglich können Stellenwechsel für diese VN-Angestellten nur in Form von Ortswechseln und/oder Beförderungen und/oder Organisationswechseln ermittelt werden. Es wird jedoch auf Grund der Stellenstruktur in den Feldstationen vermutet, dass die Stellenwechselhäufigkeit ähnlich niedrig wie die Anzahl der Beförderungen ist.

[131] Auf Grund der Datenstruktur beziehen sich die Ausführungen in diesem Abschnitt auf das Sekretariat der Vereinten Nationen, da dieses Sample groß genug ist, um repräsentative Aussagen treffen zu können.

*Hauptquartiers-Feldkarriere*

Bei der *Hauptquartiers-Feldlaufbahn* wird die Karriere in der Zentrale einer Organisation begonnen und dann im späteren Berufsverlauf im Feld fortgesetzt (vgl. Abb. 26). Kennzeichen dieses Berufsverlaufs ist die unidirektionale räumliche Mobilität vom Hauptquartier weg. Eine Rückkehr in die Zentrale findet nicht statt. Dabei muss es nicht bei einem Aufenthalt in einer Feldmission bleiben. Es können nach dem Weggang aus dem Hauptquartier auch verschiedene Stationen außerhalb der Zentrale einer Organisation aneinander gereiht werden, was allerdings nur bei wenigen VN-Mitarbeitern vorkommt: 16,1% der Angestellten des VN-Sekretariats mit einer Hauptquartiers-Feldkarriere haben während ihrer Tätigkeit bei den Vereinten Nationen mehr als einen Ortswechsel durchgeführt. Meist findet neben der Anfangsmobilität in die Zentrale einer Organisation also nur ein zweiter Umzug in eine Feldstation des VN-Systems statt.

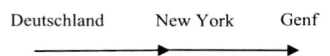

Deutschland → New York → Genf

*Abb. 26: Räumlicher Verlauf der Hauptquartiers-Feldkarriere (schematische Darstellung)*
*Quelle: ID 156*

Die Hauptquartiers-Feldkarriere ist im VN-System zahlenmäßig von geringer Bedeutung. So hatten nur 3,1% der Angestellten der Vereinten Nationen einen solchen Karriereverlauf.[132] Ein Wechsel ins Feld impliziert dabei nicht automatisch einen Umzug in Entwicklungsländer oder Konfliktgebiete. Vielmehr fallen auch Wechsel in größere VN-Niederlassungen wie Genf oder Wien unter diese Kategorisierung, denn der Terminus Feldquartier umfasst in dieser Arbeit alle Standorte einer Organisation außerhalb des Hauptquartiers. Von den Mitarbeitern des VN-Sekretariats in New York mit einer Hauptquartiers-Feldkarriere sind beispielsweise 60,7% nach Genf gewechselt.[133] Während die Bereitschaft zur räumlichen Mobilität im Sekretariat der Vereinten Nationen generell sehr niedrig ist (vgl. Kapitel 5.1.1 und 5.1.2), ist der Wille, aus der Zentrale in kleinere, schwierige Feldstationen zu wechseln, ungleich geringer.

Der berufliche Einstieg ins VN-Sekretariat erfolgt wie bei der Mehrzahl der Beschäftigten in New York als Nachwuchskraft, d.h. auf einer P1–P3-Position (vgl.

---

[132] Statistische Daten des Auswärtigen Amts.
[133] Darunter sind auch Personen, die nicht nur den Ort, sondern auch die Organisation gewechselt haben.

## 5.1 Ausgewählte Karriereverläufe im VN-System

Kapitel 4.1). Im weiteren, meist lebenslangen, Berufsverlauf ist die Hauptquartiers-Feldkarriere durch mehrere laterale Wechsel, d.h. Positionswechsel auf der gleichen Ebene, also ohne Beförderung, gekennzeichnet (vgl. Abb. 27). Nicht jeder Stellenwechsel ist demnach mit einer vertikalen Aufwärtsbewegung verbunden. Insbesondere die mit dem Wechsel ins Feld verbundene Stellenveränderung findet bei den meisten Mitarbeitern des VN-Sekretariats ohne vertikalen Aufstieg statt (71%).[134]

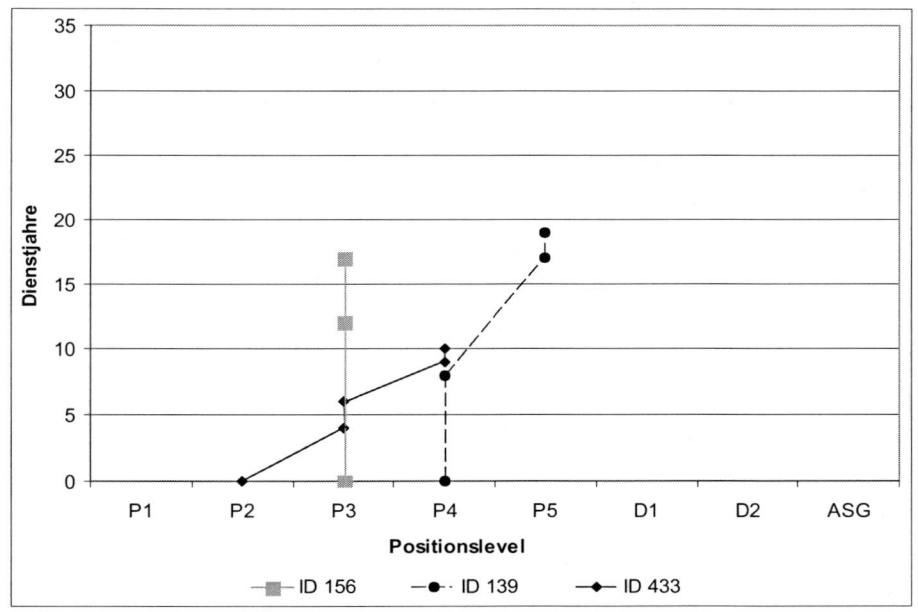

*Abb. 27: Hauptquartiers-Feldkarriere VN-Sekretariat*
*Quelle:   Statistische Daten des Auswärtigen Amts*

Die meisten Mitarbeiter mit einer Hauptquartiers-Feldkarriere, die auf einer Nachwuchsposition eingestiegen sind und mindestens zehn Jahre oder länger bei den Vereinten Nationen angestellt waren, erhielten in ihrer Laufbahn zwei Beförderungen.[135] Demnach liegt das Erreichen einer Leitungsposition (ab P5-Level aufwärts) nicht in der normalen Karriereerwartung der internationalen Bediensteten, die einen finalen Ortswechsel von der Zentrale ins Feld durchführen.

---

[134] Statistische Daten des Auswärtigen Amts.
[135] Modus: 45% (statistische Daten des Auswärtigen Amts).

Angesichts der vielen lateralen Positionswechsel im Verlauf der Hauptquartiers-Feldkarriere überrascht es nicht, dass zwischen zwei Beförderungen deutlich mehr Jahre als bei einer klassischen Hauptquartierskarriere liegen. Das kann wie in einem der Fallbeispiele (vgl. Abb. 27) dazu führen, dass ein Angestellter 17 Jahre auf der gleichen Hierarchieebene arbeitet.

*Zirkuläre Hauptquartiers-Feldkarriere*

Die zweite kombinierte Karriereform ist charakteristisch für diejenigen Personen, die bis auf eine oder mehrere Unterbrechungen in Form von Feldaufenthalten permanent im Hauptquartier tätig sind. Der durch Immobilität gekennzeichnete Aufenthalt in der Zentrale einer Organisation wird bei dieser Karriereform nur durch eine ein- oder mehrmalige zirkuläre Mobilität ins Feld und zurück unterbrochen.[136] Folglich wird dieser Berufsverlauf als *zirkuläre Hauptquartiers-Feldkarriere* bezeichnet (vgl. Abb. 28).[137]

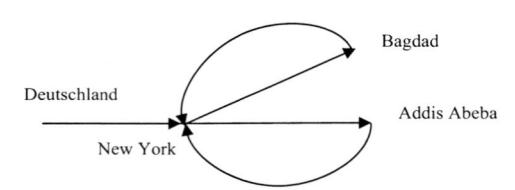

*Abb. 28: Räumlicher Verlauf der zirkulären Hauptquartiers-Feldkarriere (schematische Darstellung)*
Quelle: ID 190

Bei der zirkulären Mobilität handelt es sich meist um die Teilnahme an Missionen wie Blauhelmmissionen, eine befristete Abstellung zu anderen Organisationen (*secondment*) oder um ein Stellenangebot in der gleichen Institution außerhalb der Zentrale, beispielsweise bei einer Regionalkommission. Ein Jobangebot in der gleichen Organisation an einem anderen Ort kann befristet oder unbefristet bzw. mit oder ohne Rückkehrgarantie zum Hauptquartier der Organisation sein, wobei letzterer Fall dazu führen kann, dass aus einem als zeitlich begrenzten Ortswechsel ge-

---

[136] Dabei können u.U. auch mehrere Feldstationen aneinandergereiht werden, bevor die Rückkehr ins Hauptquartier erfolgt. Zu beachten ist dabei jedoch, dass hierbei der zeitliche Aufenthalt in der Zentrale ungleich länger als die Dauer der einzelnen Feldstationen sein muss, damit es sich um eine zirkuläre Hauptquartiers-Feldkarriere und nicht um eine mobile Feldkarriere handelt (vgl. Kapitel 5.1.2).

[137] Denkbar ist auch eine zirkuläre Feld-Hauptquartierskarriere. Da bei diesem Karriereverlauf der Aufenthalt in der Zentrale jedoch durch die Rückkehr ins Feld zeitlich begrenzt ist, wird diese Karriereform unter dem Typ der mobilen Feldkarriere subsumiert (vgl. Kapitel 5.1.2).

## 5.1 Ausgewählte Karriereverläufe im VN-System 133

dachten Feldaufenthalt eine permanente Feldkarriere wird. Scheitert die Rückkehr vom Feld in die Zentrale aus verschiedenen Gründen (vgl. dazu Kapitel 5.2), wird aus einer als zirkuläre Hauptquartiers-Feldkarriere geplanten Laufbahn also leicht eine reine Hauptquartiers-Feldkarriere:

> Systeme im Hauptquartier begünstigen immer den move into the field. Wenn ich sage, ich möchte zum Peacekeeping in den Sudan, habe ich überhaupt keine Schwierigkeiten, schon morgen im Flugzeug zu sitzen. Die sind froh, dass ich hier weg bin, denn der Druck auf Stellen in New York oder Genf ist gigantisch. Alle wollen dahin. Man kann dem System keinen besseren Gefallen tun, als abzuwandern. Aber oft ist es ein Onewayticket (ID 128).

> Die Regionalbüros sind autonom. Das heißt, wenn ich aus Genf weggehe und im Regionalbüro in Manila arbeite, und dann zurück nach Genf will und der Regionaldirektor sagt, nein, ich lasse den aber nicht gehen, gibt es keinerlei Möglichkeit, das durchzusetzen. Das heißt, im Prinzip ist eine Rotation immer das Risiko, dass es nur eine Einbahnstraße irgendwo hin ist (ID 79).

Das Risiko, nach einem Ortswechsel vom Hauptquartier weg die Rückkehr an diesen Standort nicht zu schaffen, ist durchaus gegeben. Folglich überrascht es nicht, dass viele Mitarbeiter in den Zentralen des VN-Systems einen ortsfesten Karriereverlauf haben (vgl. Kapitel 5.1.1). Dass aus einer zirkulären Hauptquartiers-Feldkarriere eine reine Hauptquartiers-Feldkarriere wird, kann nur durch einen von vornherein begrenzten Einsatz außerhalb der Zentrale einer Organisation inklusive einer Rückkehroption ausgeschlossen werden:

> Wenn ich mir sicher wäre, dass ich nach zwei oder drei Jahren wieder hierher [New York] kann, dann wäre ich immer noch ohne weiteres bereit, irgendwo anders hinzugehen. Aber unter den Konditionen, wie es bisher immer war, ein Transfer (also es gibt noch das Assignment, das die Rückkehr garantiert, aber das ist nicht unbedingt gegeben) nach Addis z.B. – da würde ich mich nach der Erfahrung in Bangkok nicht drauf einlassen. Denn es kann durchaus passieren, dass ich bis zur Pensionierung dann in Addis bin (lacht) (ID 112).

Da eine vertraglich zugesicherte Rückkehrgarantie auch wegen des Stellendrucks in den Zentralen meist nicht gegeben wird, verzichten viele in den Hauptquartieren tätigen Mitarbeiter eher ganz auf einen möglichen Feldaufenthalt:

> Ich glaube, die meisten Leute würden nicht zu einer Regionalkommission gehen, weil die Wahrscheinlichkeit, dass sie es wieder zurückschaffen, relativ gering ist, also die Wahrscheinlichkeit, dass man dann in Vergessenheit gerät. Ich glaube, viele Leute würden das in Erwägung ziehen, das mal zwei, drei Jahre zu machen, wie ich das auch hätte machen wollen. Es ist halt mit einem relativ hohen Risiko verbunden (ID 86).

Ausgehend von den hohen Anteilen an immobilen Mitarbeitern in vielen Hauptquartieren (vgl. Kapitel 5.1.1) und den dortigen Stellenstrukturen (vgl. Kapitel 5.2.1) wird vermutet, dass die zirkuläre Hauptquartiers-Feldkarriere nur von untergeordneter Bedeutung im VN-System ist. Dies spiegelt sich auch in den statistischen Daten wider, denen zufolge 2,6% der VN-Mitarbeiter ihre Laufbahn in einer Zentrale der Vereinten Nationen begonnen haben, dann für eine begrenzte Zeit im Feld waren und schließlich ins Hauptquartier zurückgekehrt sind.[138] Ein Grund für die zahlenmäßig geringe Bedeutung der zirkulären Hauptquartiers-Feldkarriere ist sicherlich das institutionelle Umfeld, in dem ein begrenzter Feldaufenthalt mit Rückkehroption nur schwer im Voraus plan- und schließlich auch durchführbar ist. VN-Mitarbeiter, die vom Hauptquartier in ein Feldbüro wechseln, gehen das Risiko ein, dass die Heimkehr in die Zentrale ihrer Organisation scheitert.

Dieser Karriereverlauf scheint aber eine der vielversprechendsten Möglichkeiten zu sein, den Anteil der immobilen Mitarbeiter in den Hauptquartieren zu reduzieren. Dazu müsste jedoch die Rückkehr in die Zentrale besser geregelt werden, indem beispielsweise verstärkt auf einen Austausch mit Feldpersonal gesetzt wird. Letzteren wird dadurch auch die Gelegenheit gegeben, Hauptquartierserfahrung zu sammeln. Durch vermehrte zirkuläre Hauptquartiers-Feldkarrieren könnte nicht nur die räumliche Mobilität, insbesondere im VN-Sekretariat, erhöht, sondern auch eine bessere Kenntnis der Feld- und Blauhelmmissionen, also der operativen Einsatzgebiete der Vereinten Nationen, seitens der Mitarbeiter in den Zentralen erreicht werden.

Die zirkuläre Hauptquartiers-Feldkarriere ähnelt in ihrem strukturellen Verlauf der klassischen Hauptquartierskarriere insofern, als dass der berufliche Einstieg ins VN-System in der Regel als Nachwuchskraft erfolgt, an den sich eine meist lebenslange Karriere anschließt (vgl. Abb. 29).

VN-Angestellte mit einer zirkulären Hauptquartiers-Feldkarriere wechseln öfter die Stelle als ihre immobilen Kollegen in den Zentralen. Dies liegt sicherlich auch daran, dass ein Mitarbeiter mit ersterem Karriereverlauf räumlich mobil ist und allein dadurch mehrmals den Posten wechselt. Die meisten internationalen öffentlichen Bediensteten mit einer zirkulären Hauptquartiers-Feldkarriere führen im Verlauf ihrer Tätigkeit bei den Vereinten Nationen fünf Stellenwechsel durch.[139] Zugleich werden die Mitarbeiter in der Regel drei Mal befördert.[140] Dies bedeutet, dass nicht jeder Stellenwechsel mit einem vertikalen Positionsaufstieg verbunden ist.

---

[138] Ermittelter Wert aus den statistischen Daten, wobei sich die Zahl der Personen mit diesem Karriereverlauf noch geringfügig erhöhen kann, wenn die Mitarbeiter, die 2003 (Ende der Erhebung) im Feld waren, mittlerweile zurückgekehrt sind oder zu einem späteren Zeitpunkt ins Hauptquartier zurückkehren. Auf Grund der ebenfalls niedrigen Personenzahl mit Hauptquartiers-Feldkarrieren dürfte sich der Wert, wenn überhaupt, jedoch nur geringfügig erhöhen.

[139] Modus: 27% (statistische Daten des Auswärtigen Amts). Dieser Wert gilt für Mitarbeiter, als Nachwuchskraft im VN-System begonnen haben und längerfristig angestellt sind.

[140] Modus: 50% (statistische Daten des Auswärtigen Amts). Dieser Wert gilt für Mitarbeiter, als Nachwuchskraft im VN-System begonnen haben und längerfristig angestellt sind.

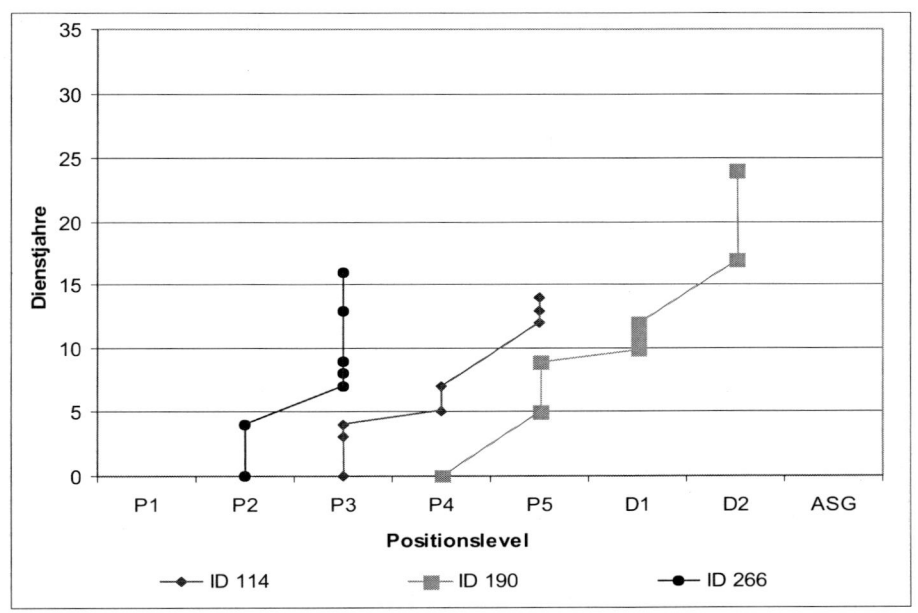

## 5.1 Ausgewählte Karriereverläufe im VN-System 135

*Abb. 29: Zirkuläre Hauptquartiers-Feldkarriere VN-Sekretariat*
*Quelle: Statistische Daten des Auswärtigen Amts*

Wie diese Fallbeispiele zeigen (vgl. Abb. 29), ist in der Regel jede zweite bis dritte Stellenveränderung eine vertikale Aufwärtsbewegung. Gleichwohl ähneln die Zeitabstände zwischen den Beförderungen ungefähr denen der Mitarbeiter mit klassischen Hauptquartierskarrieren. Das bedeutet, dass nach den ersten ein bis zwei Beförderungen innerhalb der ersten zehn Dienstjahre die Dauer zwischen zwei vertikalen Aufwärtsbewegungen in der Karriereentwicklung mit zunehmender Hierarchie steigt. Insgesamt liegt es aber durchaus in der Karriereerwartung der Mitarbeiter mit einer zirkulären Hauptquartierskarriere, eine Position auf unterer Leitungsebene zu erreichen.

*Feld-Hauptquartierskarriere*

Der dritte Laufbahntyp ist die *Feld-Hauptquartierskarriere*, die durch einen Einstieg im Feld und einen Wechsel in die Zentrale einer Organisation im weiteren Berufsverlauf gekennzeichnet ist (vgl. Abb. 30). Dabei können vor dem Wechsel ins Hauptquartier Tätigkeiten in einer oder in mehreren Feldstationen absolviert worden sein. Im VN-Sekretariat tritt meistens der Fall ein, dass Mitarbeiter vor ihrem

Umzug in die Zentrale nach New York nur in einer Außenstelle des VN-Systems gearbeitet haben (68,4%).[141] Diese niedrige Zahl an Ortswechseln belegt zudem erneut die geringe Bedeutung, welche räumliche Mobilitätsvorgänge im Sekretariat der Vereinten Nationen haben (vgl. Kapitel 5.1.1, 5.1.2).

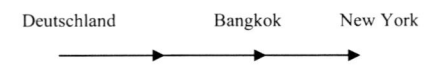

Deutschland → Bangkok → New York

*Abb. 30: Räumlicher Verlauf der Feld-Hauptquartierskarriere (schematische Darstellung)*
*Quelle: ID 112, eigene Darstellung*

Der Unterschied zu einer Feldkarriere, bei der ein Mitarbeiter nach einem befristeten Aufenthalt im Hauptquartier wieder von dort weg geht, ist, dass bei diesem Karriereverlauf die Tätigkeit in der Zentrale final ist. Nach einem erfolgreichen Wechsel in die Schaltzentrale einer Organisation wird die Laufbahn an diesem Ort nicht nur fortgesetzt, sondern stellt auch die letzte Karrierestufe dar. Mitarbeiter mit einer Feld-Hauptquartierskarriere haben oft bereits beim beruflichen Einstieg ins VN-System das Ziel, so schnell wie möglich in die Zentrale zu wechseln:

> Das [meine erste Stelle im VN-System] war erst mal für zwei Jahre, ein befristeter Vertrag. [...] Es gab damals überhaupt keine Stellen in New York. Es gab welche in Genf und eine in Bangkok. Ich wollte eigentlich damals schon nach New York. [...] Ich dachte damals auch, na ja für zwei Jahre. [...] Aus Bangkok wollte ich gerne weg nach einer Zeit. Es war eine tolle Erfahrung, aber dreieinhalb Jahre hätten auch gereicht. Wohingegen New York, ich merke das auch immer, wenn Stellen irgendwo frei sind, ich bewerbe mich schneller auf die in New York als auf die an anderen Orten, selbst Genf. Da spielt die Erfahrung eine Rolle, dass es unter den gegebenen Umständen nicht so einfach ist, von außerhalb wieder zurückzuwechseln – entweder hierher [nach New York] oder auch nach Genf. Das war ziemlich schwierig. Ich bin noch relativ schnell rausgekommen. Es gab auch Leute, die haben jahrelang gesucht und irgendwann haben sie's aufgegeben (ID 112).

Wie in diesem Fall dient die erste Position in einer Feldstation nur dazu, den beruflichen Einstieg ins VN-System zu bewältigen, um im weiteren Berufsverlauf ins Hauptquartier zu wechseln und dort die Karriere (möglichst bis zur Pensionierung) fortzusetzen. Wenn der berufliche Einstieg ins VN-System also nicht direkt in der Zentrale erfolgen kann, wird auch der ‚Umweg' über eine Feldposition in Kauf genommen. Die Feldstation wird aber hierbei oft nur als notwendiges Übel angesehen, welches man für einen befristeten Zeitraum überstehen muss.

---

[141] Statistische Daten des Auswärtigen Amts.

## 5.1 Ausgewählte Karriereverläufe im VN-System 137

Die Arbeitsorte, von denen die Angestellten des VN-Sekretariats nach New York gewechselt sind, sind weltweit unspezifisch verteilt. Bis auf Bangkok, von wo 26,3% der Mitarbeiter ins Hauptquartier gewechselt sind, lassen sich keine typischen Herkunftsorte identifizieren.[142]

Die Feld-Hauptquartierskarriere ist im System der Vereinten Nationen ebenso wie die anderen Typen der kombinierten Feld-Hauptquartierslaufbahn von untergeordneter Bedeutung. Nur 3,3% der VN-Angestellten hatten ihre erste Stelle im Feld und haben dann ihre Karriere in der Zentrale einer Organisation fortgesetzt.[143] Dieser geringe Wert ist ein Indiz dafür, wie schwer es ist, einen Wechsel von einer Feldstation in ein Hauptquartier des VN-Systems zu vollziehen (zu den Ursachen vgl. Kapitel 5.2). Angesichts der Schwierigkeit, als Feldpersonal überhaupt eine Stelle in einer Zentrale zu bekommen, überrascht es nicht, dass ein Großteil der Mitarbeiter des VN-Sekretariats, die diesen Karriereweg eingeschlagen haben (84,2%), lateral, also ohne Beförderung, nach New York gewechselt sind:[144]

> Und dass ich dann nach New York gekommen bin, hat auch nur funktioniert, weil jemand anderes nicht mehr in New York bleiben wollte. Und wir haben dann im Grunde die Stellen getauscht. [...] Ich hatte damals nach P3-Stellen geguckt, weil ich ja schon fünf Jahre bei der UNO gearbeitet hatte. Und da sagten die, P3-Stellen gehen nicht, unter anderem weil jetzt alles eingefroren ist. Würden Sie auch P2 machen? Und dann habe ich lange überlegt und habe mir dann im Grunde auch Bedenkzeit erbeten, vielleicht weil ich dachte, ich kriege in Bangkok einen P3-Platz. Ich bin dann nach Bangkok zurück und es war auch keine Sicherheit, dass ich dort befördert werden würde. Und dann hatte ich das gemacht und bin auch froh, dass ich das gemacht habe, sonst hätte ich noch mal fünf Jahre in Bangkok gesessen. Ich bin dann also lateral gewechselt (ID 112).

> *Wie sind Sie zu Ihrer Stelle in New York gekommen?* Auf dem Wege eines lateralen Transfers von meiner früheren Arbeitsstelle, die da wäre: Regionalkommission in Bangkok. [...] Die jeweiligen Beförderungen waren alle am gleichen Ort von einer Position auf eine leicht besser dotierte Position, wobei ich dann noch nicht mal das Zimmer gewechselt habe. Das ist ja ein bürokratischer Akt (ID 124).

Eine Erfolgsquote von versuchten zu tatsächlich vollzogenen Umzügen des Feldpersonals nach New York kann anhand der Daten nicht ermittelt werden. Es wird jedoch angenommen, dass mehr Angestellte des VN-Sekretariats außerhalb des Hauptquartiers versucht haben, dorthin zu wechseln, als letztlich in diesem Vorhaben erfolgreich waren.

Obgleich der Karriereverlauf nach dem Weggang aus dem Feld bis zum Ausscheiden aus dem VN-System in der Zentrale fortgesetzt wird, unterscheidet er sich in einigen Aspekten von der klassischen Hauptquartierskarriere. So führen viele Mit-

---

[142] Statistische Daten des Auswärtigen Amts.
[143] Statistische Daten des Auswärtigen Amts.
[144] Statistische Daten des Auswärtigen Amts.

arbeiter (56%), die vom Feld ins Hauptquartier gewechselt sind, deutlich mehr Stellenwechsel durch als die meisten ihrer immobilen Kollegen in der Zentrale.[145]

Was die Karriereerwartung betrifft, so haben Mitarbeiter, die ihre Laufbahn im Feld begonnen haben und im späteren Berufsverlauf nach New York gewechselt sind, in ihrem Berufsverlauf Aussicht auf zwei Beförderungen.[146] Demnach kann ein Angestellter, der als Nachwuchskraft einsteigt und diesen Karriereverlauf hat, damit rechnen, eine Position auf einer P4-Ebene zu erreichen (vgl. Abb. 31).

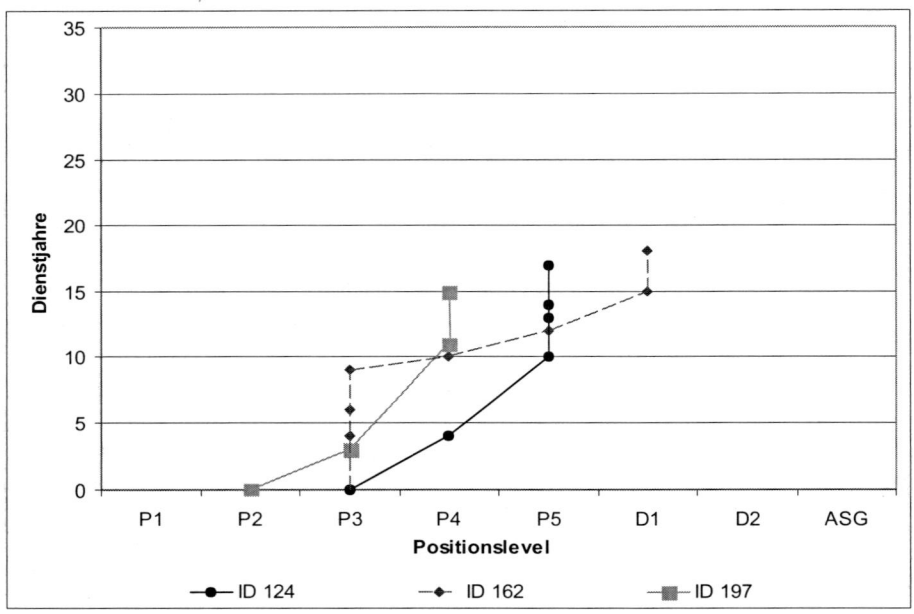

*Abb. 31: Feld-Hauptquartierskarriere VN-Sekretariat*
*Quelle: Statistische Daten des Auswärtigen Amts*

Ausgehend davon, dass auch das Personal mit einer Feld-Hauptquartierskarriere bis zur Pensionierung im VN-Sekretariat angestellt ist, ergeben sich bei der geringeren zu erwartenden Anzahl an vertikalen Stellenwechseln zwangsläufig längere Zeiträume zwischen den einzelnen Beförderungen als bei den Mitarbeitern mit einer Hauptquartierslaufbahn.

---

[145] Statistische Daten des Auswärtigen Amts.
[146] Modus: 67% (statistische Daten des Auswärtigen Amts).

## 5.1 Ausgewählte Karriereverläufe im VN-System

Die in Kapitel 5.1 diskutierten Karrieren stellen idealtypische Berufsverläufe im VN-System dar (vgl. Abb. 32). Es versteht sich von selbst, dass auch Abwandlungen in den einzelnen Karriereverläufen sowie Kombinationen aus den verschiedenen Typen in der UNO vorkommen.[147]

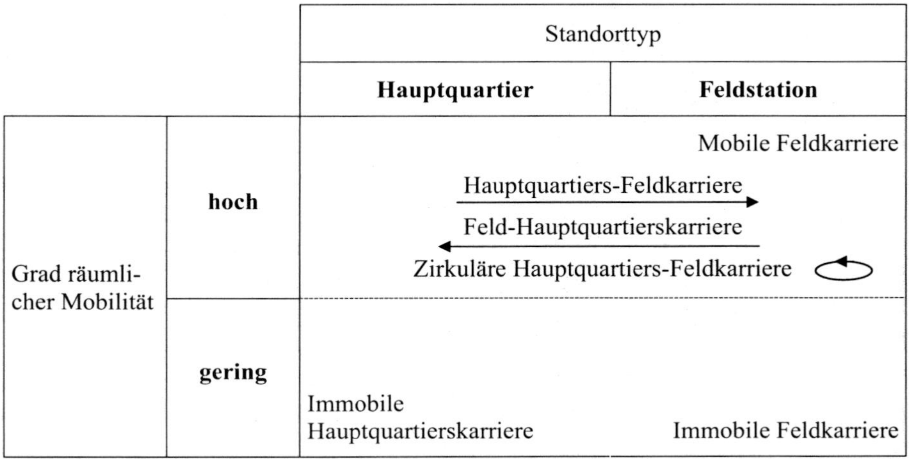

|  |  | Standorttyp | |
|---|---|---|---|
|  |  | **Hauptquartier** | **Feldstation** |
| **Grad räumlicher Mobilität** | **hoch** | Hauptquartiers-Feldkarriere → <br> ← Feld-Hauptquartierskarriere <br> Zirkuläre Hauptquartiers-Feldkarriere ↻ | Mobile Feldkarriere |
|  | **gering** | Immobile Hauptquartierskarriere | Immobile Feldkarriere |

*Abb. 32: Ausgewählte Karrieretypen im System der Vereinten Nationen*
*Quelle: eigene Darstellung*

Die hier identifizierten Karrieren repräsentieren jedoch eine Vielzahl von Berufsverläufen in dem vielschichtigen und komplexen System der Vereinten Nationen. Anhand der identifizierten Karrieretypen werden im folgenden Abschnitt deren Bedingungen und zugrunde liegenden Mechanismen analysiert werden.

---

[147] Beispielsweise gibt es einige Fälle, in denen, ausgehend vom Karrierebeginn im Hauptquartier, zunächst eine zirkuläre Mobilität ins Feld und zurück stattfindet, bevor dann im weiteren Berufsverlauf ein finaler Wechsel in eine Feldstation stattfindet. Bei der Ermittlung der prozentualen Anteile der jeweiligen Karrieretypen aus den statistischen Daten wurden solche Fälle entsprechend einer Rangordnung der Karrieretypen klassifiziert. Diese basiert auf der Dauer der Migration und besagt, dass die zirkuläre Wanderung den anderen Formen räumlicher Mobilität auf Grund ihres temporären Charakters untergeordnet wird. Dieses Beispiel wird demnach als Hauptquartiers-Feldkarriere klassifiziert, da der Wechsel ins Feld endgültig ist, wohingegen die zirkuläre Mobilität nur von temporärer Dauer war.

## 5.2 Erklärungsansätze

Nachdem die klassischen Karrieretypen im VN-System im ersten Teil dieses Kapitels identifiziert und beschrieben worden sind, werden in diesem Abschnitt die Hintergründe dieser Berufsverläufe untersucht. Dabei wird unter anderem der Frage nach der Bedeutung individueller Merkmale wie des Geschlechts nachgegangen. Darüber hinaus wird der Einfluss des für den internationalen öffentlichen Dienst typischen institutionellen Umfelds untersucht. Auch der soziale Kontext, informelle Kommunikationsstrukturen und makrostrukturelle Bedingungen wie historische Ereignisse werden mit in die Analyse der Karrierewege einbezogen. Nicht zuletzt wird der Einfluss von regionaler Mobilität auf den Karriereverlauf erforscht. Die zu untersuchenden Aspekte werden hierbei nicht als Determinanten verstanden, sondern vielmehr als Faktoren, die durchaus eine große Auswirkung auf die Berufslaufbahnen der VN-Mitarbeiter haben können, aber vor allem ein soziales und räumliches Milieu konstituieren, das sowohl Chancen und Anregungen bieten, als auch Restriktionen in Hinblick auf die Karriere ausüben kann. Dieses Umfeld führt je nach Vorwissen, Begabung und Motivation einzelner Akteure zu unterschiedlichem Handeln bzw. Nicht-Handeln (MEUSBURGER 1998, S. 387).

### 5.2.1 Organisationsspezifische Kontexte

Ein Erklärungsansatz für die spezifischen Verläufe der Karrieretypen – so wird vermutet – ist der Einfluss des jeweiligen organisationsspezifischen Umfelds.[148] So wies COLEMAN bereits 1982 darauf hin, dass Berufsverläufe im Kontext von Organisationen analysiert werden müssen:

> A very large part of the action that is carried out in society, and by far most of the economically productive action, is action carried out by one person to accomplish the ends of another – the corporate actor whose agent he is (COLEMANN 1982, S. 29).

Organisatorische Strukturen haben demnach Auswirkungen auf Arbeitsinhalte und -zufriedenheit, auf Karrierechancen und die damit verbundenen Anreize bzw. Hindernisse eines Erwerbstätigen wie des VN-Mitarbeiters (vgl. ALLMENDINGER und MAYERHOFER 1998).

Bereits bei der Deskription der Karrieretypen im Abschnitt 5.1 fiel auf, dass sich die Personal- und insbesondere die Mobilitätspolitiken der einzelnen Organisationen des VN-Systems teilweise grundlegend voneinander unterscheiden. Daher ist eine differenzierte Analyse der jeweiligen organisationsspezifischen Kontexte zur

---

[148] In Kapitel 2 wurde bereits ein Überblick über die Spezifika des Arbeitsfeldes des internationalen öffentlichen Dienstes im Allgemeinen und des VN-Systems im Besonderen gegeben.

## 5.2 Erklärungsansätze

Erklärung der Karriereverläufe erforderlich. Neben strukturellen und personalpolitischen Aspekten werden hierbei auch die unterschiedlichen Arbeitsbedingungen im VN-System untersucht werden. Die Analyse des organisationsspezifischen Kontexts umfasst damit folgende Bereiche:

- Stellenstruktur,
- personalpolitische Einflüsse,
- Arbeitsbedingungen.

*Stellenstruktur*

Es wurde bereits festgestellt, dass die Stellenstruktur des VN-Systems durch eine Urnenform auf den Ebenen P1 bis P5 bzw. durch eine Pyramidenform auf den oberen Führungsebenen sowie durch eine Zentrums-Peripherie-Differenzierung gekennzeichnet ist (vgl. Kapitel 2.2.3 und 2.4.2). Gleichwohl existieren zwischen den einzelnen Organisationen des VN-Systems Unterschiede sowohl in der hierarchischen als auch in der räumlichen Verteilung der Stellen. Hinsichtlich des ersten Aspekts variieren die Ausprägungen der charakteristischen Urnen- und Pyramidenformen nach Organisationstypen: Die Programme und Fonds der Vereinten Nationen haben in Relation zu ihrem Gesamtpersonal den größten Anteil an Führungspositionen (vgl. Tab. 3).

*Tab. 3: Stellenverteilung als prozentualer Anteil des Personals des höheren Dienstes, 31.12.2001*

|  | P1/P2 | P3 | P4 | P5 | D1 | D2 | ASG/USG |
|---|---|---|---|---|---|---|---|
| VN-Sekretariat | 15 | 30 | 30 | 16 | 6 | 2 | 1 |
| Programme/Fonds[149] | 15 | 19 | 26 | 25 | 10 | 4 | 1 |
| Sonderorganisationen[150] | 11 | 20 | 30 | 27 | 8 | 3 | 1 |
| Gesamtes VN-System | 14 | 23 | 29 | 22 | 8 | 3 | 1 |

*Quelle: VN-Dokument A/58/398*

Dies bestätigt die Schlussfolgerung, dass die Chancen der Mitarbeiter auf das Erreichen der Führungsebene in (zumindest einigen) Programmen und Fonds wie UNDP VN-weit am besten sind. Gleichwohl können auch zwischen diesen Organisationen graduelle Unterschiede hinsichtlich der Karriereverläufe existieren, wie

---

[149] UNDP, UNFPA, UNOPS, UNHCR, UNICEF, UNITAR, ITC, UNU, WFP, UNAIDS.
[150] ILO, ICAT, FAO, UNESCO, WHO, PAHO, ICAO, UPU, ITU, WMO, IMO, WIPO, IFAD, UNIDO, IAEA.

die Abweichungen zwischen den Laufbahnen des Entwicklungsprogramms der Vereinten Nationen und denen des Hohen Kommissariats für Flüchtlinge der UNO belegen (vgl. Kapitel 5.1.2). Diese gehen aber zum einen auf die Veränderungen der Personal- bzw. Rotationspolitik im Lauf des Untersuchungszeitraums und zum anderen auf die räumlich differierende Stellenverteilung der beiden Organisationen zurück. Auf ersteren Aspekt wird weiter unten in diesem Kapitel bei der Analyse der Personalpolitiken eingegangen.

Was die räumliche Stellenverteilung betrifft, so lässt sich für das UNHCR feststellen, dass Positionen im Management und in der Administration ausschließlich im Hauptquartier in Genf angesiedelt sind. Projektstellen (*Programme posts*) bzw. Programmassistentenstellen (*Programme support*) gibt es dagegen sowohl in der Zentrale als auch im Feld (JAHRESBERICHT DES UNHCRs 2004, A/AC.96/979). Diese Konzentration von Managementpositionen an einem Standort bei gleichzeitiger Personalrotation macht es schwierig für Mitarbeiter des UNHCRs, eine solche Stelle zu bekommen. Auch wenn ein Wechsel im Berufsverlauf nach Genf glückt, ist dies noch lange keine Garantie, eine Leitungsposition zu erhalten, da die Stellen zahlenmäßig begrenzt sind. Zugleich ist die Nachfrage seitens der Mitarbeiter nach solchen Positionen im Hauptquartier – nicht nur der Karriereaspirationen wegen (vgl. Kapitel 5.2.4) – riesig.

Bei UNDP dagegen sind die Führungspositionen auf verschiedene Standorte verteilt, obgleich die obersten Leitungspositionen[151] im Hauptquartier in New York, dem „Powerhaus" (ID 70), verortet sind:

> Ich finde es viel zu hierarchisch. Ich mache da manchmal Witze (lacht), weil manchmal komme ich mir vor, wenn ich hier [New York] in die Tür rein gehe, als wäre ich in den 50er Jahren gelandet. Das ist nicht mehr zeitgemäß. Das ist aber auch ein Problem von Headquarters. Hier gibt's ja mehr Chefs als Angestellte – so kommt's mir manchmal vor. Es sind ja immer diese leitenden Funktionen, die hier am Hauptsitz angesiedelt sind (ID 216).

Gleichwohl gibt es in dieser Organisation auch in den Regional- und Länderbüros zunehmend mehr Stellen auf der Leitungsebene (P5–D2-Ebene).[152] Im Vergleich mit ihren Kollegen vom UNHCR haben die Angestellten des Entwicklungsprogramms der Vereinten Nationen an mehreren Standorten Optionen auf Leitungspositionen. Diese räumliche Verteilung von Führungspositionen führt dazu, dass UNDP-Mitarbeiter in ihrem Karriereverlauf prinzipiell mehrmals die Möglichkeit haben, eine Stelle auf dieser Ebene zu erreichen. Die räumliche und hierarchische Stellenstruktur des UNDPs bietet somit einen guten Rahmen, um als Mitarbeiter in

---

[151] Administrator, USG- und ASG-Positionen.
[152] Die Zunahme im Verlauf des Untersuchungszeitraums, insbesondere seit 1999, hängt mit der Maßgabe der Geberländer zusammen, den Personalanteil im UNDP-Hauptquartier und in den Regionalbüros in Europa zu reduzieren. (BUNDESMINISTERIUM FÜR WIRTSCHAFTLICHE ZUSAMMENARBEIT UND ENTWICKLUNG 2002, S. 8)

dieser Organisation auch eine zufriedenstellende vertikale Karriereentwicklung zu durchlaufen.

Das Sekretariat der Vereinten Nationen ist durch einen besonders großen Mittelbau und einen geringen Anteil an Führungspositionen im Verhältnis zum Gesamtpersonal gekennzeichnet (vgl. Tab. 3). Die höchsten sowie zahlenmäßig meisten Stellen auf Leitungsebene gibt es – wie in einer bürokratischen und zentralisierten Organisationsstruktur zu erwarten – in der Zentrale in New York. In den anderen formellen Hauptquartieren des VN-Sekretariats in Genf, Wien und Nairobi sind bereits weniger und eher niedrigere Führungspositionen verortet. Die jeweils höchste Stelle an diesen Standorten befindet sich auf der zweithöchsten Hierarchieebene dieser Organisation, dem USG-Level. Generell gilt: Je peripherer ein Standort innerhalb des strukturellen Gefüges einer Organisation ist, desto weniger Macht und damit Führungspositionen sind dort verortet. Folglich sind in den Feldstationen des VN-Sekretariats überwiegend Positionen der unteren und mittleren Hierarchieebene angesiedelt. Die Arbeitsorte des VN-Systems sind also nicht nur weltweit ungleich verteilt, sondern offerieren den Mitarbeitern auf Grund der jeweiligen Beschaffenheit unterschiedliche Kontexte. Je nach Ausstattung eines Standorts kann sich das institutionelle Umfeld als förderlich oder eher hinderlich auf eine Karriere auswirken.

Das Hauptquartier des VN-Sekretariats offeriert auf Grund der Stellenstruktur demnach einen positiven Rahmen für die vertikale Laufbahnentwicklung. Die Konzentration von Macht und Prestige in Form der obersten Leitungspositionen in New York ist sicher eine der Haupterklärungen für die Attraktivität dieses Standorts in beruflicher Hinsicht. Dies führt dazu, dass einerseits viele VN-Angestellte während ihres gesamten Karriereverlaufs an diesem Ort bleiben und andererseits Mitarbeiter aus dem Feld danach streben, nach New York zu wechseln. Der institutionelle Kontext außerhalb des Hauptquartiers ist dagegen bedingt durch die Stellenstruktur eher hinderlich für eine aufwärtsgerichtete Karriere. Dieser Nachteil steigt, je weiter sich ein Standort am Rand des Organisationsgefüges befindet.

Neben der räumlichen Positionsverteilung werden Stellenwechsel im VN-Sekretariat auch vom Stadium des individuellen Berufsverlaufs beeinflusst: Ein Angestellter, der zu Beginn seiner Karriere eine Stelle auf der unteren Hierarchieebene (P2-Level) inne hat, kann sich auf Grund der Stellenstruktur VN-weit um eine neue Position – ob mit oder ohne vertikalen Aufstieg – bemühen. Mit zunehmender Dauer des Berufsverlaufs und steigendem Rang im Hierarchiegefüge des Sekretariats sind die Stellenoptionen dagegen auf wenige Standorte konzentriert:

> Je höher man kommt, desto schwieriger wird es auch, in die Kommissionen zu wechseln (ID 112).

Dies deutet darauf hin, dass Ortswechsel im VN-Sekretariat vorwiegend von Mitarbeitern zu Beginn bzw. in der Mitte der Berufslaufbahn durchgeführt werden (können). Angestellte im fortgeschrittenen Karriereverlauf scheinen dagegen eher immobil zu sein (vgl. Kapitel 5.2.4).

Sonderorganisationen verfügen über einen großen Anteil von Stellen für hochqualifiziertes Fachpersonal, also P4- und P5-Positionen (vgl. Tab. 3). Nachwuchspositionen sind dagegen in diesen Institutionen zahlenmäßig von untergeordneter Bedeutung. Der relativ hohe Anteil an Stellen auf dem unteren Direktorenlevel (D1) am Gesamtpersonal lässt sich auch darauf zurückführen, dass in einigen Sonderorganisationen wie in der WHO besonders qualifizierte Fachkräfte eine P6-Position erhalten, die zwar nach Bezahlung und Wertigkeit dem Grad D1 entspricht, aber nicht mit dem entsprechenden Verantwortungsbereich einer Führungsposition ausgestattet ist. Vielmehr stellt diese zusätzliche Stellendifferenzierung ein personalpolitisches Instrument der Organisationen dar, mit dem qualifiziertes Personal gefördert bzw. gewonnen werden kann. Gleichwohl impliziert der Unterschied der Stellenanteile zwischen P5- und D1-Ebene, dass es nicht in der normalen Karriereerwartung der Mitarbeiter liegen kann, eine Position auf der oberen Führungsebene bzw. auf gleichwertigem Level zu erhalten. Eine Laufbahnentwicklung auf bzw. bis hin zu einer unteren Leitungsposition (P5-Ebene) ist dagegen eher wahrscheinlich, worauf bereits die Aufgabenstruktur der Organisation und die darauf basierenden Rekrutierungsmuster hinweisen (vgl. Kapitel 4.1.2).

Unabhängig von den spezifischen institutionellen Kontexten der Organisationen scheinen nicht nur die hierarchische Stellenstruktur, sondern vor allem die geringe Anzahl an verfügbaren Positionen im VN-System Einfluss auf die Karriereentwicklung im internationalen öffentlichen Dienst zu besitzen. Dies mag auch eine Erklärung für die – außer in den Organisationen mit einem verpflichtenden Rotationsprinzip – geringe Anzahl an Stellenwechseln bei den Vereinten Nationen sein (vgl. Kapitel 5.1). Demnach stellt sich die Situation in Hinblick vor allem auf die vertikale, aber auch auf die horizontale Mobilität im VN-System so dar, dass in der Regel weit mehr (interne und externe) Bewerber als Vakanzen vorhanden sind. Dieses Verhältnis von Interessenten zu freien Stellen und damit der Druck auf die Stellen variieren wiederum in Abhängigkeit vom Standort, an dem die Position verfügbar ist, vom Positionslevel des Bewerbers, von der Dienstaltersstruktur des Personals sowie vom Budget und von der Personalpolitik der Organisation.

Die unterschiedliche Ausstattung von Niederlassungen der Vereinten Nationen mit Stellen führt dazu, dass einige Orte im VN-System von den Mitarbeitern attraktiver als andere empfunden werden. Unabhängig von den jeweiligen Organisationen und ihren Mandaten ist die Nachfrage nach Positionen seitens der Angestellten insbesondere in den Hauptquartieren folglich größer als beispielsweise in peripheren Feldstationen in Afrika:

> Die sind froh, dass ich hier weg bin, denn der Druck auf Stellen in New York oder Genf ist gigantisch. Alle wollen dahin (ID 128).

> Dazu kommt noch, dass Genf ein Standort ist, der relativ immobil ist, weil die Leute eben hier bleiben möchten. Von daher ist eben auch der turnover nicht so hoch wie in manchen anderen duty stations, was alles eben Beförderungen erschwert (ID 162).

> Andererseits auch im Konkurrenzdruck, dass jede ordentliche Stelle heiß umkämpft wird. Wer eine Stelle hat, gibt sie nicht so gern auf. Das hat mit dieser post-structure zu tun. Auch wenn Leute sich gerne mal an einen anderen Ort begeben würden, fürchten sie dann, hier [in New York] ihre Kontakte abzubrechen, weil sie eben keine Garantie haben, hier her zurückzukommen. Wenn man sich dann löst vom Standort, wo viele Leute eben keinen festen Stand haben, weil sie nur Kurzzeitverträge haben, würde man dann eben ein Risiko eingehen, weil dann auch die Kontakte nicht mehr da sind (ID 103).

Standorte wie die Hauptquartiere des VN-Systems haben zwar ein vergleichsweise gutes Angebot an Positionen, jedoch ist dort auch die Nachfrage nach diesen Stellen entsprechend höher als an anderen Orten.
Da die aufwärtsgerichtete vertikale Stellenmobilität im VN-System durch Dienstaltersprofile und Vakanzketten geregelt wird, wird der Druck auf die Stellen folglich vom Positionslevel der Mitarbeiter beeinflusst. Mit zunehmender Hierarchie steigt der Andrang auf die freien Positionen entlang der normierten Karrierepfade. Dies äußert sich dann in Form von einer immer größer werdenden Anzahl an Interessenten pro Stelle, die Anwartschaften auf eine Beförderung haben:

> Wir haben eine Struktur, die trapezförmig ist, so dass auf dem Eingangslevel eine Beförderung relativ einfach ist und ab dem mittleren Level ist's schwieriger, nicht unmöglich, aber schwierig (ID 124).

> Es gibt ja gewisse Engpässe, gerade im P4-Bereich. Das sieht dann irgendwie so aus, da ist eine Schwelle, über die man irgendwie muss. Und die dauert sehr lange. Und von daher dauert es sicher länger hier, über diese Schwelle befördert zu werden – in Genf noch dazu (ID 162).

Zu den internen Bewerbern auf eine freie Stelle kommen mit zunehmender Hierarchie auch Seiteneinsteiger, die beispielsweise als Fach- oder Führungskraft ab dem P4-Level aufwärts ins VN-System einsteigen. Dies verstärkt wiederum das Ungleichgewicht zwischen dem Angebot von und der Nachfrage nach Stellen und erschwert somit für interne Kandidaten das Erreichen des nächsthöheren Positionslevels:

> Es ist unwahrscheinlich, dass alle diese Stellen intern besetzt werden (ID 112).

> Manchmal wird auch jemand von außerhalb genommen. Das ist sehr, sehr frustrierend. Das ist die eigentliche Hauptfrustration an allen Stellen (ID 122).

Dass eine Beförderung mit zunehmender Hierarchie immer schwerer zu erreichen ist, hängt auch vom Budget bzw. von der Personalpolitik einer Organisation ab. Einerseits ist die Stellenbewertung[153] einer Position ausschlaggebendes Kriterium dafür, ob bzw. bis zu welcher Ebene Aufwärtsbewegungen im Karriereverlauf auf diesem Posten möglich sind:

> Wenn das Budget das erlaubt, dann kann man auch relativ einfach promotet werden. Wenn zum Beispiel der Posten ein P4-Budget hat, aber man sitzt darauf nur als P2, dann wird man automatisch alle zwei bis drei Jahre promotet. Mein Posten würde das nicht erlauben, der hat nur ein P3-Budget. Das heißt, ich muss mich dann konkret nach einem anderen Posten umschauen (ID 92).

Andererseits bestimmt das Gesamtbudget einer Organisation die Anzahl an Stellen und damit die Möglichkeiten für die Angestellten, vertikal oder horizontal die Stelle zu wechseln. Die finanzielle Situation variiert nicht nur zwischen den einzelnen Programmen, Fonds und Sonderorganisationen des VN-Systems, sondern hat sich auch im Lauf des Untersuchungszeitraums verändert (vgl. dazu HÜFNER 2003).[154] Insbesondere Engpässe wie in den 1990er Jahren haben dazu geführt, dass sich die Karriereaussichten des VN-Personals durch den Personalabbau und durch die Verringerung der Beförderungsstellen verschlechtert haben:

> Es gibt ja auch keine neuen Stellen, weil die Gelder auch nicht erhöht werden. Von daher hat man halt eine bestimmte Anzahl von Stellen und das ist es. P2, P3 hat auch lange gedauert, weil, als ich angefangen habe 1992, 93, war erst mal dieser Stellenfreeze in der UNO, da gab's jahrelang gar nichts. Dann wurde der wieder aufgehoben, dann gab's einen großen Andrang (ID 162).

Bei der geringen Zahl an (freien) Stellen im VN-System ist die Dienstaltersstruktur des Personals, insbesondere der Umfang und das Dienstalter der vorhergehenden Generation eines Mitarbeiters, von besonderer Bedeutung für die Realisierung von vertikalen und/oder horizontalen Positionswechseln. So sollte sich zumindest theoretisch dem Senioritätsprinzip zufolge mit steigendem Dienstalter die Verantwor-

---

[153] Das Prinzip der Stellenbewertung wurde von der ICSC entwickelt und 1981 im VN-System eingeführt (vgl. auch ICSC COMPENDIUM 1995). Es besagt, dass Stellen nach tätigkeitsbezogenen Kriterien wie Aufsichts- und Kontrollbefugnissen bewertet und eingestuft werden. Damit wurde das Prinzip der individuellen Einschätzung einer Stelle anhand der Qualifikation, Dienstzeit und Leistung des Stelleninhabers abgeschafft. Ziel des VN-weit einheitlichen Stellenbewertungssystems ist die gleiche Entlohnung für die gleiche Arbeit im gesamten VN-System. Kritisiert wird dieses Verfahren dafür, dass dabei individuelle Leistungen der Mitarbeiter unberücksichtigt bleiben (vgl. weiterführend DAVIES 2002, S. 67 ff.; GÖTHEL 2002, S. 161 ff.).

[154] Die Frage nach den Finanzen der UNO und ihrer Institutionen stellt auf Grund des Umfangs und der Komplexität dieses Themas einen eigenen Untersuchungsgegenstand dar, auf den hier nur am Rande eingegangen wird. Es wird daher auf die einschlägige Literatur verwiesen (vgl. z.B. DAVIES 2002; HÜFNER 2003). Auf grundlegende Unterschiede in der Finanzierung zwischen den einzelnen Organisationen wird im Punkt Personalpolitik in diesem Abschnitt eingegangen.

## 5.2 Erklärungsansätze 147

tung eines Mitarbeiters der Vereinten Nationen erhöhen. Auf Grund der begrenzten Stellenzahl ist dies in der Praxis jedoch nicht immer gegeben:

> Aber das [eine Beförderung] hängt sehr stark wie im deutschen öffentlichen Dienst vom Stellenkegel ab, wenn der zu ist und sich nichts tut, dann geht erst mal nichts. Da kann man sich ein Bein ausreißen (ID 86).

Wenn also keine neuen Stellen geschaffen oder bereits bestehende Positionen aufgewertet werden können, ist ein Mitarbeiter der Vereinten Nationen in seiner Karriereentwicklung vom Dienstalter seiner Kollegen abhängig. Ist dieses in einer Organisation sehr hoch, was bedeutet, dass in Kürze viele Angestellte in Pension gehen, bietet sich den Mitarbeitern auf niedrigeren Dienstgraden entsprechend die Option auf eine Beförderung:

> Wir sind momentan in der glücklichen Lage, dass sich sehr viel tut. Die Generation, die mit mir gekommen ist und knapp davor und knapp dahinter, wird sich relativ schnell bewegen. Also nicht, weil wir alle so toll wären, sondern weil die Stellen halt frei sind und frei werden. Sei's, weil jetzt viele Leute in Rente gehen. [...] Momentan geht's ja sehr schnell, aber ich weiß: Vier Jahre vor uns, da saßen Leute sieben oder acht Jahre auf P2-Niveau fest und da tat sich einfach wenig. Wie man das ändern kann, das weiß ich nicht (lacht) (ID 86).

> Ich denke, dass es jetzt leichter werden wird nach oben hin, einmal weil eben sehr viel Personal in Rente geht (ID 162).

> Aber wenn man relativ gut in seinem Bereich ist und dann noch das Glück dazu kommt, dass Stellen frei werden, dann geht's sehr einfach. Wenn einfach nichts frei wird, wenn einfach alles zu ist, dann kann es auch sein, dass man hängen bleibt, durchaus möglich (ID 60).

> Es ist auch eher ein bisschen besser geworden, was Stellen betrifft, weil es gibt zur Zeit eine Welle von Leuten, die in den Ruhestand geht. Insofern werden auch relativ viele Stellen sukzessive in den nächsten vier, fünf Jahren frei. Insofern wird es für uns auch einfacher sein zu wechseln, als es vorher war (ID 112).

> Aber trotzdem, was ich so weiß, wie das Sekretariat ist, ist es doch ein sehr erstarrter Beamtenstab. Da müssen die Leute zum Teil warten, bis jemand in Pension geht, bevor sich alle, die ein Anrecht haben, auf die Stelle bewerben. So dass eigentlich dann dadurch eine gesündere, kompetitive Auswahl nicht stattfindet (ID 66).

Angesichts der Bedeutung der Dienstaltersstruktur für die Karriereentwicklung im VN-System sollte es im Interesse der Organisationen liegen, eine altersmäßig ausgeglichene Personalstruktur anzustreben.[155] Dies sichert unter anderem die Weiter-

---

[155] Zwar kann das Dienstalter nicht direkt mit dem Alter einer Person gleichgesetzt werden, da auch Einstiege ins VN-System im fortgeschrittenen Alter möglich sind. Gleichwohl eignet sich dieser Faktor dazu, die Personalstrukturen des VN-Systems zu analysieren, weil die meisten Personen ihre gesamte Berufslaufbahn bei den Vereinten Nationen verbringen. Daher kann oftmals vom Alter einer Person auf das Dienstalter geschlossen werden. Zudem ist das Alter ein Indiz dafür, wie viele Personen demnächst aus

gabe tätigkeitsspezifischen Wissens von Älteren an jüngere Generationen im VN-System und damit das Vermeiden von Wissens- und Erfahrungsverlust mit dem Ausscheiden eines großen Personalanteils. Wie Abbildung 33 zeigt, steht das Sekretariat der Vereinten Nationen in den nächsten Jahren vor genau diesem Problem.[156] So ist die Altersstruktur dieser Organisation dadurch gekennzeichnet, dass knapp zwei Drittel (64%) der Mitarbeiter 45 Jahre oder älter sind und damit das Rentenalter[157] entweder bereits erreicht haben oder in den nächsten acht Jahren erreichen werden.

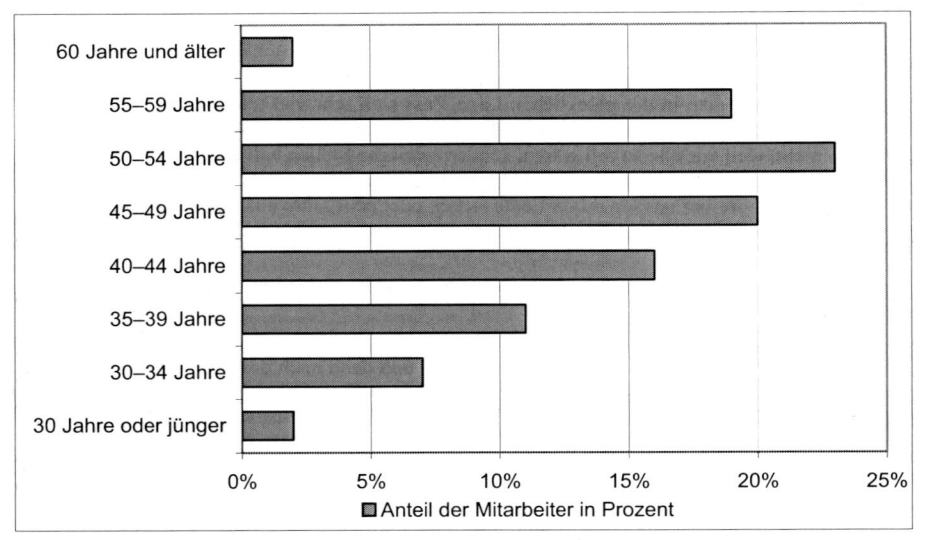

*Abb. 33: Altersstruktur des Personals des höheren Dienstes des VN-Sekretariats, Stand: 30.06.1998 (N=4.164)*
*Quelle: eigene Darstellung, Daten aus VN-Dokument A/53/375, S. 33*

Gleichwohl ist der Autorin bewusst, dass das Ziel, eine ausgeglichene Altersstruktur zu erreichen, insbesondere in Organisationen mit Lebenszeitanstellungen wie

---

dem internationalen öffentlichen Dienst ausscheiden. Dadurch kann wiederum die Anzahl frei werdender Stellen ermittelt werden, die entlang der normierten Karrierepfade mit Mitarbeitern der nachfolgenden Generationen besetzt werden.

[156] Auf Grund der Verfügbarkeit von Daten wird an dieser Stelle die Altersstruktur des Personals des VN-Sekretariats präsentiert. Die Altersstruktur in anderen Organisationen des VN-Systems sieht jedoch ähnlich aus (vgl. VN-DOKUMENT A/55/798).

[157] Das Rentenalter liegt im VN-System bei 60 bzw. 62 Jahren (vgl. Kapitel 6.1.1).

## 5.2 Erklärungsansätze

im VN-Sekretariat nur schwer erreichbar ist, da Personal langfristig eingestellt wird. Nichts desto trotz gibt es auch hier die Möglichkeit, zu einer ausgeglichenen Altersstruktur zu gelangen, beispielsweise durch eine verstärkte Rekrutierung von Nachwuchskräften. Eine ausgewogene Altersstruktur kann die in den Interviews erwähnten Beförderungsstops bzw. -wellen vermeiden.

Die hierarchische Stellenstruktur bildet u.a. den institutionellen Rahmen, in dem Berufslaufbahnen im VN-System stattfinden. Insbesondere die vertikale Karriereentwicklung hängt von der Differenzierung der Rangstufen ab. Die hierarchische Stellenstruktur ist VN-weit einheitlich gestaltet und umfasst in der Praxis, in der die P1-Ebene quasi nicht mehr existent ist, sieben Dienstgrade. Da insbesondere die obersten drei Rangstufen (SG-, USG- und ASG-Stellen) meist außerhalb der Karriereerwartungen der VN-Mitarbeiter liegen, bleiben noch sechs Positionslevel, die Mitarbeiter während ihrer Anstellung potentiell durchlaufen können.[158] Bedenkt man, dass der berufliche Einstieg ins System der Vereinten Nationen auf einem dieser Grade erfolgt, bleibt bei einer Anfangsposition auf der Nachwuchsebene P2 die Aussicht auf fünf mögliche Beförderungen. Angesichts der nach oben schmaler werdenden Stellenpyramide und der mit zunehmendem Dienstgrad sinkenden Wahrscheinlichkeit auf eine vertikale Aufwärtsbewegung im VN-System, liegt die Karriereerwartung der Mitarbeiter in der Praxis jedoch darunter:

> Und unser System hilft auch nicht, weil wir haben P1 bis D2. Ich bin als P1 eingestellt worden. Das macht man heute nicht mehr. Das erste ist P2, dann kommen P3, P4, P5, D1, D2. D2 zu werden, ist äußerst unwahrscheinlich. Denn von, ich weiß nicht, wie viel Jobs sind 80 D2. D1 zu werden, ist vielleicht möglich, aber nicht jeder wird's. Dann bleiben P3, P4 und P5. Wenn wir vom internationalen öffentlichen Dienst reden, das sind dann 30 Arbeitsjahre Minimum, dann ... (ID 122).

Die geringe Differenzierung der Rangstufen führt zu der Schwierigkeit, alle Positionen innerhalb dieser wenigen Dienstgrade nach ihrer Wertigkeit zu differenzieren. Dies resultiert einerseits in einer Frustration der internationalen Bediensteten, die in ihrer oft langjährigen Anstellung im VN-System nur Aussicht auf eine geringe Anzahl an Beförderungen haben:

> So eine Frage beim Prüfungsgespräch hatte ich bekommen: Wie wichtig ist Ihnen Karriere? Und der Mann hatte auch eine gute Karriere hinter sich, wie sich herausstellte. Aber der hatte das natürlich auch aus einer gewissen Frustration heraus gefragt. Und ich habe dann gleich geantwortet, na ja, wir wissen doch, was das für ein Verein ist. Es gibt keine großen Differen-

---

[158] Hinzu kommen die gehaltsmäßig differenzierten Stufen innerhalb einer Bandbreite, die zumindest Differenzierungen in finanzieller Hinsicht zulassen. Hier erfolgt die Einstufung in die nächsthöhere Gehaltsstufe innerhalb einer Bandbreite automatisch jedes Jahr. Bei einigen, meist höheren Stufen beträgt die Zeitspanne zwei Jahre. Allerdings sind die möglichen Gehaltssteigerungen bei einer maximalen Spannbreite zwischen der niedrigsten Stufe auf der P2-Ebene und der höchsten Stufe auf der P5-Ebene von 130% stark begrenzt (vgl. HUMAN RESOURCES HANDBOOK 2000).

zierungen, man kann eben weniger als fünf Beförderungen erwarten. Das ist eben negativ (ID 109).

Andererseits wird dadurch die Rekrutierung hochqualifizierter Experten aus der Wirtschaft erschwert, für die es außer auf Managementebene nur wenige ihren Erfahrungen in Wertigkeit und Besoldung entsprechende Stellen gibt. Als Reaktion darauf hat die WHO beispielsweise die Rangstufe P6 eingeführt.

Die Stellenstruktur prägt in all ihren Dimensionen das spezifische institutionelle Umfeld, in dem Karrieren im VN-System ablaufen. Es hat sich gezeigt, dass die Berufslaufbahnen von der räumlichen und strukturellen Aufteilung der Stellen beeinflusst werden. Die Stellenstruktur wird wiederum von verschiedenen Faktoren wie dem Dienstalter des einzelnen Mitarbeiters, der gesamten Dienstaltersstruktur einer Organisation, dem Standort sowie der Personalpolitik und dem Budget der Organisation beeinflusst, die damit indirekt auch die Bedingungen für die Karriereverläufe mit prägen.

*Personalpolitische Einflüsse*

Eine der Grundideen des Personalkonzepts der UNO ist, dass der internationale öffentliche Dienst auf einheitlichen Grundsätzen basiert. Dies spiegelt sich in der Schaffung des Common Systems der Vereinten Nationen wider (vgl. Kapitel 2.4.2). Gleichwohl gab und gibt es Unterschiede zwischen den Personalpolitiken der einzelnen Organisationen, was nicht zuletzt auf finanzielle und politische Einflüsse seitens der Mitgliedsstaaten zurückzuführen ist. Diese im Zeitverlauf variierenden Personalregeln tragen ebenfalls zur Konstitution eines spezifischen institutionellen Kontextes bei, der sich wiederum auf die Karriereverläufe der VN-Mitarbeiter auswirkt.

Von entscheidender Bedeutung für die Beschaffenheit des Kontexts sind die Personalpolitiken der Organisationen. Diese variieren innerhalb des VN-System je nach Grad an Autonomie vom Sekretariat. Während also die Sonderorganisationen eigenständige Personalpolitiken haben, können nicht alle in das Sekretariat eingegliederten Programme und Fonds über Personalentscheidungen selbst entscheiden: UNHCR, UNDP und UNICEF haben beispielsweise die Befugnis, ihre Personalangelegenheiten autonom regeln zu können. UNCTAD und UNEP besitzen diese Konzessionen nicht in dem Ausmaß (GÖTHEL 2002).

Da eine vergleichende Analyse der Personalpolitiken aller Organisationen des VN-Systems den Rahmen dieser Arbeit sprengen würde, wird an dieser Stelle vorwiegend auf die des VN-Sekretariats eingegangen werden.[159] An geeigneten Punkten

---

[159] Das VN-Sekretariat ist nicht nur die zentrale Einheit des VN-Systems, sondern deren Personalregeln können auch dank der verfügbaren Dokumente nachvollzogen werden.

## 5.2 Erklärungsansätze 151

werden zum Vergleich Differenzen zu anderen Organisationen im VN-System, insbesondere zu UNDP und zum UNHCR, aufgezeigt, da für diese Einrichtungen andere Karriereverläufe als für das Sekretariat charakteristisch sind.

Die vertikalen und horizontalen Stellenwechsel im VN-Sekretariat werden durch eine Fülle von Bestimmungen geregelt. Grundlegendes Kriterium für die Ernennung, Versetzung und Beförderung der Bediensteten ist ein „Höchstmaß an Leistungsfähigkeit, fachlicher Eignung und Integrität" (CHARTA DER VEREINTEN NATIONEN, Artikel 101(3)). Dieses Prinzip findet Niederschlag in den Personalregeln des VN-Systems, die jedoch im Lauf des Untersuchungszeitraums immer wieder geändert wurden. Das bis 1986 geltende, auf der Personalregel 104.14(f) (iii) basierende, jährliche Bewertungssystem für Beförderungen[160] wurde damals vom System des Stellenangebotsmanagements[161] abgelöst (BOUAYAD-AGHA and HERNANDEZ 1996). Einer der Hauptgründe für die Abschaffung des alten Schemas war, dass Beförderungen zu sehr auf dem Dienstaltersprinzip, also der Seniorität, beruht haben:

> The „old" annual promotion review of all staff relied heavily on seniority and was not clearly linked to the recommendation of the supervisor and head of department concerned (BOUAYAD-AGHA and HERNANDEZ 1996, S. 11, Anführungszeichen im Original).

Infolge weiterer darauf folgender Revisionen des Systems des Stellenangebotsmanagements wurde zwar die Bedeutung des Dienstalters abgewertet, indem andere Kriterien wie Integrität und Qualifikationen stärker berücksichtigt werden sollten. Gleichwohl gab es immer noch eine festgelegte Anzahl von Jahren, die auf einem Dienstgrad absolviert werden mussten, bevor der Wechsel auf die nächst höhere Ebene möglich war (vgl. VN-DOKUMENT 1993 ST/IC/1993/66).[162] Die Revisionen hatten die Ziele, die (vertikalen und horizontalen) Stellenwechsel transparenter zu gestalten, Mobilität im Sinne einer mit oder ohne Ortswechsel verbundenen Positionsveränderung bei der Beförderung stärker zu berücksichtigen und den Vorgesetzten mehr Einfluss im Entscheidungsprozess zuzugestehen.

Als Teil des Ende der 1990er Jahre initiierten Reformprozesses im VN-System, eine Reaktion auf die sich verändernden und größer werdenden Aufgabenfelder der Vereinten Nationen, wurde mit der *Human Resources Management Reform* auch die Personalpolitik neu geregelt (vgl. VN-DOKUMENTE 1997 A/51/950; 1998 A/53/414; 2002 A/57/387; 2004 A/59/263). Ein integrativer Bestandteil dieser neugestalteten Personalregeln ist das Mobilitätsprogramm, wonach ein Posten nur für eine begrenzte Zeitdauer (in der Regel fünf Jahre) von einem Mitarbeiter besetzt werden kann. Spätestens dann muss ein mit oder ohne Ortsveränderung verbunde-

---

[160] *Annual review promotion system.*
[161] *Vacancy management system.*
[162] Die minimale zu absolvierende Dienstzeit pro Dienstgrad liegt bei zwei (P2-Level) bis fünf Jahren (P4- und P5-Ebene).

ner Stellenwechsel durchgeführt werden. Dadurch solle der geringen Mobilität im VN-Sekretariat entgegengewirkt werden (vgl. Kapitel 5.1 und 5.2.2; BOUAYAD-AGHA and HERNANDEZ 1996, S. 20). Die bis dahin geringe Anzahl an Stellenwechseln war sicherlich einerseits institutionell bedingt: So war es zeitweise in den 1980er Jahren nicht erlaubt, eine Positionsveränderung über Abteilungsgrenzen hinweg durchzuführen. Andererseits war ein Wechsel zwischen den Departments schwierig, weil vakante Stellen oftmals mit Personen aus der eigenen Abteilung besetzt wurden:

> Staff find it impossible to transfer from one department to another because departments favour what they refer to as their own staff (President of the New York Staff Committee, zitiert nach BOUAYAD-AGHA and HERNANDEZ 1996, S. 20).

Ein offener Wettbewerb um freie Positionen fand somit nur begrenzt statt, da externe Bewerber unabhängig von ihren Qualifikationen nicht berücksichtigt wurden. Folglich verliefen die meisten Karrieren im VN-Sekretariat zumindest vor der Reform in ein und derselben Abteilung:

> Es ist einfacher, im eigenen Department oder in der Regionalkommission eine Beförderung zu bekommen. Solange sie jemanden haben aus dem eigenen Bereich, ist die Tendenz, den oder die zu nehmen (ID 112).

Mit der Personalreform wurden auch die Zuständigkeiten in Hinblick auf Personalentscheidungen stärker dezentralisiert, indem den Direktoren der Hauptabteilungen (*Departments*) die Hauptverantwortung dafür übertragen wurde. Den damit intendierten Vorteilen einer integrativen und damit besser koordinierten Personalpolitik muss jedoch kritisch entgegengehalten werden, dass der steigende Einfluss der Vorgesetzten wiederum zu einem Bedeutungszuwachs an subjektiven Karrierefaktoren wie informellen Kommunikationsstrukturen führen kann (vgl. dazu Kapitel 5.2.3). Zugleich kann jedoch auch argumentiert werden, dass durch das dezentralisierte Personalauswahlsystem[163] individuelle Leistungen stärker berücksichtigt werden können, was jedoch nicht impliziert, dass das Senioritätsprinzip keine Gültigkeit mehr besitzt.

Die im Lauf des Untersuchungszeitraums variierenden Personalregeln des VN-Sekretariats haben sich je nach Epoche unterschiedlich auf die Karriereverläufe der VN-Angestellten ausgewirkt. So bestätigen die statistischen Daten die Vermutung, dass Mitarbeiter, die ihre Laufbahn bei den Vereinten Nationen bis Anfang der 1980er Jahre begonnen haben, in der Regel mehr Beförderungen erhalten haben als ihre Kollegen, die später angestellt wurden. Von den Personen, die bis einschließlich 1982 auf einer P2-Position ins VN-System eingestiegen sind, wurden 50%

---

[163] *New staff selection system.*

## 5.2 Erklärungsansätze 153

zwei Mal in ihren ersten zehn Dienstjahren befördert. Dagegen haben Mitarbeiter, die zu einem späteren Zeitpunkt rekrutiert worden sind, im Vergleichszeitraum zumeist nur einen vertikalen Aufstieg vollzogen.[164] Es lässt sich somit festhalten, dass die Karriereerwartungen der VN-Mitarbeiter in früheren Jahren (Dienstbeginn in den 1970er Jahren) besser waren als die der nachfolgenden Generationen. Zugleich hatten erstere Personen mehr Chancen, Leitungspositionen zu erreichen, als ihre später eingestiegenen Kollegen.[165] Eine Erklärung für diesen Generationeneffekt ist sicher die grundlegende Veränderung in den Beförderungsbestimmungen des VN-Systems. Ein Beispiel ist das 1981 eingeführte Stellenbewertungssystem, wonach Stellenwechsel eher von tätigkeitsbezogenen Erfordernissen als von der individuellen Leistungsfähigkeit der Mitarbeiter abhängen. In der Folge wurden Beförderungen sowie eine Laufbahnförderung der internationalen Bediensteten erschwert (vgl. GÖTHEL 2002, S. 162 ff.). Neben den Veränderungen in den Personal- und insbesondere Beförderungsbestimmungen waren sicher auch finanziell bedingte Regeländerungen wie der Stellenstop Ende der 1980er Jahre für die sich im Zeitverlauf veränderten Berufsverläufe von Bedeutung. In diesem Fall haben einige Mitgliedsstaaten durch politischen bzw. finanziellen Druck Einfluss auf die Personalpolitik des VN-Sekretariats genommen. Zudem hat ein weiteres personalpolitisches Grundprinzip des internationalen öffentlichen Dienstes Einfluss auf diesen Generationeneffekt im Berufsverlauf: die angemessene geographische Verteilung. Auf Grund der großen Diskrepanz zwischen Personalrepräsentanz und Sollstellenrahmen der BRD vor allem in den ersten Jahren der Mitgliedschaft bei den Vereinten Nationen waren Deutsche damals auf (fast) allen Ebenen unterrepräsentiert (vgl. Kapitel 4.1.1). Unter der Voraussetzung, dass die formalen Kriterien für eine Beförderung erfüllt waren, war es bis Anfang der 1980er Jahre demnach einfacher für Deutsche, in kürzerer Zeit als die nachfolgenden Generationen den nächsthöheren Dienstgrad zu erreichen.

Trotz der personalpolitischen Veränderungen ist das Dienstalter nach wie vor von Bedeutung bei der Stellenvergabe, insbesondere, wenn es sich hierbei um eine aufwärtsgerichtete Mobilität handelt. Dies zeigen auch die Ergebnisse einer VN-weiten Umfrage von 1995, wonach 20,1% der befragten VN-Mitarbeiter in der Seniorität einen Einflussfaktor auf Beförderungen im VN-System sehen (BOUAYAD-

---

[164] Modus: 55% (statistische Daten des Auswärtigen Amts). Auf Grund der Datenstruktur wurde nur die Einstiegsebene P2 zum Vergleich herangezogen, da die Daten nur den Zeitraum ab 1981 erfassen und demnach für diese ersten Generationen ein erhöhter Anteil an Mitarbeitern auf höheren Dienstgraden (ab P4-Ebene) zu verzeichnen ist. Dieser erklärt sich dadurch, dass diese Personen zum Zeitpunkt der ersten Datenerhebung bereits mehrere Jahre im VN-System tätig waren. Ein genereller, alle Dienstgrade umfassender Vergleich würde somit leicht verfälscht werden.

[165] Von den VN-Mitarbeitern, die 1981 bzw. 1982 eine P4- bzw. P5-Position inne hatten, haben 78,2% bzw. 85,7% mindestens eine weitere Beförderung erhalten. Bei den nachfolgenden Generationen waren es auf dem P4-Grad 62,5% und auf der P5-Ebene 50%, die noch mindestens eine vertikale Aufwärtsbewegung vollzogen haben.

AGHA and HERNANDEZ 1996, S. 14). Auch bei den Interviewprobanden der vorliegenden Studie lag der Wert derer, die das Dienstalter für ein entscheidendes Kriterium für vertikale Stellenwechsel halten, bei 20%. Viele VN-Mitarbeiter kritisieren vor allem die Dominanz dieses Prinzips gegenüber anderen Kriterien wie der Leistungsfähigkeit:

> Die Auswahl der Kandidaten, die dann für die Beförderung in Frage kommen, ist manchmal auch ein bisschen fragwürdig. Oft wird eben noch die Seniorität in den Vordergrund gestellt und im Grunde nicht der Beitrag, der geleistet wird, egal wie die Kompetenzen sind. Also das steht immer noch sehr stark im Vordergrund in der UNO. Es ist ein Problem, Leute auf höhere Posten zu setzen, die nicht ein bestimmtes Alter haben. Das wird auch ganz offen gesagt: Wir können die Stelle nicht mit jemanden besetzen, der nur dieses und dieses Alter hat. Die Kriterien sind manchmal noch sehr, sehr veraltet, wobei ich nicht sagen will, dass Seniorität nicht wichtig ist. Aber das soll sicher nicht ohne die Kompetenz als Kriterium betrachtet werden (ID 162).

> Das Sekretariat ist doch ein sehr erstarrter Beamtenstab. [...] So dass eigentlich dann dadurch eine gesündere, kompetitive Auswahl nicht stattfindet. Dass die Stelle halt jemand bekommt, weil er schon solange da ist. Jemand von außerhalb, der vielleicht qualifizierter ist, oder selbst von einer anderen Abteilung – der hat keine Chance (ID 66).

Neben der regulären Zeitdauer, die auf einem Dienstgrad mindestens verbracht werden muss, gibt es im VN-System auch die Möglichkeit einer beschleunigten Beförderung[166]. Im VN-Sekretariat basiert dieses Prinzip auf festgelegten Dienstjahren pro Besoldungsgruppe. Diese liegen unter den für Beförderungen üblichen Zeitspannen und erklären die teilweise geringe Anzahl von Jahren zwischen zwei vertikalen Aufwärtsbewegungen in den Karriereverläufen der VN-Mitarbeiter. Da es in dieser Organisation im Gegensatz zu UNDP außer der obligatorischen Dienstzeit keine weiteren Richtschnüre für diese Beförderungspraxis gibt, ist letztere folglich für mangelnde Transparenz und Chancenungleichheit in Abhängigkeit von Kontakten zu den Entscheidungsträgern zu kritisieren. Der vertikale Karriereverlauf hängt hier verstärkt von informellen Faktoren wie Netzwerken ab (vgl. Kapitel 5.2.3). Im Entwicklungsprogramm der Vereinten Nationen gibt es dagegen festgelegte Kriterien, welche die Grundlage für eine beschleunigte Beförderung bilden: Dies sind zum einen die bisher erzielte Leistung und zum anderen die Fähigkeit, die mit dem nächst höheren Dienstgrad verbundenen Verantwortungsbereiche übernehmen zu können (BOUAYAD-AGHA and HERNANDEZ 1996, S. 19). Diese strukturellen Gegebenheiten tragen dazu bei, dass der institutionelle Kontext von UNDP aufwärtsgerichtete Karrieren begünstigt, indem die Mitarbeiter in ihrem Berufsverlauf Aussichten auf eine ungleich höhere Anzahl an Beförderungen haben als ihre Kollegen in anderen Einheiten des VN-Systems (vgl. Kapitel 5.1.2). Grundlage für das Privileg der beschleunigten Beförderung ist im Entwicklungsprogramm

---

[166] *Accelerated promotion.*

der Vereinten Nationen also die Leistung der Mitarbeiter. Generell, so lässt sich feststellen, ist die Möglichkeit der vorgezogenen Höherstufung aber ein Mittel, das die Bedeutung des Dienstalters zugunsten anderer Faktoren wie Kompetenzen einschränkt. Sind letztere jedoch nicht objektiv und einheitlich geregelt, nehmen stattdessen informelle Größen ihren Platz ein, wodurch nicht notwendigerweise die Leistungsbereitschaft des VN-Personals gefördert wird.

Die starke Regulierung der Stellenwechsel und damit der Karriereverläufe der VN-Mitarbeiter dient insgesamt dem Ziel, formale Chancengleichheit für alle Angestellten zu wahren. Obgleich das Leistungs- und Eignungsprinzip laut Charta der Vereinten Nationen das Hauptkriterium bei der Personalauswahl ist, wird dieses in der Praxis meist den Prinzipien der gleichmäßigen geographischen Verteilung und des Dienstalters untergeordnet. Die Chancengleichheit bei Stellenbesetzungen hängt somit in erster Linie von den beiden letztgenannten Kriterien und nicht notwendigerweise von der Qualifikation oder der Mobilitätsbereitschaft – eines der in der Personalreform niedergeschriebenen obligatorischen Kriterien – eines Mitarbeiters ab:

*Wie würden Sie die Möglichkeiten einschätzen, im VN-System einen Stellen- oder Ortswechsel durchzuführen?* Hindernisse gibt es einerseits im Regelbereich, wo irgendwelche starren Hindernisse bestehen. [...] Ein solches Erschwernis hat z.B. auch mit der Mobilitätsfrage zu tun, dass die Personalabteilung in der Regel entdeckt hat, nach der ich fünf Jahre in meiner Ursprungsabteilung hätte bleiben müssen. Die Verwaltung versucht, diese Regel durchzusetzen, so dass ich für das verbleibende Jahr eigentlich zurückgehen sollte. Ich habe schon viel Energie, Zeit und andere Leute darauf verwendet, die Personalfachleute davon zu überzeugen, dass ich nicht dahin zurück sollte. Zumal die Abteilung, von der ich ursprünglich kam, gar nicht darauf besteht, dass ich zurück komme. Ich habe verschiedene Erklärungen dafür gehört. Eine Erklärung ist, dass man in das Personal investiert in dieser Abteilung und daher auch das Personal halten will. Eine andere Erklärung sagt, da ich aus dem Dolmetscherumfeld komme, dass man da die geographische Balance stören würde bzw. dass eben verschiedene Länder versucht hätten, Leute durch die Hintertür ins System zu bringen, was gerade zu Zeiten des Kalten Krieges wohl gang und gäbe war. Jemand, der auf einem Posten für Sprachpersonal sitzt, darf eben in den ersten fünf Jahren nicht wechseln (ID 103).

Ich habe letztes Jahr versucht, mich auf eine Stelle in Addis Abeba zu bewerben. Das ist mir schon auf Grund wahnwitziger Regeln nicht geglückt, weil es wohl eine Regel gibt, die ich vorher gar nicht kannte, dass man 24 Monate in seiner jetzigen Stelle gewesen sein muss, bevor man sich auf eine Stelle außerhalb seines Departments bewerben darf. *Was ist die Idee hinter dieser Regelung?* Ich denke, die Idee dahinter ist, dass man halt verhindern möchte, dass Leute zu schnell wechseln. Nur die Regel ist halt so strikt. Ich hatte im Prinzip den gleichen Vorgesetzten für vier Jahre, meine P3-Stelle hatte ich zwar offiziell erst für 15 Monate, aber ich habe im Prinzip ähnliche Arbeit gemacht wie vorher. Mein Chef hat sogar noch eine E-Mail an OHRM [Personalabteilung] geschickt und hat gesagt, dass er nichts gegen einen Wechsel hat. Aber das interessiert die halt nicht. Die Regel heißt 24 Monate und die haben mir auch gesagt, sie machen keine Ausnahme. Obwohl sie da schon arg ins Wanken gekommen sind (lacht) (ID 86).

Dies behindert nicht nur geeignete Mitarbeiter in ihrem individuellen Karriereverlauf, sondern führt auch zu einem Frustrationseffekt bei diesen Personen, der letztendlich zu einem Exodus an qualifiziertem Personal aus dem VN-System führen kann (vgl. Kapitel 6.1.2 ). Zudem scheinen diese starren Regeln das intendierte Ziel der Personalreform, die Mobilität des Personals im VN-Sekretariat nicht nur zu fördern, sondern zu fordern, zu konterkarieren. Angesichts der offenkundigen Schwierigkeiten, (geeignetes) Personal für periphere Standorte wie Addis Abeba zu gewinnen, ist es unverständlich, dass der gewünschte Stellenwechsel (vgl. ID 86) dorthin auf Grund der Dienstaltersregel nicht vollzogen werden konnte.

Das Prinzip der gleichmäßigen geographischen Repräsentanz hat wie bereits argumentiert einen entscheidenden Einfluss sowohl bei der Rekrutierung als auch bei der Stellenvergabe im weiteren Berufsverlauf im VN-System. Dieses hängt zum einen von der Nationalität des Bewerbers und zum anderen von den Beiträgen des jeweiligen Mitgliedslandes, eines der Hauptkriterien für die Festsetzung des Sollstellenrahmens, ab. Da das Hauptkennzeichen der Untersuchungsgruppe dieser Studie die gemeinsame deutsche Nationalität ist, wird auf einen zwischenstaatlichen Vergleich an dieser Stelle verzichtet. Der Einfluss der Personalquote auf die Stellenvergabe kann je nach dem Verhältnis von Personalrepräsentanz zum Sollstellenrahmen vorteilhaft oder hinderlich für eine Positionsveränderung sein. Dabei ist nicht nur die Makroebene, also das VN-weite Gesamtverhältnis, von Bedeutung, sondern auch die Mikroebene, also die Zusammensetzung einer Abteilung:

> Was auch eine Rolle bei der Postenbesetzung spielt, ist die nationale Zusammensetzung einer Abteilung. Ein oder zwei Mal habe ich mich erst gar nicht beworben, weil ich wusste, das war eine kleine Einheit und da waren schon Deutsche (ID 112).

Die Chancen für einen (vertikalen oder horizontalen) Stellenwechsel in eine Abteilung hängen also auch vom jeweiligen Personalanteil von Kollegen der gleichen Nationalität dort ab. Hierbei muss sicherlich zwischen Nicht-, Unter- und Überrepräsentanz unterschieden werden, da die Nationalität nicht nur in Hinblick auf die gleichmäßige geographische Verteilung, sondern auch im Bezug auf Netzwerke von Bedeutung sein kann. Wenn also in einer Abteilung kein Deutscher tätig ist, kann dies zwar in Hinblick auf die geographische Repräsentanz ein Vorteil sein. Es kann jedoch zugleich insofern ein Nachteil sein, als dass keine nationalen Netzwerke oder Kontakte zu Landsleuten bestehen (vgl. Kapitel 5.2.3). Generell nimmt die Bedeutung des Nationalitätenproporzes mit steigender Hierarchie eher zu, was sich u.a. dadurch äußert, dass die Mitgliedsstaaten versuchen, vor allem Entscheidungen bezüglich der Besetzung von Leitungspositionen zu beeinflussen.

Der Einfluss der Mitgliedsstaaten auf die Personalpolitik der Vereinten Nationen ist ein nicht zu unterschätzender Faktor in Hinblick auf die Karrieren der internationalen Bediensteten. Obgleich in der CHARTA DER VEREINTEN NATIONEN (Artikel 100

(1)) festgeschrieben ist, dass „der Generalsekretär und seine Bediensteten [...] bei der Wahrnehmung ihrer Pflichten von einer Regierung [...] Weisungen weder erbitten noch entgegennehmen" dürfen, versuchen in der Praxis (fast) alle Mitgliedsstaaten, Einfluss auf die Personalpolitik der Vereinten Nationen zu nehmen:

> Dann hat man eben oft auf den hohen Stellen zuviel politischen Einfluss, Druck von den Mitgliedsländern. Das ist ja kein Geheimnis, das auch hier bei uns gerade zu spüren ist. Gerade D1- und D2-Stellen, die oberen sowieso. Da wird sehr viel Druck gemacht von den Ländern (ID 162).

Motive der Staaten für diese aktive Personalpolitik sind unter anderem, Einfluss auf die Ressourcenverteilung der Organisation zu nehmen und eigene loyale Mitarbeiter mit einer Stelle im VN-System zu belohnen (GÖTHEL 2002, S. 135). Die Interessen der Mitgliedsländer haben sich im Lauf des Untersuchungszeitraums auf Grund der sich veränderten politischen Umstände gewandelt (vgl. Kapitel 5.2.6). Unabhängig von der jeweiligen Epoche, so lässt sich feststellen, hängen die personalpolitischen Interventionen jedoch von der Stellenhierarchie ab. Während das Unabhängigkeitsprinzip auf den unteren und mittleren Hierarchieebenen des höheren internationalen öffentlichen Dienstes, also bei den Routineposten, von den Ländern eher gewahrt wird, erfolgt die Besetzung von Leitungspositionen, sogenannten politischen Positionen, nach nationalen Gesichtspunkten. So sind für eine Beförderung auf die Führungsebene Regierungskontakte unabdingbar:

> Auf den höheren Positionen war es so, dass man wusste, dass jemand nicht ASG werden konnte ohne die Unterstützung seiner Regierung. [...] Da ist man auf höheren Ebenen interessant für die Bundesregierung, das fängt bei D2 an. D2 geht gerade noch. Spannend wird's bei ASG und USG, da mischt man sich ein. [...] Also auf der Ebene ist Interesse da. Drunter ist man interessiert, aber da wird nicht viel Zeit eingesetzt, da auf Ebenen P2 bis D1 viel zu machen. D2 ist was anderes (ID 70).

> Natürlich ist eine Karriere immer auch mit Unterstützung aus der Heimat verbunden. Es kann sich erheblich auswirken, wenn Beförderungen anstehen oder wenn sich jemand auf eine andere Stelle im Haus bewirbt, dass die dann unterstützt werden. Ab einer gewissen Rangstufe ist das sogar unabdingbar (ID 139).

Die Unterstützung eines Kandidaten bei einer Bewerbung auf eine höhere Position durch seine Regierung bedeutet nicht automatisch, dass diese Mitarbeiter nicht kompetent sind. Vielmehr ist es einem Angestellten auch bei ausreichenden Qualifikationen fast unmöglich, einen politischen Posten ohne Fürsprache seines Landes zu bekommen. So scheinen für die Vergabe von Stellen auf der Leitungsebene weniger die individuellen Kompetenzen und Eignung eines Bewerbers, sondern vielmehr die Fähigkeiten der Heimatregierung im politischen Lobbyismus von Bedeutung zu sein. In diesem Zusammenhang bewerten die meisten Interviewpartner die

Performance der deutschen Regierung im Vergleich zu anderen Staaten als eher schlecht bis verbesserungswürdig:

> Und da hat man so das Gefühl, dass also manche andere Länder eigentlich mehr für ihre Förderung machen, als das die Deutschen hier tun. Ich weiß noch, vor ein paar Jahren war mal die stellvertretende Leiterin der Personalabteilung eine Deutsche. Die hatte damals schon gesagt, alle kämen, würden versuchen, sie zu überreden, so und so zu nehmen, so und so. Die Deutschen wären nie gekommen und das, obwohl sie Deutsche war. Das fand sie auch sehr seltsam (ID 66).

> Was immer auch ein Thema ist, ist, wie unterstützt eigentlich Deutschland die Deutschen. Ich kann mich eigentlich nicht beklagen, ich bin aber auch nie in einer Situation gewesen, wo ich unbedingt diese Unterstützung gebraucht habe. Aber ich denke, da gibt es mehr Möglichkeiten. Die Deutschen haben da mehr gemacht. Aber es ist immer noch so ein bisschen diese Schwerfälligkeit der Mechanismen, dass man nicht ganz genau weiß, wie unterstützen wir jetzt am besten, so dass es auch nicht zu auffällig wird (ID 65).

> Es ist ein offenes Geheimnis, dass z.B. Franzosen und Briten ganz hervorragend in diesem ‚Gewerbe' agieren (ID 156).

> Das ist das andere, wo es in Deutschland eben sehr stark dran hapert. [...] Deutschland zahlt seinen regulären Beitrag und möchte keinen Einfluss nehmen. Ja gut, dann können sie halt auch nichts bewirken. Das ist genau das, wo Amerika ganz berüchtigt dafür ist, dass es seinen regulären Beitrag nicht zahlt, aber massivsten Einfluss nimmt über extrabudgetary Funds, wo es ganz gezielt Geld irgendwo hinschiebt, aber sagt, ihr müsst fünf Leute von uns mit einstellen. Das sind so Sachen, welche die Deutschen eben nie geregelt kriegen (ID 79).

Auch wenn die Statuten die Einmischung der Mitgliedsländer in interne Angelegenheiten wie die Personalpolitik untersagen, üben die Staaten zumindest in einigen Fällen *de facto* Einfluss auf die Stellenvergabe aus. Für eine Karriere bis in die obere Leitungsebene des VN-Systems sind daher gute Beziehungen zur nationalen Regierung ein entscheidendes Kriterium.

Neben diesem Faktor hängt der Karriereverlauf der VN-Mitarbeiter auch vom Arbeitsbereich bzw. von der jeweiligen Spezialisierung ab. Der ursprünglichen Idee des unabhängigen internationalen öffentlichen Dienstes zufolge soll die internationale Funktionselite nicht auf Grund von Spezialkenntnissen, sondern nach Bildung, sozialer Stellung und persönlichem Potential ausgewählt werden, was sie zu universal einsetzbaren Generalisten macht (vgl. GÖTHEL 2002, S. 155). Bei der Konzeption dieses Berufsfeldes in der Gründungsphase der Vereinten Nationen war noch nicht absehbar, inwieweit sich das Aufgabenfeld dieser Organisation im Lauf der Zeit vergrößern würde. Um all diesen Anforderungen gerecht zu werden, wurde über den allseits einsetzbaren Generalisten hinaus auch spezialisiertes Personal benötigt. Folglich sind im VN-System heutzutage neben den Universalisten auch Experten für spezifische Tätigkeitsfelder angestellt. Besonders groß ist der Bedarf an

## 5.2 Erklärungsansätze

differenziertem Personal mandatsbedingt in den Sonderorganisationen. Aber auch im VN-Sekretariat gibt es zunehmend mehr Aufgabengebiete wie Statistik oder EDV, für die hochqualifizierte Fachkenntnisse notwendig sind.

Die Karriereentwicklung von Spezialisten wird zum einen durch die begrenzte Anzahl an Stellen in den jeweiligen Fachbereichen beeinflusst. Dadurch werden Stellenwechsel erschwert und eine vertikale Laufbahnentwicklung ist meist nur durch die Aufwertung der ursprünglichen Position oder durch eine ausgeklügelte Stellen- bzw. Personalpolitik des Leiters einer solchen Spezialabteilung möglich:

> Es gibt ja nicht so viele Stellen und er [der Chef] verschiebt halt gerne die Stellen hin und her, wo er sie gerade braucht, so dass er halt zwei P3-Stellen verschoben hat, eben in meine Abteilung (ID 86).

Dass mit zunehmender Hierarchie die Stellenpyramide dann noch schmaler wird, verringert zusätzlich die Karrierechancen von Spezialisten im fortgeschrittenen Berufsstadium:

> Statistik ist ein relativ spezialisiertes Feld, da wird es halt mit den Stellen mit aufsteigender Hierarchie immer schwieriger, weil die Stellen knapper werden und immer spezialisierter (ID 86).

Die im Berufsverlauf zunehmende Spezialisierung verbessert zwar einerseits die Aussicht auf zunehmende Verantwortung in der jeweiligen Fachabteilung, mindert aber gleichzeitig die Option, einen Tätigkeitswechsel im VN-System durchzuführen:

> Es gibt natürlich bestimmte Sparten. Und man ist eigentlich in jeder Sparte gefangen. Es gibt nur wenige, die ausbrechen (ID 122).
>
> *Wie bewerten Sie die Möglichkeit, im VN-System einen Stellenwechsel durchzuführen?* Gibt's natürlich. Ich weiß es nicht in meinem Fall. Man hat immer das Problem, wenn man irgendwie spezialisiert ist in einem Feld. Und ich habe natürlich auch noch keinerlei Erfahrung darin (ID 190).

Dass die Stellenwechselhäufigkeit und damit meist auch die fachliche Mobilität in den Sonderorganisationen gering sind, ist implizit. Überraschend ist dagegen, dass auch in einem eher generalistisch geprägten Arbeitsfeld wie dem VN-Sekretariat, insbesondere im Hauptquartier in New York, die Anzahl der Positionswechsel relativ gering ist. Neben der möglicherweise fehlenden Bereitschaft einiger Mitarbeiter, die Stelle zu wechseln, hat wie bereits argumentiert vor allem das institutionelle Umfeld einen Einfluss auf die (vertikale und horizontale) Mobilität.

*Arbeitsbedingungen*

Der organisationsspezifische Kontext – ein Einflussfaktor auf den Karriereverlauf der Angestellten im VN-System – wird nicht zuletzt auch durch das spezifische Arbeitsumfeld konstituiert. Letzteres variiert trotz der einheitlichen Personalregeln im VN-Sekretariat zwischen den verschiedenen Standorten. Die Existenz unterschiedlicher Arbeitsumfelder und Managementpraktiken an den verschiedenen Niederlassungen des VN-Systems lassen sich nicht nur durch die Organisationsstruktur, sondern vor allem durch den jeweiligen kulturellen Kontext eines Ortes erklären:

> Es ist auch immer noch so, dass der jeweilige Dienstort sehr stark von der Kultur geprägt ist. Bangkok ist einfach asiatisch. Es läuft schon anders, obwohl die Regeln dieselben sind, die Personalregeln und so. Auch zwischen New York und Genf sieht man das. Genf ist europäisch geprägt. New York ist sehr amerikanisch, dass man z.B. sein Mittagessen am Schreibtisch einnimmt (lacht) (ID 112).

Demnach hat sich in jedem Arbeitsort des VN-Systems ein jeweils spezifisches Umfeld, ein *genius loci* (PASCHKE 2002, S. 561), entwickelt. Da eine allumfassende Standortanalyse den Rahmen dieser Arbeit sprengen würde, werden hier nur einige ausgewählte Arbeitsorte zu einer vergleichenden Untersuchung der räumlichen Milieus herangezogen: New York und Genf als Standorte von Hauptquartieren bzw. großen regionalen Niederlassungen und einige exemplarische Feldstationen, die kleinere und periphere Arbeitsorte des VN-Systems repräsentieren. Die Ausführungen in diesem Abschnitt beziehen sich ausschließlich auf die berufsbezogenen Aspekte des räumlichen Umfelds. Auf die soziale Dimension des regionalen Kontexts wird in Kapitel 5.2.4 näher eingegangen.

Grundlegend spiegeln sich in der Verwaltungspraxis des VN-Systems verschiedene nationale Einflüsse wider. Der internationale öffentliche Dienst wurde bei seiner Schaffung maßgeblich von den Grundsätzen des britischen Beamtentums geprägt. Hinzu kamen mit der Gründung der Vereinten Nationen amerikanische Einflüsse, die GÖTHEL (2002) einerseits auf den Standort New York und den damit verbundenen hohen Anteil an einheimischen Ortskräften sowie andererseits auf den finanziellen Beitrag der USA und der darauf basierenden höchsten Personalquote zurückführt. Folglich ähnelt insbesondere das Arbeitsumfeld des VN-Sekretariats in New York einer US-Verwaltung:

> Jeder redet jeden mit Vornamen an, der Umgangston ist informell-locker, wodurch Hierarchiedenken jedoch keineswegs außer Kraft gesetzt wird; die Bürotüren stehen im Allgemeinen offen; das Verwaltungspersonal sitzt meist in sog. „cubicles", drangvoll engen Waben ohne jegliche Privatsphäre. Büromaterial und Geräteausstattung sind amerikanischer Provenienz (PASCHKE 2002, S. 561; Anführungszeichen im Original).

## 5.2 Erklärungsansätze 161

New York hat insofern einen besonderen Status, als dass es als Hauptquartiersstandort teilweise maßgebend für die Verwaltungspraxen an anderen Standorten und in anderen Organisationen ist. Da die strategischen Entscheidungen an diesem Ort gefällt werden, steht er in der Hierarchie der VN-Niederlassungen ganz oben.

Das Arbeitsumfeld im VN-Sekretariat in Genf ist auf Grund der geographischen Lage und der Historie der Stadt als Sitz des Völkerbundes verstärkt durch französische Einflüsse geprägt. Dies zeigt sich allein durch die verbreitete Anwendung des Französischen als Arbeitssprache. Zudem sind das Management eher konservativ und die darauf basierenden Umgangsformen formeller im Vergleich zu New York, was sich beispielsweise durch Defizite in der (horizontalen) Kommunikation äußert:

> Hier in Genf herrscht doch verglichen mit New York ein sehr konservativer und old-fashioned Managementstil. Ich war absolut geschockt, als sich hier jemand beklagte, als ich direkt zu einer Kollegin in einer anderen Abteilung gegangen bin, die auf meinem Level ist, ohne dass ich durch meine Chefin deren Chef kontaktiert habe. Er hätte sie sowieso fragen müssen. Dann kann ich auch direkt zu ihr gehen und brauche nicht erst die zwei P5-Mitarbeiter zu fragen. Ich dachte, das ist ein Witz, als er dann eine E-Mail an meine Chefin zurückgeschickt hat und sie hat das an mich weitergeleitet ohne Kommentar. Und als ich dann bei ihr im Büro war, sagte sie, man kann da nicht einfach ... Ich habe gesagt, ich war Chief Procurement Officer in einer Mission. Wenn ich bei jeder Frage zum Special Representative gegangen wäre, hätte ich meine Antworten nie gekriegt. Oder in New York die gleiche Sache. Selbst als ich P2 war. Wenn ich eine Frage hatte, dann bin ich zu den Leuten hin und wenn es ein D2-Direktor war oder ASG, das hat mich nicht gestört (ID 131).

Der Arbeitsalltag im Genfer Sekretariat ist also durch ein förmlicheres Benehmen gekennzeichnet. Darüber täuscht auch die im VN-System weitverbreitete Praxis des sich mit dem Vornamen Anredens nicht hinweg, die Status- und Hierarchiedenken keineswegs außer Kraft setzt (GÖTHEL 2002, S. 96). Das VN-Sekretariat in Genf ist somit ein Standort, welcher durch große Distanzen zwischen Angestellten und ihren Vorgesetzten, ein ausgeprägtes Hierarchiedenken sowie formelle Umgangsformen charakterisiert ist. Ob und welchen Einfluss diese Bedingungen letztlich auf die vertikale Karriereerwartung haben, lässt sich nur vermuten. Es wird aber angenommen, dass die geringe Anzahl an Leitungspositionen und die starke Formalisierung der (vertikalen) kollegialen Beziehungen eher als Hemmnis für die Laufbahnentwicklung der VN-Angestellten im VN-Sekretariat in Genf zu bewerten sind.

Angesichts der Vielzahl von in Genf ansässigen internationalen Organisationen kann man nicht von einem homogenen Arbeitsumfeld sprechen. Vielmehr ist jede Organisation durch ein spezifisches, durch das Mandat und die Strukturen bedingtes Arbeitsumfeld gekennzeichnet. In Genf spiegeln sich demnach viele Facetten des multilateralen Arbeitsfeldes wider.

Die Arbeitsbedingungen der bisher dargestellten Dienstorte New York und Genf unterscheiden sich zwar in einigen Punkten voneinander, sind jedoch der Untersuchungsgruppe dieser Studie auf Grund gemeinsamer kultureller Werte und Normen in ihren Umgangsformen eher vertraut. Die Anpassung an die beruflichen Praktiken an diesen Orten dürfte somit angesichts der eigenen kulturellen Prägung und auch wegen der bei den meisten VN-Angestellten vorhandenen Auslandserfahrung im Ausbildungsverlauf eher einfach sein. So haben beispielsweise 45,9% der Probanden der Online-Befragung in Nordamerika oder im europäischen Ausland studiert, wohingegen nur 3,4% der Befragten während ihres Studiums einen Aufenthalt in Asien, Afrika oder Südamerika absolviert haben.[167] Folglich sind möglicherweise nicht alle VN-Mitarbeiter ausreichend auf die ungleich schwierigeren Arbeitsbedingungen in Feldstationen, die in anderen Kulturkreisen liegen, vorbereitet. Hinzu kommt, dass viele Organisationen ihren Angestellten (zumindest in früheren Jahren) keine Trainings im Vorfeld von Feldaufenthalten angeboten haben:

> In den 1960er Jahren lief das so: Man kriegte seine Ernennung und dann wurde man in den Teich geschmissen. Vorbereitung auf G. gab's nicht. [...] Als wir nach G. gingen, hat man uns noch nicht einmal gesagt, dass wir Tropenkleidung brauchen. Da ist viel verbessert worden im Lauf der Jahre. Die Anstellungsbedingungen haben sich verbessert, finanziell. Vorbereitung ist nach wie vor miserabel. Das muss man selber machen. [...] Die UNO bietet da überhaupt keine Kurse für die Familie an. Es gab dann Eigeninitiativen, wie z.B. in P., als eine aktive Frauengruppe ein Handbuch herausgegeben hatte. Das war aber nichts, was systematisch von der UNO gemacht wurde (ID 70).

Die Organisationen haben mittlerweile erkannt, dass eine Vorbereitung auf einen Feldaufenthalt wichtig ist und dass diese insbesondere auch auf kulturelle Aspekte des neuen Arbeitsortes ausgerichtet sein sollte (vgl. UNITED NATIONS, OFFICE OF HUMAN RESOURCES MANAGEMENT 2005). Dementsprechend hat sich die Situation dahingehend gebessert, dass die Vereinten Nationen mittlerweile verschiedene Trainings und Workshops sowohl im Vorfeld als auch zu Beginn des Aufenthalts eines Mitarbeiters in einer Mission anbieten. Diese umfassen neben kulturellen auch familiäre Aspekte. Gleichwohl werden solche Workshops nicht überall angeboten. Im Sekretariat der Vereinten Nationen finden sie beispielsweise nur in New York statt, wo sich die zuständige Trainingsabteilung befindet. Für Mitarbeiter an anderen Standorten wie Genf, die in eine periphere Feldstation wechseln wollen, gibt es keine derartigen Kurse. Hier besteht sicherlich noch Verbesserungsbedarf seitens der Organisation. Zudem muss kritisch angemerkt werden, dass die Vereinten Nationen zwar erkannt haben, dass von einem Feldaufenthalt auch die Familie des jeweiligen Mitarbeiters betroffen ist, dass es aber keine expliziten Trainings für

---

[167] Auf Grund der Datenstruktur können hier nur Aussagen zu den Studienorten getroffen werden. Es lässt sich jedoch aus den vertiefenden Interviews ableiten, dass über diese Personen hinaus noch weitere Befragte Erfahrungen im außereuropäischen bzw. nordamerikanischen Raum beispielsweise in Form von Praktika gemacht haben.

Familienmitglieder gibt. Meist ist es den betroffenen Angestellten und ihren Angehörigen selber überlassen, sich auf den Aufenthalt in einer Mission vorzubereiten (vgl. UNITED NATIONS, OFFICE OF HUMAN RESOURCES MANAGEMENT 2005, S. 17 ff.). Insgesamt lässt sich festhalten, dass Mitarbeiter mittlerweile deutlich besser von den Organisationen auf Feldaufenthalte vorbereitet werden als zu Beginn des Untersuchungszeitraums. Gleichwohl gibt es noch dahingehend Verbesserungsbedarf, dass über die New Yorker Mitarbeiter hinaus alle internationalen Bediensteten und ihre Familien die Möglichkeit haben sollten, an spezifischen Trainings und Workshops teilzunehmen.

Kenntnisse des kulturellen Kontexts eines Arbeitsortes sind insofern wichtig, als dass die herrschenden Umgangsformen im Arbeitsalltag auch vom regionalen Umfeld geprägt werden. Und da können durchaus Unterschiede zwischen dem Werteverständnis eines deutschen VN-Angestellten und Vertretern des Gastlands auftreten, die auf einer „kulturellen Distanz" der zwei Personen basieren (MAYRHOFER 1996, S. 269). Ein Beispiel ist die Rollenverteilung der Geschlechter. Während in Amerika und in Europa Frauen nicht nur berufstätig, sondern zunehmend auch in Leitungspositionen tätig sind, ist insbesondere letzterer Aspekt in anderen Ländern wie Afghanistan zumindest unter den einheimischen Frauen nicht üblich. Bei einer Tätigkeit in diesem Land kann sich der Faktor Geschlecht durchaus auf den Arbeitsalltag auswirken, beispielsweise auf die Arbeitspraktiken oder die Hierarchiebeziehungen:

> Also ich denke, dass der Kulturraum, in dem sich die Leute befinden, auch die Arbeit im Büro beeinflusst. Also von den kulturellen Einflüssen her. Dass man in Afghanistan zum Beispiel nicht so als Frau arbeiten kann, wie man das in New York, in England oder in Genf macht. Obwohl ich da persönlich gar keine Schwierigkeiten hatte, weil da auch lokale Mitarbeiter arbeiten. Da wird einem dann diese Kultur schon irgendwie eingeflößt. Also, ich war damals in einer privilegierten Stellung als Sektionsleiterin. [...] In der Mission wird schon darauf Wert gelegt, dass man sich politisch korrekt verhält und die Tradition und Religion des Gastlandes nicht verletzt, ganz klar. Und längerfristig kann das schon auch so einen mentalen Einfluss auf dich nehmen, dass du dich dann wirklich auch in deinem Managementstil anders verhältst. Wie gesagt, ich war da in einer privilegierten Stellung als Chefin. Wenn einer nicht parierte, dann habe ich mit dem ein Tönchen geredet. Wobei meine internationalen Mitarbeiterinnen, eine kam aus Asien, die haben teilweise andere Erfahrungen gemacht. Die afghanischen Männer, die da arbeiteten, die waren schon so ein bisschen, so, du bist nicht mein Chef. Und da musste ich erst mal erklären, sie ist zwar nicht der Chef der Abteilung, aber sie hat hier ihren bestimmten Bereich und wenn sie Anordnungen gibt, dann müsst ihr die ausführen (ID 131).

> Wenn sie als Europäerin nach Bangkok kommen, das war mir auch klar, das wirkt nicht unbedingt gut. [...] Die Geschlechter sind sehr viel getrennter als hier [in New York] zum Beispiel. Es kam nicht vor, dass ein asiatischer Kollege mal gesagt hat, gehen wir zusammen Mittagessen, während die Deutschen haben das gemacht. Der informelle Kontakt, da gab es ganz andere Regeln. Wir waren damals auch nur zwei Frauen unter den Professionals. Das ist natürlich auch zwanzig Jahre her. Als es z.B. um eine Dienstreise ging, ach du meine Güte,

und mein Vorgesetzter, ein 55 Jahre alter Inder, mich fragte, ja und können sie das denn so ganz alleine machen. Und da habe ich gedacht, ich reise alleine durch die Welt, seit ich 16 oder 17 bin. Das ist dann schon hinderlich, wenn einem bestimmte Sachen nicht zugetraut werden (lacht). Auf der anderen Seite, der Abteilungsleiter war auch ein Inder, aber der hat lange in New York gelebt, da war das kein Problem. Der hat dann ziemlich schnell gesehen, dass ich was kann. Das hat dann wieder auf andere Art zu Problemen geführt, wenn der unmittelbare Vorgesetzte nicht so gut war und der Abteilungsleiter mich unterstützt hat, zumindest was inhaltliche Sachen anging. In einer hierarchischen Bürokratie kann das zu Situationen führen, die nicht so vorteilhaft sind (ID 112).

Das Geschlecht kann sich wie andere soziodemographische Faktoren (z.B. Alter) je nach räumlich-kulturellem Umfeld unterschiedlich auf den Arbeitsalltag, aber auch auf die Berufslaufbahn auswirken. Um Variationen in der vertikalen Karriereentwicklung auf Grund unterschiedlicher kultureller Kontexte zu minimieren bzw. eine möglichst objektive Personalbeurteilung zu erreichen, ist sicher die Fähigkeit zu interkultureller Kommunikation von entscheidender Bedeutung.[168] Folglich wird diese Kompetenz bei der Einstellung in den internationalen öffentlichen Dienst bei den Bewerbern vorausgesetzt (vgl. Kapitel 4.2.2). Gleichwohl können auch interkulturell bedingte Missverständnisse im Arbeitsalltag der Mitarbeiter der Vereinten Nationen auftreten:

Nach einer gewissen Zeit kann man das einschätzen, aber am Anfang habe ich auch Sachen gemacht, bei denen mir nicht klar war, dass die das anders sehen. Man hat zum Beispiel die Sekretärinnen geteilt (lacht). Die hat immer meine Sachen zuletzt gemacht. Dann habe ich mal mit ihr geredet und es hat nichts gebracht. Und dann habe ich das schriftlich gemacht und das macht man offensichtlich nicht (lacht), weil negative Sachen in asiatischen Gesellschaften nie offen angesprochen werden. Sich schriftlich beschweren, das macht man nicht, das lernt man dann. Und dann haben sie mir, es gab ein paar männliche Sekretäre, einen von denen gegeben (ID 112).

Auch wenn die Fähigkeiten zur interkulturellen Kommunikation nach dem Übergang in eine fremde Kultur mit zunehmender Berufserfahrung in diesem Umfeld in der Regel verbessert werden, so sollte ein VN-Mitarbeiter mit Blick auf die eigene subjektive Arbeitszufriedenheit immer versuchen, mögliche Sprach- und Kommunikationsbarrieren durch kulturelle Anpassung zu überwinden. Funktioniert die interkulturelle Verständigung, werden sich auch die positiven Auswirkungen eines internationalen Kollegiums bemerkbar machen. So kann beispielsweise durch die Vielfalt an Erfahrungen, Sichtweisen und Bewertungsschemata eines internationalen Arbeitsumfelds auch die Kreativität und damit die Leistungsfähigkeit einer Abteilung gesteigert werden. Dies kann sich wiederum vorteilhaft auf die Karrieren der Mitarbeiter auswirken. Es lässt sich somit festhalten, dass auch die kulturelle

---

[168] Zur interkulturellen Kommunikation im Arbeitsalltag gibt es eine Fülle von Literatur, auf die hier weiterführend verwiesen wird (vgl. z.B. GARDNER 1962; SHAW 1990; ADLER 1991; HOFSTEDE 1978a, 1978b, 1983a, 1989, 1991, 2001; BOLTEN 1995; BENEKE 1998; BEAMER and VARNER 2002).

Zusammensetzung einer Abteilung zur Gestaltung eines spezifischen beruflichen Umfelds beiträgt. Eine besondere Stellung hierbei nehmen die Führungskräfte ein, da das Arbeitsumfeld im VN-System insbesondere von der regionalen Herkunft eines Managers geprägt wird.[169] Führungsstile sind demnach genauso kulturell bedingt wie die Fähigkeit zu kochen (LAURENT 1983, S. 77). Dies zeigt sich vor allem bei einem personellen Wechsel an der Führungsspitze einer Organisationseinheit, welcher eine Veränderung der bisherigen Strukturen und Praktiken mit sich führt (vgl. DAVIES 2002, S. 71 ff.).

Die unterschiedlichen Arbeitsbedingungen an den jeweiligen Einsatzorten spiegeln sich auch in den Ergebnissen der Online-Befragung wider. So fiel die Bewertung verschiedener Aspekte des beruflichen Umfelds durch die Probanden je nach Arbeitsort durchaus unterschiedlich aus (vgl. Tab. 4, Tab. 5, Tab. 6 und Tab. 7).[170]

*Tab. 4: Wie bewerten Sie die Integration in der Abteilung am Arbeitsort? (N=156)*

| Arbeitsort | sehr schlecht | eher schlecht | eher gut | sehr gut | nicht zutreffend |
|---|---|---|---|---|---|
| New York | 4,1% | 14,3% | 28,6% | 53,0% | 0,0% |
| Genf | 0,0% | 8,3% | 39,6% | 52,1% | 0,0% |
| Rom | 3,6% | 10,7% | 60,7% | 25,0% | 0,0% |
| Feldstationen | 0,0% | 3,4% | 48,4% | 44,8% | 3,4% |

*Quelle: Online-Befragung*

*Tab. 5: Wie bewerten Sie die Teamarbeit am Arbeitsort? (N=156)*

| Arbeitsort | sehr schlecht | eher schlecht | eher gut | sehr gut | nicht zutreffend |
|---|---|---|---|---|---|
| New York | 10,2% | 22,4% | 42,9% | 24,5% | 0,0% |
| Genf | 2,1% | 19,1% | 46,8% | 32,0% | 0,0% |
| Rom | 7,1% | 39,3% | 39,3% | 14,3% | 0,0% |
| Feldstationen | 3,2% | 9,7% | 64,5% | 19,4% | 3,2% |

*Quelle: Online-Befragung*

---

[169] Zu den kulturellen Aspekten des Managements in Privatfirmen gibt es eine Reihe von Studien, deren Ergebnisse sich teilweise auch auf das VN-System übertragen lassen. Da eine ausführliche Diskussion an dieser Stelle jedoch zu weit führen würde, wird auf die einschlägige Literatur verwiesen (vgl. u.a. HOFSTEDE 1983b, KENNEDY and EVEREST 1991, LAURENT 1983, FUNAKAWA 1997; APFELTHALER 1999; ELASHMAWI et al. 1999; HOLDEN 2002).

[170] Diese Bewertungen beziehen sich auf das gesamte VN-System.

*Tab. 6: Wie bewerten Sie die Arbeitsweise Ihrer Abteilung am Arbeitsort? (N=156)*

| Arbeitsort | sehr schlecht | eher schlecht | eher gut | sehr gut | nicht zutreffend |
|---|---|---|---|---|---|
| New York | 16,3% | 24,5% | 49,0% | 10,2% | 0,0% |
| Genf | 4,3% | 26,1% | 58,7% | 10,9% | 0,0% |
| Rom | 14,3% | 53,6% | 21,4% | 10,7% | 0,0% |
| Feldstationen | 6,4% | 22,6% | 58,1% | 9,7% | 3,2% |

*Quelle: Online-Befragung*

*Tab. 7: Wie bewerten Sie die Arbeitsplatzausstattung am Arbeitsort? (N=156)*

| Arbeitsort | sehr schlecht | eher schlecht | eher gut | sehr gut | nicht zutreffend |
|---|---|---|---|---|---|
| New York | 14,3% | 26,5% | 44,9% | 14,3% | 0,0% |
| Genf | 6,5% | 26,1% | 47,8% | 19,6% | 0,0% |
| Rom | 3,6% | 21,4% | 64,3% | 10,7% | 0,0% |
| Feldstationen | 9,7% | 16,1% | 58,1% | 12,9% | 3,2% |

*Quelle: Online-Befragung*

Bei den Ergebnissen fällt auf, dass sowohl die menschlichen als auch die materiellen Aspekte des Arbeitsumfelds überwiegend positiv bewertet wurden. Gleichwohl zeigt sich, dass der Anteil der eher unzufriedenen VN-Mitarbeiter stärker an den Standorten in New York und in Rom zu finden ist. Dabei überrascht es weniger, dass die Mitarbeiter, die mit Faktoren wie Teamarbeit und Integration in der Abteilung eher schlechte Erfahrungen gemacht haben, verstärkt am ersteren Standort tätig sind:

> Hier [in New York] ist das so eine isolierte Tätigkeit. Ich sitze am Schreibtisch und ich könnte auch genauso gut in Genf sitzen und das ganze, was ich mache, über den Computer abwickeln. Es ist wenig interaktiv hier (ID 128).

Mögliche Erklärungen sind sicher der hohe Stellendruck im Hauptquartier und die Karriereaspirationen der Angestellten. Wie hingegen der hohe Anteil an unzufriedenen Mitarbeitern in Rom erklärt werden kann, darüber können auf Grund der Datenstruktur nur Vermutungen angestellt werden.[171] Es lässt sich jedoch feststellen, dass es eine 96,8%-ige Übereinstimmung zwischen diesem Arbeitsort und dem dort ansässigen Arbeitgeber, der FAO, gibt.[172] Die Ursachenforschung muss daher die

---

[171] Es wurden in dieser Studie keine weiterführenden Interviews mit VN-Angestellten in Rom geführt (vgl. Kapitel 3.4.1), mit deren Hilfe dieses Ergebnis hinterfragt hätte werden können.
[172] Online-Befragung.

## 5.2 Erklärungsansätze

Analyse des organisationsspezifischen Umfelds mit einschließen. Es wird angenommen, dass einige der New York-spezifischen Erklärungen auch für Rom zutreffen, da es ebenfalls Hauptquartiersstandort ist. Als Hauptbegründung wird jedoch eher das spezifische Arbeitsfeld der FAO vermutet, das stark auf die Forschung ausgerichtet ist (vgl. www.fao.org, Stand: 30.10.2006). Zumindest einige Bereiche dieses Tätigkeitsbereichs sind wiederum eher durch individualistische als durch gruppenorientierte Arbeitsweisen geprägt, was die eher schlechten Erfahrungen der VN-Angestellten in Rom mit Teamarbeit erklären könnte.

Vergleicht man die Bewertungen der Probanden in Genf und New York, zeigt sich, dass die Mitarbeiter in Genf bessere Erfahrungen mit den Aspekten Teamarbeit und Arbeitsweise der Abteilung gemacht haben. Dies steht jedoch nicht im Widerspruch zu den Einschätzungen der Führungsstile an diesen beiden Standorten (vgl. weiter vorn in diesem Abschnitt), weil das Online-Sample auch Angestellte anderer Organisationen des VN-Systems als des Sekretariats umfasst. Die Aussagen zu den Führungsstilen beziehen sich dagegen nur auf letztere Einrichtung. Betrachtet man bei den Bewertungen der Online-Befragung nur die Mitarbeiter des Sekretariats, wird deutlich, dass New York besser als Genf abschneidet.[173] Folglich kommen die guten Einschätzungen des Arbeitsumfeldes in Genf eher von Mitarbeitern anderer Organisationen wie der WHO.

Dass die Arbeitsplatzausstattung vor allem in New York als nicht zufriedenstellend empfunden wird, kann sicherlich auf die aus finanziellen Gründen teilweise maroden und veralteten Büros zurückgeführt werden. Auf Grund der seit Jahren angespannten Haushaltslage der Vereinten Nationen wurden nur die notwendigsten Investitionen in die Instandhaltung des Hauptgebäudes am East River getätigt (VN-DOKUMENTE A/49/560, A/50/753, MEZZALAMA 2001). Überraschend ist dagegen die überwiegend positive Bewertung der Arbeitsplatzausstattung durch die VN-Angestellten im Feld. Demnach sind die materiell geprägten Arbeitsbedingungen entgegen vieler Annahmen außerhalb des Hauptquartiers deutlich besser. Dass die Aspekte Teamarbeit und Integration in die Abteilung im Feld eine größere Bedeutung als an den größeren Standorten des VN-Systems haben, war schon auf Grund der Struktur dieser Niederlassungen erwartet worden. Zum einen trägt die eher geringe Größe der Feldstationen zu einem guten und kollegialen Arbeitsklima bei. Zum anderen fördert sicher auch die oftmals strukturell wie räumlich periphere Lage im VN-System den Zusammenhalt der Mitarbeiter in einer VN-Niederlassung:

---

[173] Die Integration in der Abteilung bewerten 75% der Genfer Mitarbeiter und 85% der New Yorker Angestellten des VN-Sekretariats positiv (Online-Befragung). Auch bei der Teamarbeit schneidet New York besser als Genf ab. Dass das VN-Sekretariat in New York bei den Bewertungen der Teamarbeit und der Integration in der Abteilung so gut abschneidet, liegt sicher daran, dass viele der Probanden Nachwuchskräfte sind. Folglich ist die Konkurrenzsituation zwischen Mitarbeitern (noch) nicht so ausgeprägt wie auf höheren Dienstgraden. Zudem sind die Anstellungsbedingungen im Sekretariat besser als bei UNDP in New York, wo es fast nur noch befristete Anstellungen gibt. Dies trägt auch zu einem eher durch Konkurrenz geprägten Arbeitsumfeld bei.

> Wenn man in einem kleinen Dienstort war, dann war man sehr viel eher zusammen, hat Zeit zusammen verbracht mit Picknick. In den großen Dienstorten wie Indien hat sich das Ganze verflüchtigt (ID 70).

> Je weiter man ins Feld geht, desto enger werden die persönlichen Beziehungen. Bei UNHCR weiß ich aus eigenen Erfahrungen, aber auch von anderen: Je bananenhafter das Land ist, desto mehr fühlen sich die Mitarbeiter zusammengeschweißt. Ich glaube, es ist dieser Aspekt, der viele dazu bewegt, sich freiwillig für so Einsatzorte wie Tadschikistan oder auch Irak zu bewerben (ID 128).

Die oft als sehr kollegial und familiär beschriebenen Umgangsformen in kleineren VN-Niederlassungen – auch zwischen Mitarbeitern und Vorgesetzten – tragen zwar zu einem guten Arbeitsklima bei, können aber die strukturellen Defizite hinsichtlich der Stellenverfügbarkeit nicht ausgleichen. Selbst bei einer guten beruflichen Beziehung eines Angestellten zu seinem Chef muss sich dies in peripheren Feldstationen nicht notwendigerweise positiv auf die vertikale Karriereentwicklung des ersteren auswirken, wenn keine Positionen auf höheren Dienstgraden zur Verfügung stehen.

Zusammenfassend lässt sich feststellen, dass Organisationen die „Rahmenbedingungen setzen, die für Karrieren förderlich oder hinderlich sein können" (ALLMENDINGER und MAYERHOFER 1998, S. 114). Diese Steuerungsmechanismen umfassen verschiedene Ebenen. Karrieren im VN-System werden demnach vom Stellengefüge, von der Personalpolitik und von den Arbeitsbedingungen dieser Organisation beeinflusst, wobei die beiden ersten Faktoren sicher von größerer Bedeutung für die Laufbahnentwicklung sind. Die Analyse der Stellenstruktur hat ergeben, dass neben der räumlichen und hierarchischen Verteilung der Positionen insbesondere das Verhältnis zwischen verfügbaren Stellen und Bewerbern von Bedeutung für die Berufslaufbahn im VN-System ist. Letzteres hängt vom Standort, vom Dienstgrad des Bewerbers, von der Dienstaltersstruktur des Personals sowie vom Budget und von der Personalpolitik der Organisation ab. Darüber hinaus wurde die Personalpolitik als entscheidender Einflussfaktor identifiziert, da sie die institutionellen Rahmenbedingungen bestimmt, unter denen Karrieren im VN-System ablaufen. Obgleich die Regeln sowohl im Zeitverlauf als auch zwischen den einzelnen Organisationen teilweise variieren, hängen die Personalauswahl, -ernennung und -beförderung grundlegend von folgenden Aspekten ab: Leistungsfähigkeit, Seniorität, gleichmäßige geographische Verteilung, Stellenbewertung, (berufliche) Spezialisierung sowie (politischer) Einfluss der Mitgliedsstaaten. Auf Grund der Veränderungen einiger dieser Faktoren im Untersuchungszeitraum wurde ein Generationeneffekt der Karriereentwicklung im VN-System identifiziert. Demnach waren die Laufbahnerwartungen der VN-Angestellten in den ersten Jahren der deutschen VN-Mitgliedschaft besser, weil schneller und höher, als die der nachfolgenden Kohorten. Die Analyse eines weiteren Einflussfaktors, der Arbeitsbedingungen, ergab, dass der jeweilige regionale bzw. kulturelle Kontext eines VN-Standortes zur Entstehung eines spezifischen Organisations- und Arbeitsmilieus beiträgt. Demnach werden die Arbeitsbedingungen in den kleineren Feldstationen von den VN-Angestellten als angenehmer empfunden als in den größeren Standorten, obgleich letztere in struktureller Hinsicht ein besseres Umfeld für eine vertikale Karriereentwicklung bieten. Ein VN-Mitarbeiter muss für sich dann die Entscheidung treffen, ob bessere Aufstiegschancen oder ein angenehmeres Arbeitsklima für ihn in seinem Berufsverlauf Priorität haben und sich unter anderem nach diesen Gesichtspunkten für oder gegen einen bestimmten Arbeitsort entscheiden. Das Arbeitsklima hat somit auch Auswirkungen auf den Karriereverlauf von VN-Mitarbeitern, indem es deren Aspirationen, Motivationen und Ziele sowie letztlich berufsrelevante Entscheidungen beeinflusst (ALLMENDINGER und MAYERHOFER 1998, S. 114).

### 5.2.2 Regionale Mobilität

Im Vordergrund des Interesses einer geographischen Arbeit, die sich mit Berufslaufbahn- und Karriereforschung beschäftigt, stehen der regionale Verlauf von Karrieren und die damit verbundenen räumlichen Mobilitätsvorgänge. Dieser Aspekt ist insofern von Bedeutung für die Laufbahnen von internationalen öffentlichen Bediensteten, als dass die Arbeitsmöglichkeiten in diesem Bereich nicht ubiquitär vorhanden, sondern durch die räumlichen Organisationsstrukturen der Vereinten Nationen langfristig vorgegeben und nicht veränderbar sind (Kapitel 2.2.3). Die Struktur des regionalen Arbeitsplatzangebots in diesem Tätigkeitsfeld setzt demnach räumliche Mobilität zumindest beim beruflichen Einstieg ins VN-System voraus. Obgleich angesichts der mannigfaltigen räumlichen und tätigkeitsspezifischen Einsatzgebiete der Vereinten Nationen zu erwarten gewesen wäre, dass Ortswechsel auch für den weiteren Berufsverlauf im internationalen öffentlichen Dienst von großer Bedeutung sind, gab es bereits bei der Beschreibung der Karriereverläufe im VN-System Hinweise darauf (Kapitel 5.1), dass der Grad regionaler Mobilität je nach Organisationskontext variiert.
Es stellt sich hier nun die Frage, wie sich die räumliche Mobilität bzw. Immobilität im Berufsleben auf die (vertikale) Laufbahnentwicklung der verschiedenen Karriereverläufe auswirkt. Diese Frage wird anhand eines Vergleichs der vertikalen Karriereentwicklung der verschiedenen, in Kapitel 5.1 identifizierten Karrieretypen beantwortet. Die bisherigen Aussagen in Hinblick auf die vertikale Laufbahnentwicklung der einzelnen Karrieren (vgl. Kapitel 5.1) bezogen sich jeweils auf die gesamte Dienstzeit der in den statistischen Daten erfassten VN-Mitarbeiter. Um einen objektiven Vergleich zwischen den einzelnen Laufbahnentwicklungen durchführen zu können, ist es erforderlich, die Karriereverläufe von zwei Fixdaten zu Grunde zu legen. Als zeitliches Kriterium bot sich auf Grund der Datenstruktur das Dienstalter an. Zum einen wurden die Positionen zum Zeitpunkt des beruflichen Einstiegs ins

VN-System differenziert nach den jeweiligen Karrieretypen dargestellt (vgl. Abb. 34). Als Vergleichswert wurde die hierarchische Stellenbesetzung des VN-Personals nach einer zehnjährigen Dienstzeit herangezogen (vgl. Abb. 35). Damit wurden zwei Diagramme geschaffen, die unabhängig vom absoluten Einstiegsdatum und von den variierenden Beschäftigungszeiträumen miteinander verglichen werden können. Bei der Gegenüberstellung dieser Daten muss allerdings beachtet werden, dass die Karrieren der VN-Angestellten nach zehn Jahren nicht unbedingt abgeschlossen sind. Somit muss bei der Interpretation bedacht werden, dass sich die Karrieren im darüber hinausgehenden Anstellungszeitraum vertikal noch weiter entwickeln können.[174] Das Dienstalter von zehn Jahren wurde deshalb als Vergleichswert gewählt, da der Zeitraum einerseits lang genug ist, um zumindest potentiell vertikale Stellenwechsel im VN-System durchführen zu können, und weil andererseits das Sample mit den VN-Angestellten noch ausreichend groß ist, um repräsentative Daten zu erhalten.

Der Vergleich der vertikalen Karriereentwicklungen nach zehn Dienstjahren zeigt, dass die Mitarbeiter des Entwicklungsprogramms der Vereinten Nationen nicht nur die höchste Anzahl an Beförderungen in diesem Zeitraum in Aussicht haben, sondern auch, dass die Karriereerwartungen in Hinblick auf das Erreichen einer Leitungsposition in dieser Organisation am größten ist. Zwar ist es nicht allen UNDP-Angestellten möglich, Führungsverantwortung zu übernehmen, jedoch haben UNDP-Mitarbeiter in der Regel zu einem früheren Zeitpunkt ihrer Karriere und mit größerer Wahrscheinlichkeit als ihre Kollegen im VN-Sekretariat die Möglichkeit, eine Leitungsposition zu besetzen.

Vergleicht man die Karriereentwicklungen von UNDP-Angestellten mit denen von Mitarbeitern der anderen in diesem Sample berücksichtigten Organisation mit einer Rotationspolitik (UNHCR) so sind die Aufstiegschancen letzterer Personengruppe ungleich schlechter. Denn sowohl die Anzahl der zu erwartenden Beförderungen im gleichen Zeitraum als auch die Aussichten auf das Erreichen der Führungsebene sind in dieser Organisation geringer als im Entwicklungsprogramm der Vereinten Nationen. Dieser Unterschied im vertikalen Karriereverlauf wird noch deutlicher, wenn man die Verteilung der Einstiegspositionen mit berücksichtigt: Demnach weist das UNHCR zu diesem Zeitpunkt einen ungleich höheren Anteil an Nachwuchskräften auf, während fast ein Drittel der UNDP-Angestellten als Fach- oder Führungskräfte einsteigt. Auf Grund der anfänglichen Positionsverteilung im Entwicklungsprogramm der Vereinten Nationen hätte man eigentlich eine geringere Anzahl an vertikalen Stellenwechseln in dieser Organisation erwarten können, da im Regelfall mit zunehmender Hierarchie die Aussichten auf eine Beförderung sinken. Entgegen dieser Vermutung ist die Chance auf einen Aufstieg des Personals im Allgemeinen und der Führungskräfte im Besonderen im UNDP größer als im

---

[174] Dieser Aspekt wurde bereits in den Karrieredeskriptionen der Kapitel 5.1.1, 5.1.2 und 5.1.3 berücksichtigt, indem jeweils die gesamte Dienstzeit betrachtet wurde.

## 5.2 Erklärungsansätze

UNHCR.[175] Gleichwohl besteht auch beim Hohen Kommissariat für Flüchtlinge der Vereinten Nationen prinzipiell die Möglichkeit, eine Leitungsposition zu erhalten. Voraussetzungen dafür sind in beiden Organisationen aber eine unbedingte Mobilitätsbereitschaft und Flexibilität seitens der Mitarbeiter, um die Rotationsanforderungen für die eigene (vertikale) Karriereentwicklung nutzen zu können, sowie das Durchhaltevermögen, über mehrere Jahre in einer Organisation mit teilweise unsicheren Beschäftigungsverhältnissen und mit Einsätzen in Krisenregionen tätig zu sein.

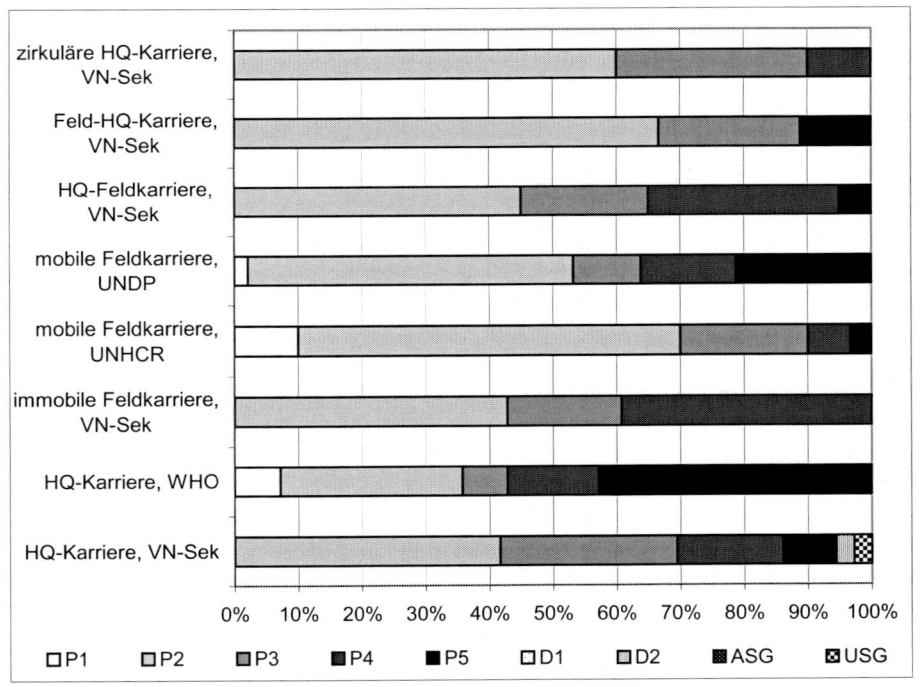

*Abb. 34: Position beim beruflichen Einstieg ins VN-System nach Karrieretypen (N=194)*
*Quelle: eigene Darstellung, basierend auf den statistischen Daten des Auswärtigen Amts*

---

[175] So haben 57% der UNDP-Mitarbeiter, die auf einer Leitungsposition angefangen haben, auch die obere Führungsebene (ab D1-Level aufwärts) erreicht. Von den UNHCR-Angestellten auf Leitungsebene haben dagegen nur 25% eine Position im oberen Management erhalten (statistische Daten des Auswärtigen Amts).

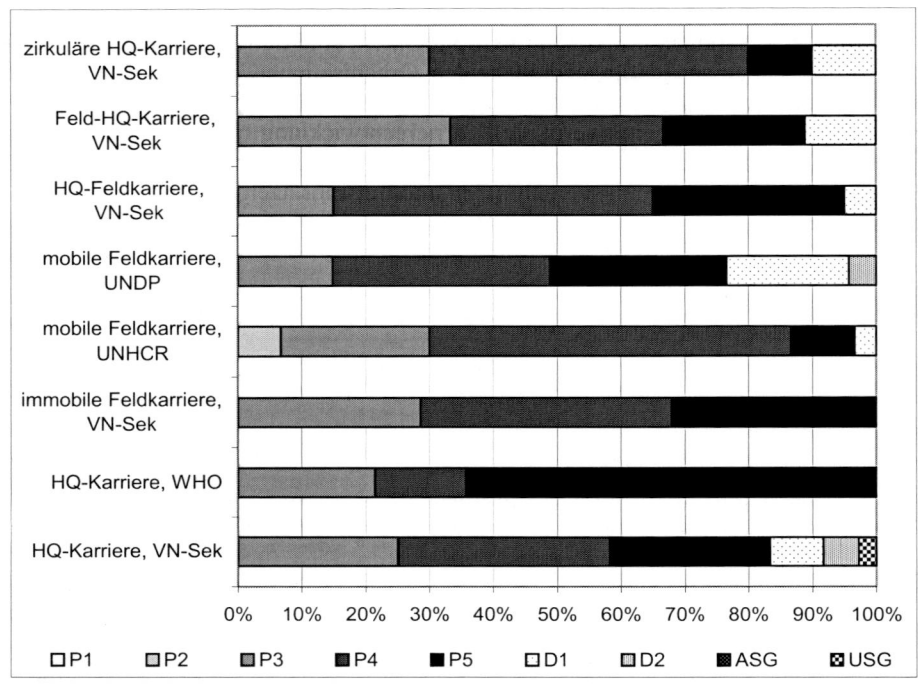

*Abb. 35: Position nach zehnjähriger Dienstzeit im VN-System nach Karrieretypen (N=194)*
*Quelle: eigene Darstellung, basierend auf den statistischen Daten des Auswärtigen Amts*

Angesichts der unterschiedlichen Karriereverläufe zwischen UNDP und UNHCR überrascht es nicht, dass auch die Bewertung des Einflusses der räumlichen Mobilität auf die berufliche Laufbahn zwischen Mitarbeitern dieser beiden Organisationen differiert. Während die Angestellten des Entwicklungsprogramms der Vereinten Nationen Ortswechsel uneingeschränkt für einen karrierefördernden Faktor halten, gibt es unter den Mitarbeitern des Hohen Kommissariats für Flüchtlinge der Vereinten Nationen durchaus auch einige (20%), die Mobilität als eher hinderlich für ihre Laufbahnentwicklung empfinden (Online-Befragung).

Obgleich die Karrieren im UNHCR und bei UNDP beide durch eine organisationsbedingte hohe Anzahl an Ortswechseln gekennzeichnet sind, resultieren daraus unterschiedliche vertikale Karriereverläufe. Da räumliche Mobilität in beiden Organisationen verpflichtend ist, müssen über diesen Faktor hinaus andere Aspekte wie die differierenden räumlichen Stellenstrukturen der Organisationen die Entwicklungen der mobilen Feldlaufbahnen beeinflussen (vgl. Kapitel 5.2.1).

Im VN-Sekretariat variieren die Laufbahnaussichten je nach Arbeitsort und Karrieretyp. Angesichts der Personalgrundsätze beginnt ein Großteil des Personals seine Laufbahn unabhängig vom Standort und vom Karrieretyp auf einer Nachwuchsposition (vgl. Kapitel 4.1.1). Der Einstieg auf eine obere Führungsposition erfolgt dagegen bedingt durch die Stellenstruktur nur im Hauptquartier des VN-Sekretariats. Infolge der fehlenden Alternativen außerhalb dieses Standorts verbringen die Angestellten des oberen Managements (ab Direktorenlevel) in der Regel ihre gesamte Karriere in New York. Generell bestehen innerhalb des Sekretariats der Vereinten Nationen im Hauptquartier die besten Aussichten, eine Position auf Leitungsebene zu erreichen (vgl. Abb. 35), wodurch sich auch der hohe Anteil an immobilen Mitarbeitern an diesem Standort erklärt.

Diejenigen Angestellten dagegen, die nach ihrem beruflichen Einstieg in der Zentrale in New York für einen begrenzten Zeitraum ins Feld gehen und dann ins Hauptquartier zurückkehren, haben im mittleren Hierarchiebereich prinzipiell gleichwertige Karrierechancen wie ihre immobilen Kollegen in New York. Auf Grund des geringen Samples für Mitarbeiter mit einer zirkulären Hauptquartiers-Feldkarriere können an dieser Stelle keine repräsentativen Aussagen zu den Karriereaussichten auf der oberen Führungsebene gemacht werden. Es wird jedoch vermutet, dass die Chancen, eine Leitungsposition zu erhalten, in Abhängigkeit von der Dauer der Abwesenheit etwas geringer sind als die der immobilen Kollegen in New York. In diesem Fall würde sich die räumliche Mobilität nachteilig auf die Karriere der Mitarbeiter mit einer zirkulären Hauptquartiers-Feldlaufbahn auswirken.

Für die Angestellten, die dauerhaft von New York ins Feld wechseln, hat der Ortswechsel je nach Stadium im Berufsverlauf einen unterschiedlichen Einfluss auf die Karriereentwicklung. Obgleich durch den Wechsel ins Feld potentielle Sackgassen in der Laufbahnentwicklung auf mittlerer Hierarchieebene (P3–P4) im Hauptquartier umgangen werden können, sind die Aussichten in Hinblick auf das Erreichen der Führungsebene außerhalb der Zentrale ungleich schlechter. Folglich ist für Mitarbeiter mit hohen Karriereaspirationen ein Wechsel vom Hauptquartier ins Feld nachteilig für die Laufbahnentwicklung. Es wird daher vermutet, dass auch andere als karrierebezogene Aspekte die räumliche Mobilität von der Zentrale einer Organisation ins Feld beeinflussen (vgl. Kapitel 5.2.4).

Während die räumliche Immobilität für die Angestellten im Hauptquartier des VN-Sekretariats karrierefördernd ist, ist sie für die Mitarbeiter, deren erster Arbeitsort im VN-System eine Feldstation ist, hinderlich in ihrer Laufbahnentwicklung. Dies hängt nicht zuletzt damit zusammen, dass ein Ortswechsel aus dem Zentrum weg ein (sozialer) Abstieg ist, während ein Umzug aus der Peripherie ins Hauptquartier einer internationalen Organisation meist mit einem (sozialen) Aufstieg verbunden ist. Sowohl im mittleren Karrierebereich als auch auf Führungsebene sind die Aussichten auf eine Beförderung für nicht-mobiles Feldpersonal ungleich schlechter als für ortsfeste Mitarbeiter in New York. Wechselt ein Angestellter des VN-Sekretariats im Berufsverlauf in die Zentrale, hat er in der Regel deutlich bessere Karrierechancen als die Kollegen, die im Feld bleiben. Hier wirkt sich der Ortswechsel positiv auf die Laufbahnentwicklung aus. Daher wird angenommen, dass räumliche Mobilität ins Hauptquartier meist aus Karrieregründen stattfindet.

Diese unterschiedlichen Zusammenhänge zwischen räumlicher Mobilität und Karriere spiegeln sich auch in den Ergebnissen der Online-Befragung wider (vgl. Abb. 36). Demnach bewerten viele Mitarbeiter des VN-Sekretariats im Feld (44%) als auch im Hauptquartier (46,7%) Ortswechsel nicht als vorteilhaft für die Laufbahnentwicklung. Während dieser Wert für die VN-Angestellten in New York nicht überraschend ist, lässt sich der relativ hohe Anteil von Mobilitätsskeptikern im Feld damit erklären, dass 66,7% dieser Probanden, denen zufolge Ortswechsel nicht karrierefördernd sind, in den Zentralen verschiedener zum Sekretariat gehörender Unterorganisationen, Programme und Fonds wie UNEP tätig waren. Insofern ist es aus deren Sicht analog zu den Hauptquartiersmitarbeitern in New York eher hinderlich für die Karriere, in eine Feldstation ihrer Organisation zu wechseln. Würden ihre Organisationen bei größeren Samples getrennt betrachtet werden können, würden diese Probanden auch unter Hauptquartierskarrieren subsumiert werden.

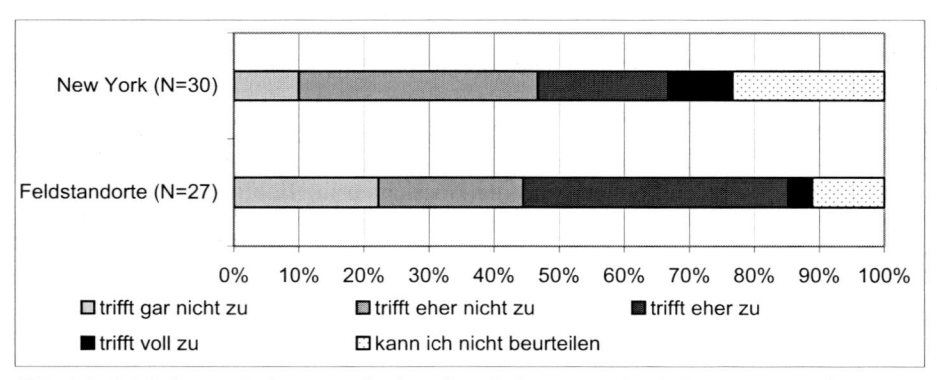

*Abb. 36: Mobilität als karrierefördernder Faktor im VN-Sekretariat nach Mitarbeitern im Hauptquartier und im Feld*
*Quelle: Online-Befragung*

Ob räumliche Mobilität positiv oder negativ bewertet wird, hängt neben dem Herkunfts- auch vom Zielort ab. Handelt es sich bei letzterem um eine Feldstation, ist ein Ortswechsel wie bereits argumentiert eher hinderlich für die Karriere. Analog wird angenommen, dass diejenigen Personen, die Mobilität für einen karriereför-dernden Faktor halten und in New York arbeiten, vorwiegend auf zirkuläre Hauptquartiers-Feldkarrieren abzielen. Bei Angestellten im Feld kann dagegen davon ausgegangen werden, dass Ortswechsel dann als positiv für die Laufbahn bewertet werden, wenn sie in die Zentrale erfolgen. Auffällig ist in dieser Abbildung auch der hohe Anteil an Probanden, welche die Bedeutung der räumlichen Mobilität vermutlich aus Mangel an Erfahrung nicht beurteilen können. Dies korrespondiert ebenfalls mit den Ergebnissen der statistischen Daten (vgl. Kapitel 5.1.1, 5.1.2).

Zusammenfassend kann räumliche Mobilität im VN-Sekretariat in Abhängigkeit vom Zielort karrierefördernd oder -hemmend wirken. Ersterer Fall tritt ein, wenn der (finale) Zielort das Hauptquartier in New York ist. Daher haben beispielsweise die zirkuläre Hauptquartiers-Feldkarriere und die Feld-Hauptquartierskarriere von den drei kombinierten Hauptquartiers-Feldkarrieren die besten Aussichten in Hinblick auf die vertikale Laufbahnentwicklung. Darüber hinaus hängt die Bedeutung regionaler Mobilität für den Karriereverlauf auch vom Herkunftsort ab. Ein Ortswechsel aus Luanda nach Rom wird sicherlich in Hinblick auf die Laufbahnentwicklung anders bewertet werden als ein Umzug von New York nach Rom. Während ein Weggang aus der Zentrale in der Regel eher hinderlich für den vertikalen Karriereverlauf ist, kann sich ein Wechsel aus einer kleineren Feldstation an den gleichen Ort durchaus positiv auf die Laufbahn auswirken.
Wie sich ortsfeste Karrieren in struktureller Hinsicht entwickeln, variiert je nach Standort. Das Hauptquartier in New York bietet ein gutes Umfeld für eine aufwärtsgerichtete Laufbahnentwicklung (vgl. Kapitel 5.2.1), weshalb es in Hinblick auf die Karriere eher von Vorteil ist, an diesem Ort zu bleiben. Angesichts der ungleich schlechteren strukturellen Bedingungen in Feldstationen kann es auch Nachteile für die Laufbahnentwicklung mit sich bringen, wenn ein Mitarbeiter seine gesamte Laufbahn an einem dieser Orte verbringt.

VN-Angestellte mit einer Hauptquartierskarriere bei der WHO haben in ihrer Laufbahn gute Chancen, einen Posten auf der unteren Leitungsebene zu erreichen. Dies liegt weniger an den strukturellen Aufstiegsmöglichkeiten in der Zentrale in Genf, als vielmehr daran, dass der berufliche Einstieg in diese Organisation typischerweise bereits auf mittlerer bis oberer Hierarchieebene erfolgt. Hierbei spielt regionale Mobilität keine Rolle. Nur wenige WHO-Angestellte führen in ihrer Berufslaufbahn bei dieser Organisation überhaupt einen berufsbedingten Ortswechsel durch. Dies liegt an der räumlichen Verteilung der Stellen, an der Personalpolitik der Organisation, wonach bei einem Wechsel in ein Regionalbüro keine Rückkehrgarantie in die Zentrale gegeben werden kann, und an den Vertragsstrukturen der Mitarbeiter. Demnach ist zumindest in den letzten Jahren der Großteil des Personals nur kurz- oder mittelfristig angestellt. Eine längerfristige Karriereplanung inklusive regionaler Mobilität wird dadurch erschwert.

Sowohl die Mobilitätsbereitschaft als auch die tatsächlich vollzogenen Mobilitätsvorgänge sind in den Hauptquartieren der Organisationen ohne Mobilitätsobligation ungleich niedriger als in den Organisationen mit Rotationspolitiken wie UNHCR. Die geringe Bereitschaft in den Zentralen der erstgenannten Organisationen, den Standort zu wechseln, hängt nicht zuletzt mit der Stellenstruktur und dem damit verbundenen Stellendruck an diesen Standorten zusammen (vgl. Kapitel 5.2.1). Zudem wurde zumindest im VN-Sekretariat bis zur Initiierung der Personalreform Ende der 1990er Jahre regionale Mobilität nicht notwendigerweise für die Karriereentwicklung honoriert:

> The United Nations does not use promotion as a reward to mobility, but mobility is a factor that may enhance the chances for promotions (BOUAYAD-AGHA and HERNANDEZ, S. 7).

Zwar bestand auch vor der Personalreform prinzipiell die Möglichkeit, dass Mobilität in Form einer vertikalen Aufwärtsbewegung anerkannt wurde. Die geringen Mobilitätsraten im Hauptquartier in New York und im VN-Sekretariat generell deuten jedoch darauf hin, dass Ortswechsel nur eine marginale Bedeutung in Hinblick auf die vertikale Karriereentwicklung hatten.

Angesichts der geringen Anzahl sowohl von Stellen- als auch von Ortswechseln im VN-Sekretariat, versucht der Generalsekretär nun durch die initiierte Mobilitätspolitik, wonach alle Angestellten alle fünf Jahre ihre Stelle wechseln sollen, die Mobilität und damit den Wissensaustausch zu fördern (vgl. VN-DOKUMENT 2002 A/57/387). Ob dies wirklich den Druck auf den einzelnen Positionen mindert, ist zwar anzuzweifeln, da sich dadurch ja nur die Mobilität zwischen den Stellen und nicht die Anzahl der Positionen an sich ändert. Die Stellenanzahl hängt von der finanziellen Ausstattung der Organisation und damit von den Beiträgen der Mitgliedsstaaten ab. Dass hier eine Aufstockung der Beiträge zum Zweck der Personalaufstockung stattfindet, ist angesichts der gegenwärtigen Diskussionen und Zahlungsmoral der Staaten eher unwahrscheinlich. Gleichwohl kann eine Erhöhung der Anzahl der Stellenwechsel aber zumindest den Austausch des Personals sowohl innerhalb des Hauptquartiers als auch zwischen der Zentrale und den Feldstationen fördern. Zugleich kann dadurch die subjektiv empfundene Karriere- und Arbeitszufriedenheit der Angestellten verbessert werden, indem in dem möglicherweise recht langen Zeitraum zwischen zwei Beförderungen laterale Stellenwechsel durchgeführt werden. Ob und wie sich die neuen Richtlinien auf die Karriereentwicklung der VN-Mitarbeiter auswirken, müsste in einer zukünftigen Studie untersucht werden.

Die Bedeutung der regionalen Mobilität für die Karriereverläufe der internationalen Bediensteten variiert im VN-System nach Organisationen. Diese Unterschiede werden auf die jeweiligen Personalpolitiken zurückgeführt, wobei sich zwei Typen von Organisationen identifizieren lassen:

- Organisationen mit Rotationspolitiken,
- Organisationen ohne Mobilitätsobligation.

Da im ersten Fall regionale Mobilität verpflichtend ist, sind Unterschiede in den Karriereverläufen der Mitarbeiter somit auf andere Variablen wie die räumliche Stellendistribution, berufliche Kontakte und private Beweggründe zurückzuführen (vgl. Kapitel 5.2.1, 5.2.3, 5.2.4). Bei Organisationen des zweiten Typs hängt die Bedeutung der Mobilität vom Standort ab. Hierbei gibt es insbesondere im VN-Sekretariat deutliche Unterschiede zwischen dem Hauptquartier einerseits und Feldstationen andererseits. Während sich regionale Mobilität bei Mitarbeitern in der Zentrale in der Regel nachteilig auf die vertikale Karriereerwartung auswirkt, es sei denn es handelt sich hierbei um eine zirkuläre Wanderung, ist sie für VN-Angestellte im Feld dann vorteilhaft für die Laufbahn, wenn der Zielort des Ortswechsels das Hauptquartier ist. Da die letzteren Mobilitätsvorgänge meist schwierig zu erreichen und daher selten sind, lässt sich also schlussfolgern, dass regionale Mobilität im Sekretariat der Vereinten Nationen, insbesondere in der Zentrale, kein karrierefördernder Faktor ist. Letzteres Ergebnis scheint zunächst den Erkenntnissen einiger Studien über die Migration von Hochqualifizierten in anderen Wirtschaftssektoren, nach denen erfolgreiche Karrieren meist mit hoher regionaler Mobilität verbunden sind (vgl. z.B. BEAVERSTOCK 1994; MEUSBURGER 1990; SALT 1988; WEICK 1995), zu widersprechen. Bei differenzierter Betrachtung zeigt sich allerdings, dass der berufliche Erfolg in diesen Bereichen oft mit einem Wechsel ins Zentrum verbunden ist, was dem räumlichen Verlauf der immobilen Hauptquartierskarrieren in dieser Studie entspricht. Mitarbeiter mit dieser Laufbahnentwicklung vollziehen mit dem beruflichen Einstieg ins VN-System einen regionalen Mobilitätsvorgang direkt ins Zentrum dieser internationalen Organisation.

### 5.2.3 Informelle und kommunikative Karrierestrukturen

Die berufliche Laufbahn eines Akteurs kann nicht nur als Ergebnis der Handlungen einer auf sich allein gestellten einzelnen Person verstanden werden (GRANOVETTER 1992). Vielmehr ist ein VN-Mitarbeiter ein in Beziehungsgeflechten organisiertes und sozial beeinflusstes, jedoch nicht sozial determiniertes Individuum (BRANDT 2005). Berufsrelevante Entscheidungen, die den Karriereverlauf von internationalen Bediensteten betreffen, müssen also im Kontext sozialer Beziehungen und Netzwerke betrachtet werden:

> Economic action is socially situated and cannot be explained by reference to individual motives alone. It is embedded in ongoing networks of personal relationships rather than being carried out by atomized actors (GRANOVETTER and SWEDBERG 1992, S. 9).

Diese Netzwerke können beruflicher und privater Natur sein. Während letzterer Aspekt Gegenstand von Kapitel 5.2.4 ist, konzentriert sich dieses Kapitel auf die Analyse der beruflichen Kommunikations- und Informationsstrukturen sowie deren Einfluss auf die Karriereverläufe der VN-Mitarbeiter.

In einem komplexen sozialen Gefüge wie in einer internationalen Organisation gibt es nicht nur institutionalisierte Kommunikationskanäle entlang des formal vorgegebenen Dienstwegs, sondern auch informelle, auf Macht- und Einflussstrategien basierende Kommunikationsprozesse.[176] Beide sind wechselseitig miteinander verknüpft, wirken auf verschiedenen Ebenen (beruflich, privat) und können organisationsintern oder -extern wirken (DREHER 1996).[177] Im Mittelpunkt dieses Kapitels steht die Analyse der informellen Kommunikationsstrukturen. Dabei werden an geeigneten Stellen auch die institutionalisierten Aspekte von sozialen Beziehungen mit in die Untersuchung einbezogen. Es ist zu erwarten, dass informelle Kommunikationsformen ein Aufstiegsmerkmal für die Karrieren im VN-System sind. Da diese nicht-formalisierten Strukturen schwer zu erhebende Daten sind, werden diese Prozesse anhand verschiedener Ausprägungen wie des Ansehens eines Mitarbeiters analysiert werden.[178]

*Das Ansehen einer Person*

Für verschiedene nationale öffentliche Dienste wurde bereits in einigen Studien nachgewiesen, dass das Ansehen bzw. der Ruf eines Akteurs ein entscheidendes Kriterium für berufliche Aufstiegsprozesse in einer Organisation ist (vgl. z.B. DREHER 1996 für Deutschland; MATHESON 1999 für Australien). Es stellt sich nun die Frage, ob dies auch für den internationalen öffentlichen Dienst zutrifft.

Was ist unter dem Ruf eines Menschen zu verstehen? Laut COLLINS (1988) ist er als eine Art kulturellen Kapitals zu verstehen, welches das Produkt von Konversationen anderer Menschen über die Identität einer Person ist. Zudem argumentiert er, dass ein Mitarbeiter keine persönliche Kontrolle über den eigenen Ruf hat. Letzte-

---

[176] Informelle Beziehungen wurden erstmals vom Soziologen MAYO als organisationssoziologisches Phänomen artikuliert (vgl. MAYO 1933).

[177] Die Trennung zwischen formalen und informellen Prozessen in einer Organisation erfolgt zu analytischen Zwecken. Gleichwohl wird darauf hingewiesen, dass sich diese beiden Aspekte in der Praxis nicht oder nur schwer trennen lassen (vgl. JOERGER und GEPPERT 1983, S. 112; KÜBLER 1980, S. 116 ff.).

[178] Die Schwierigkeit bei der Datenerhebung besteht zum einen darin, dass es sich bei informellen Beziehungen um ein Tabuthema handelt, dass von den Akteuren selbst nur ungern artikuliert wird. Zum anderen fungieren die Probanden dieser Studie zugleich als Informationsübermittler in der Organisation, was eine objektive Datenerhebung fast unmöglich macht (DREHER 1996, S. 431).

rem Punkt ist sicher nur bedingt zuzustimmen, da eine Person durch informelle wie formale Aktivitäten, beispielsweise durch Einsatzbereitschaft, den eigenen Ruf zumindest bis zu einem gewissen Grad durchaus beeinflussen kann.
Dass der Leumund von Bedeutung für die Karriereentwicklung in einer Organisation ist, liegt sicher daran, dass die Leistungsfähigkeit eines Mitarbeiters nicht nur anhand von objektiven, sondern auch von subjektiven Kriterien bewertet wird (MATHESON 1999, S. 503). Das heißt, dass die Beförderung einer Person nicht von ihrer Qualifikation *per se* abhängt, sondern vielmehr davon, wie diese Kompetenzen von anderen, insbesondere von Entscheidungsträgern, wahrgenommen werden.

> Was Beförderungen betrifft, kommt es darauf an, was der Chef von einem hält. Wenn er will, kann er schon einen positiven Einfluss darauf haben, ob jemand befördert wird oder nicht (ID 217).

Folglich muss davon ausgegangen werden, dass die Auswahlkomitees – bewusst oder unbewusst – auch den Leumund eines Bewerbers in den Prozess der Stellenvergabe mit einbeziehen.

Der Einfluss des Rufs einer Person auf den Karriereverlauf variiert je nach dessen Ausprägung. Ein guter Leumund kann ein, wenn auch fragiles, Werbeinstrument in eigener Sache und demnach vorteilhaft für die Berufslaufbahn sein. Ein schlechter Ruf ist dagegen mit Sicherheit hinderlich für die Karriereentwicklung und lässt sich zudem nur schwer wieder korrigieren. Fest steht jedoch, dass die Reputation kein statisches und unveränderliches Phänomen ist. Vielmehr trägt die teilweise irrationale Weise der Rufbildung dazu bei, dass dieses Instrument in seiner Anwendung sowohl von den Betroffenen als auch von den dritten Personen sehr flexibel ist (DREHER 1996, S. 432). Daher scheint es in Hinblick auf die Karriereentwicklung unerlässlich, nicht nur gute Arbeit an sich zu leisten, sondern auch darauf abzuzielen, dass dies andere, möglichst höhergestellte, Personen so wahrnehmen (vgl. auch BÖCKMANN 1983).

Der Ruf eines Mitarbeiters hängt laut MATHESON (1999) von drei Faktoren ab: Arbeitsleistung, Sichtbarkeit und Verhalten.[179] Obgleich die Leistungsfähigkeit eines Mitarbeiters prinzipiell ein wichtiges Kriterium für den Karriereverlauf ist (vgl. Kapitel 5.2.1), so bildet sie nicht die alleinige Basis für die Entstehung der Reputation. Insbesondere die Visibilität einer Person ist hierbei von entscheidender Bedeutung. Sichtbarkeit impliziert den Bekanntheitsgrad in der Organisation:

> Dann kommt noch dazu, dass man eine gewisse visibility haben sollte. Der Direktor hat mich zum Beispiel in einem bestimmten Komitee, was relativ wichtig für unseren Fachbereich ist,

---

[179] Work performance, visibility, demeanor (MATHESON 1999, S. 504).

eingeführt. Dadurch hatte ich auch einen relativ guten Leumund. Wenn jemand irgendwo eingestellt wird, macht jeder sofort die Referenzprüfung durch andere (ID 156).

Kontakte sind wichtig, sind aber nicht alles. Kontakte sind überall wichtig. Nicht nur die Kontakte, sondern ob man einen kennt, also ob man bekannt ist. Wenn jemand fragt, du wie ist der, dass die Leute wissen, um wen es geht. Also eine interne Visibilität zu erhalten, ist sehr hilfreich (ID 60).

Eine Strategie, einen hohen Bekanntheitsgrad zu erreichen, kann darin bestehen, sich von Gleichgestellten hervorzuheben und die Aufmerksamkeit von Vorgesetzten auf sich zu ziehen. Zu diesem Zweck ist sicher das aktive Mitwirken in Komitees bzw. in Besprechungen hilfreich. Auch die bloße physische Anwesenheit im Büro kann zu einer erhöhten Visibilität beitragen. So fand MATHESON (1999) in seiner Studie heraus, dass viele Angestellte des australischen öffentlichen Dienstes freiwillig länger im Büro bleiben, obgleich sie ihre Arbeit bereits erledigt hatten. Dadurch wollen sie einerseits erreichen, dass sie von ihren Vorgesetzten wahrgenommen werden und andererseits, dass sie als einsatzbereit und ehrgeizig gelten. Obgleich die Probanden in dieser Studie keine Aussage zu diesem Aspekt gemacht haben, wird vermutet, dass diese Strategie, den Bekanntheitsgrad zu erhöhen, auch im internationalen öffentlichen Dienst Anwendung findet. Generell, lässt sich zusammenfassen, ist die Selbstdarstellung einer Person entscheidend, um eine gute Visibilität in der Organisation zu erreichen (DREHER 1996, S. 434; MATHESON 1999, S. 504).

Die Sichtbarkeit bzw. der Bekanntheitsgrad eines internationalen öffentlichen Bediensteten variieren in Abhängigkeit verschiedener Faktoren wie seines Arbeitsortes, seines Dienstgrades, seines Tätigkeitsfelds, seines bisherigen Karriereverlaufs und seiner persönlichen Netzwerke. Was die Bedeutung des Standorts betrifft, so hat eine Tätigkeit in der Zentrale zwar den Vorteil, dass sie in unmittelbarer Nähe zu den Entscheidungsträgern stattfindet. Gleichwohl kann es in einem größenmäßig überschaubaren Arbeitsumfeld wie in einer Mission einfacher für die Mitarbeiter sein, „Gesicht zu zeigen" (ID 131), da die Machtdistanz zu den Vorgesetzten auf Grund der geringeren Anzahl an Dienstgraden an diesen Orten kleiner ist. Dies kann vor allem auf der unteren und mittleren Hierarchieebene vorteilhaft für die vertikale Karriereentwicklung sein. Im weiteren Berufsverlauf bzw. mit steigendem Dienstgrad ist jedoch die räumliche Distanz zu den Leitungspositionen und zu den Entscheidungsträgern ein Nachteil in Hinblick auf den Bekanntheitsgrad und damit für die Laufbahnentwicklung.

Die Machtdistanz in einer Organisation kann aber nicht nur räumlich, sondern auch tätigkeitsspezifisch bedingt sein. So hängt die Nähe zur Führungsebene auch vom Arbeitsbereich eines Mitarbeiters ab: Während der politische Bereich beispielsweise eher zu den zentralen und daher machtnahen Sachgebieten des VN-Sekretariats gehört, haben viele Verwaltungsbeamte trotz der Anwesenheit in New York eher selten berufsbedingten Kontakt zu den obersten Managementebenen. Arbeitsfelder, die vor allem Routine- sowie eher unpolitische Tätigkeiten durchführen, sind also weiter entfernt von den Machtzentren als prestigeträchtige Planungs- und Strategieabteilungen. Dies kann sich dann auch auf die Personalbewertungen und demnach auf die Karriereentwicklung der VN-Mitarbeiter auswirken. So hat O'DONNEL (1998) für den australischen öffentlichen Dienst nachgewiesen, dass Angestellte, die in einem in der Öffentlichkeit stehenden Politikfeld tätig waren, im Schnitt bessere Mitarbeiterbeurteilungen als ihre Kollegen erhalten haben, die im Verwaltungsdienst gearbeitet haben. Ähnliche Tendenzen zeichnen sich für das VN-Sekretariat in New York ab. Ein Vergleich der vertikalen Karriereentwicklungen von Mitarbeitern verschiedener Abteilungen über einen Zeitraum von zehn Dienstjahren zeigt, dass internationale Bedienstete aus zentralen, politiknahen Abteilungen tendenziell bessere Aufstiegschancen haben als Angestellte aus der Administration.[180]

Auch der bisherige berufliche Werdegang einer Person kann durchaus einen Einfluss auf deren Rufbildung haben. Hierbei sind vor allem der Zeitpunkt der Beförderung sowie die Abstände zwischen zwei Aufwärtsbewegungen von Bedeutung. Ein Rangaufstieg, der bereits nach wenigen Dienstjahren bzw. zu einem frühen Zeitpunkt des Berufsverlaufs erfolgt, trägt sicherlich zur Bildung des Erfolgsimages eines Mitarbeiters bei. Gleiches gilt für Personen, die in kurzen Zeitabständen befördert werden. Ein schneller Aufstieg wird von einigen Autoren sogar als „self-fulfilling prophecy" bewertet, weil diese Karriereentwicklung in der Regel von den anderen Mitarbeitern, insbesondere von den Vorgesetzten, als Beweis außergewöhnlicher Leistungen und Qualifikationen gesehen wird (ROTHMAN 1987, MATHESON 1999, S. 505).

Ein weiterer konstituierender Faktor der Rufbildung, auf den der Vollständigkeit halber hier verwiesen wird, ist das Benehmen bzw. das Verhalten einer Person. Hierbei geht es darum, wie jemand in seiner Darstellung auf andere Menschen wirkt. Da viele Aspekte menschlichen Verhaltens für andere Personen nicht durchschaubar sind, ziehen diese ihre Rückschlüsse über einen Menschen folglich aus dem, was sie an ihm beobachten können (GOFFMAN 1969, S. 13 ff.). Dies sind meist Äußerlichkeiten wie Haar- oder Kleidungsstil, Körpersprache und Reinlichkeit sowie die Sorte von Äußerungen, die eine Person von sich gibt (COLLINS 1988). Obgleich das Benehmen einer Person in dieser Studie nicht untersucht wur-

---

[180] Bei einer beruflichen Einstiegsposition der Mitarbeiter im VN-Sekretariat auf Nachwuchsebene (P1–P3-Level) ergab sich folgendes Bild: Der Großteil der Angestellten (53%) in politiknahen bzw. zentralen Abteilungen (*Department of Political Affairs, Department of Economic and Social Affairs, Office of the Secretary General, Department for Disarmament Affairs*) kann zwei Beförderungen erwarten. Die meisten ihrer Kollegen (48%) in Departments mit eher administrativer Ausrichtung wie *Department of Management, Department of General Assembly Affairs and Conference Services, Office of Internal Oversight Services, Department of Public Information* und *Office of Legal Affairs* können dagegen im gleichen Zeitraum nur auf eine Aufwärtsbewegung hoffen (statistische Daten des Auswärtigen Amts).

de, wird vermutet, dass dieser Aspekt auch Einfluss auf den Ruf der Mitarbeiter im VN-System hat:

> Ich glaube, auf lange Sicht ist das mehr drauf zurückzuführen, dass Leute mich kennen, dass sie wissen, wie ich arbeite, wie ich mich verhalte und unabhängig davon, dass man immer übereinstimmt, eine Idee haben, das kann sie, das weiß sie, sie fällt uns nicht in den Rücken. Das ist also über lange Jahre hin natürlich gewachsen, nichts Aufgebautes im Umfeld von Kollegen und Zusammenarbeit (ID 122).

Hierbei wird angenommen, dass insbesondere die Bedeutung von Äußerlichkeiten wie des Kleidungsstils mit zunehmender räumlicher und tätigkeitsspezifischer Distanz zu den Entscheidungsträgern sowie mit abnehmendem Dienstgrad sinkt. In einer Feldmission ist formelle Garderobe sicherlich weniger erforderlich bzw. angebracht als im Hauptquartier bzw. auf Leitungsebene. Auch in der Zentrale selber treten wahrscheinlich je nach Abteilung Unterschiede auf, indem Mitarbeiter peripherer Arbeitsbereiche wie der EDV vielleicht eher legerere Arbeitskleidung als ihre Kollegen im Büro des Generalsekretärs tragen. Dies müsste jedoch in einer eigenen Studie verifiziert werden.

Das Ansehen einer Person hat einen nicht unerheblichen Einfluss auf den Karriereverlauf. Ob sich dieses förder- oder hinderlich auf die Laufbahn eines VN-Mitarbeiters auswirkt, hängt von der Art der Reputation ab. Dass der Ruf neben der Leistungsfähigkeit vor allem von der Sichtbarkeit und dem Benehmen eines internationalen Bediensteten abhängt, bedeutet, dass VN-Angestellte weniger auf Grund ihrer Kompetenzen alleine als vielmehr der beiden letzteren Faktoren wegen eine Beförderung erhalten. Eine Karriere im VN-System wird demnach nicht nur durch die Leistungen einer Person *per se*, sondern auch durch ihr Ansehen beeinflusst. Allerdings kann das Image eines Mitarbeiters nur dann auf längere Zeit hin förderlich für die Laufbahnentwicklung sein, wenn dieser Angestellte auch entsprechend qualifiziert ist. Eine reine Selbstdarstellung alleine, ohne die eigene Leistungsfähigkeit unter Beweis zu stellen, reicht sicherlich nicht aus, um im VN-System langfristig Karriere zu machen.

*Intra- und interorganisationale Kontakte*

Berufliche Kontakte sind zwar einerseits formal notwendige Kommunikationsformen, können aber auch zur Entstehung informeller Netzwerke führen. Folglich stellen Arbeitskontakte sowohl einen formellen als auch einen informellen Einflussfaktor auf Laufbahnen dar. DREHER (1996, S. 462) bezeichnet sie daher als „informationelle Karrieremerkmale". Die Analyse der Kommunikationsstrukturen sollte demnach sowohl die formale als auch die informelle Dimension der beruflichen

Kontakte mit einbeziehen.[181] Das Hauptaugenmerk liegt in diesem Abschnitt auf den beruflichen Beziehungen, also den im Arbeitsleben relevanten Kontakten, wobei die Entstehung dieser Netzwerke auf beruflichem oder privatem Wege erfolgen kann. Es wird vermutet, dass berufliche Beziehungen einen entscheidenden Einfluss auf den Karriereverlauf von VN-Mitarbeitern haben.

Kontakte können auf engen oder schwachen sozialen Bindungen basieren (GRANOVETTER 1973, 1982). Während Beziehungen ersteren Typs sich meist auf den engeren Freundeskreis[182] beziehen, werden unter losen Kontakten jene des Bekanntenkreises[183] subsumiert. Obgleich Freundschaften auch mit Arbeitskollegen existieren können, ist anzunehmen, dass in Hinblick auf berufliche Belange hauptsächlich schwache Bindungen von Bedeutung sind. So kann das Fehlen von losen sozialen Beziehungen ein komparativer Nachteil für die Karriereentwicklung sein:[184]

> Individuals with few weak ties will be deprived of information from distant parts of the social system. [...] New ideas will spread slowly, scientific endeavors will be handicapped, and subgroups that are separated by race, ethnicity, geography, or other characteristics will have difficulty reaching a *modus vivendi* (GRANOVETTER 1982, S. 106, Hervorhebung im Original).

Starke Bindungen können dagegen in größeren Organisationen wie der UNO sogar teilweise hinderlich für die Karriereentwicklung eines Mitarbeiters sein. Konkurrieren beispielsweise verschiedene Netzwerke um die Besetzung einer freien Stelle miteinander, kann unter Umständen ein „unabhängiger" Kandidat, der keinem der Netzwerke angehört, bevorzugt werden. Gleichwohl können starke Bindungen innerhalb eines Netzwerks durchaus vorteilhaft für die Laufbahnentwicklung der Mitglieder dieses sozialen Beziehungsgeflechts sein. Da es sich bei beruflichen Netzwerken in einer großen Organisation wie den Vereinten Nationen meistens, so wird vermutet, um schwache Beziehungen handelt, konzentrieren sich die folgenden Ausführungen auf die Analyse der losen Bindungen von VN-Mitarbeitern.

Darüber hinaus gibt es die Unterscheidung zwischen direkten und indirekten Kontakten. Zwar haben die zunehmenden technischen Verbesserungen in der Telekommunikation dazu geführt, dass letztere im Arbeitsalltag einer global agierenden Organisation wie den Vereinten Nationen direkte Kommunikation teilweise ersetzt haben. Jedoch handelt es sich dabei meist um Routinekontakte, die der täglichen Koordination oder des Informationsaustauschs dienen. *face-to-face* Kontakte haben

---

[181] MINTZBERG hat bereits 1979 darauf hingewiesen, dass informelle Kommunikationsstrukturen ein wichtiger Bestandteil von Organisationen sind, weil „most work just cannot get done without some informal communication" (MINTZBERG 1979, S. 49).
[182] *Close friends* (GRANOVETTER 1982, S. 105).
[183] *Acquaintances* (GRANOVETTER 1982, S. 105).
[184] Bei dieser Frage spielen auch kulturelle Unterschiede eine Rolle, auf die aber angesichts der homogenen Untersuchungsgruppe an dieser Stelle nicht näher eingegangen wird.

dagegen weiterhin ihre Bedeutung, wenn es um Verhandlungen oder um die Besprechung riskanter Themen geht (MEUSBURGER 1998, S. 50 ff.). In Hinblick auf die Karrieren von VN-Mitarbeitern sind Beziehungen vor allem für die Stellenvergabe bedeutsam. Da dieser Prozess über die Dimension der Routinekommunikation hinausgeht, spielen vor allem direkte Kontakte eine Rolle. Für die Bildung dieser Art von Beziehungen, die in engem Zusammenhang mit dem Zustandekommen des Rufs einer Person stehen, ist es in der Regel erforderlich, dass sich die Akteure eines Netzwerks mindestens einmal von Angesicht zu Angesicht getroffen haben. Im weiteren Verlauf kann der Kontakt dann ggf. auch indirekt, zum Beispiel über E-Mail, aufrecht erhalten werden. Die Analyse in diesem Abschnitt konzentriert sich daher auf direkte Kommunikationsstrukturen.

Unter der Annahme, dass berufliche Kontakte einen Einfluss auf die Karriereverläufe von VN-Mitarbeitern haben, stellt sich nun die Frage, wovon diese sozialen Beziehungen abhängen. Ein Faktor ist zunächst der Arbeitsort, da das Potential der an einem Ort möglichen direkten Kontakte nicht überall gleich ist. Das Kontaktpotential eines Standorts wird einerseits durch die quantitativ möglichen Beziehungen bestimmt. Darüber hinaus ist aber die Struktur der erdenklichen Kontakte wichtig. Das heißt, dass die Beziehungen auch von der sozialen Stellung der Akteure abhängen. Folglich ergibt sich für das VN-System, dass ein Standort umso mehr Kontaktpotential hat, je mehr, aber vor allem, je höhere Dienstgrade (intern und extern) dort vorhanden sind. In der Regel sind dies bei den Vereinten Nationen die Hauptquartiere der einzelnen Organisationen, allen voran New York als Sitz der UNO. Hier sind die Macht und die Entscheidungsbefugnisse des Systems, auch in Hinblick auf Personalfragen, lokalisiert. Aus Sicht der Mitarbeiter bedeutet das, dass mit geringerer Entfernung zu den Leitungsebenen bessere Aussichten für die Bildung von strategisch wichtigen Kontakten bestehen. Diese Distanz hat zum einen eine räumliche Dimension. Je weiter im Feld ein Mitarbeiter arbeitet, desto schwieriger ist es für ihn, spontan Beziehungen mit (höhergestellten) Kollegen aus der Zentrale aufzubauen. Dieser räumliche Aspekt der Kontaktbildung und -pflege wirkt sich insofern auf den Karriereverlauf der VN-Angestellten aus, als dass regionale Mobilitätsvorgänge lateraler oder vertikaler Art davon betroffen sind. Ortswechsel im VN-System werden demnach entscheidend von den Beziehungen eines Bewerbers zu Kollegen und Vorgesetzten an potentiellen Arbeitsorten beeinflusst:

> Mir hat z.B. ein Kollege ein Beispiel aus seinem eigenen Erleben geschildert, dass er sich auf konkret dieselbe Stelle mit derselben job description, der sitzt also in Nairobi, auch in Genf beworben hat. Das war noch nicht mal eine höhere Stelle. Wenn du die Leute nicht kennst und die kennen dich nicht, dann bist du nur eine Nummer auf dem Papier. Ich glaube, das ist auch der Grund, warum immer noch so wenig Mobilität vorhanden ist (ID 131).

> Wenn sie von hier aus [New York] z.B. nach Bangkok gehen, dann sind sie natürlich weg vom Fenster, wenn sie politische Lobbyarbeit für ihre eigene Karriere machen wollen. Sie

## 5.2 Erklärungsansätze 185

müssen Lobbyarbeit betreiben, wenn sie in ihrer Karriere nach oben kommen wollen (ID 128).

Es ist einfacher für Leute, die schon mal hier waren und wieder zurück wollen, weil die die Leute schon kennen. Aber ich habe das wirklich versucht und ich war nicht die einzige. Ich bin dann in meinem ersten Heimaturlaub in Wien und in Genf vorbei zu den Personalabteilungen. Damals nur, um mein Interesse zu bekunden. Das hat sich praktisch aus Gesprächen ergeben und es wurde sehr schnell klar, dass man das machen musste. Das weiß auch jeder (ID 112).

Dass direkte Kontakte Einfluss auf die Stellenvergabe haben und zudem vom räumlichen Umfeld abhängen, ist sicher auch eine Erklärung für die geringe regionale Mobilität im VN-System (vgl. Kapitel 5.2.2).

Die Entfernung zur Leitungsebene hat aber auch eine soziale Dimension, die sich einerseits in hierarchischen Strukturen und andererseits in der Bedeutung von Arbeitsfeldern niederschlägt. Was ersteren Aspekt betrifft, so hängt der Aufbau von Kontakten sicher vom Dienstgrad eines Angestellten und damit von der funktionellen Machtdistanz ab. Auf Grund der klar definierten Rangordnungen und des vorgegebenen Dienstwegsprinzips innerhalb einer bürokratischen Organisation wie den Vereinten Nationen sind die Möglichkeiten des Kontaktes zu höhergestellten Personen als den direkten Vorgesetzten stark eingeschränkt. So kann in der Regel davon ausgegangen werden, dass der Zugang zu den obersten Leitungsebenen durch formale Zugangsmöglichkeiten eingeschränkt wird (DREHER 1996). Ein Ausnahmefall kann die Erarbeitung eines guten Rufes, beispielsweise durch die erfolgreiche Mitarbeit in einem Projekt, sein. Meist kommt es dadurch aber nur zu einem punktuellen und keinem permanenten Kontakt zu Führungspersonen. Da im Normalfall die vertikale Kommunikation über die direkten Vorgesetzten erfolgt, ist also ein gutes Verhältnis zum Chef wichtig für die Karriereentwicklung, zumal er in der Regel einen direkten oder indirekten Einfluss auf die Personalbewertung hat (vgl. Kapitel 5.2.1):

Vielleicht sind es gar nicht mal die Kontakte, vielleicht ist es mehr, man muss vielleicht drei Leute haben, die von dir überzeugt sind und die richtigen. Und wenn man zufällig halt einen Chef hat, der, wenn es um Beförderungen geht, nicht so dran hängt beim Direktor oder so, dann geht's vielleicht nicht so schnell. Das finde ich eigentlich ein bisschen traurig. Aber auch da weiß ich nicht, wie man da so richtig raus kommt (ID 86).

Funktioniert dagegen die Kommunikation mit dem direkten Vorgesetzten nicht (mehr) reibungslos, führt dies oft zu einem Abteilungswechsel, um mögliche Sackgassen in der Karriereentwicklung zu umgehen:

Ich habe hier einen Chef, den ich schon aus Bangkok kannte, vorgesetzt gekriegt und das funktionierte nicht. Die Kommunikation war defekt. Ich habe nicht unmittelbar deswegen

> dann die Abteilung gewechselt, sondern ein Teil der Abteilung sollte nach Wien verlegt werden und unter anderem mein Posten. Und das wollte ich nicht machen (ID 112).
>
> Wenn man sich dann mit seinen Oberen gut stellte und gemacht hat, was sie gesagt haben und gute Arbeit geleistet hat, dann war's mit Sicherheit leichter, vorwärts zu kommen. Und ich habe mit Sicherheit nicht unbedingt das Glück gehabt, dass ich da Chefs bekommen habe, die ich mir nicht ausgesucht habe, mit denen ich sonderlich konnte (ID 190).
>
> Den Stellenwechsel zu dieser Einheit, da hatte ich eben ein wirklich dickes Problem. [...] Ich bin da in eine unangenehme Situation gekommen, indem man mir einen neuen Chef vor die Nase gesetzt hat. Das war eine brachialartige Struktur eines bestimmten Landes (lacht). Ich habe damals den größten Fehler gemacht, nicht sofort zum obersten Chef zu gehen, weil der davon nichts wusste. Letztendlich hätte ich da besser dem Ratschlag meiner Frau folgen sollen. Ich habe es geschluckt, ohne mich im Grunde zu wehren. *Wie hat sich das geäußert?* Erst mal, dass mir de facto die ganze Verantwortung entzogen worden ist. Dann hatte ich erhebliche Probleme mit der strategischen Ausrichtung des Neuen. Und dann war eine ziemlich hohe Frustration. Zum Glück habe ich ziemlich schnell dann den Absprung geschafft (ID 156).

Angesichts der stark hierarchisch geprägten Organisationsstrukturen der Vereinten Nationen ist die Rolle des Vorgesetzten in Hinblick auf die Karriereentwicklung ein nicht zu unterschätzender Faktor, zumal die Beförderungsmechanismen mit der Personalreform Ende der 1990er Jahre stärker dezentralisiert wurden (vgl. Kapitel 5.2.1). Hierin besteht aber auch die Chance für die VN-Bediensteten, sich ihren Chefs durch hervorragende Leistungen zu empfehlen. Gute Beziehungen zum Vorgesetzten können sich zum komparativen Vorteil in der Laufbahnentwicklung entwickeln, was sich im Regelfall bei Stellenbesetzungen durch die Bevorzugung der eigenen Mitarbeiter gegenüber externen Bewerbern, auch solchen aus anderen Abteilungen des VN-Systems, äußert. Ein guter Kontakt zum Chef ist also meist ein karrierefördernder Faktor:

> Und dann die P4-Stelle, da hat sich letztendlich mein Chef dahinter geklemmt. Der hat gesagt, es ist jetzt höchste Zeit und wir müssen jetzt was tun. Und dann hat das geklappt. Denn ist klar, es gibt ja keine Beförderung, es gibt dieses Vacancy Management. Wenn man also Personal befördern will, geht das eben nicht anders. Dann wird gesagt, die Stelle wird jetzt ausgeschrieben, du bewirbst dich und wenn alles klappt, möchten wir, dass du die Stelle auch kriegst. Anders geht's eben nicht. Das wurde dann eben so gemacht (ID 162).

Neben den hierarchischen Strukturen hängt die Leitungsnähe auch vom Tätigkeitsfeld ab. Wie die Rufbildung variiert die Entstehung von Kontakten zu Führungspersonen danach, in welcher Abteilung eine Person arbeitet. Je prestigeträchtiger und zentraler das Department ist, desto bessere Chancen haben die Mitarbeiter, Beziehungen zur oberen Leitungsebene aufzubauen.

Einen weiteren Einfluss auf die Bildung von Kontakten und damit auf den Karriereverlauf hat die Zugehörigkeit einer Person zu sozialen Gruppen. Diese können, müssen aber nicht institutionalisiert sein und basieren beispielsweise auf dem Besuch der gleichen Universität, auf der gemeinsamen Aktivität im Tennisclub, auf der gleichen Nationalität oder auf demselben Geschlecht. Diese Zugehörigkeit zu einer sozial definierten Einheit fördert auf Grund gemeinsamer Erfahrungen, Einstellungen oder Hobbies die Verbundenheit, welche sich auch auf andere Bereiche wie den Arbeitsalltag übertragen lässt. Diese Kontakte können dann karrierewirksam werden, wenn sie die Beziehungen zu den Entscheidungsträgern der Organisation komplettieren (DREHER 1996).

Einige dieser informellen Beziehungen entstehen z.B. durch die Mitgliedschaft in sozialen Klubs, die es an vielen VN-Standorten gibt, oder durch nicht-institutionalisierte gemeinsame Aktivitäten außerhalb des Arbeitsalltags:

> Wir haben auch ein ausgefeiltes Sprachunterrichtssystem (lacht) und da lernt man dann eben halt auch viele Kollegen kennen, die halt auch eine offizielle Sprache lernen wollen. Und wir haben auch ein recht ausgefeiltes Klubsystem, vom Skiklub, na ja alles eben. Und das ist eben sehr offen und sehr attraktiv. [...] Ich persönlich wohne auch noch in einer Nachbarschaft, wo viele UNO-Bedienstete wohnen. Und da besteht dann dauernd Kontakt über die Familien, also der Generalsekretär hat da auch gewohnt (ID 109).

> Ich bin z.B. auch hier im Chor und da lerne ich auch informell andere Nationalitäten kennen. [...] Andere haben auch so Alumni-Sachen und so (ID 112).

> Wenn man also so Familie hat und Kinder und Anhang und gerne nach Hause will so einigermaßen pünktlich, dann kann man eigentlich das soziale Rumbasteln an seiner Karriere relativ schnell vergessen. Karrieren werden freitagnachmittags beim Happy Hour Drink um 19.00 Uhr gebastelt oder bei irgendwelchen Missionen, wo es dann wochenlang durch den Dschungel irgendwo geht, aber nicht auf Grund von Arbeitsleistungen (ID 128).

Gemeinsame Aktivitäten, auch über das Arbeitsspektrum hinaus, fördern das Zusammengehörigkeitsgefühl. Sie tragen zur Bildung von Kontakten und Netzwerken bei und stellen demnach eine Möglichkeit dar, formale berufliche Kommunikationskanäle zu erweitern.

Die Entstehung von sozialen Beziehungen kann sich auch auf die gleiche Nationalität begründen. Obgleich dies kein Kriterium im deterministischen Sinn für die Ausbildung von Kontakten ist, kann die gemeinsame Identität auf Grund des gleichen Heimatlandes das Kennen Lernen fördern:

> Die Nationalität spielt schon eine Rolle, stärker als ich das am Anfang gedacht habe. Als ich nach Bangkok kam zur Personalstelle, das war die Anlaufstelle, das sagten die zu mir, ja wir haben noch einen Deutschen hier und noch einen da. Und ich denke, ich komme doch nicht nach Bangkok, um nur mit Deutschen umzugehen (lacht). [...] Das ist in New York auch weniger, weil hier auch mehr Nationalitäten sind. Es schadet auf der anderen Seite auch nichts (lacht). Es gibt schon mal welche, die Leute kennen, das ist wie immer. Manchmal lerne ich einfach die Leute aus dem eigenen Land schneller kennen (ID 112).

> Man kann schon sagen, dass man mehr Deutsche kennt auf Grund der Tatsache, dass sie deutsch sind, als das vielleicht bei anderen Nationalitäten der Fall wäre. Das kommt schon vor. Wir haben hier eine Abteilung, die auch von einem Deutschen geleitet wird. Da sind auch relativ viele Deutsche in der Abteilung, also von daher (lacht), gibt's wahrscheinlich so irgend so was [ein deutsches Netzwerk] (ID 162).

Gleichwohl scheint es bei dem Thema nationale Netzwerke im VN-System durchaus kontroverse Ansichten bei den deutschen Mitarbeitern zu geben. Die einen lehnen die Kontaktbildung mit anderen Deutschen unter Berufung auf die Unabhängigkeit des internationalen öffentlichen Dienstes ab (vgl. CHARTA DER VEREINTEN NATIONEN, ARTIKEL 100(1)):

> Es gibt natürlich schon ein paar Veranstaltungen, aber ich wäre da auch äußerst vorsichtig, das irgendwie zu nutzen oder zu missbrauchen für solche Zwecke. Ich mag das nicht, wenn andere Länder das tun. Und ich würde tunlichst vermeiden, das gleiche zu tun (ID 86).

> Bei den Deutschen habe ich häufig den Eindruck, dass sie eher sagen, ich will gar nicht Deutscher sein. Bei den jüngeren Kollegen, die jetzt auch mit mir zusammen gearbeitet haben, da gibt es schon einige, die das auch gut finden, dass sie diesen Kontakt haben. Wir verstehen uns auch privat gut. Ich finde schon, es gibt ein gewisses deutsches Netzwerk, aber nicht dass das in besonderer Weise genutzt wird. Ich habe immer wieder Leute gesehen, die sagen nee, nee. Es geht ja sogar so weit, dass einige darauf bestehen unter deutschen Kollegen, dass man Englisch spricht. Mir geht es häufig auch so, dass ich Englisch spreche, weil ich weiß, dass Kollegen drum herum es nicht so gut finden. Aber wenn man so unter sich ist, dann... (ID 65).

Andere wiederum fordern mehr Engagement in diese Richtung und berufen sich auf die weitverbreitete Praxis des Aufbaus nationaler Netzwerke im VN-System:

> Die Deutschen sind da immer noch sehr zurückhaltend. Ich kriege das bei italienischen Freunden mit, da wird massiv genetworkt. Das ist auch so eine typisch deutsche Haltung (lacht), dass die Leute immer mit anderen Deutschen überhaupt nichts zu tun haben wollen. Das ist in anderen Ländern genau das Gegenteil. Es geht ja auch gar nicht darum, jetzt hier unterm Tisch irgendwas zuzuschieben, trotzdem können doch Informationen ausgetauscht werden (ID 61).

Die deutschen VN-Mitarbeiter sind hierbei im Vergleich zu anderen Ländern meist noch sehr auf politische Korrektheit bedacht und daher eher zurückhaltend beim Kontaktaufbau mit Kollegen aus dem gleichen Land. Dies kann in Hinblick auf die Karriereentwicklung ein komparativer Nachteil sein, wenn viele Mitstreiter aus anderen Ländern Beziehungen zum Informationsaustausch nutzen. Gleichwohl zeichnet sich hier auch ein Kohorteneffekt ab, der darin besteht, dass die deutschen VN-Angestellten vor allem in der letzten Dekade des Untersuchungszeitraums mehr Netzwerkbildung betrieben haben, als es davor der Fall war:

> Ich glaube, es ist auch eine Generationenfrage. Die Deutschen früher haben ihren Pass abgegeben und gesagt, ich bin jetzt international. Ich kann damit überhaupt nichts anfangen. Ich

## 5.2 Erklärungsansätze

> habe gar kein Problem damit, Deutscher zu sein. Man trifft sich informell oder im VDBIO. Das ist schon ganz gut. Als ich hier her kam, kannte ich überhaupt keine Deutschen. Unabhängig von der Zeit ist es sehr wichtig, Kontakte zu haben (ID 216).

Hier scheint ein Umdenken bei den Mitarbeitern stattgefunden zu haben, das sicherlich einerseits pragmatisch bedingt ist, weil die Laufbahnentwicklung nicht zufriedenstellend war, oder weil das Netzwerken unter den jüngeren Kollegen zunehmend als Karrierefaktor anerkannt wurde. Andererseits haben auch institutionalisierte Initiativen zur stärkeren Kontaktbildung beigetragen.

So haben die deutschen VN-Angestellten neben informellen Kontakten auch institutionalisierte Netzwerke wie den Verband Deutscher Bediensteter bei internationalen Organisationen der Vereinten Nationen (VDBIO) oder das Netzwerk der deutschen Beigeordneten Sachverständigen (JPO-Netzwerk) geschaffen. Zudem gibt es einige Initiativen des Auswärtigen Amts, die Netzwerkbildung der deutschen internationalen öffentlichen Bediensteten zu institutionalisieren. Zu diesem Zweck werden beispielsweise gemeinsame Mittagessen oder Diskussionsabende veranstaltet. Grundidee dieser formalisierten Treffen ist, den Austausch zwischen den deutschen VN-Bediensteten untereinander sowie zwischen den Mitarbeitern internationaler Organisationen und der Bundesregierung zu fördern (vgl. u.a. SATZUNG DES VDBIOS, ARTIKEL 1(2)).

> Es gab mal verschiedene Anläufe. Als ich hier her kam, gab's eine sehr rege Mitarbeiterin bei der deutschen Botschaft, die versucht hat, die Deutschen ein bisschen zusammen zu führen, die auch häufig eingeladen hat. Und so hat man auch Deutsche außerhalb seiner Organisation kennen gelernt. Es gibt den VDBIO, mit dem treffe ich mich einmal im Jahr (ID 79).

Ein weiterer Grund für diese Institutionalisierung der Netzwerkbildung auf der Basis der gemeinsamen Nationalität ist vermutlich die deutsche Mentalität. So werden die Fähigkeiten der VN-Bediensteten aus der BRD im Vergleich mit VN-Mitarbeitern anderer Länder in Hinblick auf informelles Netzwerken von den Interviewprobanden selbst als nicht ausreichend bewertet: „Uns Deutschen liegt das nicht so" (ID 97). Organisiertes Netzwerken dient demnach auch dazu, diesen mentalitätsbedingten Nachteil auszugleichen:

> Ich bin natürlich Mitglied des deutschen JPO-Netzwerks (lacht), was in meinen Augen immer ein aufgesetzter, verzweifelter Versuch ist zu netzwerken. Das ist ganz schlecht, weil sie immer noch glauben, dass wir dafür einen Präsidenten brauchen (ID 98).

Obgleich formale Netzwerke wie der VDBIO oder das JPO-Netzwerk gute Plattformen für die Kontaktbildung sind, können sie formale und informelle berufliche Beziehungen im unmittelbaren Arbeitsumfeld nicht ersetzen, sondern nur komplettieren:

> Ich persönlich glaube, dass dieser Ansatz der Deutschen, mit den Deutschen zu netzwerken, nicht der produktivste ist. Ich muss mich in meinem Büro vernetzen oder vielleicht in der Organisation mit den anderen, mit denen ich zusammenarbeite, aber nicht unbedingt mit allen anderen deutschen JPOs (ID 98).

Die gemeinsame Nationalität kann als Ausgangspunkt für erste Kontakte dienen, sollte aber nicht alleiniges Kriterium für die Netzwerkbildung sein. Denn letztendlich sind eher die strategische Platzierung einer Kontaktperson in der Organisation und nicht deren Herkunftsland für den Karriereverlauf relevant.

Netzwerke können sich auch auf der Basis des gemeinsamen Geschlechts formieren. So gibt es im VN-System das sogenannte „Old Boys Network" (ID 112, ID 122), das sich, wie der Name impliziert, aus Männern meist älteren Dienstalters zusammensetzt. Diese Art von sozialem Beziehungsgeflecht kann sich je nach eigenem Geschlecht positiv oder hinderlich auf die Karriereentwicklung auswirken, ist aber nicht notwendigerweise das entscheidende Kriterium für vertikale Aufwärtsbewegungen. Für die Laufbahnentwicklung ist nicht nur wichtig, worauf ein Netzwerk basiert, sondern wie dessen Mitglieder im Organisationsgefüge verteilt sind. Obgleich in Analogie zum Old Boys Network auch die Bildung von Frauen-Netzwerken denkbar wäre, besteht hier offensichtlich ein erhebliches Defizit bei den VN-Mitarbeiterinnen. So wurde auch durch andere Studien bestätigt, dass Frauen mit geringerer Wahrscheinlichkeit Kontakte für ihre Laufbahnentwicklung nutzen als Männer (vgl. z.B. MARMAROS and SACERDOTE 2002 für den Berufseinstieg von College Absolventen). Dies liegt sicherlich weniger an der mangelnden Fähigkeit zur Kontaktbildung und -pflege als vielmehr an dem Bestreben der Frauen, dem oft implizierten Vorwurf der Quotenkarriere weiblicher Angestellter entgegen zu wirken, und sich ausschließlich über Leistungen zu empfehlen:

> Im Prinzip gibt es schon gleiche Chancen. Aber es gibt schon noch das Old Boys Network. Die Umstände sind im Grunde immer noch günstiger für Männer, also die informellen. Es gibt einfach auch noch wesentlich mehr Männer in Positionen, die Einfluss haben und die Entscheidungen treffen können. Und die paar Frauen, die dann in die Positionen kommen, haben dann oft auch nicht die Autonomie, dass sie da auch Frauen rekrutieren, sondern die gehen dann oft auch eine andere Richtung (ID 112).

> [Kontakte,] das ist was, worauf Frauen drauf hinarbeiten müssen. Ich glaube, die sind das nicht so gewohnt und sind auch oft nicht großzügig in der Hinsicht, dass sie da gezielt Kolleginnen nehmen. Ich glaube, es kommt auch nicht auf die Beförderung drauf an, es kommt auf die Platzierung an. Es kommt darauf an, dass, wenn es was zu tun gibt, Special Assignments zu vergeben sind, dass man jemanden dafür beauftragt, dass man diesem Heranwachsenden, das kann auch auf hoher Position sein, den Raum gebe zu wachsen. Nicht, dass man deshalb gleich befördert wird. Aber wenn es mal zu der Zeit kommt, dann hat der oder die ein ganz anderes Portfolio, eine ganz andere Übersicht, ein ganz anderes Auftreten. Darauf kommt es an (ID 122).

## 5.2 Erklärungsansätze

Die Mitgliedschaft in Clubs bzw. die Zugehörigkeit zu sozialen Gruppen ist ein wichtiges, aber kein entscheidendes Kriterium für die Karriereentwicklung. Denn für letztere ist eher die strategische Verteilung der Kontakte wie Beziehungen zu direkten Vorgesetzten als der Ursprung der Netzwerke, beispielsweise durch die gemeinsame Nationalität, von Bedeutung.

Weshalb aber haben Kontakte einen positiven Einfluss auf die Karriereentwicklung eines VN-Bediensteten? Diese Frage lässt sich unter anderem über die Wirkungsweise von sozialen Beziehungen beantworten. Kontakte dienen unter anderem dem Informationsaustausch zwischen Akteuren. Ziel ist hierbei, mehr Wissen anzuhäufen und vor allem zu einem früheren Zeitpunkt Kenntnis über karriererelevante Ereignisse zu haben als die Mitstreiter. Dadurch kann ein Mitarbeiter einen Informationsvorsprung aufbauen, der zu einem beruflichen Aufstieg, zu wichtigen Kontakten und zu einem höheren sozialen Status führen kann (MEUSBURGER 1998, S. 343). Dieses Wissen kann zudem die Handlungsspielräume einer Person erweitern. Ein sozialer Aufstieg kann demnach Zugang zu finanziellen Ressourcen als auch zur Macht ermöglichen, was wiederum für die Verwirklichung von weiteren Zielen und Wünschen genutzt werden kann.

Vorhandene Kontakte zu strategisch wichtigen Personen im VN-System wie Personalvertretern oder direkten Vorgesetzten sind also relevant für die Karriere. Bei der Stellenvergabe können diese Beziehungen insofern von Nutzen sein, als dass ein Mitarbeiter zu einem früheren Zeitpunkt als seine Mitbewerber von der Ausschreibung hört und daher eher mit der Lobbyarbeit in eigener Sache beginnen kann. Er verfügt dann über einen strategisch wichtigen Informationsvorsprung:

> Ich denke schon auch (zögert), dass die früher, ehe das überaus rauskommt, Lobbying machen oder so was. Das ist also nicht unbedingt meine Stärke (lacht verschämt) (ID 112).

> Im Falle von Vitamin B ist es so, dass die Leute qualifiziert sind oder nicht, man kann ja immer nur hoffen, dass sie qualifiziert sind. Die hören dann praktisch über die freien Stellen immer schon viel früher, als, sagen wir mal, ich davon hören würde. Die haben sicherlich dann auch ein Interesse daran, egal was für einen Arbeitsbereich zu akzeptieren (ID 109).

> Also ich habe mich erst dann beworben, wenn ich einschätzen konnte, dass die Chancen auch realistisch sind. Allerdings muss man häufig darauf warten (ID 124).

Die Folge ist, dass vakante Stellen auf Grund informeller Beziehungen oftmals bereits vorab ‚vergeben' sind:

> Wenn man sowieso weiß, da ist jemand vorbestimmt, dann braucht man es gar nicht erst zu probieren (ID 138).

Informelle Kontakte sind also auch dahingehend von Bedeutung, weil nicht alle Stellenbesetzungen im System der Vereinten Nationen über formalisierte Wege erfolgen. Dies kann einerseits ein Vorteil für die Karriere sein, wenn ein VN-Mitarbeiter Teil dieses Beziehungsgeflechts ist:

> *Wie sind Sie zu Ihrer jetzigen Stelle gekommen?* Ausgesucht worden über informelle Wege. Die Stelle war frei, weil die Person über mir in Ruhestand ging und da habe ich die Stelle gekriegt (ID 60).

Andererseits werden diejenigen Personen, denen die unmittelbaren Kontakte zu den Entscheidungsträgern fehlen, was beispielsweise mangelnde Visibility und unzureichenden Informationszugang nach sich zieht, in ihrer Laufbahnentwicklung behindert. Anvisierte laterale oder vertikale Stellenwechsel können dadurch möglicherweise nicht durchgeführt werden:

> Ich wollte zweimal wechseln und beide Male hat's einfach mit der Stelle nicht geklappt. Also die Stellen wurden nie ausgeschrieben. Es war dann initiativ. Ich sollte schon solche Sachen im Vorfeld rauskriegen, wer sucht jemanden wo. Dass man einfach abschätzen kann, wenn man Interesse hat, ob man sich dann wirklich darauf bewirbt (ID 60).

Beziehungen – ob formeller oder informeller Art – sind entscheidende Karrierefaktoren im VN-System. Sie entstehen meist auf direktem Weg, also durch *face-to-face* Kontakte zwischen Mitarbeitern des VN-Systems. In Hinblick auf die Laufbahnentwicklung ist weniger der Ursprung dieser Beziehungen, beispielsweise durch die Zugehörigkeit zu einer sozialen Gruppe oder durch die geringe funktionelle und räumliche Machtdistanz, von Bedeutung als vielmehr die Positionierung der Kontaktpersonen im VN-System. Es kommt also nicht auf die Anzahl, sondern auf die Qualität der Verbindungen an. Förderlich für die Entstehung von Kontakten sind vor allem die funktionale und räumliche Leitungsnähe eines VN-Angestellten.

*Glück und Zufall*

Glück und Zufall stellen eher schwer greif- und kalkulierbare Karrierefaktoren dar. Diese Aspekte sind dadurch gekennzeichnet, dass sie nicht selbst von einer Person beeinflusst werden können und daher nicht vorhersehbar sind. Meist impliziert Glück einen positiven Zufall bzw. Umstand wie, „dass einfach die Stelle zum richtigen Zeitpunkt frei wird" (ID 60). Zudem heftet diesen Faktoren das Image des Unrationalen und Unbeeinflussbaren an: „Da hatte ich mehr Glück als Verstand" (ID 66). Trotz der Unwägbarkeiten dieser Aspekte sind Glück und Zufall durchaus relevante Größen für den Karriereverlauf von Mitarbeitern der Vereinten Nationen. Solche vom persönlichen Einfluss eines Mitarbeiters unabhängigen Zufallsmomente sind beispielsweise historische und politische Ereignisse. So kann ein Mitarbeiter dadurch, dass der Bereich, in dem er arbeitet, zeitweise von großem öffentlichen Interesse ist, dann in seiner Karriereentwicklung davon profitieren. Makrostruktu-

## 5.2 Erklärungsansätze

relle Entwicklungen stellen also nur bedingt persönlich beeinflussbare Karrieregrößen dar (vgl. auch Kapitel 5.2.6):

> Und das war für mich sicherlich am interessantesten, dass man halt hier in New York für friedenserhaltende Maßnahmen oder Menschenrechtsmaßnahmen verantwortlich ist. Das ist dann die eigentliche politische Arbeit. Das habe ich dann noch mal gemacht vor ein paar Jahren für Golfstaaten und islamische Konferenz. Da knallte halt hier der 11. September rein. Da war das natürlich sehr aktuell. Aber da musste man schon sehr darauf dringen, dass man hier zeitweise auf einer höheren Stelle arbeiten konnte (ID 109).

In diesem Fall ist die vertikale Aufwärtsbewegung also nicht nur auf Grund der sicher vorausgesetzten Leistungsfähigkeit erfolgt. Vielmehr hat ein zufälliges politisches Ereignis dazu geführt, dass die zuständige Fachabteilung verstärkt in den Blickpunkt der Öffentlichkeit gerückt ist. Um diesen externen Ansprüchen gerecht zu werden, wurde seitens der Organisation von den Mitarbeitern eine hohe Leistungsbereitschaft erwartet, für die intern auch Anreize geschaffen wurden, beispielsweise in Form von Beförderungen. Die Tätigkeit in einer Schlüsselabteilung kann also der Beginn einer vielversprechenden Karriere sein.

Glückliche Umstände können auch innerorganisatorisch bedingt sein. So wird das Vorhandensein einer Stelle von vielen Interviewprobanden als glücklicher Umstand für die Karriere bewertet. Denn ein lateraler oder vertikaler Positionswechsel kann unabhängig von sonstigen Faktoren nur durchgeführt werden, wenn überhaupt eine Stelle zur Verfügung steht (vgl. Kapitel 5.2.1). Zudem muss es eine Übereinstimmung zwischen dem Profil der vakanten Position und den Qualifikationen eines Bewerbers geben:

> Man hat mir damals gesagt, dass es hauptsächlich Zufall war, dass sie diese Kombination haben wollten (ID 65).

Angesichts des Einflusses des Vorgesetzten auf den eigenen Karriereverlauf empfinden viele Interviewpartner ein gutes Verhältnis zu ihrem Chef als glücklichen Zufall. Ein wohlgesonnener Chef ist insofern ein zufälliges Karrieremomentum, als dass ein spannungsfreies zwischenmenschliches wie berufliches Verhältnis nicht notwendigerweise gegeben ist.

> Ich hatte anderthalb Jahre Kriegssituation mit meiner Chefin im Büro. Die über ihr war immer schon auf meiner Seite und hat gesagt, sobald es geht, holen wir dich da raus, was dann auch frustrierend ist, wenn die Oberen dein Problem anerkennen, aber im UN-System nicht so richtig was machen können. Nach anderthalb Jahren kam die Umstrukturierung unseres Büros, die aber nur darauf hinaus lief, dass ich endlich von der Chefin weg kam. Ich kam dann in ein anderes Team, bin jetzt überglücklich, klasse Chef, jung, hilft, wo geholfen werden muss (ID 98).

Trotz der stark formalisierten Beförderungs- und Stellenbesetzungsbestimmungen im VN-System sind die Aspekte Glück und Zufall durchaus von Bedeutung für die Karrieren der internationalen Bediensteten. So bleibt bedingt durch politische, innerorganisatorische oder sonstige Eventualitäten ein doch recht großer Raum für Unkalkulierbarkeiten (vgl. DREHER 1996, S. 451). Die Zufalls- und Glückskomponente ist sicherlich wichtig für die Karrieren der VN-Mitarbeiter, steht aber in engem Zusammenhang mit plan- und beeinflussbaren Größen wie der Qualifikation:

> Es ist eine Mischung aus Kontakten, Zufällen, Gelegenheiten und natürlich auch Leistungsbereitschaft und Leistungsfähigkeit. Aber alle diese Faktoren kommen natürlich irgendwie zusammen (ID 124).

### 5.2.4 Soziales Umfeld

Entscheidungen, die den Berufsverlauf betreffen, können vom Akteur nicht nur frei und autonom getroffen werden. Neben strukturellen Zwängen (vgl. z.B. Kapitel 5.2.1) wird die Wahlfreiheit eines Menschen auch durch familiäre Gegebenheiten eingeschränkt (vgl. SCHNEIDER 2002a, 2002b). Oftmals werden berufsrelevante Entscheidungen nicht von einem isolierten Individuum allein, sondern im Rahmen von größeren sozialen Einheiten wie Haushalten oder Familien getroffen (KALTER 1997, 1998; MASSEY 2001). Es stellt sich daher in diesem Abschnitt die Frage, welche Bedeutung Partner und Kinder in Hinblick auf berufsrelevante Entscheidungsprozesse haben.[185] Der Einfluss dieser Personen auf den Karriereverlauf, so wird vermutet, variiert hierbei nach verschiedenen Gesichtspunkten: dem Geschlecht, dem Lebenszyklus, dem Arbeitsort, der Organisation und der Anstellungsperiode.

*Rolle des Partners*

Zunächst hängt der Einfluss des sozialen Umfelds auf den Berufsverlauf vom Beziehungsstatus einer Person ab.[186] Hierbei existieren bei den VN-Mitarbeitern erhebliche geschlechtsspezifische Unterschiede (vgl. Abb. 37 und Abb. 38). So haben sowohl zum Zeitpunkt des beruflichen Einstiegs ins VN-System als auch im späteren Berufsverlauf deutlich weniger Frauen als Männer überhaupt einen Partner, wobei unter den weiblichen VN-Mitarbeitern der Anteil derjenigen, die eine Fernbeziehung führen, wiederum größer als der ihrer männlichen Kollegen ist.

---

[185] Zum sozialen Umfeld zählen zwar auch Freunde und Verwandte. Diese werden aber in dieser Studie nicht weiter berücksichtigt, da sie bei berufsbiographischen Entscheidungen nur eine marginale Rolle spielen (vgl. SCHNEIDER 2002a, S. 47).
[186] Hierbei wird der Begriff Beziehungsstatus statt Familienstand verwendet, da letzterer nicht-eheliche Partnerschaften ausschließen würde.

## 5.2 Erklärungsansätze

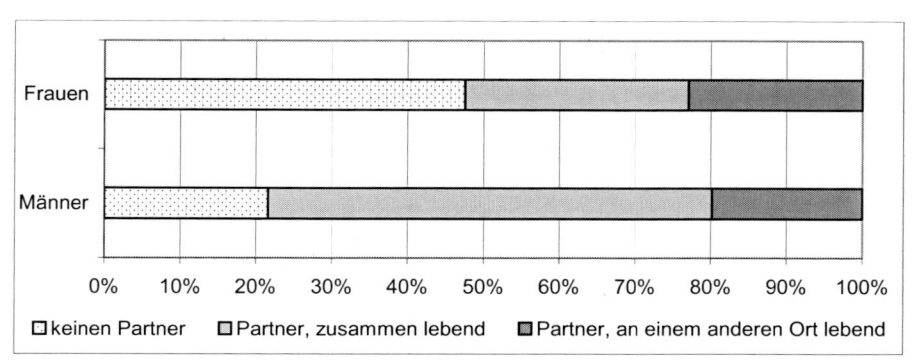

*Abb. 37: Partner beim Antritt der ersten Stelle im VN-System nach Geschlecht (N=172)*
*Quelle: Online-Befragung*

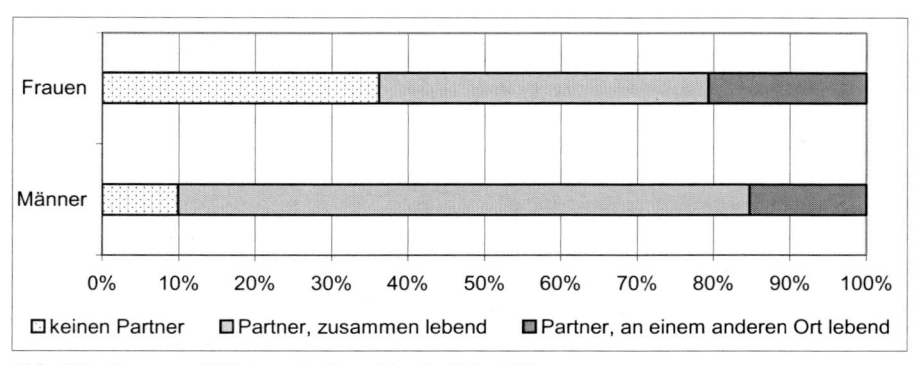

*Abb. 38: Partner 2004 nach Geschlecht (N=169)*
*Quelle: Online-Befragung*

Der große Anteil an alleinstehenden Personen ist hierbei nicht (nur) als Ergebnis der zunehmenden Individualisierung der Lebensführung zu sehen (vgl. KOHLI 1986, BUCHMANN 1989), welche durch eine Zunahme an (beruflichen) Handlungsoptionen gekennzeichnet ist. Vielmehr resultiert diese Lebensform auch aus den Bedingungen des Arbeitsmarktes, die oftmals im Widerspruch zu familiären Interessen stehen und demnach zu individuell angepassten und flexiblen Lösungen in der Lebensführung führen (SCHNEIDER 2002a, S. 32 ff.). Die Folge ist, dass die VN-Mitarbeiter nicht notwendigerweise die beste Alternative, sondern manchmal nur die günstigste unter mehreren nicht gewünschten Handlungsoptionen auswählen (können). Das Singledasein ist daher oftmals kein bewusst gewählter Zustand, sondern eher das Ergebnis berufsspezifischer Anforderungen, insbesondere der in vielen Organisationen geforderten Mobilitätsbereitschaft. Trotz einer Angleichung männlicher und weiblicher Lebensläufe im Allgemeinen (SØRENSEN 1990) sowie der Zunahme von Doppelkarrierehaushalten[187] im Besonderen (vgl. z.B. BLOSSFELD 2001; CLEMENT und CLEMENT 2001; CORPINA 1996; HARDILL 2002) treten in diesem Sample dennoch erhebliche geschlechtsspezifische Unterschiede bei den Beziehungsformen auf. Demnach haben im VN-System vielmehr Frauen als Männer keinen Partner:

> Was ich so beobachte, ist, dass es [Familienbildung] bei den Männern einfacher ist als bei den Frauen, zumal wenn man relativ häufig die Stelle und den Ort wechselt. [...] Ich habe keine Familie und ich denke, das liegt unter anderem daran, dass ich nicht an einem Ort geblieben bin. Viele Kolleginnen, die ich kenne, sind sehr oft gewechselt und haben gar keine Familie oder sind vielleicht verheiratet oder so. Weil man das nicht mit einer Familie vereinbaren kann, das ist immer noch ein Problem. Ich bin immer überrascht, dass die Männer hier ein, zwei, drei Kinder haben, auch schon in relativ jungen Jahren. Mobilität ist hier ein Nachteil, weil es oft so ist, dass immer noch die Frauen mitziehen. Es geht schon auch bei Frauen, aber es ist nicht einfach, weil man dann auch mal längere Zeit getrennt ist und so (ID 138).

> Ich bin meistens Single (lacht), was vielleicht auch damit zusammen hängt. Für Frauen ist es schon schwierig. Es gibt mehr Männer in stabilen Beziehungen, ist meine Wahrnehmung. Das ist ein Punkt, weswegen ich sicher bin, dass ich längerfristig nicht unbedingt bei der UN bleiben möchte (ID 61).

Ein Erklärungsansatz dafür ist der Heiratsengpass (*marriage squeeze*), wonach der Heiratsmarkt insbesondere für hochqualifizierte Frauen dadurch eingeschränkt ist, dass Männer auf dem gleichen Bildungsniveau eher dazu tendieren, eine Partnerin mit einem geringeren Qualifikationsniveau zu wählen, während Frauen Partner bevorzugen, die ein höheres oder mindestens gleichwertiges Ausbildungsniveau haben (vgl. u.a. KLEIN 1993, ANGRIST 2002).[188] Oft bedeutet auch die Erwerbstätigkeit beider Personen in einer Partnerschaft in der Praxis nicht notwendigerweise eine Gleichwertigkeit beider Berufsverläufe. Denn auch das Doppelkarrieremodell basiert auf individuellen Aushandlungsprozessen zwischen den Beziehungspersonen, welche wiederum von gesellschaftlichen Bedingungen beeinflusst werden. Die Folge ist oft ein Kompromiss, wonach einer der Partner seinen Berufsverlauf dem des anderen anpasst. Obgleich laut Online-Befragung durchaus auch einige Männer einen beruflichen Stellenwechsel wegen der beruflichen Situation ihres Part-

---

[187] In einem Doppelkarrierehaushalt, *dual career household* (HARDILL 2002), sind beide Partner erwerbstätig. Synonym werden in der Literatur auch die Begriffe *dual earner families* (BLOSSFELD 2001), *dual career couples* (LADWIG 2002; SOLGA und WIMBAUER 2005), *dual career marriages* (HERTZ 1986), *two-income families* (BARNETT and RIVERS 1996) oder *dual career families* (GILBERT 1985) verwendet.

[188] Der Fall, dass Männer ein höheres Ausbildungsniveau als ihre Partnerin haben, wird als *Hypergamie* bezeichnet. Für hochqualifizierte Frauen ergibt sich auf Grund dieser Präferenz beider Geschlechter bei der Partnerwahl ein Heiratsengpass.

## 5.2 Erklärungsansätze

ners/ihrer Partnerin[189] vollzogen haben, so deuten sowohl die geschlechtsspezifische Verteilung der Beziehungsformen (vgl. Abb. 37 und Abb. 38) als auch die Einschätzungen der Interviewpartner darauf hin, dass tendenziell eher die Frauen in ihrer Berufslaufbahn zugunsten der Partner zurückstecken:[190]

> Es ist schwierig. Ich meine, ich habe meinen Lebenslauf und meinen Arbeitsweg so gestaltet, dass sie sich meiner Familie angepasst haben. Aber das war auch nicht einfach. Ich meine, drei Jahre Rom ohne meinen Mann waren nicht ganz so einfach. Wir hatten dann auch eine Tochter, jetzt haben wir zwei Kinder. Es hat sich gelohnt, aber man kann es nicht auf die Dauer machen (ID 66).

Bei vielen männlichen VN-Angestellten scheint dagegen eher das traditionelle bürgerliche Familien- und Geschlechtermodell des männlichen Alleinversorgers verbreitet zu sein, wobei sich hier auch Generationeneffekte beobachten lassen, auf die weiter unten in diesem Abschnitt eingegangen wird. Grundlegend basiert diese Lebensform auf der strikten geschlechtsspezifischen Rollenteilung, wonach der Mann für die Erwerbs- und die Frau für die Haushaltsarbeit sowie für die Kinderbetreuung zuständig ist (PFAU-EFFINGER 1995). Meist ist die Geburt des ersten Kindes der Anlass für den permanenten Rückzug der Frau aus dem Arbeitsmarkt. In Hinblick auf die Karriereentwicklung bedeutet das, dass ein männlicher VN-Angestellter, der nach dem bürgerlichen Familien- und Geschlechtermodell lebt, zwar familiäre Einflüsse bei berufsrelevanten Entscheidungen berücksichtigt. Eventuell konkurrierende Karriereaspirationen der Frau sind dagegen bei dieser Lebensform nicht relevant:

> Das hängt immer von der Situation ab. Wenn die Frau gewohnt ist, zuhause zu sein, kleine Kinder hat, ist das alles kein Problem. In dem Moment, wo die Frau immer mehr sein wird, auch ein eigenes Studium hat, ein eigenes Profil und Spezialitäten, wird's schwierig (ID 190).

> Ich habe einige Kollegen, ich sage ganz bewusst Kollegen, die haben eben das Glück, dass sie eine Frau gefunden haben, die auch in diesem Bereich arbeitet, bei der Vertretung oder sie ist Lehrerin. Dann kann sie mitziehen. Oder sie hängt ihren Beruf an den Nagel und kriegt Kinder und sie ziehen um die Welt (ID 131).

---

[189] Es wurde an dieser Stelle bewusst sowohl die weibliche als auch die männliche Form für Partner verwendet, da unter den VN-Angestellten durchaus auch gleichgeschlechtliche Beziehungen vorkommen.

[190] Zudem muss das Ergebnis der Online-Befragung mit Vorsicht interpretiert werden, da sich auch zeigt, dass für mehr als die Hälfte der Befragten (57%) die berufliche Stellung des Partners nicht der alleinige Anlass zum Stellenwechsel war. Vielmehr waren Beförderungen und bessere Stellenangebote Gründe für die Aufgabe der ersten Stelle im VN-System. Somit war die berufliche Weiterentwicklung des Lebenspartners eher ein Nebenprodukt der Karriereambitionen von männlichen VN-Angestellten.

Wie wirken sich nun die jeweiligen Beziehungsformen auf den Karriereverlauf aus?[191] Auch hierbei werden geschlechtsspezifische Unterschiede deutlich (vgl. Tab. 8):

*Tab. 8: Anzahl der Beförderungen pro Person im VN-System nach Geschlecht und Beziehungsform (N=62)[192]*

| Beziehungsform[193] | Männer | Frauen |
|---|---|---|
| Keinen Partner | 2 | 2 |
| Partner, zusammen lebend | 2 | 1 |
| Partner, an einem anderen Ort lebend | 2 | 1 |

*Quelle: Online-Befragung*

Während bei den Männern der Partnerstatus nur einen marginalen Einfluss auf die Anzahl der vertikalen Aufwärtsbewegungen im Berufsverlauf hat, so besteht hinsichtlich der Beförderungen ein großer Unterschied zwischen alleinstehenden Frauen und solchen mit Partnern. Eine Beziehung scheint sich bei weiblichen VN-Angestellten also eher hinderlich auf die Karriereentwicklung auszuwirken, wohingegen sie bei Männern keinen Einfluss auf deren Laufbahn zu haben scheint. Eine Erklärung dafür kann die Priorisierung der männlichen Karriereentwicklung in einer Partnerschaft sein. Einige Autoren sprechen sogar davon, dass der räumliche Berufsverlauf der Frau ein Abbild der regionalen Karriereentwicklung des Ehemanns bzw. Partners ist (vgl. z.B. MARKHAM et al. 1983; MARKHAM 1987; STEIL and WELTMAN 1991). Andererseits sind diese geschlechtsspezifischen Differenzen auch darauf zurückzuführen, dass die Zahl der Kinder für die Karriere eine Rolle spielt, dass die Erwerbstätigkeit der Frauen wegen der Geburt der Kinder unterbrochen wird und dass sich diese Unterbrechungen der Berufstätigkeit auf die Laufbahnen von Frauen auswirken können.

*Einfluss von Kindern*

Es stellt sich nun die Frage, welchen Einfluss Kinder auf die Handlungsspielräume von berufsrelevanten Entscheidungen und damit auf die Karriereverläufe haben.

---

[191] Auf Grund der Datenstruktur kann diese Frage nur mit Hilfe der Daten aus der Online-Befragung und nicht anhand der statistischen Daten des Auswärtigen Amts beantwortet werden, da letztere keine soziodemographischen Daten wie Familienstatus oder Kinderzahl beinhalten.
[192] Angegeben sind jeweils die Modi bei einem Einstieg auf einer Nachwuchsposition.
[193] Bezugszeitpunkt ist die Beziehungsform zum Zeitpunkt der Online-Befragung, 2004, da dort die Familiengründungsphase bereits weiter fortgeschritten ist als zum Zeitpunkt des beruflichen Einstiegs ins VN-System.

Dabei ist wie erwähnt die Anzahl der Kinder von Bedeutung.[194] Erwartungskonform bestehen hinsichtlich der Kinderzahl erhebliche geschlechtsspezifische Unterschiede. Beim beruflichen Einstieg ins VN-System hatte nur jede fünfte Frau ein oder zwei Kinder, wohingegen zu diesem Zeitpunkt im Berufsverlauf bereits 58% der Männer Väter eines oder mehrerer Kinder waren (Online-Befragung). Auch im Vergleichsjahr 2004 hatten deutlich weniger VN-Mitarbeiterinnen als VN-Mitarbeiter Kinder.[195]

Die geschlechtsspezifischen Unterschiede in den Kinderzahlen lassen sich mit den unterschiedlichen Lebensentwürfen der VN-Mitarbeiter erklären. Für den Umgang mit den teilweise konkurrierenden Optionen Beruf und Familie gibt es verschiedene Strategien (SCHNEIDER 2002a, S. 35): Die erste Möglichkeit besteht darin, sich entweder für die Erwerbstätigkeit oder für die Familie zu entscheiden. Dieser Lebensentwurf wird wegen der damit verbundenen gesellschaftlichen Folgen als *Polarisierung* bezeichnet. Je nach Geschlecht hat diese Strategie, die auf dem bürgerlichen Geschlechter- und Familienmodell basiert, unterschiedliche Auswirkungen auf die Familien- und Berufsplanung. Männer haben auch bei einer Entscheidung für den Beruf die Möglichkeit, Kinder zu bekommen. Wenn Frauen dagegen Kinder möchten, geben sie ihre Berufstätigkeit diesem Lebensentwurf zufolge spätestens mit der Geburt des ersten Kindes auf.[196] Auf der anderen Seite ist die Wahl der Erwerbstätigkeit für Frauen gleichbedeutend mit einer Entscheidung gegen eigene Kinder:

> Ich habe keine Familie und ich denke, das liegt unter anderem daran, dass ich nicht an einem Ort geblieben bin. Viele Kolleginnen, die ich kenne, sind sehr oft gewechselt und haben gar keine Familie oder sind vielleicht verheiratet oder so (ID 138).

Ein anderer Lebensentwurf besteht darin, die Erwerbstätigkeit für einen begrenzten Zeitraum zu unterbrechen, um Kinder zu bekommen und/oder großzuziehen. Diese Strategie wird *Phasierung* genannt, weil sich an die Erwerbstätigkeit einer Person eine Phase der Elternzeit anschließt, bevor die Rückkehr ins Berufsleben erfolgt. Bislang waren es in einer Partnerschaft meist die Frauen, die ihre Erwerbstätigkeit unterbrochen haben, um Kinder großzuziehen und zu betreuen (FASSMANN und

---

[194] Obgleich der Autorin bewusst ist, dass auch das Alter der Kinder einen Einfluss auf die Erwerbsverläufe von VN-Angestellten hat, wird an dieser Stelle darauf aus forschungspragmatischen Gründen nicht näher eingegangen (vgl. weiterführend z.B. FORSTER 2006).
[195] Von den VN-Mitarbeiterinnen hatten 15% ein Kind, 22% zwei Kinder und 4% drei oder mehr Kinder. Bei den Männern waren 18% Vater eines Kindes. 41% der VN-Angestellten hatten zwei und 22% drei oder mehr Kinder (Online-Befragung). Dass die Kinderzahlen zwischen dem Zeitpunkt des beruflichen Einstiegs ins VN-System und dem Vergleichsdatum 2004 unabhängig vom Geschlecht angestiegen ist, ist sicherlich auf den Lebenszyklus zurückzuführen.
[196] Gleichwohl besteht durchaus die Möglichkeit, dass die Frau wieder ins Erwerbsleben zurückkehrt, wenn die Kinder aus dem Haus sind. Dieser Lebensentwurf fällt bei der hier angewandten Klassifizierung jedoch unter die Strategie der Phasierung.

MEUSBURGER 1997, S. 89).[197] Gleichwohl ist es im VN-System auch denkbar und möglich, dass beide Elternteile nacheinander Elternzeit nehmen (vgl. HANDBOOK OF HUMAN RESOURCES 2000, STAFF RULES 106.3 und 105.2; VN-DOKUMENT ST/AI/2005/2). Eine temporäre Unterbrechung der Berufstätigkeit wirkt sich insbesondere bei einem stark auf dem Dienstalter basierenden Beförderungssystem wie bei den Vereinten Nationen auf die Karriereentwicklung aus. Selbst wenn die Mitarbeiter nach Ende der Erwerbsunterbrechung auf ihren alten bzw. einen gleichwertigen Posten zurückkehren (können) (vgl. STAFF RULE 105.2), so müssen diese Angestellten dennoch Nachteile in ihrer Laufbahnentwicklung in Kauf nehmen, da sie in dieser Zeit keine Gelegenheit hatten, ihre für Karrieren wichtigen informellen und kommunikativen Karrierestrukturen zu pflegen bzw. auszubauen.

Die dritte Möglichkeit besteht in der *synchronen Vereinbarung* von Familie und Beruf, was dem Doppelkarrieremodell entspricht. Ob diese Strategie anwendbar ist, hängt unter anderem von strukturellen Faktoren wie der Option auf Teilzeitarbeit, dem Angebot zur Kinderbetreuung und anderen Sozialleistungen seitens der Organisation wie finanziellen Zuwendungen[198] ab (vgl. MEUSBURGER 2002c). Halbtagsarbeit ist zwar im VN-System prinzipiell möglich (vgl. VN-DOKUMENT ST/AI/291/Rev. 1), jedoch scheint diese Anstellungsform in diesem Arbeitsumfeld nicht weiter verbreitet zu sein:

> Halbtagsarbeit gibt es so gut wie gar nicht. Also ich kenne vielleicht drei Leute in 30 Jahren, wo ich das mal gehört habe. Gleitende Arbeitszeit auf dem Papier, aber an sich nicht. Besonders in meiner Position kann ich das vergessen. Ja, ich habe gleitend von früh bis spät. Als professionelle Frau arbeite ich hier zehn, elf Stunden. Um neun komme ich und um acht gehe ich. Zum Beispiel Urlaub, ich habe letztes Jahr zwei Wochen verfallen lassen. Dieses Jahr verliere ich auch drei Wochen. Na ja, ich kann natürlich sagen, es steht mir zu, aber... (ID 122).

> Teilzeit gibt's bei uns nicht. Entweder man kommt dann zurück oder man nimmt Urlaub ohne Bezahlung. Ich bin dann zurückgekommen (ID 92).

Dass die Möglichkeit zur Teilzeitarbeit im VN-System nicht von vielen Frauen wahrgenommen wird, hängt sicherlich mit den damit verbundenen Auflagen zusammen (VN-DOKUMENT ST/AI/291/Rev. 1). Zum einen hat ein VN-Mitarbeiter kein Recht auf Halbtagsbeschäftigung. Vielmehr hängt eine derartige Anstellung von der Verfügbarkeit einer für Teilzeitarbeit geeigneten Position ab, die unter

---

[197] Die Geburt der Kinder kann nur durch Frauen erfolgen. Möchte eine Familie eigene Kinder haben, ist es also immer erforderlich, dass die Frau ihre Erwerbstätigkeit zumindest für die Geburt und die unmittelbare Zeit danach unterbricht. Anschließend besteht aber prinzipiell die Möglichkeit, dass auch Männer die Kindererziehung und -betreuung übernehmen können.

[198] Im VN-System gibt es für Kinder bis zum Alter von 18, unter bestimmten Bedingungen auch von 21 Jahren (und auch für nicht erwerbstätige Partner) eine sogenannte *dependency allowance*, die zusätzlich zum Grundgehalt eines Angestellten gezahlt wird (vgl. HANDBOOK OF HUMAN RESOURCES, staff regulation 3.4 und Annex I).

## 5.2 Erklärungsansätze

Umständen einen nicht gewollten Orts- oder Stellenwechsel impliziert. Auch in Hinblick auf die Karriereentwicklung müssten Nachteile in Kauf genommen werden, zum Beispiel, dass das Dienstalter für die Dauer der Halbtagsbeschäftigung nur halb angerechnet wird. Dies bedeutet zugleich, dass die Zeiträume zwischen zwei Beförderungen steigen.

Die Strategie der synchronen Vereinbarung von Familie und Beruf bedeutet, dass über den im VN-System geltenden unmittelbaren Mutterschutz von 16 Wochen hinaus keine Unterbrechung der Erwerbstätigkeit stattfindet. Demnach dürften bei dieser Lebensform, die, so ist zu erwarten, unter den Müttern im VN-System vorherrschend ist, keine geschlechtsspezifischen Unterschiede in der Karriereentwicklung zu erwarten sein. Gleichwohl zeigt der Vergleich von Kinderzahl und Stellung im Beruf einen deutlichen Unterschied zwischen Männern und Frauen:

*Tab. 9: Anteil der VN-Mitarbeiter pro Dienstgrad und Geschlecht nach Kinderzahl (N=136)[199]*

| Dienstgrad | Männer | | | | Frauen | | | |
|---|---|---|---|---|---|---|---|---|
| | kein Kind | ein Kind | zwei Kinder | drei o. mehr Kinder | kein Kind | ein Kind | zwei Kinder | drei o. mehr Kinder |
| P2 | 33% | 15% | 41% | 11% | 70% | 15% | 10% | 5% |
| P3 | 29% | 43% | 21% | 7% | 25% | 13% | 62% | 0% |
| P4 | 5% | 11% | 58% | 26% | 86% | 14% | 0% | 0% |
| P5 | 6% | 18% | 47% | 29% | 50% | 17% | 33% | 0% |
| D1 | 13% | 29% | 29% | 29% | Nicht vorhanden | | | |
| D2 | 20% | 0% | 40% | 40% | 50% | 25% | 25% | 0% |
| ASG | 0% | 0% | 33% | 67% | Nicht vorhanden | | | |

*Quelle: Online-Befragung*

Während der Anteil kinderloser Männer mit zunehmendem Dienstgrad tendenziell sinkt, haben die meisten Frauen in den Führungsebenen keine Kinder.[200] Dieses Ergebnis ist sicher ein gesamtgesellschaftliches Phänomen, das nicht spezifisch für das Arbeitsfeld der Vereinten Nationen ist (vgl. auch DREHER 1996 für den deutschen öffentlichen Dienst). Obgleich zunehmend auch Männer Familienaufgaben übernehmen, ist die Hausarbeit größtenteils immer noch Frauensache (FORSTER

---

[199] Bezugswerte sind die Anzahl der Kinder und die Positionslevel zum Zeitpunkt der Durchführung der Online-Befragung, 2004. Der damalige Dienstgrad wurde anhand der Angaben zum beruflichen Werdegang ermittelt.

[200] Der hohe Anteil von kinderlosen Frauen auf dem P2-Level hängt sicher damit zusammen, dass viele weibliche Probanden des Samples zum Zeitpunkt der Befragung noch am Beginn ihrer Karriere sowie des Familienbildungsprozesses standen.

2006, S. 170 ff.), was zu einer Doppelbelastung der weiblichen Erwerbstätigen führt (KRAMER 2005). Da Kinder eine zusätzliche Mehrbelastung bedeuten, entscheiden sich weibliche VN-Angestellte auf Führungspositionen eher gegen Nachwuchs. Kinder und Leitungsfunktionen sind nur vereinbar, wenn im Kleinkindalter eine Vollzeitbetreuung durch Angehörige oder Angestellte gewährleistet ist und wenn beide Bereiche mit viel organisatorischem Geschick und guter Zeiteinteilung gemanagt werden:

> Wenn ich hier also zehn, elf Stunden verbringe, kann ich während des Tages keine Sachen per Telefon erledigen oder Rechnungen bezahlen. Dann ist das schon schwierig. Und wenn ich abends nach Hause komme, koche ich, sehe die Schulaufgaben nach und am Wochenende bin ich arg beschäftigt, den Haushalt in Gang zu halten, damit er die nächste Woche nahtlos mit Fernbedienung läuft (ID 122).

Was den Einfluss von Kindern auf den Karriereverlauf betrifft, so lassen sich erhebliche geschlechtsspezifische Differenzen konstatieren. Während Kinder nahezu keinen Einfluss auf die Laufbahnentwicklungen der Männer haben, stellen Kinder bei Frauen, insbesondere für das Erreichen der Führungsebene, ein Hindernis dar. Zwar kann in Zukunft damit gerechnet werden, dass sich diese Unterschiede mit zunehmenden Veränderungen der geschlechtsspezifischen Rollen verringern. Gleichwohl wird die Vereinbarkeit von Familie und Karriere wohl auch weiterhin ein frauenspezifisches Problem bleiben, das allerdings nicht auf den internationalen öffentlichen Dienst allein beschränkt ist. Vielmehr handelt es sich hierbei um ein gesamtgesellschaftliches Phänomen.

*Geographische Mobilität*

Karriereverläufe im VN-System und in multinationalen Unternehmen werden auch durch familienbedingte geographische Konstellationen beeinflusst (vgl. BLAIR-LOY 1999). Berufliche Entscheidungen, die einen Ortswechsel des VN-Mitarbeiters bzw. seiner gesamten Familie implizieren und sich somit auch auf das soziale Umfeld dieser Person auswirken, werden – so die Vermutung – nicht nur auf Grund karriererelevanter Gesichtspunkte getroffen. Vielmehr werden auch familiäre Beweggründe mit in eine solche Entscheidung einbezogen. Zudem werden Entscheidungen über Umzüge selten von einer Person allein getroffen, sondern sie sind vielmehr das Ergebnis eines Aushandlungsprozesses zwischen Partnern und/oder Kindern (SCHNEIDER 2002a, S. 47), insbesondere wenn es sich um eine Doppelkarrierebeziehung handelt, in welcher beide Partner eine höhere berufliche Karriere anstreben.

Der Einfluss des sozialen Umfelds auf die regionale Mobilität im Karriereverlauf hängt von verschiedenen Faktoren ab: der Phase des Lebens- bzw. Familienzyk-

## 5.2 Erklärungsansätze

lus[201], in dem sich eine Person befindet, dem räumlichen Kontext sowie den Personalpolitiken der internationalen Organisationen.
Regionale Mobilität ist altersselektiv und findet demnach eher vor bzw. zu Beginn der Familiengründungsphase, manchmal auch noch am Anfang der Familienwachstumsphase statt (BIRG und FLÖTHMANN 1992; DA VANZO 1976; MINCER 1978; SANDEFUHR 1985; SCHNEIDER 2002a; SPEARE 1970). In dieser mobilen Phase gehen berufliche Etablierungsprozesse mit familiären Grundsatzentscheidungen einher und werden demnach aufeinander abgestimmt. Folglich müssten VN-Angestellte, die sich in den ersten Phasen des Lebenszyklus befinden, wenn sie in der Regel auf niedrigeren bis mittleren Dienstgraden (P1–P4-Ebene) tätig sind, mobiler sein als Angestellte der oberen Hierarchieebenen (ab P5-Level aufwärts). Die Auswertung der statistischen Daten bestätigt diese Vermutung für das VN-Sekretariat. So sind von den Mitarbeitern der unteren bzw. mittleren Dienstgrade deutlich mehr Angestellte (40%) mobil als von den Kollegen der oberen Leitungsebenen (22%).[202] Dies zeigt, dass die Bedeutung der regionalen Mobilität im Allgemeinen mit zunehmendem Dienstgrad sinkt, was sicher neben dem Lebenszyklus auch auf die räumliche Verteilung der Stellen im VN-Sekretariat zurückzuführen ist (vgl. Kapitel 5.2.1).
Die unterschiedliche Bedeutung regionaler Mobilität im Berufsverlauf gilt jedoch nur begrenzt für mobile Feldkarrieren in Organisationen des VN-Systems mit Rotationspolitiken. In diesen ist ein Ortswechsel in einem bestimmten zeitlichen Abstand obligatorisch, was in der Regel dazu führt, dass Angestellte beispielsweise beim UNHCR unabhängig vom Lebenszyklus regional mobil sein müssen. Zwar gibt es auch hier Regeln, die einen Familienumzug zumindest zeitweise aufschieben bzw. ganz vermeiden können (vgl. Kapitel 5.1.2), jedoch ist eine Karriere mit Familie in einer Organisation mit Rotationspolitik ungleich schwieriger zu meistern als in einer ohne Mobilitätsobligation. Daher ist es überraschend, dass laut Online-Befragung nur 25% der UNDP-Angestellten 2004 keinen Partner hatten bzw. nur 8,3% dieser internationalen Bediensteten eine Fernbeziehung geführt haben. Beim UNHCR gab es sogar unter den Befragten keine Probanden ohne festen Partner, was sicher auch auf das relativ kleine Sample zurückzuführen ist. Dafür lebte aber bei 40% dieser Mitarbeiter der Partner an einem anderen Ort. Der relativ große Anteil an Fernbeziehungen beim Flüchtlingshilfswerk der Vereinten Nationen im Vergleich zu UNDP und zum VN-Sekretariat ist sicher auch auf die Standortstrukturen dieser Organisation zurückzuführen. So hat das UNHCR im Vergleich zu allen anderen Organisationen des VN-Systems doppelt so viele Härte-Stationen[203]. Dies bedeutet, dass es bei einer Tätigkeit an diesen Orten oft nicht möglich ist, die Fami-

---

[201] Diese beiden Begriffe werden in diesem Abschnitt synonym gebraucht, wobei unter Familien auch nichteheliche Beziehungen subsumiert werden.
[202] Statistische Daten des Auswärtigen Amts.
[203] *Hardship duty stations.*

lie mitzunehmen, weshalb sie auch als nichtfamiliäre Arbeitsorte[204] klassifiziert werden:

> Beim UNHCR werden sie ja immer dahin geschickt, wo es gerade geknallt hat, üblicherweise Bürgerkriegsländer oder sonst irgendwas. Wenn sie Familie haben, ist das allerdings eine Sache der Unmöglichkeit. Ich hatte Glück, weil ich zehn Jahre in Asien eingesetzt war. Und Asien ist sehr viel sicherer und auch sehr viel entwickelter als viele duty stations im Kaukasusbereich oder in Westafrika. [...] Und da ich solange in Asien war und da relativ gute duty stations waren, war der Druck eben gigantisch, dass ich dann mal hardship nehme und dann irgendwo nach Angola gehe oder so. Das geht natürlich mit Familie nicht. Insofern war diese Stelle in New York eine interessante Ausweichmöglichkeit, aber es war auch von der inhaltlichen Ausrichtung her passend. Ich habe in den sieben Jahren, die ich davor in Genf war, genau diese Sachen gemacht. Ich bin jetzt hier für vier Jahre sekundiert (ID 128).

Zwar hat die Familie in Organisationen mit Rotationspolitik, für die mobile Feldkarrieren vorwiegend typisch sind, in der Regel keinen Einfluss darauf, *ob* ein internationaler Bediensteter während seiner Anstellung bei diesem Arbeitgeber regional mobil ist. Mobilität ist quasi Grundvoraussetzung für eine Tätigkeit in diesen Organisationen. Gleichwohl ist die Familie insofern von Bedeutung für räumliche Mobilität, als dass sowohl das Ziel des Umzugs als auch die Zyklen, in denen rotiert wird, unter anderem nach familiären Gesichtspunkten bestimmt werden. Demnach wird der Zielort eines Ortswechsels auch nach dem sozialen Umfeld bzw. nach den Lebensumständen ausgewählt. Abgewogen werden beispielsweise sicherheitspolitische Aspekte:

> Wir waren in G. zwei Jahre. Dann ergab sich wieder die Möglichkeit, in ein Entwicklungsland zu gehen. 1972 wurde in B. das Büro eröffnet. Ich habe dann aber doch abgelehnt, weil wir unsere ersten Kinder bekamen. Und mit zwei Babies war das ein bisschen zu hart (ID 70).

> Und so ähnlich war es dann auch mit dem nächsten Angebot hier im Nahen Osten. In Gaza zum Beispiel, das waren dann zwei Faktoren: erstens dann die Sicherheitsfrage, aber dann auch die finanzielle Seite kein Anreiz (ID 109).

Daneben werden bei der Auswahl des Zielorts eines Umzugs auch infrastrukturelle Gesichtspunkte berücksichtigt. Dazu zählen die Kindergärten und Schulen für die Kinder sowie Arbeitsmöglichkeiten für den Partner. Besonders gute Bedingungen in Hinblick auf die Schulausbildung bzw. Kinderbetreuung herrschen den Probanden der Online-Befragung zufolge in Wien und Genf.[205] In New York haben die Befragten zu gleichen Anteilen gute und schlechte Erfahrungen mit Kindergärten und Schulen gemacht. In den Feldstationen wurden die Schul- und Kinderbetreuungsstrukturen dagegen von knapp zwei Dritteln der Probanden als nicht zufrieden-

---

[204] *Non-family duty stations.*
[205] In Wien haben die VN-Angestellten zu 100% gute Erfahrungen mit der Betreuung und Ausbildung der Kinder gemacht, in Genf waren es immerhin 90,5% der Probanden.

stellend empfunden. Die Folge ist, dass viele VN-Angestellte versuchen, zumindest während der Zeit, in der die Kinder schulpflichtig sind, in einem der Hauptquartiersstandorte in Europa oder Nordamerika tätig zu sein:

> Nach Kirgisien bin ich zurück nach Genf. Wir wollten... – es war da auch so, die Familie hat gesagt, o.k., wir wollen im Grunde genommen doch wieder ein bisschen mehr Stabilität und es muss auch in Europa sein, es geht auch sehr stark um die Ausbildung der Kinder. Denn die Älteste ist in Bishkek in die erste Klasse der russischen Schule gegangen, aber wir haben uns das nicht so vorgestellt, dass das so weiter geht. Und Bishkek als Hauptstadt ist eben auch sehr klein, die Möglichkeiten wären da sehr gering gewesen, eine Schulbildung dort über das vorhandene Schulsystem zu machen (ID 65).

Die Bereitschaft, mit Familie umzuziehen, hängt also bei mobilen Feldkarrieren sowohl vom gegenwärtigen als auch vom potentiellen neuen Standort ab. Mobilität wird dann gewünscht, „wenn man halt gewisse Nachteile hatte, die man dann überwinden kann" (ID 124). An Orten wie Genf, an denen die Lebensbedingungen gut sind, sind Familien dagegen eher Hemmnisse für einen Ortswechsel. Eine Strategie der Mitarbeiter bei Organisationen mit Mobilitätsobligation wie UNHCR besteht an solchen Standorten darin, die regulären Rotationszyklen zu umgehen bzw. zu verlängern (vgl. auch Kapitel 5.1.2):

> Sie haben im UNHCR im Grunde genommen ein Rotationsprinzip, so dass man alle vier, fünf Jahre in ein anderes Land und häufig auch in eine andere Funktion kommt. Bei mir ist es so gewesen, nach vier Jahren stand das an. Die Familie hat aber gesagt, ich will nicht weiter. Die Kinder sind 11 und 13, meine Frau macht gerade auch noch eine Ausbildung. Und die haben gesagt, das müsstest du alleine machen. Alleine will ich das nicht, also musste ich eine andere Option finden. Und hier habe ich jetzt Glück gehabt, dass beim UNHCR – diese Position ist so eine Art Expertenposten – da gilt das Rotationsprinzip nicht so, das heißt, die wollen jemanden über einen längeren Zeitraum haben. Ich musste mich auf die Stelle bewerben. Die haben intern und extern rekrutiert darauf und ich habe eben Glück gehabt, dass ich den Posten bekommen habe. Der Grund ist für mich hauptsächlich familiär (ID 65).

> Die Leute wollen hier [aus Genf] nicht mehr weg, weil es einfach sehr familienfreundlich ist. Von daher wollen die meisten, zumindest die, die Familie haben, einfach hier bleiben. Weil die Alternativen, die es gibt, sind einfach schlechter diesbezüglich, was andere UNO-Standorte angeht (ID 162).

> Wenn man halt die verschiedenen Karrierewege der Kollegen vergleicht, dann sieht man halt schon, wo die verschiedenen Leute ihre relativen Prioritäten gesetzt haben. Und ich glaube, dass eben die Lebensbedingungen für junge, heranwachsende Kinder ganz wichtig sind. Die führen halt dazu, dass zumindest für einen gewissen Zeitraum das Interesse an räumlicher Mobilität an den Standorten, wo die Bedingungen gut sind, gering ist und umgekehrt (ID 124).

Familiäre Gesichtspunkte im Allgemeinen und die Möglichkeiten der Schulausbildung bzw. Kinderbetreuung im Besonderen sind auch Erklärungen für den hohen

Anteil an Mitarbeitern mit immobilen Karriereverläufen. So bevorzugen viele VN-Angestellte, an Standorten wie Genf, Wien oder New York zu arbeiten, wo die Qualität der Schulen und das Angebot der Kinderbetreuung als gut bewertet werden. Demnach stellen Familien in diesen Orten Mobilitätshemmnisse dar:

> In den ersten Jahren, als ich dazu bereit war, hat mir die Organisation hier nicht viel angeboten. Als sie mir dann Dinge angeboten haben, dann waren das Dienstorte wie Abidjan, wo die Situation wirklich nicht so war und ist, dass man da mit einer Familie hingehen kann (ID 139).

> Bei dem vorherigen Generaldirektor war das eine Politik, die Leute sollen erst mal raus. Oder wer neu eintritt, soll erst mal drei Jahre irgendwo hin nach Bangkok oder Lima. Ich muss gestehen, ich selber habe gezittert. Was macht man mit einem Kind oder wenn ein Kind beim Abi ist? Dann noch umziehen oder es mit 17 oder 18 Jahren allein lassen? Das ist auch nicht toll. Ich hatte, wenn man so will, das Glück, nur Dienstreisen machen zu müssen (ID 97).

Weitere Faktoren, welche die Karriereverläufe der VN-Mitarbeiter beeinflussen, sind die Arbeitsmöglichkeiten bzw. die berufliche Laufbahn des Partners. So stellen GORITA und MÜNCH (2004, S. 15) in ihrem Bericht für die *Joint Inspection Unit*, der internen Aufsichtsbehörde der Vereinten Nationen, fest, dass „it is apparent that spouse employment is a very, if not the most, important work/life concern for staff members". Hierbei treten Differenzen zwischen männlichen und weiblichen VN-Angestellten auf. So stellt MÜNCH (2002, S. 646) fest, dass „husbands tend to be more resistant than wives to the prospect of forced unemployment". Auch die Übersicht über die Beschäftigungsfelder der Partner von VN-Mitarbeitern zeigt, dass deutlich weniger Männer als Frauen nicht berufstätig oder arbeitslos sind (vgl. Tab. 10).

Dies hängt nicht zuletzt mit den Präferenzen weiblicher Hochqualifizierter zusammen, eher Partner mit mindestens gleichwertigem Qualifikationsniveau und ähnlichen Karriereaspirationen zu wählen. Hochqualifizierte Frauen führen deutlich häufiger Zweikarrierebeziehungen als Männer mit gleichem Qualifikationsniveau (vgl. SCHAUMAN and XIE 1996, S. 457). Und die Männer, die eine solche Partnerschaft führen, haben meist besser entwickelte Laufbahnen als ihre Partnerinnen (ROSENFELD and JONES 1987, S. 494). Dies führt dazu, dass VN-Mitarbeiterinnen stärker durch die (teilweise) konkurrierenden Karriereaspirationen ihrer Partner in ihrer geographischen Mobilität eingeschränkt sind als ihre männlichen Kollegen.

## 5.2 Erklärungsansätze

*Tab. 10: Beschäftigungsfeld des Partners nach Geschlecht (N=86)*

| Beschäftigungsfeld des Partners | Männliche VN-Angestellte | Weibliche VN-Angestellte |
|---|---|---|
| VN-höherer Dienst | 4 | 3 |
| VN-allgemeiner Dienst | 1 | 1 |
| IO außerhalb VN | 1 | 1 |
| NRO | 1 | 0 |
| freie Wirtschaft | 9 | 6 |
| selbständig | 5 | 2 |
| nicht berufstätig | 26 | 3 |
| arbeitslos | 7 | 2 |
| Studium | 2 | 1 |
| Sonstiges | 10 | 1 |
| Gesamt | 66 | 20 |

*Quelle: Online-Befragung*

Die Berufstätigkeit der Partner von VN-Angestellten variiert nach den Standorten des VN-Systems. In Genf ist der Anteil der arbeitslosen Partner (21,4%) wesentlich höher als in New York (9,1%), Wien (6,7%) und den Feldstationen (4,5%).[206] Auch was die Zahl der erwerbstätigen Partner betrifft, treten ortsspezifische Unterschiede auf: In New York sind 50%, in Genf 35,7%, in Wien 26,7% und in den übrigen Standorten 18,2% der Begleitpersonen berufstätig (Online-Befragung). Eine Erklärung für die räumlichen Unterschiede ist die spezifische lokale Arbeitsmarktstruktur der jeweiligen VN-Standorte. Zudem wirken sich die verschiedenen Geschlechter- und Familienmodelle unterschiedlich auf die Berufstätigkeit des Partners aus, wobei durch den Wandel der Modelle Kohorteneffekte zu erwarten sind, die anhand der Daten jedoch nicht verifiziert werden können. Ein weiterer Grund dafür, dass die Arbeitsmöglichkeiten für Partner nicht an allen Standorten der Vereinten Nationen gleich sind, ist das rechtliche Umfeld. Denn die Möglichkeit zu arbeiten, hängt nicht nur vom Vorhandensein von Stellen auf dem Arbeitsmarkt oder vom Qualifikationsniveau des Bewerbers ab, sondern auch davon, ob der Partner eines VN-Mitarbeiters eine Arbeitserlaubnis an dem jeweiligen Dienstort erhält.[207] Hinsichtlich der rechtlichen Bedingungen, welche die Arbeitsmöglichkeiten der Partner von VN-Angestellten betreffen, bestehen zwischen den einzelnen Organisationen und Standorten erhebliche Unterschiede. Diese sind auf die historische Tradition

---

[206] Online-Befragung.
[207] Grundlage dafür sind die *Headquarter Agreements* der Vereinten Nationen mit den jeweiligen Ländern (vgl. GORE-BOOTH 1979; SHAW 1991). Da diese bereits in den 1940er und 1950er Jahren geschlossen wurden, wurden Belange, welche die Arbeitsmöglichkeiten des Partners betreffen, oft (noch) nicht berücksichtigt (vgl. weiterführend auch MÜNCH 2002). Mittlerweile wurden viele dieser Abkommen erneuert und an veränderte Lebensumstände angepasst (GORITA and MÜNCH 2004).

zurückzuführen, dass jede Organisation des VN-Systems das Abkommen mit dem Land, in dem sie ihren Sitz hat, selber verhandelt und abschließt (GORITA and MÜNCH 2004).

Der relativ hohe Anteil von berufstätigen Partnern in New York und in anderen europäischen Standorten im Vergleich zu den Feldstationen ist ein Indiz dafür, dass die Mobilitätsbereitschaft der VN-Mitarbeiter an diesen Orten eher gering ist:

> Es ist klar, wenn man im Ausland arbeitet, ist es schwierig für den Partner Arbeit, Aufenthaltsgenehmigung und so weiter zu finden. Und dann gleichwertige Arbeit zu finden, ist fast unmöglich. Mein Partner ist Amerikaner. Wir sind seit 20 Jahren zusammen. Und ich habe mir schon öfter mal überlegt, ob ich nicht woanders hin will. Aber er hat ein Geschäft hier [in New York] und ist daher kaum mobil. Wenn wir jetzt nach Wien oder sonst wo hingehen würden, ist einfach schwierig, einen Partner mitzunehmen. Ich würde bei der UNO arbeiten oder bei einer anderen Organisation, aber er..., das ginge nicht (ID 60).

Dass in amerikanischen und europäischen Standorten viele Partner von VN-Mitarbeitern berufstätig sind, stellt für Angestellte der Vereinten Nationen an diesen Arbeitsorten ein Mobilitätshindernis dar. Auf der anderen Seite führen die schwierigen rechtlichen und arbeitsmarktspezifischen Bedingungen für Partner in Feldstationen dazu, dass internationale Bedienstete versuchen, an einen Arbeitsort in Europa oder Nordamerika zu wechseln.

Dass nicht mehr Partner ebenfalls im VN-System tätig sind (vgl. Tab. 10), hängt auch mit rechtlichen Hindernissen zusammen. Zwar ist in den Vereinten Nationen in den letzten Jahren das Bewusstsein dafür gestiegen, dass „employment possibilities for spouses accompanying staff members contribute to attracting and retaining the most qualified staff" (Generalversammlung 1993, zitiert nach VN-DOKUMENT A/55/798, S. 16). Gleichwohl stellt die interne Aufsichtsbehörde der Vereinten Nationen in diesem Bericht auch fest, dass in einigen Organisationen wie der FAO oder der UNESCO die Anstellung von Partnern von Mitarbeitern immer noch ganz unmöglich oder nur eingeschränkt möglich ist:

> Es wird nicht gefördert, dass beide in der gleichen Organisation arbeiten. So dass es ausgeschlossen ist, dass meine Frau hier arbeitet. Es gibt Leute, die werden deswegen sogar ihre Heirat verschieben, um nicht in diese Situation zu kommen. Im Nachhinein, wenn beide da arbeiten, was relativ selten ist, dann gibt es schon eine gewisse Kulanz im Rahmen des Möglichen, dass man nicht den einen ans eine Ende der Welt schickt und den anderen woanders hin. Aber darüber hinaus hilft die Organisation nicht viel (ID 139).

Das VN-Sekretariat hat die Regeln bereits vor einigen Jahren derart modifiziert, dass Partner ebenfalls im VN-System arbeiten können, ohne dass diese jedoch einen Rechtsanspruch auf Beschäftigung haben und ohne dass sie auf Grund der persönlichen Verbindungen zu VN-Angestellten bei der Rekrutierung bevorzugt werden (VN-DOKUMENT ST/AI/273). Trotz dieser Modifizierungen gibt es im System der Vereinten Nationen in Hinblick auf die Arbeitsmöglichkeiten für Partner von Mitarbeitern noch Verbesserungsbedarf. Werden die Bedingungen für die Familie eines VN-Bediensteten nicht attraktiver gestaltet, wird es auch in Zukunft schwierig für die Vereinten Nationen bleiben, im Wettbewerb mit anderen Arbeitgebern um die Rekrutierung der besten Köpfe beider Geschlechter konkurrieren zu können.

Zusammenfassend lässt sich feststellen, dass bei Entscheidungen, welche die regionale Mobilität im Berufsverlauf bei den Vereinten Nationen betreffen, durchaus auch familiäre Belange berücksichtigt werden. Welche Bedeutung der Partner bzw. die Kinder in Hinblick auf Mobilitätsentscheidungen eines VN-Mitarbeiters haben, hängt dabei von der Phase des Lebenszyklus, vom Geschlecht, vom Familien- und Geschlechtermodell sowie vom Arbeitsort eines VN-Angestellten ab. Zudem variiert der Einfluss der Familie auf Mobilitätsentscheidungen je nach Organisation, bei der eine Person angestellt ist.

Erwartungskonform zeigt sich, dass VN-Mitarbeiter zu Beginn ihrer Laufbahn mobiler sind. Zugleich wird deutlich, dass die hohe Anzahl an ortsfesten Karrieren in europäischen und nordamerikanischen Standorten auch dadurch erklärt werden kann, dass die Qualität der Kinderbetreuungsmöglichkeiten und der Schulen sowie die Arbeitsmöglichkeiten für Partner an diesen Orten besser sind als in anderen Dienstorten der Vereinten Nationen. Die guten Ausbildungsbedingungen für Kinder und Arbeitsmöglichkeiten für Partner in europäischen und amerikanischen Standorten führen nicht nur dazu, dass viele VN-Angestellte an diesen Orten bleiben wollen, sondern auch dazu, dass viele im Feld tätige internationale Bedienstete in eines der Hauptquartiere wechseln möchten. Zudem haben die Auswertungen ergeben, dass männliche Partner auf Grund ihrer beruflichen Aspirationen tendenziell stärker Einfluss auf Mobilitätsentscheidungen von VN-Mitarbeiterinnen nehmen, als dies Partnerinnen von VN-Angestellten machen.[208]

### 5.2.5 Individuelle Faktoren

In diesem Abschnitt wird der Frage nachgegangen, inwieweit persönlichkeitsspezifische Merkmale einen Einfluss auf die Karrieren der Mitarbeiter der Vereinten Nationen haben. Zum einen wird die Bedeutung des soziodemographischen Merkmals Geschlecht auf den Berufsverlauf analysiert. Anschließend wird am Beispiel der Karriereaspiration die Bedeutung persönlicher Einstellungen für Karrieren dargestellt werden.

---

[208] Dies kann auch für männliche VN-Mitarbeiter gelten, wenn es sich um eine gleichgeschlechtliche Partnerschaft handelt.

*Geschlecht*

Zwar wurde bereits bei der Diskussion verschiedener Einflussfaktoren auf Karrieren im VN-System schon mehrfach auf geschlechtsspezifische Unterschiede hingewiesen. Gleichwohl erscheint es an dieser Stelle angebracht, die Berufsverläufe von männlichen internationalen Bediensteten denen von Frauen gegenüberzustellen.
Die Gleichstellung beider Geschlechter bei der Rekrutierung ist in Artikel acht der CHARTA DER VEREINTEN NATIONEN festgeschrieben:

> The United Nations shall place no restrictions on the eligibility of men and women to participate in any capacity and under conditions of equality in its principal and subsidiary organs.

Auch in den *staff regulations* der Vereinten Nationen ist festgeschrieben, dass Geschlecht, Rasse und Religion keinen Einfluss auf die Ernennung und Beförderung von Mitarbeitern haben dürfen:

> In accordance with the principles of the Charta, selection of staff members shall be made without distinction as to race, sex or religion. So far as practicable, selection shall be made on a competitive basis (Artikel 4.3, VN-DOKUMENT ST/SGB/2005/5).[209]

Folglich dürften keine Unterschiede in den Karriereentwicklungen zwischen Männern und Frauen im VN-System zu erwarten sein. Gleichwohl impliziert gerade der letzte Satz dieser Regel eine Einschränkung des Anspruchs der Gleichberechtigung, wenn die Stellenbesetzung nicht auf Wettbewerbsbasis erfolgt. Es stellt sich die Frage, welche Personen unter welchen Umständen festlegen, ob ein Verfahren fair, d.h. im freien Wettbewerb, abgehalten wird oder nicht. Wie bereits vorher argumentiert können hierbei sowohl formelle Kriterien wie das Dienstalter oder die Nationalität als auch informelle Faktoren wie kommunikative Karrierestrukturen ein Stellenbesetzungsverfahren nach Wettbewerbskriterien hinfällig werden lassen. Gleiches gilt auch für das Merkmal Geschlecht. Um das Ziel einer gleichmäßigen Repräsentation von Männern zu Frauen im höheren Dienst der Vereinten Nationen zu erreichen (vgl. z.B. VN-DOKUMENT ST/SGB/282), wurden verschiedene Maßnahmen zur Erhöhung des Frauenanteils wie die Kumulation von Dienstjahren initiiert (VN-DOKUMENT ST/AI/1999/9), die einen offenen Wettbewerb um Stellen unter den (internen und externen) Bewerbern konterkarieren. BOUAYAD-AGHA und HERNANDEZ (1996, S. 25) sprechen in diesem Zusammenhang sogar von einer „Institutionalisierung der Diskriminierung" (VN-DOKUMENT JIU/REP/96/6). Es lässt sich also zusammenfassen, dass Frauen auf Grund der Unterrepräsentierung im VN-System auf formaler Ebene besonders gefördert werden, wobei die Prinzipien

---

[209] Die Auswahl bezieht sich nicht nur auf den Rekrutierungsprozess, also auf die Ernennung, sondern auch auf die Beförderung von Personal (vgl. Abschnitt IV des PERSONALSTATUTS DER VEREINTEN NATIONEN).

## 5.2 Erklärungsansätze 211

der Leistungsfähigkeit und Eignung von Bewerberinnen erfüllt werden müssen.[210] Auf der informellen Ebene dagegen sind wie in Kapitel 5.2.3 argumentiert eher Männer im Vorteil:

> An sich war es nicht vorteilhaft, eine Frau zu sein, weil es für mich immer ein Old Boys Club Network gab und auch heute noch gibt. In den letzten zehn Jahren hat sich dieser Punkt zum besseren verändert. Wiederum, das Old Boys Network gibt's noch, aber es war genug Druck da, dass es manchmal ein Vorteil war, eine Frau zu sein. Programm Manager mussten sich wirklich gut überlegen, dass, wenn sie nicht eine Frau nahmen, sie irgendwann mal zur Rechenschaft gezogen werden. Insofern hat sich's bedeutend gebessert (ID 122).

Der teilweise fehlende Wettbewerb bei Stellenbesetzungen kann im Einzelfall sicherlich Nachteile für die Karriereentwicklung einer Person unabhängig vom Geschlecht haben.

Dass mit einer besonderen Förderung von Frauen mögliche Fehler aus der Vergangenheit, als vermehrt Männer eingestellt und befördert worden sind, korrigiert werden sollen, rechtfertigt jedoch den Inspektoren der *Joint Inspection Unit* der Vereinten Nationen zufolge keine Umkehrung der Diskriminierung (vgl. BOUAYAD-AGHA and HERNANDEZ 1996). Eine Anspruch auf Vollständigkeit erhebende Diskussion um die gleichmäßige Repräsentanz der Geschlechter im VN-System würde an dieser Stelle zu weit führen, so dass auf die einschlägigen Dossiers und Dokumente verwiesen wird (vgl. HANDBOOK OF HUMAN RESOURCES 2000).

Vielmehr stellt sich hier die Frage, ob sich geschlechtsspezifische Unterschiede in der Karriereentwicklung beobachten lassen. Die Auswertung der statistischen Daten zeigt zunächst überraschenderweise nur einen marginalen Unterschied zwischen den Geschlechtern bei den Beförderungsaussichten: Sowohl der Großteil der männlichen (53%) als auch der weiblichen (54%) VN-Angestellten ist in den ersten zehn Dienstjahren ein Mal befördert worden.[211] Ähnlich geringe Differenzen bestehen bei der räumlichen Mobilität. Weibliche Mitarbeiter des VN-Sekretariats sind in den ersten zehn Dienstjahren nur geringfügig mobiler als ihre männlichen Kollegen.[212] Die unwesentlichen Unterschiede bei den Beförderungen und Ortswechseln bedeuten keineswegs, dass es keine geschlechtsspezifischen Differenzen in der Karriereentwicklung von VN-Mitarbeitern gibt.

---

[210] 2001 betrug der Frauenanteil im VN-Sekretariat 39,9% (VN-DOKUMENT A/56/512).
[211] Diese Werte gelten für Angestellte des VN-Sekretariats, die auf einer Nachwuchsposition (P1–P3-Ebene) eingestiegen sind. Sie basieren auf den statistischen Daten des Auswärtigen Amts.
[212] Von den VN-Mitarbeiterinnen waren 51% in den ersten zehn Dienstjahren mindestens ein Mal räumlich mobil, bei den Männern waren es 43% (statistische Daten des Auswärtigen Amts).

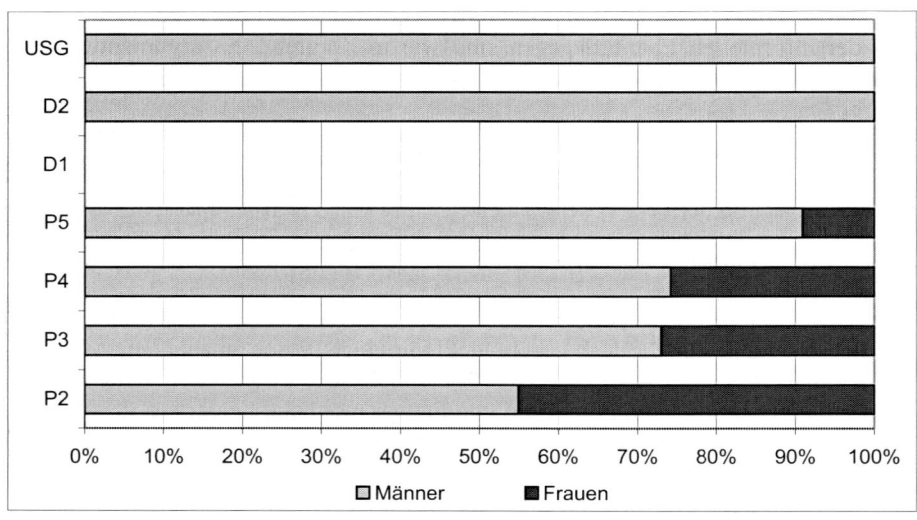

*Abb. 39: Einstiegspositionen im VN-Sekretariat nach Geschlecht (N=162)*
*Quelle: eigene Darstellung, basierend auf den statistischen Daten des Auswärtigen Amts*

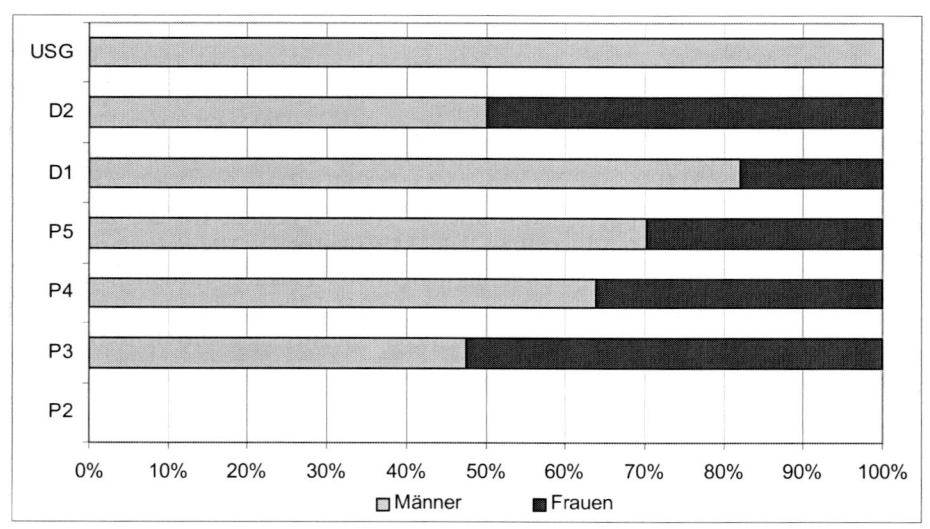

*Abb. 40: Positionen nach zehnjähriger Dienstzeit im VN-Sekretariat nach Geschlecht (N=162)*
*Quelle: eigene Darstellung, basierend auf den statistischen Daten des Auswärtigen Amts*

So zeigt der Vergleich der Dienstgrade zu Beginn der Tätigkeit im VN-System und nach zehnjähriger Dienstzeit, dass Männer zu beiden Zeitpunkten zahlenmäßig besser auf der Führungsebene (ab P5-Ebene aufwärts) vertreten sind als ihre weiblichen Kolleginnen (vgl. Abb. 39 und Abb. 40). Frauen sind dagegen beim beruflichen Einstieg auf dem P2-Level und nach zehn Dienstjahren auf unteren und mittleren Hierarchieebenen überrepräsentiert.

Diese Abbildungen spiegeln eine zeitliche Entwicklung dahingehend wider, dass weibliche VN-Angestellte während ihrer ersten zehn Arbeitsjahre bei den Vereinten Nationen zunehmend in die Führungsebenen drängen. Gleichwohl zeigen sowohl die Daten für die deutschen VN-Angestellten als auch die des gesamten Personals, dass das VN-Sekretariat von dem gesetzten Ziel der gleichen Repräsentanz von Männern und Frauen auf allen Ebenen noch weit entfernt ist.[213] Es wird auch deutlich, dass die Diskrepanz zwischen den Geschlechtern mit zunehmendem Dienstgrad steigt.[214] Das Erreichen der Leitungsebene liegt somit nicht in der normalen Karriereerwartung der weiblichen VN-Angestellten. Somit lässt sich auch für das VN-System wie für andere Arbeitsmärkte eine „vertikale Segregation" der Geschlechter mit einer Schlechterstellung von Frauen gegenüber Männern feststellen (ALLMENDINGER und MAYERHOFER 1998, S. 115).[215] Gleichwohl haben die personalpolitischen Bemühungen einerseits sowie die zunehmende Zahl von erwerbstätigen Frauen und qualifizierten Bewerberinnen andererseits dazu geführt, dass das Geschlechterverhältnis unter den Angestellten in den letzten Jahren immer ausgeglichener wurde.[216]

*Karriereaspirationen*

Die Bewertung von Karriereentwicklungen als Abfolge beruflicher Sequenzen sollte auch die Ansprüche bzw. die Aspirationen der Untersuchungsgruppe mit berücksichtigen. Dies gewährleistet, dass Berufsverläufe nicht nur quantitativ im Sinne der Anzahl der vertikalen Stellenwechsel, sondern auch qualitativ in Hinblick auf die subjektive Zufriedenheit der internationalen Bediensteten untersucht werden. Demnach ist nicht notwendigerweise die Person mit den meisten Beförderungen am erfolgreichsten.[217] Vielmehr ist die Übereinstimmung von individuellen berufli-

---

[213] Ein ausgeglichenes Geschlechterverhältnis war 2001 nur auf der P2-Ebene zu finden. Im Schnitt betrug der Anteil der weiblichen VN-Mitarbeiter 40,2% (vgl. VN-DOKUMENT A/56/512, S. 13).
[214] So waren 2001 weniger als 25% der Bediensteten auf den oberen Führungspositionen (ab D2-Level aufwärts) Frauen (vgl. VN-DOKUMENT A/56/512, S. 13).
[215] ALLMENDINGER und MAYERHOFER (1998) haben in ihrer Studie vertikale Segregation zwischen Männern und Frauen für die deutsche Automobilindustrie, den deutschen öffentlichen Dienst sowie Forschungsinstitute konstatiert.
[216] 1985 betrug der Anteil an Frauen im höheren Dienst der Vereinten Nationen 23,08%, 1991 waren es 29,2% und 2001 waren 40,2% aller VN-Mitarbeiter weiblich (VN-DOKUMENTE A/44/604, A/56/512).
[217] Die Bewertung der Karriereverläufe anhand statistischer Kennzahlen in den bisherigen Kapiteln war jedoch angebracht, um Vergleiche ziehen und repräsentative Aussagen treffen zu können.

chen Zielen und erreichter Position Kriterium für einen zufriedenstellenden Karriereverlauf.

Da zwischen Karriereaspirationen und dem Bildungsniveau ein enger Zusammenhang besteht, wird angenommen, dass die beruflichen Erwartungen bzw. Ziele der Untersuchungsgruppe darin bestehen, eine qualifikationsadäquate Position zu erreichen. Dies bedeutet nicht notwendigerweise, eine Stelle nur wegen ihrer Macht und ihres Prestiges anzustreben, sondern auch, ein inhaltlich zufriedenstellendes Aufgabenfeld zu haben:

> Wenn ich mich selber einschätze, es gibt zwei Möglichkeiten, wenn man den Schwerpunkt auf berufliche Mobilität im Sinne von Karriere legt und dafür dann inhaltliche Abstriche macht, dann gibt's vielleicht bessere Chancen. Für mich war's immer wichtig, dass ich mich mit den fachlichen Inhalten dieser Arbeit hinreichend auseinandersetzen kann. In diesem Sinne würde ich bestimmte Karriereoptionen nicht als solche ansehen, wenn sie mich halt in einen völlig anderen Arbeitsbereich führen, wo ich mich nicht kompetent fühle oder die mich inhaltlich nicht interessieren oder die eben geographisch durch die familiären Verhältnisse nicht in Frage kommen (ID 124).

> Ich würde behaupten, dass ich eine rasante Karriere gemacht habe, obwohl ich immer noch P2 bin. Verantwortung, Sachen, die man alleine bearbeiten darf, das gehört dazu. Von daher bin ich relativ zufrieden, dass es gut geklappt hat (ID 98).

> Ich bin als P5 hergekommen und bin noch P5, auch in der gleichen Abteilung. Insofern kommt's darauf an, wie viel Ehrgeiz man hat, ob man das noch verbessern könnte. [...] Und innerhalb des Jobs, gut ich habe keinen direkten Ehrgeiz, ich denke, ich habe den besten Job, den es hier bei der Organisation gibt, alles jenseits von meinem Niveau wird schlechter. Insofern möchte ich nicht unbedingt weiter Karriere machen (ID 79).

Dass ein Stellenwechsel nicht nur wegen einer vertikalen Aufwärtsbewegung angestrebt und durchgeführt wird, darauf deutet auch ein Ergebnis der Online-Befragung hin.[218] So haben 36,7% der Probanden ihre erste Position gewechselt, um eine bessere Stelle im VN-System zu erhalten. Dies impliziert nicht notwendigerweise eine vertikale Aufwärtsbewegung, denn von diesen Befragten haben nur 30,3% mit der attraktiveren Position zugleich eine Beförderung erhalten. Für den Großteil dieser Probanden (69,7%) war der erste Stellenwechsel somit hauptsächlich tätigkeitsspezifisch bedingt.
Gleichwohl zeigen die Daten auch, dass für die meisten Befragten (38,9%) eine vertikale Aufwärtsbewegung im VN-System Motivation war, die Position zu verändern. Da es sich hierbei um den ersten Stellenwechsel bei den Vereinten Nationen handelt, ist nicht überraschend, dass viele Mitarbeiter nach höheren Positionen streben, die mit mehr Macht und Verantwortung ausgestattet sind. Angesichts des

---

[218] Die Ausführungen in diesem Abschnitt beziehen sich jeweils auf den ersten Positionswechsel im VN-System, da nur dieser anhand der Daten der Online-Befragung nachvollzogen werden kann.

beruflichen Einstiegs vieler internationaler Bediensteter auf Nachwuchsebenen und den hohen Anforderungen seitens der Organisation an die Bewerber kann nicht erwartet werden, dass diese (ersten) Stellen von den Hochqualifizierten als qualifikationsadäquat empfunden werden. Auch ein lateraler Wechsel kann neben der Veränderung des Arbeitsfeldes dem Umgehen vertikaler Sackgassen in der Karriereentwicklung dienen. Denn schließlich hängen Stellenwechsel nicht nur von den individuellen Aspirationen, sondern auch vom strukturellen Umfeld ab (vgl. Kapitel 5.2.1).

Die Analyse der Karriereaspirationen zeigt, dass berufliche Aufstiegsprozesse wichtige Einflussfaktoren auf Stellenwechsel im VN-System sind. Damit soll nicht zuletzt eine Entkopplung des Bildungsniveaus mit den Möglichkeiten der Verwertung dieser Qualifikationen auf dem Arbeitsmarkt vermieden werden (vgl. BECK-GERNSHEIM 1983). Gleichwohl wird die Attraktivität einer Position nicht nur durch die Machtdimension, sondern auch durch deren inhaltliche Ausrichtung bestimmt.

### 5.2.6 Makrostrukturelle Einflüsse

Angesichts des breiten – viele Tätigkeitsfelder umfassenden – Mandats und der nahezu universalen Mitgliedschaft werden die Vereinten Nationen in ihren Aktivitäten von politischen und naturräumlich bedingten Ereignissen beeinflusst. Auswirkungen der makrostrukturellen Einflüsse sind einerseits im Aufgabenspektrum und andererseits in der Struktur dieser Organisation spürbar. Dies wirkt sich wiederum unmittelbar auf das Personal der Vereinten Nationen aus. Historische Ereignisse haben zum einen Einfluss auf die jeweilige Gewichtung von Arbeitsschwerpunkten der UNO und damit auf die Bedeutung der zuständigen Abteilungen innerhalb dieser internationalen Organisation. Das Prestige von Fachorganisationen bzw. Fachdepartments im VN-System hängt demnach stark von makrostrukturellen Einflüssen ab. In Hinblick auf die Laufbahnentwicklung der Mitarbeiter handelt es sich dabei aber eher um schwer kalkulierbare Karrieremomente, da diese Ereignisse nicht direkt beeinflussbar sind. Zum anderen schlagen sich makrostrukturelle Faktoren auch in der Personalpolitik der Vereinten Nationen nieder, die wie bereits vorher argumentiert auch durch politische Einflussnahme der Mitgliedsstaaten mit geprägt wird. Insbesondere zu Zeiten des Kalten Krieges wurde die UNO selbst zum Schauplatz nationaler Rivalitäten und Konflikte:

> Aber das ist auch bekannt und man muss das auch deutlich sagen, dass natürlich einige, es war nicht nur das Gratispersonal, das also aus Militär- und Sicherheitskreisen kam, schon eine ganz deutlich nationale Ausrichtung hatten. Es war auch bekannt, wer unter den Kollegen für den Geheimdienst seines Landes arbeitet. Also das ist auch klar (ID 109).

Hierbei war die Nationalität eines Mitarbeiters, aber insbesondere die des direkten Vorgesetzten von Bedeutung für den Karriereverlauf:

> Als ich angefangen habe als neuer Mann, kamen auch zwei Russen vorbei. Die hatten überhaupt keine Beweggründe. Und dann haben die gesagt, na ja, wenn man hier so neu ist bei der UNO, man verdient ja auch nicht so viel. Sie würden ja bestimmt auch gerne mal ein Glas Bier trinken und so. [...] Man muss dann natürlich die jungen Kollegen auch mal ein bisschen antesten. Mal sehen, ob er in die Falle geht oder nicht. Das war ja so die Zeit vor der Wende, in den 80er Jahren. Ich habe dann meinem Chef, da kann man sich ja nur selber schützen, eine Memo geschrieben: Die sind vorbei gekommen und hatten eigentlich kein Business und haben mit mir über Geld diskutiert. Wenn dann der nächste Chef aus so einem Land kam, dann war die Karriere zu Ende (ID 109).

Politische Rivalitäten auf makrostruktureller Ebene konnten sich somit zumindest bis Ende der 1980er Jahre auch auf mikrostruktureller Ebene niederschlagen. Es wird vermutet, dass die weltpolitische Situation zumindest damals bei einigen Mitarbeitern auch Einfluss auf den Karriereverlauf hatte: Ein „Parteigänger" zu sein, war sicher vorteilhaft für den Karriereverlauf. Mitarbeiter mit anderen Weltanschauungen als ihre Vorgesetzten hatten dagegen eher mit Restriktionen in der Laufbahnentwicklung zu rechnen. Zwar hat die Nationalität eines internationalen Bediensteten auch heute noch einen gewissen Einfluss auf die Stellenvergabe im VN-System (vgl. Kapitel 5.2.1), jedoch werden die Auswirkungen auf den Karriereverlauf als nicht mehr so eminent angesehen.

Makrostrukturelle Ereignisse wirken sich aber nicht nur auf die funktionale, sondern auch auf die räumliche Struktur der Vereinten Nationen aus. Obgleich es im VN-System neben den Hauptquartieren eine Reihe von permanenten Niederlassungen gibt, variieren insbesondere die Einsatzorte der Organisationen mit technischen und humanitären Mandaten je nach Ereignissen. So wird nach Naturkatastrophen oder kriegerischen Auseinandersetzungen Soforthilfe in den betroffenen Regionen erforderlich, um die dringendste Not der Bevölkerung zu lindern. Auch die friedenserhaltenden Maßnahmen zur Sicherung des internationalen Friedens und der Sicherheit werden je nach Bedarf an den jeweiligen Kriegsschauplätzen durchgeführt.[219] Für VN-Mitarbeiter, die in diesen Arbeitsgebieten in den zuständigen Organisationen tätig sind, bedeutet das, dass ihr räumlicher Karriereverlauf durch politische Ereignisse bzw. Naturkatastrophen bestimmt wird. Diese Vorkommnisse wirken sich also indirekt auch auf die Einsatzgebiete und damit auf die räumliche Laufbahnentwicklung der internationalen Bediensteten aus.

---

[219] Seit Ende des Kalten Krieges haben sowohl der Umfang als auch die Einsatzgebiete für Blauhelmeinsätze zugenommen, was sicher nicht nur dadurch bedingt war, dass die Zahl bewaffneter Konflikte zugenommen hat, sondern auch dadurch, dass sich die Vetomächte des Sicherheitsrates nicht mehr gegenseitig blockiert haben (vgl. weiterführend z.B. EISELE 2000).

## 5.2 Erklärungsansätze 217

Einschneidende politische, wirtschaftliche oder naturräumlich bedingte Ereignisse haben je nach Organisation und Arbeitsbereich einen Einfluss auf die Karrieren von VN-Bediensteten – sowohl in funktionaler als auch in räumlicher Hinsicht. Makrostrukturelle Gegebenheiten können demnach Laufbahnen beenden, behindern oder fördern und/oder den regionalen Karriereverlauf beeinflussen. Auf dieser Ebene wirken sich insbesondere politische Entwicklungen, Naturkatastrophen, Konjunkturzyklen, demographische Zyklen und die Entwicklungen von Gesellschaftssystemen auf die funktionale und regionale Aufgabenstruktur der Vereinten Nationen aus, die das strukturelle Umfeld für Karrieren im VN-System bildet.

Aus den Analysen dieses Kapitels lässt sich feststellen, dass die Karriereverläufe von VN-Bediensteten von diversen Faktoren unterschiedlicher Ebenen beeinflusst werden, welche wiederum miteinander verkettet sind. Zum einen werden Laufbahnen im internationalen öffentlichen Dienst von den Organisationen des VN-Systems „gesteuert" (ALLMENDINGER und MAYERHOFER 1998, S. 113), indem die Organisationen mit ihren Stellenstrukturen, Personalpolitiken und Arbeitsbedingungen die Rahmenbedingungen für die Karrieren ihrer Mitarbeiter setzen. Je nach Ausprägung können diese Strukturen förderlich oder hinderlich für Laufbahnentwicklungen im VN-System sein. Von besonderer Bedeutung für die Karrieren der VN-Mitarbeiter ist hierbei das Prinzip der Seniorität. Demnach ist das Dienstalter ein struktureller Einflussfaktor auf Karrieren im internationalen öffentlichen Dienst.

Zudem lässt sich konstatieren, dass regionale Mobilität im System der Vereinten Nationen – außer in Organisationen mit Rotationspolitiken – nur von marginaler Bedeutung für die Karriereverläufe der Angestellten ist. Dies ist neben strukturellen Faktoren und Karriereaspirationen der VN-Mitarbeiter auch durch familiäre Einflüsse bedingt. So stellen insbesondere Kinderbetreuungs- und Schulinfrastruktur sowie die Berufstätigkeit des Partners Hindernisse für räumliche Mobilitätsvorgänge dar.

Wichtig für die Laufbahnentwicklung ist dagegen, zur richtigen Zeit über die richtigen Qualifikationen zu verfügen. Förderlich auf die Karriere können sich zudem strategische Kontakte im System der Vereinten Nationen auswirken.

# 6 Ausstieg aus dem System der Vereinten Nationen

Um ein möglichst umfassendes Verständnis der Karriereverläufe von internationalen Bediensteten der Vereinten Nationen zu erzielen, ist auch eine Analyse des Ausscheidens aus dem VN-System erforderlich, zumal dieser Schritt den Abschluss der Laufbahn in dieser Organisation markiert.[220] Eine Diskussion der Modalitäten und Einflussfaktoren des beruflichen Ausstiegs aus diesem spezifischen Arbeitsmarkt ermöglicht es zudem, Rückschlüsse auf die Verweildauer der Mitarbeiter im VN-System im Besonderen und auf ihre Laufbahnentwicklung im Allgemeinen zu ziehen. Nach einer kurzen Darstellung der verschiedenen Wege, aus dem VN-System auszuscheiden, erfolgt im zweiten Teil dieses Kapitels die Untersuchung der zugrunde liegenden Bedingungen und Einflussfaktoren.

## 6.1 Ausstiegswege aus dem VN-System

Es gibt verschiedene Möglichkeiten und Gründe für die Beendigung des Dienstverhältnisses eines Mitarbeiters mit den Vereinten Nationen (vgl. HANDBOOK OF HUMAN RESOURCES 2000): Erreichen der (vorzeitigen) Altersgrenze; Kündigung durch den Angestellten (*resignation*); Kündigung durch die Organisation (*termination*); Auslaufen des Vertrags; Aufgabe der Stelle (*abandonment of post*); Tod im Service; Disziplinarmaßnahmen sowie Organisationswechsel (*inter-agency-movements*). Zwischen 1999 und 2000 sind insgesamt 3.246 Mitarbeiter aus dem VN-Sekretariat ausgeschieden (VN-DOKUMENT A/55/427). 75% von ihnen haben das VN-System verlassen, weil ihr Kurzzeit- bzw. befristeter Vertrag ausgelaufen ist. Von den anderen haben 13,7% selber gekündigt und 7,5% sind in Rente gegangen.[221] Ziel dieses Abschnitts ist hier nicht die umfassende Analyse aller Mechanismen, sondern vielmehr die Darstellung einiger exemplarischer Ausstiegswege der internationalen Bediensteten aus dem VN-System.

### 6.1.1 Pensionierung

Dem Idealkonzept des internationalen öffentlichen Dienstes entsprechend ist ein Anlass für das Ausscheiden aus dem VN-System das Erreichen der Altersgrenze. Diese liegt für Angestellte, deren beruflicher Einstieg in diese Organisation vor

---

[220] Die generelle Analyse des Ausscheidens aus den Vereinten Nationen stützt sich hauptsächlich auf offizielle Daten des VN-Systems. Die Untersuchung spezifischer Aspekte des Ausstiegs aus dem VN-System basiert dann je nach Eignung der Daten auf den Interviews mit deutschen VN-Angestellten, den Daten der Online-Befragung sowie den statistischen Daten des Auswärtigen Amts.

[221] Zu den anderen 3,8% wurden in dem Dokument keine Angaben gemacht. Es wird aber angenommen, dass diese das VN-System über einen der anderen Ausstiegswege verlassen haben.

dem 1.1.1990 erfolgt ist, bei 60 und bei den Mitarbeitern, deren Vertrag an bzw. nach diesem Tag geschlossen wurde, bei 62 Jahren. In Ausnahmefällen kann die Altersgrenze vom Generalsekretär auch hinaufgesetzt werden (PERSONALSTATUT DER VEREINTEN NATIONEN 2003, Artikel 9.5). Zudem besteht auch die Möglichkeit, ab dem vollendeten 55. Lebensjahr vorgezogenes Ruhegeld zu beziehen und damit früher in Rente zu gehen (GÖTHEL 2002, S. 238).[222] Das Ausscheiden aus dem VN-System ist in diesem Fall meist der Abschluss einer lebenslangen Karriere in dieser internationalen Organisation und geht mit dem Ende der Erwerbstätigkeit einher.

Obgleich an dieser Stelle keine repräsentativen Zahlen zu den Pensionierungen vorliegen, wird vermutet, dass diese Form des Ausscheidens aus dem VN-System vor allem typisch für Mitarbeiter mit einer Daueranstellung ist. Da der Anteil der Mitarbeiter mit permanenten Verträgen in den letzten Jahren stetig gesunken ist, wird zudem angenommen, dass hierbei ein Generationeneffekt zu beobachten ist.[223] Dies bedeutet, dass vor allem Angestellte, die in den 1970er und 1980er Jahren oder früher rekrutiert wurden, Aussicht auf eine lebenslange Tätigkeit im VN-System bis zur Pensionierung haben bzw. hatten. Ein Indiz dafür ist auch der relativ geringe Anteil an Mitarbeitern, die im Jahr 2000 in Rente gegangen sind (VN-DOKUMENT A/55/427). Gleichwohl ist auch eine Daueranstellung keine Garantie für die Anstellung im VN-System bis zum Renteneintritt. So kann der Generalsekretär auch permanente Dienstverhältnisse beenden, wenn „dienstliche Erfordernisse es notwendig machen, die betreffende Stelle zu streichen oder Personal abzubauen, wenn die Leistungen des Betreffenden nicht zufriedenstellend sind oder wenn dieser aus gesundheitlichen Gründen dienstunfähig geworden ist" (PERSONALSTATUT DER VEREINTEN NATIONEN 2003, Artikel 9.1a).

Auch befristete Verträge werden oftmals über einen längeren Zeitraum regelmäßig verlängert und gleichen demnach faktisch einer Daueranstellung (GÖTHEL 2002, S. 199 ff.). Obgleich bei diesem Beschäftigungsverhältnis kein Anspruch auf eine Lebenszeitbeschäftigung besteht, ermöglicht diese Anstellungsform prinzipiell auch eine Tätigkeit im VN-System bis zum Erreichen der Altersgrenze. Da diese Vertragsformen wie die Kurzzeitverträge auch eingeführt wurden, um den Organisationen zu ermöglichen, personaltechnisch flexibler agieren zu können, kann es durchaus auch zum Ausscheiden eines Mitarbeiters aus dem VN-System vor dem Pensionsalter kommen. In diesem Fall kann es entweder zu einer Fortsetzung der

---

[222] Die Versorgungsleistungen im Ruhestand sind für internationale Bedienstete durch das Altersruhegeld des gemeinsamen Pensionsfonds der Vereinten Nationen geregelt. Voraussetzung ist, dass die Mitarbeiter vor Renteneintritt mindestens fünf Jahre in den Fond eingezahlt haben (UNITED NATIONS 2003).
[223] So ist der Anteil der Mitarbeiter mit Dauerverträgen im VN-System zwischen 1994 und 2000 von 61% auf 57% gesunken, wobei dieser Prozentsatz in einigen Sonderorganisationen wie der WHO kleiner als 10% ist (GÖTHEL 2002, S. 201).

## 6.1 Ausstiegswege aus dem VN-System

Erwerbstätigkeit auf dem externen Arbeitsmarkt oder zu einer (meist ungewollten) Erwerbsunterbrechung kommen.[224]

### 6.1.2 Wechsel auf den externen Arbeitsmarkt

Bei Beendigung des Dienstverhältnisses vor dem Erreichen der Altersgrenze besteht (außer bei einem Todesfall, auf den hier nicht näher eingegangen wird) die Möglichkeit, auf den externen Arbeitsmarkt zu wechseln.[225] Dieser lässt sich zu analytischen Zwecken in verschiedene Subgruppen unterteilen: andere internationale Organisationen, auf die im nächsten Abschnitt näher eingegangen wird; Privatwirtschaft sowie nationale öffentliche Dienste.[226]

Unterschiede in Hinblick auf die erfolgreiche (Wieder-)Eingliederung auf dem externen Arbeitsmarkt bestehen zwischen abgeordneten Bediensteten der nationalen öffentlichen Dienste bzw. aus der Wirtschaft einerseits und VN-Angestellten, die über andere Wege ins VN-System eingestiegen sind (vgl. Kapitel 4.1.1 und 4.1.2), andererseits. Abgeordnete Beamte bzw. Angestellte verfügen quasi über eine „Rückfahrkarte" (ID 139), da sie für die Dauer der Tätigkeit im VN-System beurlaubt worden sind und somit in der Regel in ein reguläres Beschäftigungsverhältnis zurückkehren können.[227] Diese Abstellung von Mitarbeitern für einen bestimmten Zeitraum funktioniert nach ähnlichen Mechanismen wie die Entsendung hochqualifizierter Expatriates über interne Arbeitsmärkte von multinationalen Konzernen (vgl. z.B. SALT 1988).

VN-Angestellte, die nicht von einem externen Arbeitgeber abgeordnet worden sind, müssen den beruflichen Einstieg außerhalb des VN-Systems eigenständig schaffen. Die Chancen, diesen Schritt erfolgreich zu meistern, werden von den internationalen Bediensteten unterschiedlich eingeschätzt. Tendenziell bewerten Mitarbeiter mit mehr Dienstjahren die Rückkehr nach Deutschland, insbesondere in den öffentlichen Dienst, eher skeptisch:

---

[224] Auf Erwerbsunterbrechungen wird an dieser Stelle aus forschungspragmatischen Gründen nicht näher eingegangen. Prinzipiell besteht für Deutsche, die nach dem Ausscheiden aus dem VN-System keine Arbeit finden, die Möglichkeit, eine Überbrückungsbeihilfe der Bundesregierung zu beziehen, da wegen fehlender Beitragszahlungen kein Anspruch auf Arbeitslosenunterstützung besteht (vgl. Kapitel 6.2.2).

[225] Von einer Rückkehr kann hier nur dann gesprochen werden, wenn die Mitarbeiter bereits vor ihrer Anstellung im VN-System auf dem externen Arbeitsmarkt tätig waren. Da das bei einem beruflichen Einstieg auf einer Nachwuchsposition nicht notwendigerweise gegeben ist, wird an dieser Stelle der Begriff Wechsel verwendet.

[226] In dieser Studie wird der externe Arbeitsmarkt außerhalb des VN-Systems, also die Privatwirtschaft und der nationale öffentliche Dienst, aus forschungspragmatischen Gründen räumlich auf Deutschland eingegrenzt. Zum einen, weil die Rückkehr ins Heimatland für die VN-Bediensteten, so wird vermutet, von höherem Stellenwert als das Niederlassen in einem Drittland ist. Zum anderen begrenzt die Datenstruktur eine über Deutschland hinausgehende Analyse des Wechsels auf den externen Arbeitsmarkt.

[227] Über die Vor- und Nachteile dieser Entsendepraxis und die damit verbundenen Implikationen für die Karrieren der Beamten wurde bereits in Kapitel 4.1.2 diskutiert.

> Raus, da wollte ich natürlich deutliche Unterstützung. Die kann [...], muss man dann leider sagen, durchs Heimatland kommen. Und das haben wir auch schon durch den VDBIO jahrelang thematisiert. Und die haben da auch schon Erfolge erzielt, glaube ich, eben die Reintegration zu unterstützen. Es ist unvorstellbar, dass praktisch gut qualifizierte Leute, die ja im Ausland gearbeitet haben, für deutsche Behörden erst mal null sind. Da stimmt irgendwas nicht (ID 109).

Jüngere VN-Angestellte dagegen schätzen die Möglichkeiten der Rückkehr ins Heimatland eher positiv ein:

> Ich glaube, es müsste eigentlich leicht sein, in Deutschland wieder eine Stelle zu finden, weil man so interessant ist. Zumindest bei uns wäre das so, wenn ich zurückgehen würde zur KfW oder GTZ. Es gibt nicht so viele UNler, die wieder weggehen (ID 98).

> Die andere Möglichkeit ist, nach Deutschland zu gehen. Ich weiß nicht, ob das schwierig wäre. Uns JPOs wurde gesagt, es würde willkommen sein an gewissen Orten, zum Beispiel in Ministerien (ID 216).

Die Anzahl der Personen, die vor der Pensionierung aus dem VN-System ausscheiden, wird zwar, so wird auf Grund der vertragsspezifischen Veränderungen vermutet, in den kommenden Jahren weiter zunehmen, hat aber für das Online-Sample noch eine eher untergeordnete Rolle gespielt. Von den Probanden der Internet-Befragung haben 23,6% (erfolglos oder erfolgreich) versucht, auf den externen Arbeitsmarkt zu wechseln. Von diesen Befragten haben 24,4% tatsächlich eine Position im deutschen öffentlichen Dienst oder in der Privatwirtschaft in Deutschland erhalten. Dies deutet darauf hin, dass das Fortsetzen der Erwerbstätigkeit nach dem Ausscheiden aus dem VN-System auf einem anderen Arbeitsmarkt mit erheblichen Schwierigkeiten verbunden ist (vgl. Kapitel 6.2).

Den Ergebnissen der Online-Befragung zufolge wechseln die meisten ehemaligen VN-Mitarbeiter (63,6%) in den nationalen öffentlichen Dienst, wohingegen nur 36,4% der Befragten eine Anschlussbeschäftigung in der Privatwirtschaft gefunden haben. Auch die nicht erfolgreichen Ausstiegsbemühungen der VN-Angestellten richteten sich stärker auf ersteren Arbeitsmarkt, was sicherlich unter anderem durch die spezifischen Qualifikationen und ähnliche Aufgabenfelder wie die Verwaltung bedingt ist:

> Ich meine jetzt auch, die Rückkehrmöglichkeit liegt nicht so sehr daran, dass man weg ist, sondern, dass die Fähigkeiten, die man in der UNO besonders braucht, einfach spezifisch sind. Es sind andere Fähigkeiten als die, die man in einem Konzern braucht oder so. Das heißt nicht, dass die nicht wichtig sind oder dass die banal sind (ID 60).

Zudem spielen auch ideelle Aspekte eine Rolle, dass man sich bereits mit dem Eintritt ins VN-System auch bewusst gegen eine Beschäftigung in der Privatwirtschaft entschieden hat (vgl. Kapitel 4.2.1). In vielen Fällen ist diese Einstellung auch ein Hindernis eines möglichen Wechsels vom VN-System in die freie Wirtschaft:

## 6.1 Ausstiegswege aus dem VN-System 223

> Ich könnte mir nicht vorstellen, im Privatsektor zu arbeiten. Da fehlt mir schon die Motivation, morgens aus dem Bett zu kommen (ID 98).

Zudem ist das Prestige der Vereinten Nationen als Arbeitgeber eine Erklärung für die hohen Verbleibquoten auf diesem Arbeitsmarkt. Kommt es trotz des hohen Ansehens und der Identifikation mit den Zielen dieser Organisation (gewollt oder ungewollt) zum beruflichen Ausstieg aus dem VN-System, bleiben für die meisten VN-Mitarbeiter nur die Optionen, eine Stelle im nationalen öffentlichen Dienst oder in einer anderen internationalen Organisation anzunehmen.

### 6.1.3 Organisationswechsel

Das Ausscheiden aus einer Organisation des VN-Systems kann auch dadurch erfolgen, dass ein Wechsel in eine andere internationale Organisation erfolgt. Dieser ist für das Common System der Vereinten Nationen durch das *Inter-Agency-Agreement* geregelt (vgl. HANDBOOK OF HUMAN RESOURCES 2000). Dieser Regelung zufolge gibt es drei Möglichkeiten des Organisationswechsels im VN-System: die Versetzung (*transfer*)[228], die Leihgabe (*loan*)[229] sowie die Abordnung (*secondment*)[230] eines Mitarbeiters. Da ein endgültiger Organisationswechsel nur bei ersterem Fall vorliegt, konzentrieren sich die Ausführungen in diesem Abschnitt auf ebendiesen.
Die interorganisationale Mobilität im VN-System hat zweierlei Ziele:

> [It] is critical for strengthening the cohesiveness as well as effectiveness of the UN system's response to global challenges and for building a competent, versatile, multi-skilled and experienced international civil service (Artikel 1.1., Präambel, INTER-AGENCY-MOBILITY ACCORD, HANDBOOK OF HUMAN RESOURCES 2000).

Gleichwohl sind Organisationswechsel den statistischen Daten des Auswärtigen Amts zufolge nur von geringer Bedeutung im VN-System. So waren zwischen 1981 und 2003 nur 6,5% der deutschen Mitarbeiter auf interorganisationaler Ebene mobil.[231] Zudem hat die Auswertung ergeben, dass es im VN-Gefüge durchaus Un-

---

[228] Beim Transfer eines internationalen Bediensteten zu einer anderen Organisation unterliegt diese Person den Personalregeln der Zielinstitution. Zudem hat der Mitarbeiter kein Recht auf eine Rückkehr in die ursprüngliche Organisation.
[229] Bei einer personellen Leihgabe unterliegt der Angestellte weiterhin den Anstellungsbedingungen der Sendeorganisation. Die Tätigkeit in einer anderen Organisation erfolgt für eine begrenzte Zeit, meist nicht länger als ein Jahr.
[230] Die Abstellung eines Mitarbeiters erfolgt für einen begrenzten Zeitraum, der in der Regel nicht länger als zwei Jahre dauert, jedoch verlängert werden kann. Es gelten während dieser Tätigkeit die Regeln der Zielorganisation.
[231] Die Datenstruktur ermöglicht hier nicht, zwischen den verschiedenen Arten von Organisationswechseln zu unterscheiden. Daher muss davon ausgegangen werden, dass unter den 6,5% der deutschen Mitarbei-

terschiede bei den Organisationswechseln gibt. Auffällig ist, dass Organisationen mit Rotationspolitiken einen höheren Anteil an Mitarbeitern haben, welche auf interorganisationaler Ebene mobil sind.[232] Dies ist insofern nicht überraschend, als dass die Arbeitsbedingungen beispielsweise beim UNHCR und bei UNDP durch die regelmäßigen Ortswechsel sowie hinsichtlich der Anstellungsbedingungen ungleich schwieriger sind als in anderen Organisationen des VN-Systems (vgl. Kapitel 5.2.4 und 5.1.2). Von den Mitarbeitern der Sonderorganisationen haben dagegen nur wenige die Organisation gewechselt.[233] Angesichts der spezifischen Aufgabenstrukturen und der spezialisierten Fachkräfte in diesen Institutionen, zu denen beispielsweise die WHO oder die ICAO zählen, ist dies erwartungskonform.

Bei einem Organisationswechsel im VN-System werden die bisher erworbenen Anrechte in Hinblick auf die Seniorität, auf das Gehalt sowie auf die Zahlungen an den gemeinsamen Pensionsfond mit transferiert, wobei die Zielorganisation als Vergleichsmaßstab dient (vgl. Artikel 5.1, 5.2 und 5.5, INTER-AGENCY-MOBILITY ACCORD, HANDBOOK OF HUMAN RESOURCES 2000). Dienstalterbezogene Rechte werden beispielsweise so berücksichtigt, als wäre der transferierte Angestellte bisher in der neuen Organisation tätig gewesen. Demnach dürften sich bei interorganisationaler Mobilität von der Regelseite her keine Nachteile gegenüber einem internen Wechsel für den Mitarbeiter ergeben. Es stellt sich allerdings die Frage, ob die Personalregeln im VN-System so weit harmonisiert sind, dass dies in der Praxis auch gewährleistet werden kann. Anlass, daran zu zweifeln, geben beispielsweise die unterschiedlichen Anstellungs- und Vertragsformen. Zwar soll die Vertragsdauer bei einem Organisationswechsel der Laufzeit des ursprünglichen Anstellungsverhältnisses angepasst werden, jedoch mit der Einschränkung, wenn es von der Zielorganisation unter ihren Personalregeln realisiert werden kann (Artikel 4.4, INTER-AGENCY-MOBILITY ACCORD, HANDBOOK OF HUMAN RESOURCES 2000). Angesichts der variierenden Anstellungs- und Vertragsformen im VN-System zeichnen sich hier institutionelle Hindernisse für interorganisationale Mobilität ab. Diese werden auch von den Interviewpartnern thematisiert:

*Wie verlief der Übergang von Genf nach New York? Also der Umzug wurde mir bezahlt, aber ich musste drei Monate auf mein Gehalt warten (ID 61).*

---

ter die Anzahl derer, die einen Transfer durchgeführt haben, noch geringer ist. Zudem muss beachtet werden, dass hier nur Wechsel zwischen den in den Daten erfassten Organisationen nachvollzogen werden können (vgl. Kapitel 3.2). Bei Betrachtung aller Organisationen können sich demnach noch Veränderungen ergeben, wobei auf Grund der Interviews vermutet wird, dass der Anteil der Organisationswechsel gering bleibt.

[232] Von den UNDP-Mitarbeitern haben 19% die Organisation gewechselt, bei UNHCR waren es 9%. Zum Vergleich: Von den Angestellten des VN-Sekretariats waren 5% auf interorganisationaler Ebene mobil (statistische Daten des Auswärtigen Amts).

[233] Bei der ICAO hat kein deutscher Mitarbeiter im Untersuchungszeitraum die Organisation gewechselt. Bei der WHO und der ILO waren jeweils 2% der Mitarbeiter auf interorganisationaler Ebene mobil (statistische Daten des Auswärtigen Amts).

# 6.1 Ausstiegswege aus dem VN-System

> Es gibt keine Probleme. Also, man muss immer auf sein letztes Gehalt warten. Man muss sich quasi total ausschreiben. Man muss alles zurückgeben. [...] Dann verliert man sein Gehalt des letzten Monats. Das bekommt man aber irgendwann zurück, wenn man eben offiziell alles abgehakt hat (ID 66).

> Die Umgangsweisen der Häuser in Bezug auf diese Sachfragen sind sehr unterschiedlich. Beispiel: Ich bin seit zwei Jahren hier und ich schlage mich immer noch mit der Personalverwaltung rum, damit die Benefits, die ich hier bekommen soll, in line sind mit dem, was ich bisher geleistet habe. Man sollte annehmen, dass das innerhalb einer Woche erledigt ist. In diesem Riesenapparat schlage ich mich jetzt zwei Jahre damit rum (ID 128).

Auch wenn dem *Inter-Agency-Mobility Accord* zufolge Organisationswechsel ohne karriererelevante Einbußen möglich sind, besteht in dieser Hinsicht noch eine deutliche Diskrepanz zwischen dem theoretischen Regelwerk und der Umsetzung dieser Bestimmungen in der Praxis.

## 6.1.4 Räumliche Dimension des Ausstiegs aus dem VN-System

Ein weiterer interessanter Aspekt bei der Untersuchung des Ausscheidens aus dem System der Vereinten Nationen ist die räumliche Struktur der Ausstiegswege. Leider lassen die Daten eine detailliertere Analyse dieses Punkts nicht zu, da sie keinen Aufschluss über die Arbeits- bzw. Wohnorte ehemaliger VN-Angestellter nach deren Ausscheiden aus dem internationalen öffentlichen Dienst geben. Gleichwohl ist zu erwarten, dass mögliche Ortswechsel sehr stark von der bisherigen Mobilität im Verlauf der Beschäftigung bei den Vereinten Nationen abhängen. Internationale Bedienstete mit immobilen Karriereverläufen im VN-System, so wird vermutet, bleiben demnach größtenteils auch nach ihrem Ausscheiden aus dem internationalen öffentlichen Dienst an dem bisherigen Wohn- und/oder Arbeitsort, meist größeren Dienstorten in Nordamerika und Europa (vgl. Kapitel 5.1.2), wohnen. Dies korrespondiert auch mit TODISCOS Feststellung in Bezug auf die Mobilität von internationalen Beamten:

> Thanks to their lasting nature of their contracts and hence their long stay stay in the country, to which they are posted, their integration with the local population is almost total. Indeed, at the end of their careers, they quite often choose to stay on in the country where they worked so long (TODISCO 2001, S. 28).

Zwar hat die Anstellungsdauer bei einer internationalen Organisation auch einen Einfluss darauf, ob ein ehemaliger VN-Angestellter nach seinem Ausstieg am bisherigen Ort wohnen bleibt oder nicht. Gleichwohl muss diese im Zusammenhang mit der räumlichen Mobilitätshistorie eines VN-Mitarbeiters betrachtet werden. Angestellte mit einer mobilen Feldlaufbahn, die im Verlauf ihrer Karriere an verschiedenen Standorten des VN-Systems tätig waren, tendieren, so ist zu erwarten, eher zu einer Rückkehr ins Heimatland, also nach Deutschland. Da die Aufenthalte an den einzelnen Orten meist einige Jahre nicht überschritten haben, war eine vollständige Integration in diesen Fällen eher schwierig. Eine lebenslange Anstellung bei den Vereinten Nationen an sich ist also weniger ein Kriterium dafür, ob ehemalige internationale Bedienstete am früheren Arbeitsort bleiben. Entscheidend ist vielmehr die Dauer, die ein VN-Mitarbeiter an einem oder an mehreren Dienstorten verbracht hat. Je länger diese war, also je weniger mobil ein Mitarbeiter war, desto wahrscheinlicher ist das Verbleiben an diesem Ort nach dem Ausscheiden aus dem internationalen öffentlichen Dienst.

Zudem spielt sicher auch das räumliche Umfeld eine Rolle. Angesichts der Bewertungen des regionalen Kontexts (vgl. Kapitel 5.2.4) ist zu erwarten, dass New York sowie die europäischen Hauptquartiere wie Genf eher zu den Standorten gehören, an denen Angestellte nach dem beruflichen Ausstieg aus den Vereinten Nationen wohnen bleiben (wollen). Feldstationen stellen dagegen, wie bereits bei der Analyse der Karrieren in dieser internationalen Organisation festgestellt worden ist (vgl. Kapitel 5.2.1, 5.2.4), oftmals weniger attraktive Lebensmittelpunkte dar.

Angesichts der vielen VN-Mitarbeiter mit immobilen Karriereverläufen und den zumindest im Sekretariat der Vereinten Nationen immer noch weitverbreiteten Daueranstellungen ist somit zu erwarten, dass der überwiegende Teil der internationalen Bediensteten nach seinem Ausscheiden aus diesem Arbeitsfeld am bisherigen Dienstort bleibt. Das Migrationsmuster im internationalen öffentlichen Dienst differiert folglich dahingehend von denen hochqualifizierter Erwerbstätiger auf anderen Arbeitsmarktsektoren, als dass es sich hierbei meist nicht um temporäre, sondern um permanente räumliche Mobilitätsvorgänge (vom Heimatland zum Dienstort der Vereinten Nationen) handelt.

Bei VN-Angestellten, die einen mobilen Karriereverlauf hatten bzw. nur kurzfristig in dieser internationalen Organisation tätig waren, ist das Ausscheiden aus dem internationalen öffentlichen Dienst dagegen eher mit einem Ortswechsel verbunden. Hierbei kommen je nach strukturellen Faktoren und individueller Disposition verschiedene Orte weltweit als potentielle neue Wohnorte in Frage. Da einerseits eine umfassende Analyse dieser Mobilitätsvorgänge den Rahmen dieser Arbeit sprengen würde und andererseits vermutet wird, dass das Heimatland unter den möglichen Wanderungszielen eine besondere Stellung einnimmt, konzentriert sich die Untersuchung hinsichtlich des externen Arbeitsmarkts in diesem Kapitel auf Deutschland.

## 6.2 Bedingungen und Einflüsse

Das Ausscheiden aus dem VN-System wird von verschiedenen Faktoren auf der individuellen, organisationellen und makrostrukturellen Ebene beeinflusst, die wechselseitig miteinander verbunden sind und nur zu analytischen Zwecken separat diskutiert werden.

### 6.2.1 Individualebene

Die Art des Ausstiegs aus dem VN-System hängt unter anderem vom Alter und vom Beruf einer Person sowie von der Dauer der Anstellung im VN-System ab. Hinzu kommen die Karriereaspirationen des internationalen Bediensteten bzw. deren Realisierbarkeit sowie familiäre Einflüsse.

Das Alter eines VN-Mitarbeiters ist insofern von Bedeutung für das Ausscheiden aus dem VN-System, als dass dadurch einige Ausstiegswege bestimmt werden können. Nur wenn die (vorgezogene) Altersgrenze von einem Angestellten erreicht wird, besteht die Möglichkeit, in Pension zu gehen.

Darüber hinaus hat die Dauer der Anstellung bei den Vereinten Nationen Einfluss auf das Verlassen des VN-Systems. Hier lässt sich auch aus den unterschiedlichen Bewertungen der Rückkehrmöglichkeiten nach Deutschland von jüngeren VN-Angestellten einerseits und älteren Mitarbeitern andererseits darauf schließen (vgl. Kapitel 6.1.2), dass der Wechsel auf den externen Arbeitsmarkt mit zunehmendem Dienstalter für Angestellte der Vereinten Nationen schwieriger wird. Zwar erwerben internationale Bedienstete in der Regel mit steigender Anstellungsdauer auch mehr Berufserfahrung und Qualifikationen, jedoch bestehen hinsichtlich der Anerkennung dieser internationalen Erfahrung in Deutschland erhebliche Defizite:

> Stellensuchende müssen damit rechnen, dass die meisten Arbeitgeber bei der Einstellung an die Zeit vor ihrer Auslandstätigkeit, nämlich an Ausbildung und Berufserfahrung in Deutschland anknüpfen. Wirtschaft, Industrie und öffentlicher Dienst sehen in der Regel Auslandserfahrung und Kenntnisse internationaler Zusammenhänge als Zusatzkenntnisse an. Vor ihnen rangieren die in der Bundesrepublik erworbenen Qualifikationen (VDBIO, abrufbar unter: http://www.vdbio.ch/index0. htm, Stand: 7.12.2006).

Mehr Dienstjahre stellen also ein Hindernis für den Wechsel auf den externen Arbeitsmarkt dar: „Man ist nicht mehr competitive, wenn man zu lange im UN-System gewesen ist" (ID 216). Dies korrespondiert mit den Ergebnissen der Online-Befragung. So waren die Probanden, die ihre Erwerbstätigkeit außerhalb der Vereinten Nationen fortgesetzt haben, im Durchschnitt siebeneinhalb Jahre im VN-System angestellt.[232]

---

[232] 63,6% der Befragten, die aus dem VN-System vor der Pensionierung ausgeschieden sind, waren gar nur sechs oder weniger Jahre dort angestellt.

Bei abgeordneten Beamten aus der nationalen Verwaltung oder aus der Wirtschaft besteht zwar nicht die Gefahr, dass eine Rückkehr nach Deutschland an der Dienstzeit bei den Vereinten Nationen scheitert. Jedoch führt die hier meist fehlende Anerkennung des Auslandsaufenthalts dazu, dass eine Tätigkeit bei den Vereinten Nationen eher hemmend als fördernd auf die weitere Karriereentwicklung im Heimatland wirkt (GÖTHEL 2002, S. 273). Hier zeigen sich auch Parallelen mit der Privatwirtschaft, insbesondere mit multinationalen Konzernen:

> In some cases guarantees of jobs upon return cannot be met. Frequently mismatches exist between the expectations of the expatriate and those of head office (Salt 1988, S. 298).

Allerdings muss hier auch festgehalten werden, dass die nationale Verwaltung seit ein paar Jahren bemüht ist, die Entsenderichtlinien für deutsche Beamte dahingehend zu verbessern, dass die Arbeitsaufenthalte in internationalen Organisationen stärker in Hinblick auf die vertikale Karriereentwicklung berücksichtigt werden (vgl. Kapitel 4.1.2).

Auf Grund des gemeinsamen Personalsystems der Vereinten Nationen dürften internationalen Bediensteten, die einen Organisationswechsel durchführen, keine Nachteile in der Laufbahnentwicklung entstehen. In der Praxis hängt dies jedoch von verschiedenen strukturellen Faktoren wie verfügbaren Stellen in einer Organisation ab, so dass interorganisationale Mobilität nicht notwendigerweise vorteilhaft für die Karriere ist:

> Oft ist die Versuchung da, durch einen Stellenwechsel zwischen Organisationen schneller Karriere zu machen. Das ist möglich, aber das kann auch daneben gehen. Genauso wie ein deutscher Beamter, der zur UNO kommt, Schwierigkeiten mit der Anerkennung der Dienstzeit hat, wenn er zurückgeht, ist es auch so, wenn Leute zu ihrer Mutterorganisation zurückkehren, da auch nicht unbedingt auf dem selben Grad weitermachen, den sie sich in einer anderen Organisation verdient haben (ID 70).

Unabhängig davon, zu welchem externen Arbeitgeber ein VN-Mitarbeiter wechselt, hängt die Anerkennung der Dienstjahre in einer Organisation des VN-Systems von den Personalprinzipien und Einstellungen des neuen Dienstherrn zur Arbeitserfahrung im internationalen öffentlichen Dienst ab (vgl. Kapitel 6.2.2).

Hinsichtlich der Berufe der VN-Mitarbeiter, die auf den externen Arbeitsmarkt gewechselt sind, ergab sich unter den Probanden der Online-Befragung kein einheitliches Bild. Dies korrespondiert mit den offiziellen Statistiken des VN-Sekretariats, wonach die zwischen 1999 und 2000 ausgeschiedenen internationalen Bediensteten in verschiedenen Unterorganisationen und Abteilungen angestellt waren (VN-DOKUMENT A/55/427, S. 31). Obgleich keine typische Fachrichtung bzw. Spezialisierung aus den Daten identifiziert werden konnte, die für einen Wechsel auf den externen Arbeitsmarkt prädestiniert ist, wird vermutet, dass Mitarbeiter mit hochspezialisiertem Fachwissen bessere Chancen als Generalisten haben, da erstere ein knappes Gut auf dem Arbeitsmarkt darstellen. Zudem hängt die Bedeutung des Berufs von sich wandelnden gesamtwirtschaftlichen Entwicklungen ab (vgl. Kapitel 6.2.3).

Ein weiterer Einflussfaktor auf das Ausscheiden aus dem VN-System sind außer bei Pensionierungen sicher die individuellen Karriereaspirationen der internationalen Bediensteten. Da diese in engem Zusammenhang mit dem Ausbildungsniveau eines Akteurs stehen (vgl. Kapitel 5.2.5), wird vermutet, dass eine Stelle auf gleicher oder höherer sozialer Stufe, jedoch nicht auf niedrigerem Level im Vergleich zur letzten Position im VN-System angestrebt wird. Es stellen sich angesichts dieser unterstellten Ansprüche sowie der Einstellungen deutscher Arbeitgeber zu internationaler Arbeitserfahrung die Fragen, inwieweit Stellenwünsche auf dem externen Arbeitsmarkt realisierbar sind und wie sich die Karrieren ehemaliger VN-Bediensteter weiterentwickeln. Die Analyse dieses Aspekts würde an dieser Stelle zu weit führen und müsste daher in einer eigenen Studie untersucht werden.

Neben diesen beruflichen Aspekten haben auch familiäre Faktoren Einfluss auf das Ausscheiden von internationalen Bediensteten aus dem VN-System. Wie bereits vorher argumentiert werden berufliche Entscheidungen meist nicht von Individuen allein, sondern im Einklang mit dem Partner und/oder den Kindern getroffen. Für das Ausscheiden aus dem VN-System vor dem Erreichen der Altersgrenze gelten die gleichen Bedingungen und Einflussfaktoren wie für internationale Bedienstete, die (weiterhin) bei den Vereinten Nationen tätig sind (vgl. Kapitel 5.2.4). So ist insbesondere in Zweikarrierehaushalten die Arbeitsmöglichkeit des Partners ein entscheidendes Kriterium dafür, ob ein Mitarbeiter das VN-System verlässt:

> Aber ich stelle mir natürlich in dem Kontext auch die Frage, wie lange bleibe ich hier. Möchte ich wirklich bis zur Pension hier bleiben oder gehe ich vorher zurück. Ich vermute, dass ich vorher zurückgehe. Wie viel Jahre ich hier bleibe, weiß ich noch nicht genau. Das hängt sehr stark auch von Arbeitsmöglichkeiten meiner Frau ab. Im Moment arbeitet sie sporadisch auf Zeitverträgen, wenn sich da eine gute Lösung findet, würde ich sicher länger hier bleiben. Wenn sich keine gute Lösung findet, nehme ich an, dass ich vielleicht ein paar Jahre insgesamt hier bleibe, aber dann wieder zurück gehe (ID 190).

**Zudem spielen bei Rückkehrabsichten Überlegungen, welche die Situation des/der Kinder betreffen, eine Rolle:**

> Das Familienleben hier mit einem Kind ist schwierig. Daher überlegen wir zur Zeit, ob es nicht besser wäre, zurück nach Deutschland zu gehen. Vor allem, wenn beide berufstätig sind. Meine Frau hatte eine sehr gute Stelle in Berlin. Und wenn ein Angebot aus Deutschland käme, würde ich sicher nicht nein sagen. Ich denke, diese Überlegung ist normal, wenn man in einer gleichberechtigten Partnerschaft lebt (ID 217).

Ein bedeutender Aspekt im Zusammenhang mit dem Wechsel vom internationalen öffentlichen Dienst zum externen Arbeitsmarkt des Heimatlands bzw. mit dem Ausscheiden aus dem VN-System ist die Frage der sozialen Wiedereingliederung in Deutschland. Diese hängt zunächst von der Anstellungsdauer bei den Vereinten Nationen und der Abwesenheitszeit aus Deutschland insgesamt zusammen.[233] Folglich ist die persönliche Reintegration für jüngere ehemalige VN-Angestellte einfacher zu bewältigen als für Pensionäre, die meist viele Jahre im Ausland verbracht haben. Auch hier zeigen sich wieder Übereinstimmungen mit Studien aus der Privatwirtschaft (vgl. z.B. SALT 1988). Die Erfahrungen von multinationalen Konzernen haben gezeigt, dass die Wiedereingliederung von Expatriates im Heimatland nach fünf Jahren problematisch und nach mehr als zehn Jahren unmöglich ist (SALT 1988). Demnach erschweren Unterschiede in Hinblick auf den Lebensstil, den Wohnstandard, das Sozialleben und den sozialen Status zwischen dem Leben im Ausland und dem im Herkunftsland die Reintegration in letzterem. Darüber hinaus bestehen insbesondere bei Personen, die längerfristig im VN-System tätig waren wie Pensionären durch die lange Abwesenheit aus dem Heimatland und dem Leben in einem multikulturellen Umfeld oft kaum noch (über die Familie hinaus gehende) soziale Bindungen nach Deutschland. Fand die Identifikation während der Tätigkeit bei den Vereinten Nationen bei vielen Personen hauptsächlich über den Beruf als internationaler Beamter statt, stellt sich für viele Pensionäre folglich die Frage der Zugehörigkeit nach dem Ausscheiden aus dem VN-System:

> Die riesige Diskussion unter UNO-Kollegen, die sich mehr dem Pensionsalter nähern, ist, wo gehen wir hin. Wo gehören wir hin? Wo gehören die Kinder hin? Unser erster Sohn hat englisches Abitur in der Türkei gemacht, unser zweiter einen amerikanischen Abschluss in Pakistan und unsere Tochter ein englisches ID in Genf (ID 70).

Familiäre oder räumliche Bezugspunkte sind hierbei Kriterien, die den Ausschlag für eine Rückkehr nach Deutschland geben: „Wir hatten das Glück, dass wir hier nach hause kamen, das Haus hatten" (ID 70). Ungleich schwieriger ist die Eingliederung für die Kinder von ehemaligen UNO-Bediensteten, die zwar deutscher Nationalität sind, aber ihr ganzes Leben im Ausland verbracht haben:

> Viele Kinder haben auch Schwierigkeiten, sich dann wieder in ihrem Heimatland zurechtzufinden. [...] Unserer Tochter hat nur in Asien und Afrika gelebt und wir haben gedacht, wenn wir dann weg sind, die wird sich nie hier in Europa zurechtfinden. Es war sehr schwer für sie, sich an Europa zu gewöhnen. [...] Sie hatte es wirklich schwer, sie wusste nicht, wie man eine Cola aus dem Automaten bekommt. Die Idee war, sich langsam wieder an Europa zu gewöhnen (ID 70).

---

[233] Es gibt sicherlich auch Deutsche, die in den VN-Niederlassungen in Bonn bzw. Berlin angestellt sind. Da diese beim Ausscheiden aus dem VN-System keinen länderübergreifenden Ortswechsel vollziehen müssen, wird deren Situation hier nicht in die Analyse mit einbezogen.

## 6.2 Bedingungen und Einflüsse

Für ehemalige Bedienstete, die nur wenige Jahre im VN-System angestellt waren, spielen neben diesen persönlichen Bezugspunkten, die einen Umzug nach Deutschland begünstigen, auch finanzielle Gesichtspunkte eine Rolle. Da sich die Rentenansprüche nach den Dienstjahren im Common System der Vereinten Nationen richten, sind diese bei kürzerer Anstellungsdauer entsprechend geringer, wobei Rentenzahlungen erst dann fällig werden, wenn mindestens fünf Jahre in den Pensionsfond eingezahlt worden ist (vgl. Kapitel 6.1.1). Angesichts der insbesondere in großen Dienstorten des VN-Systems wie New York oder Genf hohen Lebenshaltungskosten und der bei Verlassen der internationalen Organisation dann zu erwartenden Einkommensreduktion können und wollen viele VN-Bedienstete, die nur wenige Jahre im VN-System tätig waren, nach dem Ausscheiden nicht an diesen Orten bleiben:

> Wenn man das sieht, wie hoch die Lebenshaltungskosten hier [in Genf] sind. Wenn man später mal im Ruhestand ist, dann ist der Fall des Einkommens so stark, wenn man nicht entsprechend Dienstjahre hat, dass ich da zum Beispiel nur noch 30% meines vorherigen Einkommens habe. Das Einkommen ist hier zwar sehr gut, aber 30% ist dann doch zu wenig, um hier auf Dauer zu leben. Und bei mir kommen eben nicht mehr genügend Dienstjahre zusammen, auch deshalb gehen wir mit Sicherheit nach Deutschland zurück (ID 41).

Zwar ist die Rückkehr ins Heimatland nicht notwendigerweise die finanziell rentabelste Lösung, da es andere Länder mit niedrigeren Lebenshaltungskosten gibt. Jedoch gehen monetäre Überlegungen meist mit persönlichen Beweggründen einher.

Als einer der entscheidenden Einflussfaktoren auf das Ausscheiden aus dem internationalen öffentlichen Dienst wurde die Anstellungsdauer im System der Vereinten Nationen identifiziert. Je länger die Abwesenheit aus dem Heimatland ist, desto schwieriger werden dort sowohl die berufliche als auch die soziale Wiedereingliederung.

### 6.2.2 Organisationsebene

Das Ausscheiden aus dem internationalen öffentlichen Dienst wird auch durch das strukturelle Umfeld des VN-Systems beeinflusst. So hängt der Ausstieg nicht nur von der Dauer, sondern auch von der Art des Anstellungsverhältnisses mit den Vereinten Nationen ab. Von den Probanden der Online-Befragung, die das VN-System verlassen haben, hatte keiner einen permanenten Vertrag. Ein ähnliches Bild zeigt sich auch bei den offiziellen Daten des VN-Sekretariats, nach denen die Nicht-Verlängerung von befristeten und Kurzzeitverträgen der Hauptgrund des Ausscheidens von Mitarbeitern aus dem internationalen öffentlichen Dienst zwischen 1999 und 2001 war (VN-DOKUMENTE A/55/427, A/56/512). Auch von den Personen, die von sich aus in diesem Zeitraum gekündigt haben, waren insbesonre unter den Nachwuchskräften viele, die befristet im VN-System angestellt waren. Das Ausscheiden aus einer internationalen Organisation lohnt sich folglich vor allem für die Mitarbeiter mit unsicheren, weil (kurzzeitig) befristeten Verträgen:

> Nach zehn Jahren bekommt man hier, es ist kein Beamtenstatus in dem Sinne, aber es ist ein Vertrag, der nennt sich ‚without limit of time'. Wenn alles normal verläuft, wird das Arbeitsverhältnis bis zum Ende fortgesetzt, auch wenn kein Anspruch darauf besteht. Die Frage ist nur, wenn man sich bei einer anderen VN-Organisation bewirbt, dann fängt man noch mal quasi von vorne an. All das fördert die Mobilität nicht unbedingt. Man spricht immer vom VN-System, aber dann entdeckt man, dass es gar kein System ist, dass jeder seine eigenen Regeln hat, seine eigene Personalpolitik. Es lohnt sich daher nur für Leute zu wechseln, die ohnehin eine unsichere Position haben (ID 139).

Die zunehmende Zahl an terminierten Anstellungsverhältnissen führt nicht nur zum Exodus von qualifiziertem Personal aus dem VN-System im Allgemeinen, sondern von Nachwuchskräften im Besonderen. So hatte ein Drittel der Mitarbeiter, die zwischen 1999 und 2001 aus dem VN-Sekretariat ausgeschieden sind, eine P2-Stelle inne (VN-DOKUMENTE A/55/427, A/56/512). Ähnliche Werte vermelden auch andere Organisationen wie UNICEF, WFP oder die ILO, in denen 47%, 69,4% bzw. 34% aller Abgänger Nachwuchskräfte (P1–P3-Ebene) waren (MEZZALAMA 2000, S. 5). Diese Zahlen korrespondieren mit den Ergebnissen der Online-Befragung, wonach der Anteil der ehemaligen internationalen Bediensteten auf dem Dienstgrad P2 im Online-Sample 56,6% betrug. Werden zudem die Mitarbeiter der P3-Ebene, die das VN-System verlassen haben, mit berücksichtigt, erhöht sich dieser Anteil auf 90,9% aller Rückkehrer auf den externen Arbeitsmarkt (Online-Befragung).

Dass so viele jüngere Beschäftigte aus dem VN-System ausscheiden, ist sicherlich dadurch bedingt, dass befristete Verträge vor allem unter Nachwuchskräften weitverbreitet sind. Die Folge ist, dass viele Mitarbeiter auf P2- bzw. P3-Ebene mit solchen Anstellungsverhältnissen (meist aus organisationsspezifischen Gründen) entweder nicht weiterbeschäftigt werden (können) oder wegen unzureichenden Karriereperspektiven und fehlender Sicherheit hinsichtlich des Arbeitsvertrags selber kündigen. Letzterer Aspekt ist sicherlich gerade für Deutsche kritisch, da bei vielen bedingt durch das soziale und gesellschaftliche Umfeld das Sicherheitsdenken besonders ausgeprägt ist:

> Das Fürsorgeprinzip ... – die Deutschen haben das irgendwie im Kopf (ID 98).

> Es ist im Vergleich zu Deutschland eine größere Unsicherheit da. Das ist also nicht so, als wenn man in Deutschland Beamter wäre (ID 112).

Somit wird oft – ausgehend von den Bedingungen im nationalen öffentlichen Dienst und von den Erfahrungen älterer Generationen, als Dauerbeschäftigungen

## 6.2 Bedingungen und Einflüsse                                                            233

auch in der freien Wirtschaft oft die Regel waren – darauf geschlossen, dass in einer internationalen Behörde die gleichen (sicheren) Voraussetzungen herrschen. Gleichwohl gibt es auch viele deutsche VN-Beschäftigte, die sich auf die veränderten Anstellungsbedingungen auf dem Gesamtarbeitsmarkt im Allgemeinen und im VN-System im Besonderen eingestellt haben:

> Das andere Problem ist schon, dass, ich bin nicht jemand, der zu sehr auf Sicherheit starrt. Gesetzt dem Fall, mein Job hört auf, wir haben ja nur Einjahresverträge. Das ist nicht, dass ich mich jetzt hier unsicher fühle. Aber was passiert denn dann? Ich habe keine Arbeitslosenversicherung. Ich würde wohl in Deutschland ein Tagegeld kriegen für drei Monate, aber toll. Jetzt habe ich fixed-term, das ist relativ hoch in der Vertragshierarchie (lacht) (ID 216).

> Was Unsicherheit betrifft, es ist interessant zu sehen, [...] wenn sich das dann so unbedarfte Bewerber durchlesen, dann denken die, dass es [befristete Verträge] tatsächlich nur zwei Jahre sind. Dass das dann aber die besten Positionen in der Organisation sind, die man damit kriegen kann, wo die Organisation dann eigentlich davon ausgeht, dass die Leute lebenslang hierher kommen, obwohl es eigentlich in der Ausschreibung völlig anders aussieht, das wissen halt Leute ohne Beziehung zur WHO nicht. [...] Die Short-term-Positionen sind die absolut unsicheren, während Fixed-term-Verträge, obwohl sie im Gegensatz zum deutschen Arbeitsrecht stehen, wo ja Kettenverträge überhaupt nicht möglich sind, sind eigentlich so die besten sind, die man kriegen kann (ID 79).

Wie bereits argumentiert sind auch fehlende Karriereperspektiven ein Grund, das VN-System zu verlassen (vgl. Kapitel 6.2.1). Diese sind oft strukturell bedingt, indem Mitarbeitern von ihren Organisationen auf Grund finanzieller Auflagen oder personalpolitischer Grundsätze keine ihren Aspirationen und Qualifikationen adäquaten Stellen angeboten werden (können). Besonders häufig scheint dies bei der Rückkehr von im VN-System sekundierten internationalen Bediensteten in ihre ursprünglichen Organisationen vorzukommen:

> Und dann, wie gesagt, die Schwierigkeit, die es bei mir gab, ich war in New York P4, bin in Rom auf eine P5-Stelle, hab auch gleich P5 bekommen. Ich war auf secondment in Rom. Und dann nach drei Jahren Rom, als ich zurückkommen wollte, hieß es, nee, nee, ich bin ja nicht von UNDP befördert worden. Und das Komitee hat gesagt, ich wäre nicht beförderbar, weil ich in der Zwischenzeit nicht im Feld war. Na ja, das war dann halt die Enttäuschung. Das hat UNDP inzwischen geändert, weil es in diesem Jahr wohl mehrere Fälle wie meinen gab, wo die Leute dann gesagt haben, in dem Fall verlassen wir UNDP. Und das habe ich auch gemacht. [...] Als das Angebot von der anderen Organisation kam, ist mir angeboten worden, dass ich entweder auf secondment gehen kann oder ich kann transferieren mit allen Entscheidungen, also allen Anrechten. Ich habe einen permanenten Vertrag. Und als mir das angeboten worden ist, das kam zusammen mit meinem Verdruss über UNDP, dann habe ich gesagt, dann wechsle ich lieber (ID 66).

Mangelnde Karriereperspektiven sind zusammen mit teilweise nicht zufriedenstellenden Aufgaben auch Hauptanlässe für junge VN-Angestellte, den internationalen öffentlichen Dienst zu quittieren, wie aus einem Brief von 80 Nachwuchskräften an den Generalsekretär aus dem Jahr 1998 hervorgeht:

> Most of the resignations observed were not due to a lack of enthusiasm on their part, willingness to serve or commitment to the Organization, but rather to a certain degree of frustration and disillusionment with the inadequacy of career development opportunities and job enrichment after the recruitment process (zitiert nach MEZZALAMA 2000, S. 12).

Die Entwicklung, dass zunehmend junge Mitarbeiter das VN-System verlassen, bedeutet nicht nur einen Verlust an Wissen, sondern beeinflusst auch die Dienstaltersstruktur dahingehend, dass das Durchschnittsalter der VN-Angestellten steigt. Um dies zu verhindern bzw. einer steigenden Frustration unter den Nachwuchskräften entgegenzuwirken, hat die *Joint Inspection Unit* der Vereinten Nationen entsprechende, die Laufbahnentwicklung und subjektive Arbeitszufriedenheit fördernde, Empfehlungen formuliert (vgl. VN-DOKUMENT JUI/REP/2000/7, recommendations 8 & 9). Ob diese angesichts der strukturellen Zwänge im VN-System umgesetzt werden können (vgl. Kapitel 5.2.1), bleibt jedoch abzuwarten.

Darüber hinaus trägt auch die soziale Absicherung zur Bildung des strukturellen Umfelds für den beruflichen Ausstieg aus dem VN-System bei. Während es bereits innerhalb des weitgehend auf einheitlichen Regeln basierenden gemeinsamen Personalsystems der Vereinten Nationen teilweise Schwierigkeiten mit dem Transfer dieser Rechte gibt (vgl. Kapitel 6.1.3), wird vermutet, dass diese bei einem Wechsel in die Privatwirtschaft oder in den nationalen öffentlichen Dienst ungleich größer sind. Zwar besteht auch beim Ausscheiden aus dem VN-System die Möglichkeit, die bislang in den gemeinsamen Pensionsfond eingezahlten Rentenbeiträge zurückzubekommen. Jedoch kann es dabei durchaus auch zu finanziellen Einbußen kommen (vgl. GÖTHEL 2002, S. 239). Das Hauptproblem einer Rückkehr nach Deutschland liegt aber hauptsächlich darin, dass ein Mitarbeiter durch die Tätigkeit in einer internationalen Organisation, die nicht dem deutschen Steuer- und Versicherungsrecht unterliegt, nicht mehr Teil des nationalen Versorgungssystems ist. Für den Fall eines Wechsels ins Heimatland müssen sich die VN-Mitarbeiter selber um ihre soziale Absicherung kümmern.[234] Eine Möglichkeit besteht darin, dass sich ein VN-Angestellter durch eine Anwartschaftsversicherung die Mitgliedschaft in einer deutschen Krankenkasse sichert.[235]

---

[234] vgl. AUSWÄRTIGES AMT, SOZIALE ABSICHERUNG, abrufbar unter: http://www.auswaertiges-amt.de/diplo/de/AAmt/Ausbil-dungKarriere/IO-Taetigkeit/Allgemeines/SozialeAbsicherung.html, Stand: 9.12.2006

[235] Zudem besteht seit 1.2.2006 auch die Option, sich freiwillig in der deutschen Arbeitslosenversicherung zu versichern und damit einen bereits bestehenden Versicherungsschutz aufrechtzuerhalten (vgl. AUSWÄRTIGES AMT, SOZIALE ABSICHERUNG, abrufbar unter: http://www.auswaertiges-amt.de/diplo/de/AAmt/AusbildungKarriere/IO-Taetigkeit/Allgemeines/SozialeAbsicherung.html, Stand: 9.12.2006).

## 6.2 Bedingungen und Einflüsse

> Das andere Problem, was in Deutschland auch nicht in Angriff genommen wird, ist die Vergleichbarkeit der Krankenversicherung. Gut, ich habe damals für Westafrika eine private Krankenversicherung abgeschlossen, weil es die einzige Möglichkeit war, mich zu versichern. Und die behalte ich als Anwartschaftsversicherung auch weiter. Das heißt, ich zahle im Augenblick für die Familie jeden Monat 300 Euro dafür, dass ich nichts bekomme, als einzige soziale Absicherung dafür, falls ich hier mal rausgehe auf freiwilliger Basis, weil ich ohne Bestrafung, ohne Ausschluss bestimmter Risiken irgendwann in Deutschland auch wieder in die Sozialversicherung reingehen will, falls dieser Vertrag nichts wird. Das heißt, im Prinzip muss man die ganze soziale Absicherung völlig freiwillig und auch privat machen und auch das Risiko privat tragen, weil es da keinerlei private Absicherung gibt entsprechend dem europäischen Standard. [...] Bei der Krankenversicherung kann man sich wenigstens freiwillig versichern. Was die Altersversicherung angeht, kann man eben andere Sachen parallel laufen lassen (ID 79).

Obgleich es also Möglichkeiten und Wege gibt, wieder ins deutsche Versorgungssystem eingegliedert zu werden, setzten diese voraus, dass internationale Bedienstete die Rückkehr auf den deutschen Arbeitsmarkt einkalkulieren. Ist das Ausscheiden aus dem VN-System dagegen nicht geplant und auch nicht vorhersehbar, besteht über die Heimkehrbeihilfe der Vereinten Nationen und die Überbrückungsbeihilfe des Bundesverwaltungsamts hinaus keine soziale Absicherung mehr.[236] Die unterschiedlichen Versorgungssysteme der internationalen Organisationen einerseits und Deutschlands andererseits stellen demnach ein Hindernis für den Wechsel ins Heimatland dar.

Neben den strukturellen Bedingungen des VN-Systems wirken sich auch die des potentiellen neuen Arbeitgebers auf den beruflichen Ausstieg aus den Vereinten Nationen aus (vgl. auch Kapitel 6.2.1). So weist insbesondere die nationale Verwaltung einige gemeinsame Spezifika wie der internationale öffentliche Dienst auf. Bei ersterer handelt es sich auch um einen internen Arbeitsmarkt, dessen Zugang durch die *ports of entries* stark reglementiert und formalisiert ist (vgl. auch Kapitel 2.2). Zugleich sind bei einem Wechsel in den deutschen öffentlichen Dienst im fortgeschrittenen Berufsverlauf Nachteile in der Karriereentwicklung zu erwarten, da die Laufbahnen auf diesem Arbeitsmarkt wie im VN-System an das Dienstalter und an Mobilitätsketten gekoppelt sind. Ein Seiteneinstieg ist meist schwerer zu vollziehen und kann finanzielle und laufbahnspezifische Nachteile mit sich bringen. Dies ist sicher eine der Erklärungen dafür, warum laut Online-Befragung viele VN-Mitarbeiter, insbesondere auf mittleren Hierarchieebenen, in ihren Rückkehrversuchen nach Deutschland erfolglos geblieben sind. Ein Ansatz zur Verbesserung dieser Situation wäre sicher die stärkere Anerkennung der Berufserfahrung der ehemaligen internationalen Bediensteten:

> Ein Nachteil ist auch ein bisschen das mangelnde Interesse der deutschen Behörden gegenüber den Personen, die nach hause kommen und so eine ungewöhnliche Karriere gemacht ha-

---

[236] Vgl. http://www.bva2.bund.de/aufgaben/ueberbrueckungsbeihilfe/index.html, Stand: 9.12.2006.

ben, dass das nicht mehr genutzt wird. Manche kommen auch in jüngerem Alter zurück, dass man die einbindet. Es darf nicht zum Nachteil werden, dass sie draußen waren. Das muss zu einem Vorteil gemacht werden (ID 70).

Es lässt sich zusammenfassen, dass der Ausstieg aus dem System der Vereinten Nationen auf struktureller Ebene von den Anstellungsprinzipien der internationalen Organisation einerseits und denen des externen Arbeitsmarkts andererseits beeinflusst wird. Die funktionale Segmentierung der Arbeitsmärkte stellt hierbei eine Mobilitätsbarriere für Wechsel zwischen den verschiedenen Bereichen dar. Ebenfalls hinderlich beim beruflichen Ausscheiden vor der Pensionierung sind die nicht harmonisierten sozialen Absicherungsmechanismen.

### 6.2.3 Gesellschaftliche Ebene

Das Ausscheiden aus dem VN-System bzw. der Einstieg auf den externen Arbeitsmarkt hängt auch von makrostrukturellen Gegebenheiten ab. Die Aussicht auf eine Stelle variiert demnach auf der einen Seite je nach der Lage der Konjunktur im Allgemeinen und der des spezifischen Arbeitsmarktes im Besonderen. Neben diesen eher auf der nationalen Ebene verhafteten Faktoren beeinflussen auch globale Ereignisse wie wirtschaftliche und politische Entwicklungen den beruflichen Ausstieg von Mitarbeitern aus dem VN-System. Hiervon sind insbesondere Mitarbeiter mit Kurzzeitverträgen und Projektpersonal betroffen. Ihre Anstellung dient dazu, dass Organisationen flexibel und unmittelbar auf sich verändernde Umstände reagieren können (GÖTHEL 2002, S. 199 ff.). Mit Hilfe dieses Personalpools werden beispielsweise humanitäre Hilfseinsätze wie nach Naturkatastrophen bewerkstelligt. In Zeiten mit weniger Arbeitsaufwand besteht dann von Seiten der Organisationen wie UNHCR kein Bedarf mehr an über den Kernbestand hinausgehenden Mitarbeitern[237]. Ein Einsatz bei den Vereinten Nationen mit einem befristeten oder kurzzeitigen Vertrag hängt demnach oft auch von makrostrukturellen Entwicklungen ab.

Es lässt sich zusammenfassen, dass der berufliche Ausstieg aus dem VN-System vor allem von strukturellen Bedingungen abhängt. Von vorrangiger Bedeutung sind hierbei die Art und die Dauer der Anstellung bei den Vereinten Nationen. Der Anlass zum Ausscheiden aus dem internationalen öffentlichen Dienst ist also meist durch die Organisation bedingt. Dies kann sich zum einen in personalpolitischen Grundsätzen wie der Altersgrenze und zum anderen in finanziell bedingten Stellenkürzungen äußern. Da von letzteren vor allem Angestellte der unteren Dienstgrade betroffen sind, verlassen vorwiegend jüngere VN-Mitarbeiter das VN-System. Weitere Einflussfaktoren sind die individuellen beruflichen und persönlichen Er-

---

[237] *Core staff.*

fahrungen und Dispositionen eines Akteurs. So werden soziale Aufstiegschancen und Abstiegsrisiken sowie die familiäre Situation ebenfalls mit in diesen beruflichen Entscheidungsprozess einbezogen. Gleichwohl sind letztere den strukturellen Bedingungen des VN-Systems in ihrer Wertigkeit in der Regel nachgeordnet.

# 7 Fazit und Ausblick

Die Vereinten Nationen sind ein Arbeitsfeld, das sich in seinen Strukturmerkmalen von denen anderer Bereiche wie der Privatwirtschaft oder des nationalen öffentlichen Dienstes unterscheidet. Anfang des 21. Jahrhunderts waren bei dieser internationalen Organisation ca. 55.000 Personen beschäftigt (GÖTHEL 2002, S. 99). Gleichwohl ist bisher nur wenig über die Berufsverläufe der UNO-Beschäftigten, insbesondere über die räumliche Struktur ihrer Karrieren, bekannt. Ziel der vorliegenden Arbeit ist daher die Analyse der Berufsverläufe von Mitarbeitern der Vereinten Nationen. Im Vordergrund steht dabei die Frage, welche Faktoren die Karrieren von VN-Angestellten beeinflussen.

Gegenstand der empirischen Untersuchungen sind die Berufsverläufe von Deutschen, die zwischen 1973 und 2003 im höheren Dienst der Vereinten Nationen angestellt waren. Anhand dieser Fallstudie werden Karrieren von UNO-Mitarbeitern rekonstruiert, typische Karrieremuster im internationalen öffentlichen Dienst identifiziert und die zugrunde liegenden Bedingungen und Mechanismen der Berufsverläufe von Angestellten dieser zwischenstaatlichen Organisation analysiert. Grundlage dafür sind die anonymisierten Individualdaten des Auswärtigen Amts zu 1.529 deutschen UNO-Angestellten (Vollerhebung), eine Online-Befragung unter allen deutschen VN-Bediensteten (Rücklaufquote 35,2%, N=174) sowie 25 vertiefende Leitfadeninterviews mit ausgewählten deutschen Mitarbeitern der Vereinten Nationen in Genf und New York (*theoretical sampling*). Diese Kombination aus qualitativen und quantitativen Daten ermöglicht eine ganzheitliche Betrachtung der Berufsverläufe internationaler öffentlicher Bediensteter. Dadurch werden einerseits die individuellen Hintergründe, Verläufe und Auswirkungen beruflicher und räumlicher Mobilität von Angestellten internationaler Organisationen eruiert. Andererseits können raumzeitliche Karrieremuster und strukturelle Einflussfaktoren erfasst werden.

Den theoretischen Rahmen dieser Arbeit bilden verschiedene Forschungsansätze, die sich in ihren Perspektiven wechselseitig ergänzen und die in dieser Studie miteinander verknüpft werden: Migrationsforschung, Arbeitsmarktforschung, organisationstheoretische Ansätze und Karriereforschung. Aus diesen Theorien werden geeignete Konzepte und Postulate aufgegriffen, die sich auf den Bereich internationaler Organisationen übertragen lassen. Diese werden in dieser Arbeit schließlich zu einem integrativen Ansatz, der die Analyseebenen Individualebene, organisationelle Ebene und gesellschaftliche Ebene umfasst, miteinander verbunden. Ausgangspunkt dafür ist die These, dass Karrieren Produkte individuellen Handelns in gegebenen sozialen Kontexten sind, die aus dem Zusammenspiel individuellen Handelns, organisationeller Prozesse und institutioneller sowie makrostruktureller Kräfte konstituiert werden (BLOSSFELD 1989; BECKER 1993).

Die Hauptergebnisse der vorliegenden Arbeit werden analog zur thematischen Untergliederung dieser Studie anhand der drei Stadien des Berufsverlaufs, beruflicher Einstieg ins VN-System, Tätigkeit bei den Vereinten Nationen und Ausstieg aus der UNO, vorgestellt.

*Beruflicher Einstieg ins VN-System*

Was die Einstiegswege ins VN-System betrifft, so beginnt der Großteil (65,5%) der deutschen VN-Mitarbeiter seine erste Stelle bei der UNO auf einer Nachwuchsposition (statistische Daten des Auswärtigen Amts). Hierbei lassen sich wiederum verschiedene Möglichkeiten identifizieren, über die die Vereinten Nationen neues Personal für untere und mittlere Dienstgrade des höheren Dienstes gewinnen: Auswahlwettbewerbe der Organisationen, einzelstaatliche und von Organisationen betriebene Nachwuchsprogramme sowie Einzelausschreibungen gehören zu den weitverbreitetsten Einstiegswegen ins VN-System. Die systematische Rekrutierung von Nachwuchskräften wird vor allem vom Sekretariat der Vereinten Nationen sowie von seinen Programmen und Fonds betrieben. Für Sonderorganisationen ist dagegen eher die Anstellung von berufserfahrenen Fachkräften typisch. Über diesen Weg als Seiteneinsteiger hat gut ein Drittel der UNO-Bediensteten (34,5%) seine erste Stelle bei den Vereinten Nationen erhalten.
Für eine Bewerbung bei dieser internationalen Organisation sind für die meisten deutschen UNO-Mitarbeiter vor allem berufsspezifische Gründe ausschlaggebend. Ortsspezifische und private Motive sind dagegen von nachrangiger Bedeutung. Die Beweggründe, eine Anstellung im VN-System anzustreben, variieren zudem zwischen berufserfahrenen Seiteneinsteigern einerseits und Nachwuchskräften andererseits. Während erstere sich vorwiegend der beruflichen Herausforderung und Karriereaspirationen wegen bei den Vereinten Nationen bewerben, sind für junge Berufseinsteiger idealistische Motive ausschlaggebend dafür, ins VN-System zu wechseln. Geschlechtsspezifische Unterschiede sind bei den Bewerbungsgründen nur bei finanziellen Aspekten von Bedeutung. Demnach sind monetäre Gründe tendenziell eher für Männer als für Frauen wichtig für eine Bewerbung bei den Vereinten Nationen.
Um eine Anstellung bei der UNO zu erhalten, sind Leistungsfähigkeit und Fachkenntnis Voraussetzungen. Die erforderlichen Qualifikationen umfassen relevante Berufserfahrung, Kenntnisse der Arbeitssprache(n) sowie Auslandserfahrung. Insbesondere Seiteneinsteiger müssen über mehrjährige berufliche Praxis im internationalen – privaten oder öffentlichen – Umfeld verfügen. Zudem sind von den Bewerbern für eine Anstellung im internationalen öffentlichen Dienst neben den fachlichen Qualifikationen auch persönliche Kompetenzen wie Integrität und Unkorrumpierbarkeit zu erfüllen. Als Mitarbeiter der Vereinten Nationen sind sie schließ-

lich auch den Zielen und Idealen dieser internationalen Organisation verpflichtet, was ein wesentlicher Unterschied zu einer Anstellung in der freien Wirtschaft ist. Weitere Einflussfaktoren auf den beruflichen Einstieg ins VN-System sind Kontakte zwischen den Bewerbern und den VN-Mitarbeitern, wobei deren Bedeutung je nach Rekrutierungsverfahren variiert. Während Netzwerke für Seiteneinsteiger in der Regel eine entscheidende Rolle bei der Stellenvergabe spielen, sind sie für Nachwuchskräfte, insbesondere in Hinblick auf die formalisierten Einstiegsverfahren, von nachrangiger Bedeutung. Beispielsweise entscheiden Kontakte bei den Auswahlwettbewerben des VN-Sekretariats nicht darüber, ob, sondern höchstens darüber, welche Stelle ein Kandidat erhält.

Förderinstitutionen wie das Auswärtige Amt und das Büro Führungskräfte zu Internationalen Organisationen (BFIO) spielen in Hinblick auf die Rekrutierung von Deutschen für die Vereinten Nationen eher eine untergeordnete Rolle. Diese Einrichtungen sind vor allem dann von Bedeutung, wenn es um die Besetzung von Führungspositionen bei der UNO geht. Hierbei sind Regierungskontakte der Bewerber unbedingt erforderlich, da diese Positionen in der Regel nach politischen Gesichtspunkten vergeben werden.

Bei der Analyse der Einstiegswege wurde auch festgestellt, dass die deutschen Angestellten der Vereinten Nationen vorwiegend aus Akademikerfamilien stammen. Personen aus diesem sozialen Umfeld sind über solche Karrieremöglichkeiten informiert bzw. werden von ihren Eltern bereits frühzeitig auf bestimmte Berufe hin sozialisiert. Das Berufsfeld des internationalen öffentlichen Dienstes steht demnach eher denjenigen offen, deren Eltern über ein bestimmtes Qualifikationsniveau verfügen. Die soziale Schichtzugehörigkeit auf Grund von Privilegien spielt dagegen in den letzten 20 Jahren kaum noch eine Rolle für den beruflichen Einstieg ins VN-System.

*Tätigkeit bei den Vereinten Nationen*

Anhand der empirischen Daten wurden in dieser Studie einige idealtypische Karriereverläufe im VN-System identifiziert: die Hauptquartierskarriere, die Feldkarriere sowie die kombinierte Feld-Hauptquartierskarriere. Ersterer Karrieretyp ist dadurch gekennzeichnet, dass ein Mitarbeiter während seiner Tätigkeit bei den Vereinten Nationen nur in der Zentrale einer Organisation tätig ist. Die Hauptquartierskarriere ist unter den internationalen Bediensteten weitverbreitet: Knapp 50% der VN-Angestellten haben ihre gesamte Laufbahn in einer Zentrale des VN-Systems verbracht (statistische Daten des Auswärtigen Amts). Dieser Laufbahntyp ist vor allem typisch für Organisationen, die keine Mobilitätsobligation haben. Dazu zählen beispielsweise das Sekretariat der Vereinten Nationen und einige Sonderorganisationen wie die WHO oder die UNESCO.

Feldlaufbahnen können mobil oder immobil sein. Im ersten Fall arbeiten Mitarbeiter im Verlauf ihrer Karriere an verschiedenen Standorten im Feld. Dieser Berufsverlauf ist typisch für Organisationen mit Rotationspolitiken wie UNDP und UNHCR. Von den VN-Mitarbeitern hatten ca. 15% eine mobile Feldlaufbahn (statistische Daten des Auswärtigen Amts). Immobile Feldkarrieren treten dagegen vorwiegend bei denjenigen Organisationen auf, für die auch Hauptquartierskarrieren charakteristisch sind. Von den in den statistischen Daten des Auswärtigen Amts erfassten internationalen Bediensteten hatten fast 30% eine ortsfeste Laufbahn außerhalb einer Zentrale der Vereinten Nationen. Die immobile Feldkarriere kommt vor allem bei Mitarbeitern vor, die an europäischen Standorten des VN-Systems tätig sind.
Kombinierte Feld-Hauptquartierskarrieren können verschiedener Art sein: Hauptquartiers-Feldkarriere, Feld-Hauptquartierslaufbahn und zirkuläre Hauptquartiers-Feldkarriere. Diese Unterscheidung basiert auf den jeweiligen Herkunfts- und Zielorten der räumlichen Mobilität im VN-System. Die kombinierten Feld-Hauptquartierskarrieren treten beispielsweise im Sekretariat der Vereinten Nationen auf, sind aber im Vergleich zu den immobilen Laufbahnen eher von untergeordneter Bedeutung im VN-System. So hatten jeweils nur 3% der VN-Angestellten eine Feld-Hauptquartierskarriere, eine Hauptquartiers-Feldkarriere oder eine zirkuläre Hauptquartiers-Feldkarriere (statistische Daten des Auswärtigen Amts).

Die Einflussfaktoren auf die Karrieren variieren je nach Laufbahntyp. Ein Karriereverlauf an verschiedenen Standorten der Vereinten Nationen, also eine mobile Feldkarriere, basiert in erster Linie auf den Mobilitätsobligationen der Organisationen. Dies impliziert, dass Mitarbeiter in einem bestimmten zeitlichen Abstand den Dienstort wechseln (müssen). Die funktionelle Entwicklung von Feldkarrieren variiert zwischen UNDP einerseits und UNHCR andererseits. So haben Mitarbeiter des Entwicklungsprogramms der Vereinten Nationen bessere Chancen auf das Erreichen der Leitungsebene als ihre Kollegen vom Hohen Kommissariat für Flüchtlinge der Vereinten Nationen. Dies hängt u.a. mit der unterschiedlichen räumlichen Distribution der Stellen in diesen Organisationen zusammen. Während die Führungspositionen von UNHCR vorwiegend an einem Ort konzentriert sind, sind die Leitungspositionen von UNDP auf verschiedene Standorte verteilt. Mitarbeiter des Entwicklungsprogramms haben demnach in ihrer Laufbahn an mehreren Dienstorten die Möglichkeit, eine Stelle auf einem hohen Dienstgrad zu erhalten. Dass UNDP-Angestellte gegenüber internationalen Bediensteten anderer Organisationen bessere Aussichten in Hinblick auf die vertikale Karriereentwicklung haben, kann darüber hinaus auch auf personalpolitische Grundsätze zurückgeführt werden. So sind beim Entwicklungsprogramm der Vereinten Nationen die Kriterien Leistungsfähigkeit und Seniorität entscheidend für vertikale Aufstiegsbewegungen. Gleichwohl kann letzteres Prinzip im Rahmen einer beschleunigten Beförderung zugunsten der fachlichen Kompetenz eines Mitarbeiters untergeordnet werden. Darüber hinaus werden die Verläufe von mobilen Feldkarrieren auch von der räumlichen und funktionellen Machtdistanz eines Mitarbeiters, vom familiären Umfeld sowie von makrostrukturellen Faktoren wie bewaffneten Konflikten beeinflusst. Der private Kontext ist bei diesem Laufbahntyp insofern von Bedeutung, als dass Entscheidungen, welche die Wahl des (nächsten) Arbeitsortes eines Mitarbeiters betreffen, in der Regel auch unter familiären Gesichtspunkten getroffen werden. Internationale Bedienstete mit mobilen Feldkarrieren berücksichtigen somit bei berufsbedingten Wanderungsentscheidungen Aspekte, die den Partner bzw. seinen Beruf und/oder die Kinder angehen.

Ortsfeste Laufbahnen, ob in einer Feldstation oder im Hauptquartier, sind jeweils durch räumliche Immobilität gekennzeichnet. Diese Karriereverläufe gehen u.a. darauf zurück, dass viele Organisationen wie das VN-Sekretariat (bislang) keine Mobilitätsobligation haben. Darüber hinaus gibt es aber je nach Typ unterschiedliche Erklärungsfaktoren für diesen räumlichen Karriereverlauf. Immobile Hauptquartierskarrieren werden von der Stellenstruktur der Organisation wie des VN-Sekretariats beeinflusst. Die Konzentration von Leitungspositionen in der Zentrale ist sicher eine Erklärung dafür, warum viele internationale Bedienstete ihren gesamten Berufsverlauf an diesem Standort verbringen bzw. warum Mitarbeiter in Feldstationen danach streben, ins Hauptquartier zu wechseln. Räumliche Mobilität ist also für Mitarbeiter des Sekretariats der Vereinten Nationen in New York oftmals kein karriereförderner Faktor. Obgleich die strukturellen Bedingungen in der Zentrale förderlich für eine aufwärtsgerichtete Karriereentwicklung sind, liegt das Erreichen der Führungsebene nicht in der normalen Karriereerwartung der Mitarbeiter des Sekretariats, da auf jede zu besetzende Leitungsposition ungleich mehr (interne und externe) Bewerber kommen.

Angesichts der geringeren Anzahl an Leitungspositionen im Feld, die zumeist auch von niedrigerer Hierarchie als die im Hauptquartier sind, muss es für die Immobilität der Mitarbeiter an diesen Standorten andere Erklärungen als die Stellenstruktur der Organisation bzw. die Karriereaspirationen der Angestellten geben. Beispielsweise wird das Arbeitsklima von den internationalen Bediensteten an kleineren Niederlassungen des VN-Systems als angenehmer empfunden als an den Hauptquartiersstandorten in Europa oder Nordamerika. Gute Arbeitsbedingungen können demnach u.a. den Ausschlag dafür geben, dass ein Mitarbeiter an einem Feldstandort bleibt. Daneben hat auch das private Umfeld einen Einfluss auf die Karriereverläufe von internationalen Bediensteten. An Orten, wo die Lebens-, Arbeits- und Ausbildungsbedingungen für Partner bzw. Kinder gut sind, ist die Mobilitätsbereitschaft gering. Dies ist vor allem an europäischen und nordamerikanischen Standorten gegeben, was eine Erklärung für die vielen ortsfesten Angestellten in diesen VN-Niederlassungen ist. Hierbei werden aber auch geschlechtsspezifische Unterschiede deutlich. So sind VN-Mitarbeiterinnen tendenziell mehr durch die Berufstätigkeit ihres Partners in ihrer (räumlichen) Karriereentwicklung eingeschränkt als VN-Mitarbeiter durch eine Erwerbstätigkeit ihrer Partnerin.

Die geringe räumliche Mobilität im Hauptquartier einerseits und in Feldstationen andererseits kann aber auch auf die Bedeutung von Kontakten für die Laufbahnentwicklung zurückgeführt werden. Informelle und formelle Beziehungen sind entscheidende Einflussfaktoren auf Karrieren im System der Vereinten Nationen. Netzwerke sind wichtig, um Informationen über freie Stellen zu erhalten und um von den Entscheidungsträgern wahrgenommen zu werden. Hauptquartiere haben ein hohes Kontaktpotential. Angestellte, die an diesen Standorten arbeiten, befinden sich also in räumlicher Nähe zu den Mitarbeitern in Leitungspositionen und haben daher die Chance, Beziehungen zu ihnen aufzubauen. Dies ist ein Grund dafür, dass VN-Angestellte in den Zentralen nur selten bereit sind, Ortswechsel zu vollziehen, zumal, wenn die Rückkehr ins Hauptquartier nicht zugesichert werden kann. Internationale Bedienstete in einer Feldstation sind dagegen räumlich und funktionell weit von den Leitungsebenen entfernt. Dies resultiert oft in fehlenden Netzwerken, was sich wiederum eher hinderlich auf die räumliche Mobilität und auf den vertikalen Karriereverlauf dieser Mitarbeiter auswirkt.

Angesichts dieser standortspezifischen Unterschiede verwundert es nicht, dass geographische Mobilität dann vorteilhaft für die Laufbahnentwicklung ist, wenn der Zielort eine bessere Stellenstruktur, also mehr und hierarchisch höhere Stellen, als der Herkunftsort hat. Der attraktivste Ort in dieser Hinsicht ist das Hauptquartier einer Organisation. Ortswechsel in die Zentrale finden meist der Karriere wegen statt. Räumliche Mobilität von der Zentrale ins Feld wirkt sich dagegen zumeist nachteilig auf die vertikale Laufbahnentwicklung aus. Meist sind weniger Karriereambitionen als private oder ortsspezifische Gründe ausschlaggebend für den Umzug vom Hauptquartier in eine Feldstation.

Karrieren im Sekretariat der Vereinten Nationen werden unabhängig von ihrer räumlichen Struktur von personalpolitischen Grundsätzen geprägt. Neben Leistungskriterien haben demnach vor allem die Prinzipien der Seniorität und der gleichmäßigen geographischen Verteilung Einfluss auf die Karrieren der VN-Mitarbeiter. Obgleich fachliche Kompetenzen laut VN-Charta entscheidend für die Personalauswahl sind, wird das Leistungs- und Eignungsprinzip in der Praxis meist denen des Nationalitätenproporzes und des Dienstalters untergeordnet. Dies ist ein wesentlicher Unterschied zu den Rahmenbedingungen von Berufslaufbahnen in der Privatwirtschaft oder auch im nationalen öffentlichen Dienst. Zudem spielen strukturelle Faktoren wie die Anzahl und die hierarchische Verteilung der Stellen oder die Dienstaltersstruktur des Personals eine Rolle in Hinblick auf die Laufbahnentwicklungen der Angestellten des VN-Sekretariats. Karrieren von internationalen Bediensteten, so lässt sich zusammenfassen, hängen in erster Linie davon ab, dass ein Mitarbeiter zum richtigen Zeitpunkt die richtigen Qualifikationen hat, wobei strategische Kontakte im VN-System zusätzlich von Vorteil sein können.

*Ausstieg aus der UNO*

Das Ausscheiden aus dem VN-System kann mit Eintritt in die Rente oder zu einem vorherigen Zeitpunkt erfolgen. Im letzteren Fall hat ein (ehemaliger) Mitarbeiter der Vereinten Nationen die Möglichkeit, entweder auf den externen Arbeitsmarkt oder zu einer anderen internationalen Organisation zu wechseln. Die meisten Beschäftigten (knapp 90%) verlassen das VN-System vor Erreichen des Pensionsalters (VN-DOKUMENT A/55/427). Hierbei ist interorganisationale Mobilität von ungleich geringerer Bedeutung als ein Wechsel auf den externen Arbeitsmarkt.

Wie sich der Ausstieg aus dem VN-System räumlich entwickelt, hängt einerseits vom bisherigen Karriereverlauf einer Person ab. Bedienstete mit immobilen Berufslaufbahnen bleiben nach Beendigung des Dienstverhältnisses mit den Vereinten Nationen eher an ihren bisherigen Orten wohnen. Personen, die eine mobile UNO-Laufbahn hatten, tendieren dagegen eher dazu, wieder den Wohn- und/oder Arbeitsort zu wechseln. Andererseits hat auch die Zeit, die eine Person an einem Dienstort verbracht hat, Einfluss auf den räumlichen Verlauf des Ausstiegs aus dem VN-System. Je kürzer diese war, desto wahrscheinlicher ist ein Wegzug von diesem Ort nach dem Ausscheiden aus der UNO.

Auf welchem Weg ein Mitarbeiter das VN-System verlässt, hängt vor allem von strukturellen Bedingungen ab. Dazu zählen beispielsweise die Art und die Dauer der Anstellung bei den Vereinten Nationen. Meist sind personalpolitische Grundsätze ausschlaggebend dafür, dass ein Mitarbeiter aus dieser internationalen Organisation ausscheidet. Diese können beispielsweise das Erreichen der Altersgrenze oder budgetbedingte Stellenkürzungen sein. Der Abbau von Arbeitsplätzen bei der UNO betrifft meist Positionen der unteren Dienstgrade, was dazu führt, dass vorwiegend jüngere Personen das VN-System verlassen. Entscheidungen, die den beruflichen Ausstieg aus dem VN-System betreffen, werden auch auf Grund familiärer Aspekte oder individueller Karriereaspirationen getroffen. Gleichwohl sind diese im Vergleich zu den strukturellen Faktoren meist von nachrangiger Bedeutung.

Anschließend an diese Untersuchung über Berufsverläufe von UNO-Mitarbeitern bieten sich Vergleichsstudien zu den Karrieren in anderen internationalen Organisationen an, um ein noch umfangreicheres Verständnis der räumlichen und beruflichen Mobilität in diesem Arbeitsfeld zu erhalten. Ein verstärkt historischer Ansatz könnte hierbei hilfreich sein, um mögliche Generationeneffekte bei den Karriereentwicklungen internationaler Bediensteter zu identifizieren. Für das VN-System besteht weiterer Forschungsbedarf in Hinblick auf die Analyse der räumlichen Verläufe und strukturellen Bedingungen der Ausstiegswege aus dieser Organisation. Zudem ist eine über das Sekretariat der Vereinten Nationen hinausgehende Untersuchung der strukturellen und personalpolitischen Faktoren erforderlich, um mögliche Differenzen mit Sonder- und Unterorganisationen des VN-Systems erforschen zu können. Nicht zuletzt wäre es interessant zu sehen, wie sich die reformierte Mobilitätspolitik des Sekretariats der Vereinten Nationen in den nächsten Jahren auf die räumlichen und funktionellen Karriereverläufe der Mitarbeiter auswirkt.

## 8 Literaturverzeichnis

ADLER, N. J. (1991): International dimensions of organizational behavior. Boston.
ALBRECHT, G. (1972): Soziologie der geographischen Mobilität. Stuttgart.
ALLMENDINGER, J. (1989): Career mobility dynamics. A comparative analysis of the United States, Norway and Western Germany. Max-Planck-Insitut für Bildungsforschung. Berlin.
ALLMENDINGER, J. und W.L. MAYERHOFER (1998): Lebensverläufe, Organisationen und die Integration von Frauen. In: HEINZ, W. R., DRESSEL, W., BLASCHKE, D. und G. ENGELBRECH (Hg.): Was prägt Berufsbiographien? Lebenslaufdynamik und Institutionenpolitik. Nürnberg. (= Beiträge zur Arbeitsmarkt und Berufsforschung), 109–128.
ALLMENDINGER, J. (2005): Karriere ohne Vorlage. Junge Akademiker zwischen Studium und Beruf. Hamburg.
ANDERSEN, S. E. and B. M. GANSNEDER (1995): Using electronic mail surveys and computer monitored data for studying computer-mediated communication systems. In: Social Science Computer Review 13 (1), 33–46.
ANGRIST, J. (2002): How do sex ratios affects marriage and labor markets: Evidence from America's second generation. In: Journal of Quarterly Economics, 997–1038.
APFELTHALER, G. (1999): Interkulturelles Management. Die Bewältigung kultureller Differenzen in der internationalen Unternehmenstätigkeit. Wien, Köln, Aarau.
ARNOLD, J. (1997): Managing careers into the 21st Century. London.
ARTHUR, M. B., HALL, D. T. and B. S. LAWRENCE (1989): Generating new directions in career theory. The case for a transdisciplinary approach. In: ARTHUR, M. B., HALL, D. T. and B. S. LAWRENCE (eds.): Handbook of career theory. Cambridge, 7–25.
ARTHUR, M. B. and D. B. ROUSSEAU (1996): The boundaryless career. A new employment for a new organizational era. New York, Oxford.
ARTHUR, M. B., INKSON, K. and J. K. PRINGLE (1999): The new careers. London.
ARTHUR, M. B., KHAPOVA, S. N. and C. P. M. WILDEROM (2005): Career success in a boundaryless career world. In: Journal of Organizational Behaviour 26 (2), 177–202.
ATTESLANDER, P. (2003): Methoden der empirischen Sozialforschung. Berlin, New York.
AVENARIUS, H. et al. (2003): Bildungsbericht für Deutschland. Erste Befunde. Opladen.
BAGLIONI, S. (2002): La mobilité des fonctionnaires internationaux suisses. Genève. [URL: http://www.afi-suisse.org/rubrique.php3?id_rubri-que=6,Stand: 4.4.2005].
BÄHR, J. (2004): Bevölkerungsgeographie. Stuttgart.

BAILYN, L. (1980): Living with technology: Issues at mid-career. Cambridge.
BANDILLA, W., BOSNJAK, M. und P. ALTDORFER (2001): Effekte des Erhebungsverfahrens? Ein Vergleich zwischen einer webbasierten und einer schriftlichen Befragung zum ISSP-Modul Umwelt. In: ZUMA-Nachrichten 49 (25), 7–28.
BARNETT, R. and C. RIVERS (1996): She works. He works. How two-income families are happy, healthy and thriving. Harvard.
BASDEVANT, S. (1991 [1931]): Les fonctionnaires internationaux, zitiert nach PRIEß, H. J.: Öffentlicher Dienst, Internationaler. In WOLFRUM, R. und C. PHILIPP (Hg.): Handbuch Vereinte Nationen. Kiel, 640–644.
BATINIC, B. und M. BOSNJAK (1999): Determinanten der Teilnahmebereitschaft an internet-basierten Fragebogenuntersuchungen am Beispiel E-Mail. In: BATINIC, B., WERNER, A., GRÄF, L. und W. BANDILLA (Hg.): Online research. Methoden, Anwendungen und Ergebnisse. Göttingen, 145–158.
BATINIC, B. und M. BOSNJAK (2000): Fragebogenuntersuchung im Internet. In: BATINIC, B. (Hg.): Internet für Psychologen. Göttingen, 287–317.
BEAMER, L. and I. VARNER (2002): Intercultural communication in the global Workplace. Boston et al.
BEAVERSTOCK, J. (1990): New international labor markets – the case of professional and managerial labor migration within large chartered accountancy firms. In: Area 22 (2), 151–158.
BEAVERSTOCK, J. (1991): Skilled international migration – an analysis of the geography of international secondments within large accountancy firms. In: Environment and Planning A 23 (6), 1133–1146.
BEAVERSTOCK, J. (1994): Re-thinking skilled international labour migration. World cities and banking organisations. In: Geoforum 25, 323–338.
BEAVERSTOCK, J. (1996a): Migration, knowledge and social interaction: Expatriate labour within investment banks. In: Area 28, 459–470.
BEAVERSTOCK, J. (1996b): Subcontracting the accountant – professional labor markets, migration, and organizational networks in the global accountancy industry. In: Environment and Planning A 28 (2), 303–326.
BEAVERSTOCK, J. (1996c): Revisiting high-waged labor market demand in the global cities – British professional and mangerial workers in New York City. In: International Journal of Urban and Regional Research 20 (3), 422–445.
BEAVERSTOCK, J. and J. SMITH (1996d): Lending jobs to global cities – skilled international labor migration. Investment banking and the City of London. In: Urban Studies 33 (8), 1377–1394.
BEAVERSTOCK, J. (1999): Negotiating, globalisation, transnational corporations and global cities financial centres in transient migration studies. Paper presented to the International Symposium, Knowledge, Education and Space, University of Heidelberg, 21.–25. September 1999.

BEAVERSTOCK, J. (2004): Managing across borders: Transnational knowledge management and expatriation in legal firms. In: Journal of Economic Geography 4 (2), 157–179.
BEAVERSTOCK, J. (2005): Transnational managerial elites in the city: British highly-skilled intercompany transferees in New York City's financial district. In: Journal of Ethnic and Migration Studies 31 (2), 245–268.
BECKER, G. S. (1975): Human capital. New York.
BECKER, G. S. (1993): Human capital: A theoretical and empirical analysis with special reference to education. Chicago.
BECKER, H. S. and A. L. STRAUSS (1956): Careers, personality, and adult socialization. In: American Journal of Sociology 62, 253–263.
BECKER, R. (1993): Staatsexpansion und Karrierechancen. Berufsverläufe im öffentlichen Dienst und in der Privatwirtschaft. Frankfurt/Main.
BECKER, R. (1994): Intergenerationale Mobilität im Lebensverlauf, oder: Ist der öffentliche Dienst ein Mobilitätskanal zwischen Generationen? In: Kölner Zeitschrift für Soziologie und Sozialpsychologie 46 (4), 597–618.
BECK-GERNSHEIM, E. (1983): Vom „Dasein für andere" zum Anspruch auf ein „eigenes Leben". In: Soziale Welt 34, 307–340.
BEIGBEDER, Y. (1988): Threats to the international civil service. London.
BENEKE, J. (1998): Thriving on diversity. Cultural differences in the workplace. Bonn.
BERLINER INITIATIVE (2001): Deutsche Personalpolitik in und für Europa: Empfehlungen und Anregungen an Bund, Länder, Wirtschaft und Zivilgesellschaft. Berlin.
BERLINER INITIATIVE (2002): Förderung deutscher Präsenz im System der Vereinten Nationen. Berlin.
BERTHEL, J. und H. E. KOCH (1985): Karriereplanung und Mitarbeiterförderung. Stuttgart.
BIRG, H. und E.-J. FLÖTHMANN (1992): Biographische Determinanten der räumlichen Mobilität. In: AKADEMIE FÜR RAUMFORSCHUNG UND LANDESPLANUNG (Hg.): Regionale und biographische Mobilität im Lebensverlauf, Hannover, 27–52.
BIRNBAUM, M. H. (2001): Introduction to behavioral research on the internet. Upper Saddle River.
BLAIR-LOY, M. (1999): Career patterns of executive women in finance: An optimal matching analysis. In: American Journal of Sociology 104 (5), 1346–1397.
BLAU, P. M. and O. D. DUNCAN (1967): The American occupational structure. New York.
BLAUW, P. W. (2002): Recruitment strategies and labour mobility. The political economy of migration in an integrating Europe. Working Paper 4/2002. Rotterdam.

BLOSSFELD, H. P. (1985): Berufseintritt und Berufsverlauf. Eine Kohortenanalyse über die Bedeutung des ersten Berufs in der Erwerbsbiographie. In: Mitteilungen aus der Arbeitsmarkt- und Berufsforschung 2, 177–197.

BLOSSFELD, H. P. (1987): Karriereprozesse im Wandel der Arbeitsmarktstruktur – ein dynamischer Ansatz zur Erklärung intragenerationaler Mobilität. In: Mitteilungen aus der Arbeitsmarkt- und Berufsforschung 1, 74–88.

BLOSSFELD, H. P. und K. U. MAYER (1988): Arbeitsmarktsegmentation in der Bundesrepublik Deutschland. Eine empirische Überprüfung von Segmentationstheorien aus der Perspektive des Lebenslaufs. In: Kölner Zeitschrift für Soziologie und Sozialpsychologie 2, 262–283.

BLOSSFELD, H. P. (1989): Kohortendifferenzierung und Karriereprozess. Frankfurt/Main.

BLOSSFELD, H. P. (2001): Career of couples in contemporary societies. From male breadwinner to dual earner families. Oxford.

BÖCKMANN, W. (1983): Karriere – cui bono? In: Personal, 215.

BOLTEN, J. (1995): Cross-culture – Interkulturelles Handeln in der Wirtschaft. Berlin.

BORTZ, J. und N. DÖRING (2002): Forschungsmethoden und Evaluation für Human- und Sozialwissenschaftler. Berlin, Heidelberg, New York.

BOSNJAK, M. (2002): (Non)Response bei Webbefragungen. Auswahl, Erweiterung und empirische Prüfung eines handlungstheoretischen Modells zur Vorhersage und Erklärung des Partizipationsverhaltens bei webbasierten Fragebogenuntersuchungen. Aachen.

BOUAYAD-AGHA, F. and H.L. HERNANDEZ (1996): Inspection of the application of United Nations recruitment, placement, and promotion policies. Part II: Placement and Promotions. New York. (= JIU/REP/96/6).

BOURDIEU, P. (1983): Ökonomisches Kapital, kulturelles Kapital, soziales Kapital. In: KRECKEL, R. (Hg.): Soziale Ungleichheiten. Soziale Welt. Göttingen, 183–198.

BOYD, M. (1989): Family and personal networks in international migration: recent developments and new agendas. In: International Migration Review 23, 638 – 670.

BRANDT, M. (2005): Soziale Kontakte als Weg aus der Erwerbslosigkeit. Diskussionspapier Juni 2005. Zürich. [URL: http://www.suz.unizh.ch/ages/pages/PAGES-02.pdf, Stand: 16.12.2006].

BRIDGES, W. (1999): Job shift: how to prosper in a workplace without jobs. Reading.

BUCHMANN, M. (1989): The script of life in modern society. Chicago.

BÜHL, A. und P. ZÖFEL (2002): Einführung in die moderne Datenanalyse unter Windows. München.

BUNDESANSTALT FÜR ARBEIT (2002): Deutsche Führungskräfte in Internationalen Organisationen. Ein Handbuch des BFIO. Büro Führungskräfte zu internationalen Organisationen. Sankt Augustin.

BUNDESMINISTERIUM FÜR WIRTSCHAFTLICHE ZUSAMMENARBEIT UND ENTWICKLUNG (2002): Deutsche UNDP-Strategie. Bonn. [URL: http://www.bmz.de/de/wege/dokumente/ UNDP.pdf, Stand: 18.09.2006].

CAPLAN, J. (1988): Government without administration. State and civil service in Weimar and Nazi Germany. Oxford.

CAPLAN, J. (1990): Profession as Vocation: The German civil service. In: COCKS, G. and K. H. JARAUSCH (eds.): German professions, 1800–1950. Oxford, 163–182.

CARROLL, G. R. and K. U. MAYER (1984): Organizational effects in the wage attainment process. In: The Social Science Journal 21, 5–22.

CARROLL, G. R. and K. U. MAYER (1986): Job-shift patterns in the Federal Republic of Germany: The effects of social class, industrial sector, and organizational size. In: American Sociological Review 51, 323–341.

CEBULA, R. J. (1981): The determinants of human migration. Lexington, Toronto.

CLEMENT, U. und U. CLEMENT (2001): Doppelkarrieren. Familien- und Berufsorganisation von Dual Career Couples. In: Familiendynamik 3, 253–274.

COFFEY, A. and P. ATKINSON (1996): Making sense of qualitative data. Thousand Oaks.

COLEMANN, J. S. (1982): The asymmetric society. Syracuse, New York.

COLLINS, R. (1988): Theoretical sociology. San Diego.

COOMBER, R. (1997): Using the internet for survey research. In: Sociological Research Online 2 (2). [URL: http://www.socresonline.org.uk/2/2/2.html, Stand: 15.04.2004].

CORPINA, P. (1996): Laufbahnentwicklung von dual career couples. Gestaltung partnerschaftsorientierter Laufbahnen. St. Gallen.

Davies, M. (2002): The administration of international organizations. Top down and bottom up. Hants.

DA VANZO, J. (1976): Why Families move: A model of the geographic mobility of married couples. Santa Monica.

DECKERT, J. (2002): High-skilled migration from Germany to London. London. (= unveröffentlichte Master Examensarbeit, King's College London).

DEUTSCHE GESELLSCHAFT FÜR DIE VEREINTEN NATIONEN E.V. (2006): UNO-Forschung in Deutschland. Mit Beiträgen von Klaus HÜFNER, Günther UNSER, Walter RUDOLF, Jean-Francios PAROZ, Ingrid LEHMANN, Helmut VOLGER. Berlin. (= Blaue Reihe Nr. 95).

DEUTSCHER BUNDESTAG (1996): Verbesserung der personellen Repräsentanz Deutschlands in den Vereinten Nationen und ihren Unter- und Sonderorganisationen. Antwort der Bundesregierung auf die Kleine Anfrage von Abgeordneten, Drucksache 13/4067. Berlin. [URL: http://dip.bundestag.de/btd/13/040/1304067.asc, Stand: 14.09.2006].

DEUTSCHER BUNDESTAG (2003): Immer noch keine konsequente internationale Personalpolitik Deutschlands? Antwort der Bundesregierung auf die Kleine Anfrage von Abgeordneten. Drucksache 15/517. Berlin.

DIEKMANN, A. (1999): Empirische Sozialforschung. Grundlagen, Methoden, Anwendungen. Hamburg.

DIEKMANN, A. (2003): Empirische Sozialforschung. Grundlagen, Methoden, Anwendungen. Hamburg.

DILLMANN, D. A. (2000): Mail and internet surveys – the tailored design method. New York.

DI LUZIO, G. (2003): Karrieren im öffentlichen Dienst. Veränderungen eines Aufstiegsmodells durch die Verwaltungsreform. In: HITZLER, R. und M. PFADENHAUER (Hg.): Karrierepolitik. Beiträge zur Rekonstruktion erfolgsorientierten Handelns. Opladen, 97–112.

DOERINGER, P. and M. PIORE (1971): Internal labor markets and manpower analysis. Lexington.

DREHER, C. (1996): Karrieren in der Bundesverwaltung. Voraussetzungen, Merkmale und Etappen von Aufstiegsprozessen im öffentlichen Dienst. Berlin.

DYER, L. (1976): Careers in organizations. Ithaca.

EISELE, M. (2000): Die Vereinten Nationen und das internationale Krisenmanagement. Ein Insiderbericht. Frankfurt/Main.

ELASHMAWI, F. and P. R. HARRIS (1999): Multicultural management. New skills for global success. Houston.

ESPING-ANDERSEN, G. (1990): Three worlds of welfare capitalism. Princeton.

ERZBERGER, C. (1995): Die Kombination von qualitativen und quantitativen Daten: Methodologie und Forschungspraxis von Verknüpfungsstrategien In: ZUMA-Nachrichten 36, 35–60.

FASSMANN, H. und MEUSBURGER, P. (1997): Arbeitsmarktgeographie. Stuttgart.

FAWCETT, J. T. (1989): Networks, linkages, and migration systems. In: International Migration Review 23 (3), 671–680.

FEATHERMAN, D. L. and R. M. HAUSER (1978): Opportunity and change. New York.

FINDLAY, A. (1988): From settlers to skilled transients – the changing structure of British international migration. In: Geoforum 19 (4), 401–410.

FINDLAY, A. and W. T. S. GOULD (1989): Skilled international migration – a research agenda. In: Area 21 (1), 3–11.

FINDLAY, A. and L. GARRICK (1990): Scottish emigration in the 1980s: a migration channels approach to the study of skilled international migration. In: Transactions of the Institute of British Geographers 15, 177–192.

FINDLAY, A. (1990): A migration channels approach to the study of high level manpower movements. A theoretical perspective. In: International Migration 28, 15–23.

FINDLAY, A., LI, F. L. N., JOWETT, A. J. and R. SKELDON (1996): Skilled international migration and the global city: a study of expatriates in Hong Kong. In: Transactions of the Institute of British Geographers, 49–61.

FINDLAY, A. and F. L. N. LI (1998): A migration channels approach to the study of professionals moving to and from Hong Kong. In: International Migration Review 32 (3), 682–703.

FINDLAY, A. (2002): From brain exchange to brain gain: Policy implications for the UK of recent trends in skilled migration from developing countries. International Migration papers 43. [URL: http://www.ilo.org/public/english/protection/migrant/download/imp/imp43.pdf, Stand: 24.1.2007].

FLICK, U. (1995): Triangulation. In: FLICK, U., VON KARDOFF, E., KEUPP, H., ROSENSTIEL, L. und S. WOLFF (Hg.) Handbuch qualitativer Sozialforschung: Grundlagen, Konzepte, Methoden und Anwendungen. München, 432–434.

FORSTER, U. (2006): Soziale Netzwerke für die Kinderbetreuung. Eine vergleichende Untersuchung am Beispiel von Akademikerinnen in Heidelberg und Leipzig. München.

FRANTZ, C. (2005): Karriere in NGOs. Politik als Beruf jenseits der Parteien. Wiesbaden.

FRICK, A., BÄCHTINGER, M. T. and U.-D. REIPS (1999): Financial incentives, personal information und drop-out rate in online studies. In: REIPS, U.-D., BATINIC, B., BANDILLA, W., BOSNJAK, M., GRÄF, L., MOSER, K. and A. WERNER (eds.): Current internet science. Trends, techniques, results. Elektronische Publikation. [URL: http://www.dgof.de/tband99/pdfs/a_h/frick.pdf, Stand: 20.10.2005].

FRIEDMANN, J. (1986): The world city hypothesis. In: Development and Change 17, 69–83.

FRIEDRICHS, J. (1990): Methoden empirischer Sozialforschung. Opladen.

FUNAKAWA, A. (1997): Transcultural management. A new approach for global organizations. San Francisco.

GARDNER, G. H. (1962): Cross-cultural communication. In: Journal of Social Psychology 58, 241–256.

GILBERT, L. A. (1985): Men in dual-career families: Current realities and future prospects. London.

GETZ, H. und H. JÜTTNER (1972): Personal in internationalen Organisationen. Baden-Baden.

GLASER, B. G. and A. L. STRAUSS (1980): The discovery of grounded theory: Strategies for qualitative research. Chicago.
GLEBE, G. und P. WHITE (2001): Hochqualifizierte Migranten im Prozess der Globalisierung. In: Geographische Rundschau 53 (2), 38–44.
GOFFE, R. and R. SCASE (1992): Organizational change and the corporate career: the restructuring of manager's job aspirations. In: Human Relations 4, 363–385.
GOFFMAN, E. (1969): The presentation of self in everyday life. Harmondsworth, NY.
GORE-BOOTH, L. (1979): Satow's guide to diplomatic practice. London.
GORITA, I. and W. MÜNCH (2004): Review of the headquarters agreements concluded by the organizations of the United Nations System: Human Resources Issues affecting staff. New York. (= JIU/REP/2004/2).
GÖTHEL, D. (2002): Die Vereinten Nationen: Eine Innenansicht. Herausgegeben vom Auswärtigen Amt. Berlin.
GOULD, W. T. S. (1988): Skilled international labour migration. An introduction. In: Geoforum 19 (4), 381–385.
GRANOVETTER, M. (1973): The strength of weak ties. In: American Journal of Sociology 78 (6), 1360–1380.
GRANOVETTER, M. (1982): The strength of weak ties. A network-theory revisited. In: MARSDEN, P. and N. LIN (eds.): Social structure and network analysis. Beverly Hills, 105–130.
GRANOVETTER, M. (1992): Economic action and social structure – the problem of embeddedness. In: GRANOVETTER, M. and R. SWEDBERG (eds.): The Sociology of Economic Life. Colorado, 53–81.
GRANOVETTER, M. and R. SWEDBERG (1992): The sociology of economic life. Colorado.
GUNZ, H. (1989): Careers and corporate cultures. Managerial mobility in large corporations. Oxford, New York.
HALL, D. T. (1976): Careers in organizations. Santa Monica.
HALL, D. T. (1996): The career is dead – long live the career. A relational approach to careers. San Francisco.
HALL, D. T. and D. E. CHANDLER (2005): Psychological success: When the career is calling. In: Journal of Organizational Behavior 26, 155–176.
HALL, P. (1996): The global city. In: International Social Science Journal 48 (1), 15–23.
HAMMARSKJÖLD, D. (1967): The international civil servant in law and in fact. In: KAY, D. A. (ed.): The United Nations political system. New York, 142–160.
HARDILL, I. (2002): Gender, migration and the dual career household. London.
HARTMANN, M. (2001): Klassen-spezifischer Habitus oder exklusive Bildungstitel als Selektionskriterium. In: KRAIS, B. (Hg.): An der Spitze. Konstanz 2001.

HERTZ, R. (1986): More equal than others: women and men in dual career marriages. Berkeley.
HERZOG, D. (1975): Politische Karrieren. Selektion und Professionalisierung politischer Führungsgruppen. Opladen.
HILLMANN, F. und H. RUDOLPH (1996): Jenseits des brain drain. Zur Mobilität westlicher Fach- und Führungskräfte nach Polen. WZB Discussion Paper FSI. Berlin, 96–103.
HILLMANN, F. und H. RUDOLPH (1998): Via Baltica. Die Rolle westlicher Fach- und Führungskräfte im Transformationsprozess Lettlands. WZB Discussion Paper FSI. Berlin, 98–106.
HILLMERT, S. (2003): Karrieren und institutioneller Kontext. Fallstudien aus dem Bereich der Ausbildungsberufe. In: HITZLER, R. und M. PFADENHAUER (Hg.): Karrierepolitik. Beiträge zur Rekonstruktion erfolgsorientierten Handelns. Opladen, 81–95.
HINTZE, O. (1981 [1911]): Der Beamtenstand. In: KRÜGER, K. (Hg.): Beamtentum und Bürokratie. Göttingen.
HITZLER, R. und M. PFADENHAUER (2003): Karrierepolitik. Beiträge zur Rekonstruktion erfolgsorientierten Handelns. Opladen.
HOFSTEDE, G. (1978a): Value systems in forty countries. Interpretation, validation and consequences for theory. Working Paper 78–41.
HOFSTEDE, G. (1978b): National cultures and work values. Methodological notes on a forty country survey project. Working Paper 78–40.
HOFSTEDE, G. (1983a): The cultural relativity of organizational practices and theories. In: Journal of International Business Studies 14, 75–89.
HOFSTEDE, G. (1983b): National cultures in four dimensions. A research-based theory of cultural differences among nations. In: Management and Organization 1 (2), 46–74.
HOFSTEDE, G. (1989): Organising for cultural diversity. In: European Management Journal 7, 391–397.
HOFSTEDE, G. (1991): Cultures and organizations. London et al.
HOFSTEDE, G. (2001): Culture's consequences: Comparing values, behaviors, institutions and organizations across Nations. London, Neu Dehli.
HOLDEN, N. (2002): Cross-cultural management. A knowledge management perspective. Harlow, London.
HOUSHANG, A. (1996): Politics of staffing the United Nations secretariat. New York.
HÜFNER, K. (2001): Gibt es eine deutsche Personalpolitik im VN-System? Policy Paper 1/2001. [URL: http://www.dgvn.de/publikationen/dgvn-polpap-01-1.htm, Stand: 11.4.2006].
HÜFNER, K. (2003): Die Finanzierung des VN-Systems in der Dauerkrise. In: VON SCHORLEMER, S. (Hg.): Praxishandbuch UNO. Die Vereinten Nationen im Lichte globaler Herausforderungen. Heidelberg.

ICSC (1995): Job classification and human resources management. ICSC Compendium, Section 8.1.30. [URL: www.icsc.un.org/resources/pdfs/general/compend/8-1-30.pdf, Stand: 25.09.2006].
JAMES, R. R. (1971): The evolving concept of the international civil service. In: International Administration: Its evolution and contemporary applications. New York, 27–50.
JANNSEN, J. und W. LAATZ (2005): Statistische Datenanalyse mit SPSS für Windows. Eine anwendungsorientierte Einführung in das Basissystem und das Modul Exakte Tests. Berlin, Heidelberg.
JOCHMANN, W. (1990): Berufliche Veränderung von Führungskräften. Untersuchung zu den grundlegenden Entscheidungs- und Motivationsprozessen. Stuttgart.
JOERGER, G. und M. GEPPERT (1983): Grundzüge der Verwaltungslehre. Stuttgart, Berlin, Köln, Mainz.
JÖNS, H. (2002): Karrieremobilität. In: BRUNOTTE, E., GEBHARDT, H., MEURER, M., MEUSBURGER, P. und J. NIPPER (Hg.): Lexikon der Geographie. II. Band. Heidelberg, Berlin, 201.
JÖNS, H. (2003): Grenzüberschreitende Mobilität und Kooperation in den Wissenschaften: Deutschlandaufenthalte US-amerikanischer Humboldt-Forschungspreisträger aus einer erweiterten Akteursnetzwerkperspektive. Heidelberg. (= Heidelberger Geographische Arbeiten 116).
JORDAN, R. S. (1991): The fluctuating fortunes of the United Nations international civil service. Hostage to politics or undeservedly criticized? In: Public Administration Review 51 (4), 353–357.
JORDAN, R. (1997): Migrationssysteme in global cities: Arbeitsmigration und Globalisierung in Singapur. Hamburg.
KALTER, F. (1997): Wohnortwechsel in Deutschland. Ein Beitrag zur Migrationstheorie und zur empirischen Anwendung von Rational-Choice-Modellen. Opladen.
Kalter, F. (1998): Partnerschaft und Migration. Zur theoretischen Erklärung eines empirischen Effekts. In: Kölner Zeitschrift für Soziologie und Sozialpsychologie 2, 283–309.
KANTER, R.M. (1989): Careers and the wealth of nations: a macro-perspective on the structure and implications of career forms. In: ARTHUR, M. B., HALL, D. T. and B. S. LAWRENCE (eds.): Handbook of career theory. Cambridge, 506–521.
KAPLAN, D. H. (1995): Differences in migration determinants for linguistic groups in Canada. In: Professional Geographer 47, 115–125.
KARIEL, H. G. (1963): Selected factors areally associated with population growth due to net migration. In: Annals 53, 210–223.

KELLE, U., KLUGE, S. und T. SOMMER (1998): Integration qualitativer und quantitativer Verfahren in der Lebenslaufforschung. In: BLASCHKE, D., ENGELBRECHT, G., HEINZ, W. und W. DRESSEL (Hg.): Was prägt Berufsbiographien? Lebenslaufdynamik und Institutionenpolitik. Nürnberg.

KELLER, B. (1985): Zur Soziologie von Arbeitsmärkten. Segmentationstheorien und die Arbeitsmärkte des öffentlichen Sektors. In: Kölner Zeitschrift für Soziologie und Sozialpsychologie 45 (4), 649–676.

KELLER, B. und T. KLEIN (1994): Berufseinstieg und Mobilität von Akademikern zwischen öffentlichem Dienst und Privatwirtschaft. Evidenz aus der Konstanzer Absolventenbefragung bei Diplom-Verwaltungswissenschaftlern. Nürnberg. (= Sonderdruck: Mitteilungen aus der Arbeitsmarkt- und Berufsforschung 27).

KENNEDY, J. and A. EVEREST (1991): Put diversity in context. In: Personnel Journal 9, 50–54.

KERR, C. (1988): The neoclassical revisionists in labor economics (1940–60). In: KAUFMANN, B. (ed.): How the labor markets work. Reflections on theory and practice by John DUNLOP, Clark KERR, Richard LESTER, and Lloyd REYNOLDS. Lexington, Toronto.

KIESLER, S. and L. S. SPROULL (1986): Response effects in the electronic survey In: Public Opinion Quarterly 50, 402–413.

KILLISCH, W. F. (1979): Räumliche Mobilität. Kiel.

KLEIN, T. (1993): Marriage squeeze und Heiratsverhalten. In: DIEKMANN, A. und S. WEICK (Hg.): Der Familienzyklus als sozialer Prozess. Bevölkerungssoziologische Untersuchungen mit den Methoden der Ereignisanalyse. Berlin, 234–258.

KNOX, P. (1995): World cities in a world-system. In: KNOX, P. and P. TAYLOR (eds.): World cities in a world-system. Cambridge, 3–20.

KOHLI, M. (1986): Social organization and subjective construction of the life course. In: SØRENSEN, A. B., WEINERT, F. E. and L. R. SHERROD (eds.): Human development and the life course. New Jersey, London.

KÖSTLIN, S. (1995): Führungskräfte und Hochqualifizierte in Vorarlberg – regionale und soziale Herkunft, Ausbildungsniveau und regionale Mobilität. Heidelberg.

KRAMER, C. (2005): Zeit für Mobilität. Räumliche Disparitäten der individuellen Zeitverwendung für Mobilität in Deutschland. Stuttgart. (= Erdkundliches Wissen 138).

KRECKEL, R. (1983): Soziale Ungleichheit und Arbeitsmarktsegmentierung. In: KRECKEL, R. (Hg.): Soziale Ungleichheiten. Soziale Welt. Göttingen, 137–162.

KÜBLER, H. (1980): Organisation und Führung in Behörden. Band 1: Organisatorische Grundlagen. Band 2: Personalwesen. Stuttgart, Berlin, Köln, Mainz.

KUDRYAVTSEV, E. (2000): Senior-level appointments in the United Nations, its programmes and funds. New York. (= JIU/REP/2000/3).

LADAME, P. (1970): Contestée. La circulation des elites. In: International Migration Review 8, 39–49.
LADWIG, A. (2002): Dual career couples unter personalwirtschaftlich-systemtheoretischen Blickwinkel. Berlin.
LAMNEK, S. (2005): Qualitative Sozialforschung. Weinheim, Basel.
LANGENHEDER, W. (1968): Ansatz zu einer allgemeinen Verhaltenstheorie in den Sozialwissenschaften. Dargestellt und überprüft an Ergebnissen empirischer Untersuchungen über Ursachen von Wanderungen. Köln.
LANGROD, G. (1963): The international civil service. Its origin, its nature, its evolution. New York.
LAURENT, A. (1983): The cultural diversity of western conceptions of management. In: International Studies of Management and Organization 1 (2), 75–96.
LI, F. L. N., JOWETT, A. J., FINDLAY, A. and R. SKELDON (1995): Discourse on migration and ethnic identity. Interviews with professionals in Hong Kong. In: Transactions of the Institute of British Geographers 20, 342–356.
LUDWIG-MAYERHOFER, W. und J. ALLMENDINGER (1998): Lebensverläufe, Organisationen und die Integration von Frauen. In: HEINZ, W. R., DRESSEL, W., BLASCHKE, D. und G. ENGELBRECH (Hg.): Was prägt Berufsbiographien? Lebenslaufdynamik und Institutionenpolitik. Nürnberg, 109–128.
LUHMANN, N. und R. MAYNTZ (1973): Personal im öffentlichen Dienst. Eintritt und Karrieren. Studienkommission für die Reform des öffentlichen Dienstrechts. Baden-Baden.
LUTZ, B. und W. SENGENBERGER (1974): Arbeitsmarktstrukturen und öffentliche Arbeitsmarktpolitik. Göttingen.
LUTZ, B. und W. SENGENBERGER (1980): Segmentationsanalyse und Beschäftigungspolitik. In: WSI-Mitteilungen 5, 291–299.
LUTZ, B. (1987): Arbeitsmarktstruktur und betriebliche Arbeitskräftestrategie. Eine theoretisch-historische Skizze zur Entstehung betriebszentrierter Arbeitsmarktsegmentation. Frankfurt/Main.
MARMAROS, D. and B. SACERDOTE (2002): Peer and social networks in job search. In: European Economic Review 46 (4–5); 870–879.
MARKHAM, W. T., MACKEN, P. O., BONJEAN, C. M. and J. CORDER (1983): A note on sex, geographic mobility, and career advancement. In: Social Forces 61, 1138–1146.
MARKHAM, W. T. (1987): Sex, relocation, and occupational advancement. In: STROMBERG, A. H., LARWOOD, L. and B. A. GUTEK (eds.): Women and work. An annual review. Thousand Oak, 207–231.
MASSEY, D. (2001): Theory of migration. In: SMELSER, N. J. and P. B. BALTES (eds.): International encyclopedia of the social and behavioral sciences. Amsterdam, 9828–9834.
MATHESON, C. (1999): The sources of upward mobility within public sector organizations. A case study. In: Administration and Society 31 (4), 495–524.

MAYER, K. U. and G. R. CARROLL (1987): Jobs and classes: structural constraints on career mobility. In: European Sociological Review 3 (1), 14–38.
MAYER, K. U. (1990): Lebensverläufe und sozialer Wandel. Sonderheft der Kölner Zeitschrift für Soziologie und Sozialpsychologie 31.
MAYER, K. U. (2001): Soziale Mobilität und Erwerbsverläufe in der Transformation Ostdeutschlands. In: SCHLUCHTER, W. und P. QUINT (Hg.): Der Vereinigungsschock – zehn Jahre danach. Eine vergleichende Betrachtung. Weilerswist, 336–365.
MAYER, K. U. und A. HILLMERT (2004): Neue Flexibilitäten oder blockierte Gesellschaft? Sozialstruktur und Lebensverläufe in Deutschland 1960–2000. In: KECSKES, R., WAGNER, M. und C. WOLF (Hg.): Angewandte Soziologie. Wiesbaden, 129–158.
MAYO, E. (1933): The human problems of an industrialised civilisation. New York.
MAYRHOFER, W. (1996): Mobilität und Steuerung in international tätigen Unternehmen. Eine theoretische Analyse. Stuttgart.
MAYRHOFER, W., STEYRER, J., MEYER, M., IELLATCHITCH, A., HERMANN, A., STRUNK, G., ERTEN, C., MATTL, C., SCHIFFINGER, M. and A. DUNKEL (2000): Towards a habitus based concept of managerial careers. Paper presented at the Academy of Management meeting. Toronto. [URL: http://www.wu-wien.ac.at/project/vicapp/publikat.htm, Stand 5.4.2006].
MAYRHOFER, W., STRUNK, G., SCHIFFINGER, M, IELLATCHITCH, A., STEYRER, J. and M. MEYER (2002): Career habitus. Theoretical and empirical contributions to make a black box gray. Paper submitted to the Annual Conference of the Academy of Management. Denver. [URL: http://www.wu-wien.ac.at/project/vicapp/publikat.htm, Stand 5.4.2006].
MAYRING, P. (1983): Grundlagen und Techniken qualitativer Inhaltsanalyse. München.
MAYRING, P. (1985): Qualitative Inhaltsanalyse. In: JÜTTERMANN, G. (Hg.): Qualitative Forschung in der Psychologie. Grundfragen, Verfahrensweisen, Anwendungsfelder. Weinheim, 187–211.
MAYRING, P. (1993): Einführung in die qualitative Sozialforschung. Weinheim.
MAYRING, P. (2002): Einführung in die qualitative Sozialforschung. Weinheim.
MAYRING, P. (2003): Qualitative Inhaltsanalyse. Inhalte und Techniken. Weinheim.
MERTON, R. K. und P. L. KENDALL (1979): Das fokussierte Interview. In: HOPF, C. und E. WEINGARTEN (Hg.): Qualitative Sozialforschung. Stuttgart, 171–204.
MEUSBURGER, P. (1980): Beiträge zur Geographie des Bildungs- und Qualifikationswesens. Regionale und soziale Unterschiede des Ausbildungsniveaus der österreichischen Bevölkerung. Innsbruck. (= Innsbrucker Geographische Studien 7).

MEUSBURGER, P. (1986): Die Heidelberger Professoren im Jahre 1984 mit besonderer Berücksichtigung ihrer regionalen und sozialen Herkunft. In: Beiträge zur Hochschulforschung 1 (2). München, 63–106.

MEUSBURGER, P. (1988): Das Ausbildungsniveau der österreichischen Arbeitsbevölkerung im Jahre 1981 nach der Gemeindegröße des Arbeitsortes. Ein organisationstheoretischer Erklärungsansatz. In: Österreich in Geschichte und Literatur mit Geographie 32, 31–54.

MEUSBURGER, P. (1990): Die regionale und soziale Herkunft der Heidelberger Professoren zwischen 1850 und 1932. In: MEUSBURGER, P. und J. SCHMUDE (Hg.): Bildungsgeographische Arbeiten über Baden-Württemberg. Heidelberg. (= Heidelberger Geographische Arbeiten 88), 187–239.

MEUSBURGER, P. (1991): Die frühe Alphabetisierung als Einflussfaktor für die Industriealisierung Vorarlbergs? In: Jahrbuch des Vorarlberger Landesmuseumsvereins 1991. Bregenz, 95–100.

MEUSBURGER, P. (1995): Wissenschaftliche Fragestellungen und theoretische Grundlagen der Geographie des Bildungs- und Qualifikationswesens. Münchner Geographische Hefte 72. Kallmünz, 53–95.

MEUSBURGER, P. und A. SCHMID (1996): Ausbildungsniveau und regionale Mobilität. Zur Abwanderung von Hochqualifizierten aus Vorarlberg. In: HORVATH, T. und G. NEYER (Hg.): Auswanderungen aus Österreich. Von der Mitte des 19.Jahrhunderts bis zur Gegenwart. Böhlau, Wien, Köln, Weimar, 411–431.

MEUSBURGER, P. (1998): Bildungsgeographie. Wissen und Ausbildung in der räumlichen Dimension. Heidelberg.

MEUSBURGER, P. (2000): The spatial concentration of knowledge: Some theoretical considerations. In: Erdkunde 54, 352–364.

MEUSBURGER, P. (2002a): Globalisierung und Weltstädte. Einleitung. In: MAYR, A., MEURER, M. und J. VOGT (Hg.): Stadt und Region. Dynamik von Lebenswelten. Tagungsbericht und wissenschaftliche Abhandlungen. 53. Deutscher Geographentag in Leipzig. o. Ort, 66–67.

MEUSBURGER, P. (2002b): Kontakt. In: BRUNOTTE, E., GEBHARDT, H., MEURER, M., MEUSBURGER, P. und J. NIPPER (Hg.): Lexikon der Geographie. II. Band. Heidelberg, Berlin, 257.

MEUSBURGER, P. (2002c): Frauenerwerbstätigkeit. In: BRUNOTTE, E., GEBHARDT, H., MEURER, M., MEUSBURGER, P. und J. NIPPER (Hg.): Lexikon der Geographie. I. Band. Heidelberg, Berlin, 407–408.

MEZZALAMA, F. (2000): Young professionals in selected organizations of the United Nations System: Recruitment, management and retention. New York. (= JIU/REP/2000/7).

MEZZALAMA, F. (2001): Management of buildings. Practices of selected United Nations System Organizations relevant to the renovation of the United Nations headquarters. New York. (= JIU/REP/2001/1).

MILES, M. B. and A. M. HUBERMAN (1994): Qualitative data analysis: An expanded sourcebook. London.
MINCER, J. (1978): Family migration decisions. In: Journal of Political Economy 86, 749–773.
MINTZBERG, H. (1979): The structuring of organizations. A synthesis of the research. Englewood Cliffs.
MORANO-FOADI, S. (2005): Scientific mobility, career progression, and excellence in the European research area. In: International Migration 43 (5), 134–161.
MOURITZEN, H. (1990): The international civil service. A study of bureaucracy: International Organizations. Dartmouth.
MÜLLER, K. (2004): Rede zur deutschen Personalrepräsentanz bei Internationalen Organisationen vor dem Deutschen Bundestag am 18.6.2004. [URL: http://www.auswaertiges-amt.de/diplo/de/Infoservice/Presse/Reden/2004/0406 18-PersonalpraesenzIntlOrganisationen.html, Stand: 8.5.2006].
MÜLLER, M. and F. FUNKE (1998): CGI2SPSS – HTML form data converter (Version X.X) [computer software]. Chair of methodology and evaluation research. Institute of psychology. Friedrich-Schiller-University. Jena. [URL: http://www.uni-jena.de/svw/metheval/Projekte/Evaluati-on/CGI2SPSS, Stand: 10.3.2004].
MÜNCH, W. (2002): The impact of headquarters agreements on human resources management of the United Nations system. In: VON SCHORLEMER, S. (Hg.): Praxishandbuch UNO. Die Vereinten Nationen im Lichte globaler Herausforderungen. Heidelberg, 643–656.
MUNDENE, D. C. (1989): The brain drain and developing countries. In: APPLEYARD, R. (ed.): The impact of international migration on developing countries. Development Centre of the Organisation for Economic Co-Operation and Development 1989, 183–195.
NELSON, P. (1959): Migration, real income and information. In: Journal of Regional Science 1, 43–73.
NIPPER, J. (1975): Mobilität der Bevölkerung im engeren Informationsfeld einer Solitärstadt. Gießen. (= Gießener Geographische Schriften 33).
O'DONNEL, M. (1998): Creating a performance culture? Performance-based pay in the Australian public service. In: Australian Journal of Public Administration, 57 (3), 28–40.
OECD (2005): Counting immigrants and expatriates in OECD countries: A new perspective. In: OECD Economic Studies 40 (1); 53–90.
OPITZ, P. J. (2002): Die Vereinten Nationen. Geschichte, Struktur, Perspektiven. München.
PANNEWITZ, J. (2003): Befragungen per Internet. In: WZB-Mitteilungen 100, 51–53.
PARKER, L. (1992): Collecting data the e-mail way. In: Training and Development 7, 52–54.

PASCHKE, K. T. (2003): UNO von innen – die Besonderheiten einer multinationalen Bürokratie. In: VON SCHORLEMER, S. (Hg.): Praxishandbuch UNO. Die Vereinten Nationen im Lichte globaler Herausforderungen. Heidelberg, 553–568.

PAULU, C. (2001): Mobilität und Karriere. Eine Fallstudie am Beispiel einer Großbank. Wiesbaden.

PEIPERL, M. und Y. BARUCH (1997): Back to square zero: The post-corporate career. In: Organizational Dynamics 2, 7–22.

PFAU-EFFINGER, B. (1995): Erwerbsbeteiligung von Frauen im europäischen Vergleich – am Beispiel von Finnland, den Niederlanden und Westdeutschland. In: Informationen zur Raumentwicklung der Bundesforschungsanstalt für Landeskunde und Raumentwicklung 1.

PIORE, M. J. (1978): Lernprozesse, Mobilitätsketten und Arbeitsmarktsegmente. In: SENGENBERGER, W. (Hg.): Der gespaltene Arbeitsmarkt: Probleme der Arbeitsmarktsegmentation. Frankfurt/Main, 68–98.

PIPPKE, W. (1975): Karrieredeterminanten in der öffentlichen Verwaltung. Hierarchiebedingte Arbeitsanforderungen und Beförderungspraxis im höheren Dienst. Baden-Baden.

PIPPKE, W. und P. WOLFMEYER (1976): Die berufliche Mobilität von Führungskräften in Wirtschaft und Verwaltung. Ein empirischer Vergleich ihrer Berufswerdegänge und deren Bestimmungsfaktoren. Baden-Baden.

PLANTEY, A. (1981): The international civil service: Law and management. New York.

PRIEß, H. J. (1991): Öffentlicher Dienst, Internationaler. In WOLFRUM, R. und C. PHILIPP (Hg.): Handbuch Vereinte Nationen. Kiel, 640–644.

PROFIO (2006a): Careers with UNEP. A study on recruitment strategies and qualification requirements at the United Nations Environment Programme (UNEP). Professional education for international organizations (PROFIO). Erfurt. [URL: http://www.profio.de/fileadmin/MDB_profio/PDF/PROFIO_Report_on_UNEP pdf, Stand: 24.7.2006].

PROFIO (2006b): Careers in a non-career organization. A study on recruitment strategies and qualification requirements at the OSCE. Professional education for international organizations (PROFIO). Erfurt. [URL: http://www.espp.de/fileadmin/MDB_profio/PDF/OSCE_final_report_mit_Logo.pdf, Stand: 1.2.2007].

PROFIO (2006c): Qualifikationsanforderungen und Rekrutierungsverfahren der Europäischen Weltraumorganisation (ESA). Professional education for international organizations (PROFIO). Erfurt. [URL: http://www.espp.de/ fileadmin/MDB_profio/PDF/ESA-Studiefinalversion_ENGL.pdf, Stand: 01.2.2007].

REIPS, U. D. and M. BOSNJAK (2001): Dimensions of internet science. Lengerich.

RICHARDS, L. and T. RICHARDS (1994): From filing cabinet to computer. In: BRYMAN, A. and R. G. BURGESS (eds.): Analyzing qualitative data. London.

RITCHIE, J. and J. LEWIS (2003): Qualitative research practice. A guide for social science students and researchers. London.
ROLFES, M. (1996): Regionale Mobilität und akademischer Arbeitsmarkt. Osnabrück. (= Osnabrücker Studien zur Geographie 17).
ROSENFELD, R. A. and J. A. JONES (1987): Patterns and effects of geographic mobility for academic women and men. In: Journal of Higher Education 58, 493–515.
ROTHMAN, R. A. (1987): Working. Sociological perspectives. Englewood Cliffs.
SALT, J. (1984): High-level manpower movements in Northwest Europe and the role of careers. An explanatory framework. In: International Migration Review 17, 633–652.
SALT, J. (1988): Highly-skilled international migrants. Careers and internal labour markets. In: Geoforum 19 (4), 387–399.
SANDEFUHR, G. D. (1985): Variations in interstate migration of men across the early stages of life cycle. In: Demography 22, 353–366.
SASSEN, S. (1991): The global city. New York, London, Tokyo. Princeton.
Sassen, S. (1996): Migranten, Siedler, Flüchtlinge – von der Massenauswanderung zur Festung Europa. Frankfurt/Main.
SASSEN, S. (2001): The global city. New York, London, Tokyo. Princeton.
SAXENIAN, A. L. (1999): Silicon Valley's new immigrant entrepreneurs. Public Policy Institute of California. [URL: http://www.ppic.org, Stand 31.3.2006].
SCHAUMAN, K. A. and Y. XIE (1996): Geographic mobility of scientists: Sex differences and family constraints. In: Demography 33 (4), 455–468.
SCHEIN, E. (1978): Career dynamics. Reading.
SCHEUCH, E. (1973): Das Interview in der Sozialforschung. In: KÖNIG, R. (Hg.): Handbuch der empirischen Sozialforschung. Band 2: Grundlegende Methoden und Techniken. Stuttgart.
SCHIFFINGER, M. und G. STRUNK (2003): Zur Messung von Karrieretaktiken und ihrer Zusammenhänge mit Karriereerfolg und Karriereaspiration. In: HITZLER, R. und M. PFADENHAUER (Hg.): Karrierepolitik. Beiträge zur Rekonstruktion erfolgsorientierten Handelns. Opladen, 295–312.
SCHIPULLE, H. P. (1973): Ausverkauf von Intelligenz aus Entwicklungsländern? Eine kritische Untersuchung zum brain drain. München.
SCHMIDT, S. J. (1996): Kognitive Autonomie und soziale Orientierung. Frankfurt/Main.
SCHNEIDER, B. and D. T. HALL (1972): Toward specifying the concept of work climate: a study of Roman Catholic diocese priests. In: Journal of Applied Psychology 56, 447–455.
SCHNEIDER, N. F., LIMMER, R. und K. RUCKDESCHEL (2002a): Berufsmobilität und Lebensform. Sind berufliche Mobilitätserfordernisse in Zeiten der Globalisierung noch mit Familie vereinbar? Stuttgart. (= Schriftenreihe des Bundesministeriums für Familie, Senioren, Frauen und Jugend 208).

SCHNEIDER, N. F., LIMMER, R. und K. RUCKDESCHEL (2002b): Mobil, flexibel, gebunden. Familie und Beruf in der mobilen Gesellschaft. Frankfurt, New York.
SCHNELL, R., HILL, P. B. und E. ESSER (1995): Methoden der empirischen Sozialforschung. München, Wien.
SCHONLAU, M., FRICKER, R. D. and M. N. ELLIOT (2001): Conducting research surveys via email and the web. Santa Monica.
SCHUMANN, S. (1997): Repräsentative Umfrage. Praxisorientierte Einführung in empirische Methoden und statistische Analyseverfahren. München, Wien.
SENGENBERGER, W. (1978): Der gespaltene Arbeitsmarkt: Probleme der Arbeitsmarktsegmentation. Frankfurt/Main.
SENGENBERGER, W. (1979): Zur Dynamik der Arbeitsmarktsegmentierung – mit Thesen zur Struktur und Entwicklung des Arbeitsmarktes in der Bundesrepublik Deutschland. Nürnberg. (= Beiträge zur Arbeitsmarkt- und Berufsforschung 33), 1–44.
SENGENBERGER, W. (1987): Struktur und Funktionsweise von Arbeitsmärkten. Die Bundesrepublik Deutschland im internationalen Vergleich. Frankfurt, New York.
SESSELMEIER, W. und G. BLAUERMEL (1998): Arbeitsmarkttheorien. Heidelberg.
SHAMIR, B. and M. B. ARTHUR (1989): An exploratory study of perceived career change and job attitudes among job changers. In: Journal of Applied Psychology, 19 (8–9), 701–716.
SHAW, J. B. (1990): Cognitive categorization model for the study of intercultural management. In: Academy of Management Review 15, 626–645.
SHAW, M. N. (1991): International law. Cambridge.
SOLGA, H. und C. WIMBAUER (2005): Wenn zwei das Gleiche tun. Ideal und Realität sozialer Ungleichheit in dual career couples. Opladen.
SOMERMEIJER, W. H. (1961): Een Analyse van de Binnenlandse Migratie in Nederland tot 1947 en van 1948–1957. In: Statistische en Econometrische Onderzoekingen 3, 115–174.
SØRENSEN, A. (1983): Process of allocation to open and closed positions in social structure. In: Zeitschrift für Soziologie 12, 203–224.
SØRENSEN, A. (1990): Unterschiede im Lebenslauf von Frauen und Männern. In: MAYER, K. U. (Hg.): Lebensverläufe und sozialer Wandel. Opladen, 304–321.
SPEARE, A. Jr. (1970): Home ownership, life cycle stage, and residential mobility. In: Demography 7, 449–458.
SPROULL, L. S. (1986): Using electronic mail for data collection in organizational research. In: Academy of Management Journal, 29 (1), 159–169.
STATISTISCHES BUNDESAMT (2003): Bevölkerung Deutschlands bis 2050. 10. Koordinierte Bevölkerungsvorausberechnung. Wiesbaden.

STATISTISCHES BUNDESAMT (2004): Gesetz über die Statistik der Bevölkerungsbewegung und die Fortschreibung des Bevölkerungsstandes in der Fassung der Bekanntmachung vom 14. März 1980. Wiesbaden. [URL: http://www.destatis. de/download/d/ stat_ges/gesu/045.pdf, Stand: 23.1.2007].

STEIL, J. M. and K. WELTMAN (1991): Marital inequality. The importance of resources, personal attributes, and social norms on career valuing and the allocation of domestic responsibilities. In: Sex Roles 24, 161–179.

STEWART, J. Q. (1948): Demographic gravitation. In: Sociometry 11, 31–58.

STRUNK, G., MAYRHOFER, W. und M. SCHIFFINGER (2004a): Neue Karrieren, komplexere Karrieren? Empirische Befunde und methodische Ergebnisse zur Komplexitätshypothese in der Karriereforschung. Paper eingereicht für die Kommission Personal bei der 66. wissenschaftlichen Jahrestagung des Verbands der Hochschullehrer für Betriebswirtschaft e.V. [URL: www.compexity-research.com/pdf/Strunk_Mayrhofer_Schiffinger.pdf, Stand: 28.9.2005].

STRUNK, G., SCHIFFINGER, M. and W. MAYRHOFER (2004b): Lost in transition? Complexity in organisational behaviour – the contributions of systems theory. In: Management Review 4, 481–509.

TAGSCHERER, U. (1999): Mobilität und Karriere in der VR China – chinesische Führungskräfte im Transformationsprozess: Eine qualitativ-empirische Analyse chinesischer Führungskräfte in deutsch-chinesischen Joint-ventures, 100% Tochtergesellschaften und Repräsentanzen. Heidelberg. (= Heidelberger Geographische Arbeiten 109).

TERMOTE, M. (1972): Wanderungsmodelle. In: SZELL, G. (Hg.): Regionale Mobilität. München, 141–175.

THEOBALD, A., DREYER, M. und T. STARSETZKI (2001): Online Marktforschung – Beiträge aus Wissenschaft und Praxis. Wiesbaden.

THOMMEN, J. P. (2002): Management und Organisation. Konzepte, Instrumente, Umsetzung. Zürich.

TODISCO, E. (2001): Defining brain drain. Human, brain and knowledge mobility. Rome. [URL: http://www.merit.unimaas.nl/braindrain/Part2-Defining_Brain_Drain.pdf, Stand: 1.2.2007].

TUTEN, T. L. (1997): Getting a foot in the electronic door: Understanding why people read or delete electronic mail. ZUMA-Arbeitsbericht 97 (8).

TZENG, R. (1995): International labor migration through multinational-enterprises. In: International Migration Review 29 (1), 139–154.

UNITED NATIONS (1945): Charter of the United Nations and the statute of the International Court of Justice. New York.

UNITED NATIONS (1945): Preamble of the charter of the United Nations. In: United Nations (eds.): Charter of the United Nations and the statute of the International Court of Justice. New York, 3–4.

UNITED NATIONS (1946): Convention on the privileges and immunities of the United Nations. New York. [URL: http://www.unog.ch/80256EDD006B8954/ (httpAssets)/C8297DB1DE8566F2C1256F2600348A73/$file/Convention%20 P%20&%20I%20(1946)%20-%20E.pdf, Stand: 25.1.2007].
UNITED NATIONS (2000): Human resources handbook. New York. [URL: http://www.un.org/ hr_handbook/, Stand: 25.09.2006].
UNITED NATIONS (2000): Inter-agency-mobility accord. In: United Nations (eds.): Human Resources Handbook. New York. [URL: http://www.un.org/hr_ handbook/, Stand: 06.12.2006].
UNITED NATIONS (2003): Regulations, rules and pension adjustment system of the United Nations joint staff pension fund. New York. [URL: https://pengva1 .unjspf.org/UNJSPF_Web/pdf/RegulationsRulesPAS.pdf, Stand: 6.12.2006].
UNITED NATIONS (2005): 2006 National competitive recruitment examination (P-1/P-2). New York. [URL: www.un.org/Depts/OHRM/examin/2006e.pdf, Stand 12.05.2006].
UNITED NATIONS, Office of human resources management (2005): Mission readiness. Preparing for field work. New York.
UNSER, G. (2002): Research about the UN. In: VOLGER, H. (ed.): A concise encyclopedia of the United Nations. Den Haag, London, New York, 464–473.
VAN MAANEN, J. (1977): Introduction: the promise of career studies. In: VAN MAANEN, J. (ed.): Organizational careers. Some new perspectives. New York, 1–12.
VDBIO (1992). Satzung. Verband deutscher Bediensteter bei internationalen Organisationen. Genf. [URL: www.vdbio.ch, Stand: 1.12.2006].
VDBIO (2001): Rundbrief Nr. 111. 25 Jahre VDBIO. 1976–2001. Genf. [URL: http://www.vdbio.ch/rundbrief111.pdf , Stand: 19.5.2006].
VEREINTE NATIONEN (2003): Personalstatut. New York. [URL: http:// www.un.org /Depts/german/orgadienst/st-sgb-2003-5.pdf, Stand: 25.7.2006].
VON BEYME, K. (1971): Die politische Elite in der BRD. München.
VON BEYME, K. (1993): Die politische Klasse im Parteienstaat. Frankfurt/Main.
VON SCHORLEMER, S. (2002): Praxishandbuch UNO. Die Vereinten Nationen im Lichte globaler Herausforderungen. Heidelberg.
WATANABE, S. (1969): The brain drain from developing to developed countries. In: International Labour Review 99 (4), 401–433.
WEICHART, P. (1993): Mikroanalytische Ansätze der Sozialgeographie. Innsbruck. (= Innsbrucker Geographische Studien 20), 101–115.
WEICK, C. (1995): Räumliche Mobilität und Karriere. Eine individualstatistische Analyse der baden-württembergischen Professoren unter besonderer Berücksichtigung demographischer Strukturen. Heidelberg. (= Heidelberger Geographische Arbeiten 101).
WEITZMANN, E. A. (2000): Software and qualitative research. In: DENZIN, N. K. and Y. S. LINCOLN (eds.): Handbook of qualitative research. Thousand Oaks.

WELKER, M. (1999): E-Mail-Umfragen: Milderung von non-response Problemen. In: REIPS, U. D., BATINIC, B., BANDILLA, W., BOSNJAK, M., GRÄF, L., MOSER, K. und A. WERNER (Hg.): Aktuelle Online Forschung. Trends, Techniken, Ergebnisse. Online Press. Zürich, Köln, Mannheim, Nürnberg. [URL: http://dgof.de/tband99/, Stand: 10.10.2005].

WERLEN, B. (1995): Landschaft, Raum und Gesellschaft. In: Geographische Rundschau 47, 513–522.

WIEMANN, J. (2000): Green Card für indische Programmierer: Herausforderung für die Entwicklungspolitik. In: Internationale Politik und Gesellschaft 4, 411–422.

WIMBAUER, M. (1999): Organisation, Geschlecht, Karriere. Fallstudien aus einem Forschungsinstitut. Opladen.

WINDZIO, M. (2000): Ungleichheiten im Erwerbsverlauf. Individuelle Ressourcen, soziale Schließung und vakante Positionen als Determinanten beruflicher Karrieren. Herbolzheim.

WOLTER, A. (1997): Globalisierung der Beschäftigung. Multinationale Unternehmen als Kanal der Wanderung Höherqualifizierter innerhalb Europas. Baden-Baden.

WUNDER, B. (1986): Die Geschichte der Bürokratie in Deutschland. Frankfurt/Main.

YOUNG, R. A. and W. A. BORGEN (1990): Methodological approaches to the study of career. New York, Westport, London.

YOUNG, T. C. (1970): The international civil service reexamined. In: Public Administration Review 3, 217–224.

ZIPF, G. K. (1946): The P1 x P2/D hypothesis. In: American Sociological Review 11, 677–686.

# 9 Quellenverzeichnis

VN-DOKUMENTE: A/9724; A/10184; A/31/154; A/32/146; A/33/176; A/34/408; A/35/528; A/36/495; A/37/143; A/38/347; A/39/453; A/40/652; A/41/627; A/42/636; A/43/659; A/44/604; A/45/541; A/46/370; A/47/416; A/48/559; A/49/527; A/50/540; A/51/421; A/52/580; A/53/375; A/54/279; A/55/427; A/56/512; A/57/414; A/58/666; VN-Resolution 55/258; A/58/398; ST/IC/1993/66; A/51/950; A/53/414; A57/387; A/59/263; A/AC.96/979; ST/AI/1999/9; ST/SGB/282; ST/SGB/2005/5; ST/AI/291 Rev. 1; ST/AI/2005/2; A/55/798; ST/AI/273; A/49/560; A/50/753; ST/AI/1998/7.

AUSWÄRTIGES AMT (2006): Allgemeine Informationen. Berlin. [URL: http://www.auswaertiges-amt.de/diplo/de/AAmt/AusbildungKarriere/ IO-Taetigkeit/Allgemeines/AllgemeineInformationen.html, Stand: 14.7.2006].

AUSWÄRTIGES AMT (2006): Soziale Absicherung. Berlin. [URL: http://www.auswaertiges-amt.de/diplo/de/Aamt/AusbildungKarriere/IO-Taetigkeit/Allgemeines/SozialeAbsicherung .html, Stand: 9.12.2006].

BUNDESVERWALTUNGSAMT (2006): Überbrückungsbeihilfe. Köln. [URL: http://www.bva2.bund.de/aufgaben/ueberbrueckungsbeihilfe/index.html, Stand: 9.12.2006].

BÜRO FÜHRUNGSKRÄFTE ZU INTERNATIONALEN ORGANISATIONEN (2006): Programminformation. Bonn. [URL: http://www.arbeitsagentur.de/vam/vamController/CMSConversation/anzeigeContent?navId=4469&rqc=4&ls=false&ut=0, Stand: 16.5.2006].

FAO (2006): What is FAO? Rome. [URL: http://www.fao.org/UNFAO/about/index_en.html, Stand: 30.10.2006].

ILO (2006): International Labour Organization. Geneve. [URL: www.ilo.org, Stand: 6.6.2006].

UNDP (2006): JPO-Service Center. New York. [URL: www.jposc.org, Stand 3.3.2006].

KOMMISSION FÜR DEN INTERNATIONALEN ÖFFENTLICHEN DIENST (2006): Who belongs to the Common System? New York. [URL: http://icsc.un.org/about4.asp, Stand: 3.3.2006].

STATISTISCHES BUNDESAMT (2006): Jahresbericht 2006. Wiesbaden. [URL: http://www.destatis.de/indicators/d/ lrbil01ad.htm, Stand: 19.7.2006].

THE TIMES: The Times higher education supplement. London. [URL: http://www.thes.co.uk/statistics/international_comparisons/2005/top_unis.aspx ?window_type=popup, Stand: 6.7.2005].

UNO (2004): United Nations Organization. New York. [URL: www.un.org, Stand: 30.11.2004].

UNESCO (2006): United Nations Educational, Scientific and Cultural Organization. Paris. [URL: www.unesco.org, Stand: 6.6.2006].

UNDP (2006): United Nations Development Programme. New York. [URL: www.undp.org, Stand: 6.6.2006].
UNICEF (2006): UNICEF people. New York. [URL: www.unicef.org, Stand: 6.6.2006].
Verband deutscher Bediensteter bei internationalen Organisationen (2006): Was ist, macht, will der VDBIO? Genf. [URL: http://www.vdbio.ch/index0.htm, Stand: 7.12.2006].

# HEIDELBERGER GEOGRAPHISCHE ARBEITEN*

| | |
|---|---|
| Heft 1 | Felix Monheim: Beiträge zur Klimatologie und Hydrologie des Titicacabeckens. 1956. 152 Seiten, 38 Tabellen, 13 Figuren, 4 Karten. € 6,-- |
| Heft 4 | Don E. Totten: Erdöl in Saudi-Arabien. 1959. 174 Seiten, 1 Tabelle, 11 Abbildungen, 16 Figuren. € 7,50 |
| Heft 8 | Franz Tichy: Die Wälder der Basilicata und die Entwaldung im 19. Jahrhundert. 1962. 175 Seiten, 15 Tabellen, 19 Figuren, 16 Abbildungen, 3 Karten. € 15,-- |
| Heft 9 | Hans Graul: Geomorphologische Studien zum Jungquartär des nördlichen Alpenvorlandes. Teil I: Das Schweizer Mittelland. 1962. 104 Seiten, 6 Figuren, 6 Falttafeln. € 12,50 |
| Heft 10 | Wendelin Klaer: Eine Landnutzungskarte von Libanon. 1962. 56 Seiten, 7 Figuren, 23 Abbildungen, 1 farbige Karte. € 10,-- |
| Heft 11 | Wendelin Klaer: Untersuchungen zur klimagenetischen Geomorphologie in den Hochgebirgen Vorderasiens. 1963. 135 Seiten, 11 Figuren, 51 Abbildungen, 4 Karten. € 15,50 |
| Heft 12 | Erdmann Gormsen: Barquisimeto, eine Handelsstadt in Venezuela. 1963. 143 Seiten, 26 Tabellen, 16 Abbildungen, 11 Karten. € 16,-- |
| Heft 18 | Gisbert Glaser: Der Sonderkulturanbau zu beiden Seiten des nördlichen Oberrheins zwischen Karlsruhe und Worms. Eine agrargeographische Untersuchung unter besonderer Berücksichtigung des Standortproblems. 1967. 302 Seiten, 116 Tabellen, 12 Karten. € 10,50 |
| Heft 23 | Gerd R. Zimmermann: Die bäuerliche Kulturlandschaft in Südgalicien. Beitrag zur Geographie eines Übergangsgebietes auf der Iberischen Halbinsel. 1969. 224 Seiten, 20 Karten, 19 Tabellen, 8 Abbildungen. € 10,50 |
| Heft 24 | Fritz Fezer: Tiefenverwitterung circumalpiner Pleistozänschotter. 1969. 144 Seiten, 90 Figuren, 4 Abbildungen, 1 Tabelle. € 8,-- |
| Heft 25 | Naji Abbas Ahmad: Die ländlichen Lebensformen und die Agrarentwicklung in Tripolitanien. 1969. 304 Seiten, 10 Karten, 5 Abbildungen. € 10,-- |
| Heft 26 | Ute Braun: Der Felsberg im Odenwald. Eine geomorphologische Monographie. 1969. 176 Seiten, 3 Karten, 14 Figuren, 4 Tabellen, 9 Abbildungen. € 7,50 |
| Heft 27 | Ernst Löffler: Untersuchungen zum eiszeitlichen und rezenten klimagenetischen Formenschatz in den Gebirgen Nordostanatoliens. 1970. 162 Seiten, 10 Figuren, 57 Abbildungen. € 10,-- |

*Nicht aufgeführte Hefte sind vergriffen.

| Heft 29 | Wilfried Heller: Der Fremdenverkehr im Salzkammergut – eine Studie aus geographischer Sicht. 1970. 224 Seiten, 15 Karten, 34 Tabellen. € 16,-- |
|---|---|
| Heft 30 | Horst Eichler: Das präwürmzeitliche Pleistozän zwischen Riss und oberer Rottum. Ein Beitrag zur Stratigraphie des nordöstlichen Rheingletschergebietes. 1970. 144 Seiten, 5 Karten, 2 Profile, 10 Figuren, 4 Tabellen, 4 Abbildungen. € 7,-- |
| Heft 31 | Dietrich M. Zimmer: Die Industrialisierung der Bluegrass Region von Kentucky. 1970. 196 Seiten, 16 Karten, 5 Figuren, 45 Tabellen, 11 Abbildungen. € 10,50 |
| Heft 33 | Jürgen Blenck: Die Insel Reichenau. Eine agrargeographische Untersuchung. 1971. 248 Seiten, 32 Diagramme, 22 Karten, 13 Abbildungen, 90 Tabellen. € 26,50 |
| Heft 35 | Brigitte Grohmann-Kerouach: Der Siedlungsraum der Ait Ouriaghel im östlichen Rif. 1971. 226 Seiten, 32 Karten, 16 Figuren, 17 Abbildungen. € 10,-- |
| Heft 37 | Peter Sinn: Zur Stratigraphie und Paläogeographie des Präwürm im mittleren und südlichen Illergletscher-Vorland. 1972. 159 Seiten, 5 Karten, 21 Figuren, 13 Abbildungen, 12 Längsprofile, 11 Tabellen. € 11,-- |
| Heft 38 | Sammlung quartärmorphologischer Studien I. Mit Beiträgen von K. Metzger, U. Herrmann, U. Kuhne, P. Imschweiler, H.-G. Prowald, M. Jauß †, P. Sinn, H.-J. Spitzner, D. Hiersemann, A. Zienert, R. Weinhardt, M. Geiger, H. Graul und H. Völk. 1973. 286 Seiten, 13 Karten, 39 Figuren, 3 Skizzen, 31 Tabellen, 16 Abbildungen. € 15,50 |
| Heft 39 | Udo Kuhne: Zur Stratifizierung und Gliederung quartärer Akkumulationen aus dem Bièvre-Valloire, einschließlich der Schotterkörper zwischen St.-Rambert-d'Albon und der Enge von Vienne. 1974. 94 Seiten, 11 Karten, 2 Profile, 6 Abbildungen, 15 Figuren, 5 Tabellen. € 12,-- |
| Heft 42 | Werner Fricke, Anneliese Illner und Marianne Fricke: Schrifttum zur Regionalplanung und Raumstruktur des Oberrheingebietes. 1974. 93 Seiten. € 5,-- |
| Heft 43 | Horst Georg Reinhold: Citruswirtschaft in Israel. 1975. 307 Seiten, 7 Karten, 7 Figuren, 8 Abbildungen, 25 Tabellen. € 15,-- |
| Heft 44 | Jürgen Strassel: Semiotische Aspekte der geographischen Erklärung. Gedanken zur Fixierung eines metatheoretischen Problems in der Geographie. 1975. 244 Seiten. € 15,-- |
| Heft 45 | Manfred Löscher: Die präwürmzeitlichen Schotterablagerungen in der nördlichen Iller-Lech-Platte. 1976. 157 Seiten, 4 Karten, 11 Längs- u. Querprofile, 26 Figuren, 8 Abbildungen, 3 Tabellen. € 15,-- |

| | |
|---|---|
| Heft 49 | Sammlung quartärmorphologischer Studien II. Mit Beiträgen von W. Essig, H. Graul, W. König, M. Löscher, K. Rögner, L. Scheuenpflug, A. Zienert u.a. 1979. 226 Seiten. € 17,90 |
| Heft 51 | Frank Ammann: Analyse der Nachfrageseite der motorisierten Naherholung im Rhein-Neckar-Raum. 1978. 163 Seiten, 22 Karten, 6 Abbildungen, 5 Figuren, 46 Tabellen. € 15,50 |
| Heft 52 | Werner Fricke: Cattle Husbandry in Nigeria. A study of its ecological conditions and social-geographical differentiations. 1993. 2nd Edition (Reprint with Subject Index). 344 pages, 33 maps, 20 figures, 52 tables, 47 plates. € 21,-- |
| Heft 55 | Hans-Jürgen Speichert: Gras-Ellenbach, Hammelbach, Litzelbach, Scharbach, Wahlen. Die Entwicklung ausgewählter Fremdenverkehrsorte im Odenwald. 1979. 184 Seiten, 8 Karten, 97 Tabellen. € 15,50 |
| Heft 58 | Hellmut R. Völk: Quartäre Reliefentwicklung in Südostspanien. Eine stratigraphische, sedimentologische und bodenkundliche Studie zur klimamorphologischen Entwicklung des mediterranen Quartärs im Becken von Vera. 1979. 143 Seiten, 1 Karte, 11 Figuren, 11 Tabellen, 28 Abbildungen. € 14,-- |
| Heft 59 | Christa Mahn: Periodische Märkte und zentrale Orte – Raumstrukturen und Verflechtungsbereiche in Nord-Ghana. 1980. 197 Seiten, 20 Karten, 22 Figuren, 50 Tabellen. € 14,-- |
| Heft 60 | Wolfgang Herden: Die rezente Bevölkerungs- und Bausubstanzentwicklung des westlichen Rhein-Neckar-Raumes. Eine quantitative und qualitative Analyse. 1983. 229 Seiten, 27 Karten, 43 Figuren, 34 Tabellen. € 19,90 |
| Heft 62 | Gudrun Schultz: Die nördliche Ortenau. Bevölkerung, Wirtschaft und Siedlung unter dem Einfluß der Industrialisierung in Baden. 1982. 350 Seiten, 96 Tabellen, 12 Figuren, 43 Karten. € 19,90 |
| Heft 64 | Jochen Schröder: Veränderungen in der Agrar- und Sozialstruktur im mittleren Nordengland seit dem Landwirtschaftsgesetz von 1947. Ein Beitrag zur regionalen Agrargeographie Großbritanniens, dargestellt anhand eines W-E-Profils von der Irischen See zur Nordsee. 1983. 206 Seiten, 14 Karten, 9 Figuren, 21 Abbildungen, 39 Tabellen. € 17,50 |
| Heft 65 | Otto Fränzle et al.: Legendenentwurf für die geomorphologische Karte 1:100.000 (GMK 100). 1979. 18 Seiten. € 1,50 |
| Heft 66 | Dietrich Barsch und Wolfgang-Albert Flügel (Hrsg.): Niederschlag, Grundwasser, Abfluß. Ergebnisse aus dem hydrologisch-geomorphologischen Versuchsgebiet "Hollmuth". Mit Beiträgen von D. Barsch, R. Dikau, W.-A. Flügel, M. Friedrich, J. Schaar, A. Schorb, O. Schwarz und H. Wimmer. 1988. 275 Seiten, 42 Tabellen, 106 Abbildungen. € 24,-- |

| | |
|---|---|
| Heft 68 | Robert König: Die Wohnflächenbestände der Gemeinden der Vorderpfalz. Bestandsaufnahme, Typisierung und zeitliche Begrenzung der Flächenverfügbarkeit raumfordernder Wohnfunktionsprozesse. 1980. 226 Seiten, 46 Karten, 16 Figuren, 17 Tabellen, 7 Tafeln. € 16,-- |
| Heft 71 | Stand der grenzüberschreitenden Raumordnung am Oberrhein. Kolloquium zwischen Politikern, Wissenschaftlern und Praktikern über Sach- und Organisationsprobleme bei der Einrichtung einer grenzüberschreitenden Raumordnung im Oberrheingebiet und Fallstudie: Straßburg und Kehl. 1981. 116 Seiten, 13 Abbildungen. € 7,50 |
| Heft 73 | American-German International Seminar. Geography and Regional Policy: Resource Management by Complex Political Systems. Eds.: John S. Adams, Werner Fricke and Wolfgang Herden. 1983. 387 pages, 23 maps, 47 figures, 45 tables. € 25,50 |
| Heft 75 | Kurt Hiehle-Festschrift. Mit Beiträgen von U. Gerdes, K. Goppold, E. Gormsen, U. Henrich, W. Lehmann, K. Lüll, R. Möhn, C. Niemeitz, D. Schmidt-Vogt, M. Schumacher und H.-J. Weiland. 1982. 256 Seiten, 37 Karten, 51 Figuren, 32 Tabellen, 4 Abbildungen. € 12,50 |
| Heft 76 | Lorenz King: Permafrost in Skandinavien – Untersuchungsergebnisse aus Lappland, Jotunheimen und Dovre/Rondane. 1984. 174 Seiten, 72 Abbildungen, 24 Tabellen. € 19,-- |
| Heft 77 | Ulrike Sailer: Untersuchungen zur Bedeutung der Flurbereinigung für agrarstrukturelle Veränderungen – dargestellt am Beispiel des Kraichgaus. 1984. 308 Seiten, 36 Karten, 58 Figuren, 116 Tabellen. € 22,50 |
| Heft 78 | Klaus-Dieter Roos: Die Zusammenhänge zwischen Bausubstanz und Bevölkerungsstruktur – dargestellt am Beispiel der südwestdeutschen Städte Eppingen und Mosbach. 1985. 154 Seiten, 27 Figuren, 48 Tabellen, 6 Abbildungen, 11 Karten. € 14,50 |
| Heft 79 | Klaus Peter Wiesner: Programme zur Erfassung von Landschaftsdaten, eine Bodenerosionsgleichung und ein Modell der Kaltluftentstehung. 1986. 83 Seiten, 23 Abbildungen, 20 Tabellen, 1 Karte. € 13,-- |
| Heft 80 | Achim Schorb: Untersuchungen zum Einfluß von Straßen auf Boden, Grund- und Oberflächenwässer am Beispiel eines Testgebietes im Kleinen Odenwald. 1988. 193 Seiten, 1 Karte, 176 Abbildungen, 60 Tabellen. € 18,50 |
| Heft 81 | Richard Dikau: Experimentelle Untersuchungen zu Oberflächenabfluß und Bodenabtrag von Meßparzellen und landwirtschaftlichen Nutzflächen. 1986. 195 Seiten, 70 Abbildungen, 50 Tabellen. € 19,-- |
| Heft 82 | Cornelia Niemeitz: Die Rolle des PKW im beruflichen Pendelverkehr in der Randzone des Verdichtungsraumes Rhein-Neckar. 1986. 203 Seiten, 13 Karten, 65 Figuren, 43 Tabellen. € 17,-- |

| | |
|---|---|
| Heft 83 | Werner Fricke und Erhard Hinz (Hrsg.): Räumliche Persistenz und Diffusion von Krankheiten. Vorträge des 5. geomedizinischen Symposiums in Reisenburg, 1984, und der Sitzung des Arbeitskreises Medizinische Geographie/Geomedizin in Berlin, 1985. 1987. 279 Seiten, 42 Abbildungen, 9 Figuren, 19 Tabellen, 13 Karten. € 29,50 |
| Heft 84 | Martin Karsten: Eine Analyse der phänologischen Methode in der Stadtklimatologie am Beispiel der Kartierung Mannheims. 1986. 136 Seiten, 19 Tabellen, 27 Figuren, 5 Abbildungen, 19 Karten. € 15,-- |
| Heft 85 | Reinhard Henkel und Wolfgang Herden (Hrsg.): Stadtforschung und Regionalplanung in Industrie- und Entwicklungsländern. Vorträge des Festkolloquiums zum 60. Geburtstag von Werner Fricke. 1989. 89 Seiten, 34 Abbildungen, 5 Tabellen. € 9,-- |
| Heft 86 | Jürgen Schaar: Untersuchungen zum Wasserhaushalt kleiner Einzugsgebiete im Elsenztal/Kraichgau. 1989. 169 Seiten, 48 Abbildungen, 29 Tabellen. € 16,-- |
| Heft 87 | Jürgen Schmude: Die Feminisierung des Lehrberufs an öffentlichen, allgemeinbildenden Schulen in Baden-Württemberg, eine raum-zeitliche Analyse. 1988. 159 Seiten, 10 Abbildungen, 13 Karten, 46 Tabellen. € 16,-- |
| Heft 88 | Peter Meusburger und Jürgen Schmude (Hrsg.): Bildungsgeographische Studien über Baden-Württemberg. Mit Beiträgen von M. Becht, J. Grabitz, A. Hüttermann, S. Köstlin, C. Kramer, P. Meusburger, S. Quick, J. Schmude und M. Votteler. 1990. 291 Seiten, 61 Abbildungen, 54 Tabellen. € 19,-- |
| Heft 89 | Roland Mäusbacher: Die jungquartäre Relief- und Klimageschichte im Bereich der Fildeshalbinsel Süd-Shetland-Inseln, Antarktis. 1991. 207 Seiten, 87 Abbildungen, 9 Tabellen. € 24,50 |
| Heft 90 | Dario Trombotto: Untersuchungen zum periglazialen Formenschatz und zu periglazialen Sedimenten in der "Lagunita del Plata", Mendoza, Argentinien. 1991. 171 Seiten, 42 Abbildungen, 24 Photos, 18 Tabellen und 76 Photos im Anhang. € 17,-- |
| Heft 91 | Matthias Achen: Untersuchungen über Nutzungsmöglichkeiten von Satellitenbilddaten für eine ökologisch orientierte Stadtplanung am Beispiel Heidelberg. 1993. 195 Seiten, 43 Abbildungen, 20 Tabellen, 16 Fotos. € 19,-- |
| Heft 92 | Jürgen Schweikart: Räumliche und soziale Faktoren bei der Annahme von Impfungen in der Nord-West Provinz Kameruns. Ein Beitrag zur Medizinischen Geographie in Entwicklungsländern. 1992. 134 Seiten, 7 Karten, 27 Abbildungen, 33 Tabellen. € 13,-- |
| Heft 93 | Caroline Kramer: Die Entwicklung des Standortnetzes von Grundschulen im ländlichen Raum. Vorarlberg und Baden-Württemberg im Vergleich. 1993. 263 Seiten, 50 Karten, 34 Abbildungen, 28 Tabellen. € 20,-- |

Heft 94   Lothar Schrott: Die Solarstrahlung als steuernder Faktor im Geosystem der sub-tropischen semiariden Hochanden (Agua Negra, San Juan, Argentinien). 1994. 199 Seiten, 83 Abbildungen, 16 Tabellen.   € 15,50

Heft 95   Jussi Baade: Geländeexperiment zur Verminderung des Schwebstoffaufkommens in landwirtschaftlichen Einzugsgebieten. 1994. 215 Seiten, 56 Abbildungen, 60 Tabellen.   € 14,--

Heft 96   Peter Hupfer: Der Energiehaushalt Heidelbergs unter besonderer Berücksichtigung der städtischen Wärmeinselstruktur. 1994. 213 Seiten, 36 Karten, 54 Abbildungen, 15 Tabellen.   € 16,--

Heft 97   Werner Fricke und Ulrike Sailer-Fliege (Hrsg.): Untersuchungen zum Einzelhandel in Heidelberg. Mit Beiträgen von M. Achen, W. Fricke, J. Hahn, W. Kiehn, U. Sailer-Fliege, A. Scholle und J. Schweikart. 1995. 139 Seiten.   € 12,50

Heft 98   Achim Schulte: Hochwasserabfluß, Sedimenttransport und Gerinnebettgestaltung an der Elsenz im Kraichgau. 1995. 202 Seiten, 68 Abbildungen, 6 Tabellen, 6 Fotos.   € 16,--

Heft 99   Stefan Werner Kienzle: Untersuchungen zur Flußversalzung im Einzugsgebiet des Breede Flusses, Westliche Kapprovinz, Republik Südafrika. 1995. 139 Seiten, 55 Abbildungen, 28 Tabellen.   € 12,50

Heft 100  Dietrich Barsch, Werner Fricke und Peter Meusburger (Hrsg.): 100 Jahre Geographie an der Ruprecht-Karls-Universität Heidelberg (1895–1995). 1996.   € 18,--

Heft 101  Clemens Weick: Räumliche Mobilität und Karriere. Eine individualstatistische Analyse der baden-württembergischen Universitätsprofessoren unter besonderer Berücksichtigung demographischer Strukturen. 1995. 284 Seiten, 28 Karten, 47 Abbildungen und 23 Tabellen.   € 17,--

Heft 102  Werner D. Spang: Die Eignung von Regenwürmern (Lumbricidae), Schnecken (Gastropoda) und Laufkäfern (Carabidae) als Indikatoren für auentypische Standortbedingungen. Eine Untersuchung im Oberrheintal. 1996. 236 Seiten, 16 Karten, 55 Abbildungen und 132 Tabellen.   € 19,--

Heft 103  Andreas Lang: Die Infrarot-Stimulierte-Lumineszenz als Datierungsmethode für holozäne Lößderivate. Ein Beitrag zur Chronometrie kolluvialer, alluvialer und limnischer Sedimente in Südwestdeutschland. 1996. 137 Seiten, 39 Abbildungen und 21 Tabellen.   € 12,50

Heft 104  Roland Mäusbacher und Achim Schulte (Hrsg.): Beiträge zur Physiogeographie. Festschrift für Dietrich Barsch. 1996. 542 Seiten.   € 25,50

Heft 105  Michaela Braun: Subsistenzsicherung und Marktpartizipation. Eine agrargeographische Untersuchung zu kleinbäuerlichen Produktionsstrategien in der Province de la Comoé, Burkina Faso. 1996. 234 Seiten, 16 Karten, 6 Abbildungen und 27 Tabellen.   € 16,--

| | |
|---|---|
| Heft 106 | Martin Litterst: Hochauflösende Emissionskataster und winterliche $SO_2$-Immissionen: Fallstudien zur Luftverunreinigung in Heidelberg. 1996. 171 Seiten, 29 Karten, 56 Abbildungen und 57 Tabellen. € 16,-- |
| Heft 107 | Eckart Würzner: Vergleichende Fallstudie über potentielle Einflüsse atmosphärischer Umweltnoxen auf die Mortalität in Agglomerationen. 1997. 256 Seiten, 32 Karten, 17 Abbildungen und 52 Tabellen. € 15,-- |
| Heft 108 | Stefan Jäger: Fallstudien von Massenbewegungen als geomorphologische Naturgefahr. Rheinhessen, Tully Valley (New York State), YosemiteValley (Kalifornien). 1997. 176 Seiten, 53 Abbildungen und 26 Tabellen. € 14,50 |
| Heft 109 | Ulrike Tagscherer: Mobilität und Karriere in der VR China – Chinesische Führungskräfte im Transformationsprozess. Eine qualitativ-empirische Analyse chinesischer Führungskräfte im deutsch-chinesischen Joint-Ventures, 100% Tochtergesellschaften und Repräsentanzen. 1999. 254 Seiten, 8 Karten, 31 Abbildungen und 19 Tabellen. € 19,90 |
| Heft 110 | Martin Gude: Ereignissequenzen und Sedimenttransporte im fluvialen Milieu kleiner Einzugsgebiete auf Spitzbergen. 2000. 124 Seiten, 28 Abbildungen und 17 Tabellen. € 14,50 |
| Heft 111 | Günter Wolkersdorfer: Politische Geographie und Geopolitik zwischen Moderne und Postmoderne. 2001. 272 Seiten, 43 Abbildungen und 6 Tabellen. € 19,90 |
| Heft 112 | Paul Reuber und Günter Wolkersdorfer (Hrsg.): Politische Geographie. Handlungsorientierte Ansätze und Critical Geopolitics. 2001. 304 Seiten. Mit Beiträgen von Hans Gebhardt, Thomas Krings, Julia Lossau, Jürgen Oßenbrügge, Anssi Paasi, Paul Reuber, Dietrich Soyez, Ute Wardenga, Günter Wolkersdorfer u.a. € 19,90 |
| Heft 113 | Anke Väth: Erwerbsmöglichkeiten von Frauen in ländlichen und suburbanen Gemeinden Baden-Württembergs. Qualitative und quantitative Analyse der Wechselwirkungen zwischen Qualifikation, Haus-, Familien- und Erwerbsarbeit. 2001. 396 Seiten, 34 Abbildungen, 54 Tabellen und 1 Karte. € 21,50 |
| Heft 114 | Heiko Schmid: Der Wiederaufbau des Beiruter Stadtzentrums. Ein Beitrag zur handlungsorientierten politisch-geographischen Konfliktforschung. 2002. 296 Seiten, 61 Abbildungen und 6 Tabellen. € 19,90 |
| Heft 115 | Mario Günter: Kriterien und Indikatoren als Instrumentarium nachhaltiger Entwicklung. Eine Untersuchung sozialer Nachhaltigkeit am Beispiel von Interessengruppen der Forstbewirtschaftung auf Trinidad. 2002. 320 Seiten, 23 Abbildungen und 14 Tabellen. € 19,90 |
| Heft 116 | Heike Jöns: Grenzüberschreitende Mobilität und Kooperation in den Wissenschaften. Deutschlandaufenthalte US-amerikanischer Humboldt-Forschungspreisträger aus einer erweiterten Akteursnetzwerkperspektive. 2003. 484 Seiten, 34 Abbildungen, 10 Tabellen und 8 Karten. € 29,00 |

Heft 117  Hans Gebhardt und Bernd Jürgen Warneken (Hrsg.): Stadt – Land – Frau. Interdisziplinäre Genderforschung in Kulturwissenschaft und Geographie. 2003. 304 Seiten, 44 Abbildungen und 47 Tabellen. € 19,90

Heft 118  Tim Freytag: Bildungswesen, Bildungsverhalten und kulturelle Identität. Ursachen für das unterdurchschnittliche Ausbildungsniveau der hispanischen Bevölkerung in New Mexico. 2003. 352 Seiten, 30 Abbildungen, 13 Tabellen und 19 Karten. € 19,90

Heft 119  Nicole-Kerstin Baur: Die Diphtherie in medizinisch-geographischer Perspektive. Eine historisch-vergleichende Rekonstruktion von Auftreten und Diffusion der Diphtherie sowie der Inanspruchnahme von Präventivleistungen. 2006. 301 Seiten, 20 Abbildungen, 41 Tabellen und 11 Karten. € 19,90

Heft 120  Holger Megies: Kartierung, Datierung und umweltgeschichtliche Bedeutung der jungquartären Flussterrassen am unteren Inn. 2006. 224 Seiten, 73 Abbildungen, 58 Tabellen und 10 Karten. € 29,00

Heft 121  Ingmar Unkel: AMS-14C-Analysen zur Rekonstruktion der Landschafts- und Kulturgeschichte in der Region Palpa (S-Peru). 2006. 226 Seiten, 84 Abbildungen und 11 Tabellen. € 19,90

Heft 122  Claudia Rabe: Unterstützungsnetzwerke von Gründern wissensintensiver Unternehmen. Zur Bedeutung der regionalen gründungsunterstützenden Infrastruktur. 2007. 274 Seiten, 54 Abbildungen und 17 Tabellen. € 19,90

Heft 123  Bertil Mächtle: Geomorphologisch-bodenkundliche Untersuchungen zur Rekonstruktion der holozänen Umweltgeschichte in der nördlichen Atacama im Raum Palpa/Südperu. 2007. 246 Seiten, 86 z.T. farbige Abbildungen und 24 Tabellen. € 23,00

Heft 124  Jana Freihöfer: Karrieren im System der Vereinten Nationen. Das Beispiel hochqualifizierter Deutscher, 1973–2003. 2007. 298 Seiten, 40 Abbildungen, 10 Tabellen und 2 Karten. € 19,90

**Bestellungen an:**

**Selbstverlag des Geographischen Instituts
Universität Heidelberg
Berliner Straße 48
D-69120 Heidelberg
Fax: ++49 (0) 62 21 / 54 55 85
E-Mail: hga@geog.uni-heidelberg.de
http://www.geog.uni-heidelberg.de/hga**

# HEIDELBERGER GEOGRAPHISCHE BAUSTEINE*

| | | |
|---|---|---|
| Heft 1 | D. Barsch, R. Dikau, W. Schuster: Heidelberger Geomorphologisches Programmsystem. 1986. 60 Seiten. | € 4,50 |
| Heft 7 | J. Schweikart, J. Schmude, G. Olbrich, U. Berger: Graphische Datenverarbeitung mit SAS/GRAPH – Eine Einführung. 1989. 76 Seiten. | € 4,-- |
| Heft 8 | P. Hupfer: Rasterkarten mit SAS. Möglichkeiten zur Rasterdarstellung mit SAS/GRAPH unter Verwendung der SAS-Macro-Facility. 1990. 72 Seiten. | € 4,-- |
| Heft 9 | M. Fasbender: Computergestützte Erstellung von komplexen Choroplethenkarten, Isolinienkarten und Gradnetzentwürfen mit dem Programmsystem SAS/GRAPH. 1991. 135 Seiten. | € 7,50 |
| Heft 10 | J. Schmude, I. Keck, F. Schindelbeck, C. Weick: Computergestützte Datenverarbeitung. Eine Einführung in die Programme KEDIT, WORD, SAS und LARS. 1992. 96 Seiten. | € 7,50 |
| Heft 12 | W. Mikus (Hrsg.): Umwelt und Tourismus. Analysen und Maßnahmen zu einer nachhaltigen Entwicklung am Beispiel von Tegernsee. 1994. 122 Seiten. | € 10,-- |
| Heft 14 | W. Mikus (Hrsg.): Gewerbe und Umwelt. Determinaten, Probleme und Maßnahmen in den neuen Bundesländern am Beispiel von Döbeln / Sachsen. 1997. 86 Seiten. | € 7,50 |
| Heft 15 | M. Hoyler, T. Freytag, R. Baumhoff: Literaturdatenbank Regionale Bildungsforschung: Konzeption, Datenbankstrukturen in ACCESS und Einführung in die Recherche. Mit einem Verzeichnis ausgewählter Institutionen der Bildungsforschung und weiterführenden Recherchehinweisen. 1997. 70 Seiten. | € 6,-- |
| Heft 16 | H. Schmid, H. Köppe (Hrsg.): Virtuelle Welten, reale Anwendungen. Geographische Informationssysteme in Theorie und Praxis. 2003. 140 Seiten. | € 10,-- |
| Heft 17 | N. Freiwald, R. Göbel, R. Jany: Modellierung und Analyse dreidimensionaler Geoobjekte mit GIS und CAD. 2. veränderte und erweiterte Aufl. 2006. 143 Seiten + 1 CD. | € 15,-- |

**Bestellungen an:**
Selbstverlag des Geographischen Instituts
Berliner Straße 48, D-69120 Heidelberg
Fax: ++49 (0) 62 21 / 54 55 85
E-Mail: hga@geog.uni-heidelberg.de
http://www.geog.uni-heidelberg.de/hga

---

*Nicht aufgeführte Hefte sind vergriffen.

# HETTNER-LECTURES

Heft 1     *Explorations in critical human geography.* Hettner-Lecture 1997 with Derek Gregory. Heidelberg. 1998. 122 Seiten.     € 12,50

Heft 2     *Power-geometries and the politics of space-time.* Hettner-Lecture 1998 with Doreen Massey. Heidelberg 1999. 112 Seiten.     € 12,50

Heft 3     *Struggles over geography: violence, freedom and development at the millennium.* Hettner-Lecture 1999 with Michael J. Watts. 2000. 142 Seiten.     € 12,50

Heft 4     *Reinventing geopolitics: geographies of modern statehood.* Hettner-Lecture 2000 with John A. Agnew. 2001. 84 Seiten.     € 12,50

Heft 5     *Science, space and hermeneutics.* Hettner-Lecture 2001 with David N. Livingstone. 2002. 116 Seiten.     € 15,--

Heft 6     *Geography, gender, and the workaday world.* Hettner-Lecture 2002 with Susan Hanson. 2003. 76 Seiten.     € 19,--

Heft 7     *Institutions, incentives and communication in economic geography.* Hettner-Lecture 2003 with Michael Storper. 2004. 102 Seiten.     € 19,--

Heft 8     *Spaces of neoliberalization: towards a theory of uneven geographical development.* Hettner-Lecture 2004 with David Harvey. 2005. 132 Seiten.     € 19,--

Heft 9     *Geographical imaginations and the authority of images.* Hettner-Lecture 2005 with Denis Cosgrove. 2006. 102 Seiten.     € 19,--


**Bestellungen an:**

**Franz Steiner Verlag GmbH**
**Vertrieb: Brockhaus/Commission**
**Kreidlerstraße 9**
**D-70806 Kornwestheim**
Tel.: ++49 (0) 71 54 / 13 27-0
Fax: ++49 (0) 71 54 / 13 27-13
E-Mail: bestell@brocom.de
http://www.steiner-verlag.de